Themen der Zeit entstand im Jahr 1994. Nachdenkliche und kompetente Menschen wollten ihre Leser einladen, sich auch ihre Köpfe zu zerbrechen über ihre eigene Zukunft und über die Zukunft der Gesellschaft, deren Substanz sie selber sind. Jetzt haben wieder nachdenkliche Menschen zur Feder gegriffen und sich der Themen des schon längst in die denkenden Kinderjahre eingetretenen 21. Jahrhunderts angenommen.
Nicht allein die Ökonomie und die Finanzwelt werden beleuchtet, vielmehr widmen sich die Autoren, dem Anliegen des Herausgebers entsprechend, den tiefgreifenden politischen und gesellschaftlichen Veränderungen der Rahmenbedingungen, innerhalb welcher nationale Grenzen - bei weitem noch nicht in den Köpfen aller - keine Rolle mehr spielen, Migration und Integration an vorderster Stelle der Bürgerwahrnehmung stehen, die Rechtsstaatlichkeit und das Menschenrecht vom sicherheitspolitischen Bekenntnis der Regierenden in Frage gestellt werden und so manche andere „Neuerungen" den Alltag verändern. Dem Leser sei vorgeschlagen, sich ein Bild darüber zu machen, wie viel oder wie wenig sich in 14 Jahren verändert hat, um die Themen der Zeit wieder einmal zu hinterfragen und in ausgewogener Form zu diskutieren.

Franz Vranitzky, Österreichischer Bundeskanzler 1986-1997, 1984-1986 Bundesminister für Finanzen, 1997 OSZE-Sonderbeauftragter für Albanien, ist Ehrenpräsident des Bruno Kreisky Forums für internationalen Dialog.
Gertraud Auer Borea ist Generalsekretärin des Bruno Kreisky Forums für Internationalen Dialog, Wien.

THEMEN DER ZEIT II

PASSAGEN POLITIK

Franz Vranitzky (Hg.)

mit Gertraud Auer Borea

Themen der Zeit II

Passagen Verlag

Deutsche Erstausgabe

Gedruckt mit freundlicher Unterstützung der
Wiener Städtische Versicherung AG Vienna Insurance Group.

WIENER STÄDTISCHE
VIENNA INSURANCE GROUP

Die Deutsche Bibliothek verzeichnet diese Publikation in der
Deutschen Nationalbibliografie; detaillierte bibliografische Daten
sind im Internet über http://dnb.ddb.de abrufbar.

NE: Franz Vranitzky

ISBN 978-3-85165-869-9

http://www.passagen.at
Grafisches Konzept: Ecke Bonk
Redaktion: Gertraud Auer Borea, mit Karin Mendel und Melitta Campostrini
Lektorat: Fanny Esterhazy
Satz: Passagen Verlag Ges. m. b. H., Wien
Druck: Manz Crossmedia GmbH & Co KG, 1051 Wien

Inhalt

Vorwort

Im Jahr 1994 gab ich die erste Beitrags- und Gedankensammlung unter dem Titel *Themen der Zeit* heraus. Im Vorwort dazu schrieb ich:

> Wir sind dabei, das Zeitalter zu wechseln. Nicht unbedingt kalendarisch. Vielleicht lassen sich in ferner Zukunft auch gar keine klaren historischen Einteilungen mehr treffen. Vielleicht laufen politische, ökonomische, soziale und kulturelle Entwicklungen in den verschiedenen Teilen unserer Welt zu ungleichzeitig ab. Heimito von Doderer sagt dazu, dass man im Großen unmöglich angeben kann, wann ein sogenannter geschichtlicher Augenblick eigentlich einträte, ob er jetzt da sei oder nicht, und welches von den Ereignissen, die sich abspielen, das wesentlich Entscheidende sei.

Die Beiträge zu *Themen der Zeit I* zeigten in beachtlicher Dichte, in analytischer Klarheit und in der notwendigen politischen Flächendeckung auf, wie aus der Perspektive der Mitte der 1990er Jahre eben alles nicht mehr so war „wie früher". Nun ist es ja an sich nicht so eine epochale Erkenntnis, dass sich die Zeiten ändern. Trotzdem war es mir zumindest aus zweierlei Hinsicht wichtig, die verdienstvollen Beiträge in einem Sammelband zu veröffentlichen. Erstens war die Aussagequalität der Essays beeindruckend, und zweitens ging es mir um das Setzen eines Kontrapunkts zu dem in unserer Gesellschaft tief verwurzelten Beharrungsvermögen der Ansichten, der (Vor-)Urteile und des nationalen/lokalen Insichgekehrtseins.

Eineinhalb Jahrzehnte nach *Themen der Zeit I* hören sich die Grundthemen, die Grundprobleme unserer westlichen Industriegesellschaften nicht sehr viel anders an. Trotzdem besteht ein markanter Unterschied zu „damals" in der Erfahrung, die die Mit- und Nachdenker mittlerweile gewonnen haben. Ich befürchte außerdem, dass sich in dieser Zeitspanne die inneren Widerstände gegen das Neue, gegen das Andere, gegen das Öffnen und Durchlüften der mentalen Hinterhöfe unserer vermeintlich heilen (Familien-)Welt verfestigt haben. Provinzbürgerliche politische Agitatoren, die überwunden geglaubte fremdenfeindliche, rassistische und herrenmenschgerechte Klischees bedienen, ernten mit ihren Wagenburgmentalitäten gegen alles, das nicht von innen kommt, gar nicht dürftige Beute, sondern so manche Zustimmung und Wählerstimme.

Die Mehrheit der Bevölkerung steht dem allen zwischen Antipathie und Abscheu gegenüber, muss sich aber an den Kopf greifen angesichts der Tatsache, dass sich auch etablierte politische Parteien mit „dem Fremden" schwertun.

Seit dem 19. Jahrhundert und später, insbesondere mit dem und nach dem Zerfall der Habsburgermonarchie, lebt Österreich mit dem Begriff des „Nationalen", genauer des „Deutschnationalen". Spätestens in der Zeit des Entstehens unseres Buches *Themen der Zeit II* erleben wir als Gegenbewegung zu der marktschreierischen und halbstarken nationalistischen Dummheitsbezeigung realiter die Erosion der Gestalt des Nationalen in Form des längst unhintergehbaren Pluralismus der Bevölkerung (Charim).

Die Politik ist gefordert. Selbstverständlich – insbesondere 2008/2009 – zunächst zum Finden einer arbeitsfähigen und über die Zeit haltbaren Regierungsform und danach zur Ausformung einer überzeugenden Kompetenz zur Annahme der Herausforderungen, die das Inland und unsere global vernetzten Lebensbedingungen eben mit sich bringen. Allerdings nicht nur dazu, sondern nachhaltig darüber hinaus; Systeme sind das eine, die handelnden Personen das andere.

Dieses Buch beabsichtigt nicht, irgendjemandem Ratschläge zu erteilen. Die Autoren und die Herausgeber verheimlichen aber nicht ihre Erwartungen, österreichische politische Führungskräfte mögen aus der Routine heraustreten und sich im eigenen Land und im Konzert der Europäer stimmig und akustisch wahrnehmbar Gehör verschaffen.

Ich selber bin unverbrüchlich von der Gültigkeit der zwei Säulen aller Politik überzeugt: Demokratie und Solidarität. Im eigenen Land, in Europa, in der Welt. Leider ist das weder real ausreichend gegeben noch selbstverständlich. Demokratie ist herkömmlich an Nation gebunden, über die Relativität der Nation berichtete ich schon. Solidarität ist der Überbegriff zum Sozialstaat. Niemand, der sich zu diesem Axiom bekennt, kann beruhigt zur Tagesordnung übergehen. Unter dem Schlagwort „Krise des Sozialstaats" wird die materiell absichernde Wirkung sozialstaatlicher Leistungen in Frage gestellt, obwohl sie genau für konjunkturelle Wirtschaftsschwächen konzipiert wurden (Mayrhuber).

Als überzeugter Befürworter des europäischen Integrationsmodells halte ich es für wichtig, ja unvermeidlich, die wirtschafts- und sozialpolitische Grundeinstellung unseres europäischen Friedensprojekts kritisch zu hinterfragen. Die Abstempelung „neoliberal" mag definitorisch und dogmengeschichtlich nicht treffsicher sein. Dennoch ist hier eine Etikettierung entstanden, die eine wirtschaftspolitische Ausrichtung anzeigt, mit der ich mich - siehe Säule Solidarität - nicht solidarisieren kann.

Was ist zu tun? Die Antwort ist so schwierig zu finden nicht! Der Europäische Rat, also die Versammlung der Regierungschefs der Mitgliedsländer, das heißt, das politische Kraftzentrum der Union, hat die politisch inhaltlichen Vorgaben in den Entscheidungsprozess einzubringen und in demokratischer Weise durchzusetzen. In anderen Worten: Ein Regierungschef, der den „neoliberalen“ Zuschnitt der EU beklagt, weil er damit nicht einverstanden ist, hat eine andere Strategie dort nicht verlangt oder nicht durchgesetzt.

Ein europäischer Bürger lebt schon seit geraumer Zeit in einer politischen, ökonomischen und kulturellen Umwelt, in welcher es kaum noch „geschützte Sektoren“ gibt: Es herrscht überall Wettbewerb, namentlich grenzüberschreitender, internationaler Wettbewerb - mit spürbaren Folgewirkungen für die heimischen Marktteilnehmer, das sind Arbeitgeber und Arbeitnehmer gleichermaßen. Da die „geschützten Sektoren“, also die gegen den grenzüberschreitenden Wettbewerb durch nationale Gesetzgebung und Politik abgesicherten Bereiche, längst Geschichte sind, ergibt sich in logischer Schlussfolgerung die lebenswichtige Konsequenz, Lösungen von Aufgaben und Problemen in der Gemeinsamkeit der Europäer zu suchen und zu finden. Diese Erkenntnis führt, als europäische Antwort auf die Globalisierung, zur Formulierung des politischen Auftrags zur Wahrnehmung der Interessen der Bürger Europas.

Eines darf nicht passieren: Europapolitik vornehmlich - manche tun dies ausschließlich - als streitbare und ablehnende Auseinandersetzung mit „denen dort in Brüssel“ zu interpretieren.

Europapolitik ist nicht Kathedralenerlebnis (einmal erbaut, Jahrhunderte lang bewundert). Europapolitik muss nachhaltig sein, um zweierlei zu erreichen: erstens die Identifizierung von uns Europäern mit unserem eigenen Projekt. Nicht zuletzt deshalb, weil jede (marktschreierische) angebotene Alternative nur in verderbliche Verschlechterung führt. Dies in voller Anerkennung dessen, dass umfassende Verbesserungen an der EU, die wir derzeit haben, vorgenommen werden müssen. Der Anstoß für Ideen, für Perspektiven, für die Verwirklichung von Hoffnungen muss allerdings von uns selbst ausgehen, wie auch von den Völkern in den anderen Mitgliedsländern. Wirkliche Europapolitik beginnt aktiv und offensiv zu Hause, im Dialog mit den Bürgern, weil sie nicht irgendein Anliegen, sondern das Anliegen eines Kleinstaates ist.

Zweitens muss mit einer aktiven Europapolitik, die den Rückhalt in der eigenen Bevölkerung hat, der Stellenwert Europas - die EU zählt mittlerweile 500 Millionen Einwohner - betont, gestärkt und abgesichert werden. Es kann ja nicht sein, dass wir täglich in der Zeitung lesen, China, Indien, Russland, Nordamerika, Brasilien und andere werden im 21. Jahrhundert die Weltereignisse prägen - und Europa, na ja, wird es halt auch noch geben. Und wir sollen uns bloß fragen können: „Was bleibt von uns?" (Jan Roß)

Politik funktioniert nicht ohne politische Führung, und Politik ist nichts ohne politische Gesinnung. Sind diese zwei Voraussetzungen nicht gegeben, ist die erste Reaktion vieler Menschen, sich von der Politik abzuwenden. Führung ist Entscheidung, Führung ist vorausgehender Dialog. Dialog hat Information zur Voraussetzung. Unterbleibt sie, ist alles andere (nicht einmal) Stückwerk.

Themen der Zeit II ist wieder ein dickes Buch geworden. Hoffentlich dünn genug, dass es auch Leser findet. Den Autoren und den Herausgebern geht es gleichermaßen darum, die historisch einmalige Offenlegung der Verhältnisse in der europäischen, demokratisch organisierten Gesellschaftsform zu analysieren und Konsequenzen und Handlungsanleitungen zu diskutieren. Rechtsstaatlichkeit, Meinungs- und Medienfreiheit, Recht auf bürgerliche Handlungsfreiheit auch im Licht neu aufgetretener, gebotener Sicherheitsvorkehrungen dürfen nicht als Beispiele prekärer Gleichgewichte tagesordnungsmäßig hingenommen werden. Die sogenannte „neue Aufmischung" unserer Bevölkerung in Europa ist begrifflich in die Ecke zu stellen. Vorausschauende Politik begreift die Bürger mit Migrationshintergrund und ihre Kinder nicht als Eindringlinge, sondern als Chance für eine dynamikfähige Zukunft. Goethe sagte einst, Toleranz sei nötig, aber lang noch nicht alles, wenn Toleranz nicht in Akzeptanz übergehe. Dem Wort des Dichterfürsten ist nichts entgegenzusetzen. Unser Problem ist allerdings auch: Sollte Toleranz einmal erreicht sein, darf sie nicht in Gleichgültigkeit abgleiten.

Die Autorinnen und Autoren, eine Mitherausgeberin, ein Herausgeber haben das in Österreich, aber auch anderswo „komplizierte" (Fred Sinowatz) Jahr 2008 dazu genutzt, zu Überlegungen einzuladen und Überlegungen Platz zu geben, von deren Relevanz für die Zukunft dieses Kollektiv überzeugt ist. Ich danke den Autorinnen und Autoren für ihre Beiträge und hoffe, dass die geneigten Leser daraus so viel lernen werden wie ich selbst.

Gertraud Auer bewundere ich für ihre Zähigkeit, das Buchprojekt durchzuziehen. Bei ihr bedanke ich mich ebenso wie bei Melitta Campostrini und Karin Mendel, weil ja längst Allgemeingut ist, dass ohne „gute Geister" gar nichts geht.

Dr. Franz Vranitzky
Bundeskanzler der Republik Österreich a.D.

Demokratie und Staat

Der demokratische Glaube

Isolde Charim

Unsere Vorstellung von Demokratie ist wesentlich an die Idee der Nation gebunden. Das hat zwar seine historische Richtigkeit, heute ist diese überkommene Vorstellung jedoch dringend revisionsbedürftig. Angesichts der gegenwärtigen Situation wird es zu einer politischen Notwendigkeit, Demokratie neu zu denken.

Was hat nun die Idee der Nation diesbezüglich geleistet? Welche Funktion hatte sie für die Demokratie? Grundlage der Demokratie ist die Trennung von Differenz und Gleichheit: die Zuweisung der partikularen Differenzen - wie etwa den jeweiligen Glauben - in den Bereich des Privaten und die Schaffung eines Bereichs der Öffentlichkeit, der - neutral gegenüber diesen Unterschieden - die Möglichkeit einer abstrakten Gleichheit jenseits von diesen eröffnet. Die Idee der Nation, wie sie sich in den europäischen Nationalstaaten seit dem Ausgang des 18. Jahrhunderts institutionalisiert hat, bot zweierlei Vorteile:

Zum einen funktioniert sie wie eine Klammer, die private und öffentliche Person verbindet. Die Nation ist eine kollektive Identität, die die Individuen auch innerlich erfasst. Damit konnte sie dazu beitragen, konfessionelle, kulturelle und ethnische Gegensätze zu neutralisieren. Sie diente also der politischen Integration einer zusammengewürfelten Bevölkerung; einer Integration in eine „imaginierte Gemeinschaft",[1] deren Grundlage eine fiktive kulturelle und ethnische Homogenität bildete - um den Preis, Minderheiten aller Art zu unterdrücken und auszuschließen oder an die Nation zu assimilieren.

Zum anderen hat die Nation den weiteren Vorteil, der demokratischen Gesellschaft eine Gestalt, einen Namen, eine Vorstellung von sich als Ganzer anzubieten. Kurzum, sie fungiert als das Bild, in dem sich die Gesellschaft als politisches Gemeinwesen wiedererkennen kann. Ein Bild, das jedoch nicht ein für alle Mal fixiert ist - ein Name, der nie endgültig definiert ist. Die Gestalt, die die Nation den Völkern bietet, ist eine wandelbare.

Die Ausschlüsse, durch die die nationale Homogenität gesichert wird, bewirken immer wieder eine Rückkehr dieses Verdrängten. Die politischen

Kämpfe um Teilhabe und Rechte führen zur jeweiligen Neudefinition der Figur der Nation. Sie erzwingen eine Neuzeichnung ihrer Gestalt. Was ist sie, wer gehört ihr zu – das sind ebenso viele Umschreibungen des Bildes ihrer Mitglieder, der Staatsbürger. Wobei nicht immer nur exkludierte Minderheiten, sondern durchaus auch Mehrheiten, wie etwa die Frauen, reklamiert haben, in die Abstraktion dieses Universalismus aufgenommen zu werden. Die Nation ist kein statisches Ganzes, sondern hat vielmehr zahlreiche Erweiterungen ihrer Zugehörigkeit, Ausdehnungen ihrer Gleichheit erfahren.

Nun sind wir heute an einem Wendepunkt angelangt: Im Unterschied zu jenen Auseinandersetzungen um die Neudefinitionen des Nationalen sehen wir uns nunmehr mit der Erosion der Gestalt des Nationalen konfrontiert. Die Ursachen dafür sind vielfältiger Natur. Etwa die komplexen Prozesse der Ausweitung ökonomischer Transformationen ins Kulturelle, unter dem Signum „Globalisierung" erfasst. Im vorliegenden Zusammenhang sollen jedoch zwei andere Momente namhaft gemacht werden. Da ist zum einen die neuartige Form der politischen Auseinandersetzung, die Identitätspolitik, die seit den 1970er Jahren als „Neue Soziale Bewegungen" das Terrain der Auseinandersetzungen modifiziert hat. Hier ging es nicht mehr darum, weitere partikulare Bestimmungen in die abstrakte staatsbürgerliche Gleichheit zu integrieren, sondern eben diese zu unterlaufen. Darauf wird noch zurückzukommen sein.

Das zweite Moment, das die Gestalt des Nationalen nicht mehr erweitert, sondern grundlegend in Frage stellt, ist die neue Zusammensetzung der Bevölkerung in den europäischen Nationalstaaten. Die nunmehrige Vielfalt der Herkunftsgemeinschaften bildet einen unhintergehbaren Pluralismus, der nicht mehr durch das Konzept der Nation im herkömmlichen Sinne integrierbar ist. Er untergräbt damit die bisherigen Vorstellungen von nationaler Einheit und Gleichheit. Er lässt sich nicht mehr der bislang gültigen Gestalt einverleiben. Diese Vielfalt stellt bekanntlich eines der drängendsten politischen Probleme westlicher Gesellschaften dar.

In dieser Situation scheint es nötig, das Konzept der Demokratie in seiner bislang gültigen Form zu hinterfragen und sich – anders gesagt – auf die Grundlagen der Demokratie zu besinnen. Denn angesichts der Erosion des Nationalen wird es notwendig, gerade diese zu stärken. Es ist also notwendig, Demokratie nicht national, sie jenseits des Nationalen zu denken. Nicht, dass sie sich – immer noch und auf absehbare Zeit – anderswo als im nationalen Territorialstaat realisieren würde, aber die Nation als Konzept, als Idee ist nicht mehr Grundlage des demokratischen Prozesses. Es braucht also das, was Jürgen Habermas die Auflösung der „geschichtlichen Symbiose des Republikanismus mit dem Nationalismus" nennt,[2] die Entkoppelung des demokratischen politischen Prozesses von der nationalen Mehrheitskultur. Demokratie und Nation sind zwar gleichzeitig aufgetreten. Trotzdem ist ihre Verbindung keine notwendige. Der demokratische Prozess ist durchaus getrennt von einer nationalen Integration denkbar. Die Demokratie, so Habermas, „ist nicht von Haus aus auf eine mentale Verwurzelung in der Nation [...] angewiesen".[3]

Dieser Prozess der Trennung, der Freisetzung der Demokratie vom nationalen Partikularismus ist ein langwieriger und äußerst schwieriger Vorgang. Er vollzieht sich nicht reibungslos und ruft verschiedenste Reaktionen hervor. Die sichtbarste ist die Schließung, die Verhärtung der nationalen Identität: sei es durch Radikalisierung der Nationen-Gestalt, wie sie die extreme Rechte betreibt, sei es durch die vielbeschworenen Werte, wie sie Konservative favorisieren. Die Idee der „Leitkultur" liest sich wie ein Rückzugsgefecht, das die Stellung einer in die Defensive geratenen nationalen Identität noch einmal wahren soll.

Tatsächlich lautet der - viele beunruhigende - Befund: Die Demokratie bedarf keiner kulturellen Homogenität. Die staatliche Zugehörigkeit bedarf keiner ethnischen oder kulturellen Grundlage, wie sie die Idee des Nationalen vorgibt. Demokratie und unhintergehbarer Pluralismus der Bevölkerung schließen sich nicht aus - ohne dass es deshalb zu einer Fragmentierung oder einem Zerfall des politischen Gemeinwesens kommen muss. Der demokratische Prozess kann den Zusammenhalt der von der Vielfalt überforderten Gesellschaften übernehmen. Anders gesagt, Demokratie kann jene Art der gesellschaftlichen Einheit herstellen, derer wir heute bedürfen: eine Einheit, die weder partikularistisch eine nationale Eigenart verwirklicht noch homogenisierende Assimilation verlangt. Um das zu erfüllen, muss die Grundlage der Demokratie vor allem eines sein: abstrakt. Sie muss von kulturellen Bestimmungen absehen. Für Habermas stellt sich diese Abstraktion durch den sogenannten „Verfassungspatriotismus" her, eine gemeinsame politische Kultur, die keiner gemeinsamen ethnischen, sprachlichen oder kulturellen Herkunft bedarf.

Ich möchte an diesem Konzept einer notwendigen „politischen Kultur" festhalten, diese jedoch anders definieren. Es gilt, dass die Demokratie sich nicht auf reinen Gesetzesgehorsam reduziert. Selbst in ihrer abstraktesten Form beschränkt sie sich nicht auf eine rein äußerliche Vergesellschaftung. Sie braucht eine innerliche Bindung.

Ist demnach ein guter Staatsbürger nur einer, der etwa der Nationalelf beim Länderspiel die Daumen drückt? Ja und nein. Nein, weil dieses beliebte Beispiel immer noch auf die Gestalt der Nation als Parameter der Integration zurückgreift. Man muss hier nachdrücklich unterstreichen:

Westliche Gesellschaften bedürfen der Inklusion in die Demokratie, nicht in eine kulturell einheitliche nationale Gemeinschaft. Insofern braucht es kein Daumen drücken. Und trotzdem gibt es auch ein Ja auf diese Frage, insofern dieses Beispiel auf bildhafte Weise an ein wesentliches Moment demokratischer Inklusion rührt: die notwendige affektive Beziehung. Plurale Demokratien bedürfen einer postnationalen Bindungskraft, das heißt einer Bindungskraft ohne Gestalt. Wie kann man sich solch eine emotionale Beziehung zu einem Abstraktum vorstellen?

Grundlage der Demokratie ist die Trennung von Religion und Politik – mithin die Privatisierung des Glaubens. Das bedeutet für das einzelne Subjekt, den Glauben und damit seine volle Identität auf seine private Person zu beschränken und darüber hinaus aber auch zu einer anderen, einer öffentlichen Person zu werden. Die teilweise Integrierung der Außenperspektive in die Innenperspektive der Religion nennt das Friedrich Wilhelm Graf.[4] Anders gesagt: In der Demokratie ist der religiöse Glauben nur um den Preis seiner partiellen Säkularisierung aufrechtzuerhalten. Als öffentliche Person ist man ein wesentlich abstraktes Individuum: Man muss von seinen privaten Überzeugungen und persönlichen Partikularismen absehen, um in Gleichheit mit anderen eintreten zu können. Kurzum – die Privatisierung des Glaubens bedeutet für das Individuum, dass es sich spalten muss.

Es muss sich in ein Spezielles und ein Allgemeines, in ein Gläubiges und ein nicht Gläubiges spalten. Es muss sich doppelt situieren: in einer Sphäre, wo alle gleich, abstrakt, allgemein, und gleichzeitig in einer Sphäre, wo alle unterschiedlich, spezifisch, konkret sind. Religion bringt Gläubige, sprich volle Identitäten hervor. Diese sind nicht nur eins mit ihrem Glauben, sie sind tendenziell auch „vollständig in die gesellschaftliche Ordnung sozialisiert“, so lautet zumindest das „theologische Weltbild“.[5] Es ist dies jedoch, muss man hinzufügen, eben kein demokratisches Wunschbild.

Demokratie verlangt zwar nicht das Ende der vollen Identitäten, aber deren Eingrenzung. Das Paradox der Demokratie lautet: Volle Identitäten müssen auch zu jenen öffentlichen Subjekten werden, die keinen Glauben kennen, da dieser ja privatisiert wurde.

Die staatsbürgerliche Gleichheit und die partikulare Differenz „ergänzen“ sich zur gespaltenen Identität des Demokraten. Denn Demokratie ist jene politische Organisationsform, die einer gespaltenen Identitätsstruktur entspricht. Darin liegt ein enormer Sprung, ist doch damit die demokratische Identität das Gegenteil von dem, worin Identität besteht: Einheit. Das demokratische Subjekt ist gerade über seine Spaltung, gerade über den Abzug von seiner vollen Identität an die Demokratie gebunden. Diese merkwürdige negative, abstrakte Bindung möchte ich als demokratischen Glauben bezeichnen. Der demokratische Glaube ist – im Unterschied zu allen anderen Glaubensformen – eben derjenige, der eine Spaltung ins Subjekt einführt.

Dieser Glaube weist also mehrere Besonderheiten auf: etwa, dass er kein Glaube an etwas ist. Der demokratische Glaube ist kein Glaube an die Demokratie. Dann müssten etwa Immigranten nur das Objekt des Glaubens wechseln. Tatsächlich aber bedeutet der demokratische Glaube eine tiefer gehende Veränderung in der Struktur des Glaubens: Er ist ein genuin säkularer Glauben. Denn er bewirkt keine volle demokratische Identität, sondern eine Spaltung des Subjekts. Das ist die Art, in der der demokratische Glaube existiert.

Ich halte aber daran fest, ihn als Glaube zu bezeichnen – auch wenn er sich selbst nicht als solcher weiß, auch wenn die „Gläubigen" sich selbst nicht als solche verstehen. Denn Glaube ist er, weil er ein affektives Verhältnis zu einem Gemeinwesen herstellt, zu dessen Teil er dadurch wird. Glaube also ist er, weil dieser emotionale Bezug zu einem Ganzen seine Identität konstituiert. Dazu muss man festhalten, dass Glaube auf mehrfache Weise existieren kann. Der Unterschied liegt im Effekt. So erzeugt das, was man gemeinhin unter Glauben versteht, also der Bekenntnisglaube, Gläubige mit vollen Identitäten. Während das, was hier als säkularer Glaube definiert wird, genau das Gegenteil erzeugt: einen Abzug von den vollen, privaten Identitäten. In diesem Sinne funktioniert Demokratie psychopolitisch also nicht durch Überzeugungen, die ja wiederum ein Bekenntnis verlangen würden, sondern primär eben als Spaltung. Das demokratische Subjekt ist die „Einheit" seiner partikularen und seiner abstrakten Identität. Es kann also keine Demokraten mit voller Identität geben, ist doch die Demokratie eben jene politische Struktur, die eine solche verhindert. In diesem Sinne ist der demokratische Glaube eben säkularer Glaube. Er erteilt dem Absolutheitsanspruch jedes Bekenntnisglaubens eine Absage. Er bedeutet einen Abzug von bestehenden Glaubensverhältnissen, die Einführung der demokratischen „Leere" ins Herz der vollen Identität.

Die Zugehörigkeit zum demokratischen Gemeinwesen stellt sich primär nicht durch die Akzeptanz von Werten her, sondern durch die „Akzeptanz" des neutralen Staates, die sich in ebenjener Zweiteilung des Subjekts äußert. Es ist eine abstrakte, allgemeine, gleiche Zugehörigkeit. Deshalb kann man nur als gespaltenes Individuum Teil des demokratischen Staatsvolkes werden. Denn nur als solches erlangt man jene gemeinsame „Identität", die von der partikularen Vielfalt absieht, die wir auch sind.

Diese Spaltung, dieser demokratische Glaube, ist von Beginn an die psychopolitische Grundlage der modernen Demokratie gewesen. Die nationale Identität hat diesen Mechanismus nur verdeckt. Wir können nunmehr präzisieren: Die Nation stellte das Angebot einer vollen Identität unter den Bedingungen der demokratischen Spaltung dar. In diesem Sinne fungierte sie eben als Klammer, die öffentliche und private Person unter einem gemeinsamen Namen verbindet. Sie ermöglicht also, die vielfältigen identitären Bestimmungen zu vereinheitlichen. Die nationale Identität überbrückt die Spaltung, ohne sie aufzulösen. Sie erlaubt eine „ganzheitliche Hingabe des Einzelnen ans Volk"[6] unter Aufrechterhaltung der Differenz Bürger/Staatsbürger. Etwa auch durch die enorme Aufladung des abstrakten Staatsbürgers zum emphatischen Citoyen.

Denn natürlich war bereits die Nationenbildung ein Abstraktionsschub, der die Individuen aus ihren unmittelbaren Gemeinschaften herausriss, um sie in ein größeres Ganzes einzugemeinden. Wir haben es heute mit der Fortsetzung dieser Abstraktion zu tun - mit der Vollendung der Abstraktion gewissermaßen. Exemplarisch zeigt sich das an der zweiten Reaktion auf die Erosion des Nationalen, auf die Entkoppelung von Demokratie und Nation. War die eine Reaktion, wie erwähnt, die der Verhärtung des Nationalen, mithin deren Beschwörung als ungebrochener Identität (bis hin zum Fanatismus der vollen Identität schlechthin, dem Fundamentalismus), so ist die andere Reaktion das genaue Gegenteil davon. Wir sehen allerorten die emphatische Bejahung der demokratischen Identität in nuce - das heißt, das Bekenntnis zur nicht-vollen Identität. Das bedeutet nicht nur die bewusste Übernahme einer gespaltenen Identität. Es bedeutet auch das immer verbreitetere Aufkommen von Mehrfach-Identitäten. Das ist der Abschied von jeglicher, auch von der privatisierten vollen Identität. Keine einzige der vielfältigen partikularen Bestimmungen soll noch dominant sein. Das moderne demokratische Subjekt erlebt sich auch privat als multiple Identität, ohne einer davon den Vorzug zu geben. Dies lässt sich nicht einfach unter das Schlagwort „Multikulturalismus" subsumieren, ist dieser doch - zumindest in seiner einfachen Form - die Zuschreibung von vollen Identitäten an andere. Die Beschwörung der multiplen Identitäten bedeutet hingegen eine Vermischung, eine Hybridisierung - das Ende homogener Lebensformen.

Eine offene Frage in diesem Zusammenhang ist die Rolle der bereits erwähnten „Neuen Sozialen Bewegungen". Seit den späten 1970er Jahren entstand eine neue Art der Politik, eine Politik in der „ersten Person", die in vielfacher Hinsicht eine radikale Veränderung bedeutet. Hat also die Identitätspolitik der Frauen, Schwulen, Lesben, Schwarzen, Ökologen und so weiter völlig die Parameter der Demokratie verändert? Frühere politische Kämpfe (wir sehen hier von ökonomischen Auseinandersetzungen ab) haben das Bild des Staatsbürgers umgeschrieben. Sie wurden von Ausgeschlossenen geführt, die versuchten, am Allgemeinen teilzuhaben. Insofern waren sie eine Steigerung der Spaltung zwischen privater Person (etwa Frau oder Arbeiter) und öffentlich gleichberechtigten Citoyens. Sie kämpften darum, von ihren Partikularismen abzusehen und Teil der staatsbürgerlichen Abstraktion zu werden. Diese Auseinandersetzungen waren geleitet von einer Vorstellung von Subjektivität, wie sie die Figur des Citoyens seit dem 18. Jahrhundert bestimmte. Dieser war eben jener, der sich von allen Zugehörigkeiten befreite und in die Sphäre der Allgemeinheit und Einheit erhob. Er musste seine Partikularität gewissermaßen hinter sich lassen.

Mit den „Neuen Sozialen Bewegungen" hat sich diese Zuordnung völlig verschoben. Diese wollten gerade mit ihren besonderen Identitäten in den öffentlichen Raum eintreten. Sie kämpften darum, gerade als das, was sie sind, anerkannt zu werden. Da ging es nicht mehr darum, die Gestalt der Allgemeinheit umzuschreiben, sondern diese zu unterlaufen. Es ging um eine völlige Veränderung der Öffentlichkeit: Nicht mehr deren abstrakte Konsistenz zählt, sondern deren Vielfalt. Die Öffentlichkeit wurde zu einem „pluralistischen Raum".[7] Dazu musste er sich nicht nur normativ völlig entleeren, sondern sich auch in sein Gegenteil verwandeln: von einer Sphäre der Einheit und Gleichheit zu einer Sphäre der Differenz. Heute ist der Partikularismus das, was es erlaubt, in die Öffentlichkeit zu treten und dort zu zählen. Öffentlichkeit sei, so das Schlagwort, nur noch die Veröffentlichung des Privaten.

Bedeutet dies also, dass das Konzept des demokratischen Glaubens, das ja auf der Spaltung beruht, als psychopolitische Struktur der Demokratie von der Politik der Anerkennung verabschiedet wurde? Tatsächlich muss man die Natur dieser Identitäten jedoch näher betrachten. Denn dort hat die entscheidende Veränderung stattgefunden. Die identitären Besonderheiten, mit denen man sich seit dreißig Jahren an die Öffentlichkeit drängt, sind keineswegs gleichzusetzen mit früheren gemeinschaftlichen Zugehörigkeiten. Diese waren traditionell in dem Sinne, dass sie für den Einzelnen grundlegend objektiv waren. Sie gingen dem Individuum voraus und stellten ein Milieu dar, das sie zwingend umschloss und ihnen einen Platz und eine – in diesem Sinn eben volle – Identität zuwies. Identitätspolitik hingegen besteht darin, dass eine Gruppe eine nicht gewählte Eigenschaft (wie etwa das Geschlecht) zum zentralen Moment ihrer politischen Aktivität macht (und in deren Namen Forderungen erhebt). In diesem Paradox, eine Gegebenheit, etwas Übernommenes zu wählen, liegt der springende Punkt.

Die ganze Differenz gegenüber der vollen gemeinschaftlichen Identität liegt in diesem Moment der Wahl. Man wählt, welche Eigenschaft man zur vorherrschenden macht, als wer man in der Öffentlichkeit auftritt: ob mit seinen sexuellen Neigungen, mit seinem Geschlecht oder doch lieber mit seiner ethnischen Herkunft. Die gewählte Eigenschaft ist sowohl widerrufbar als auch definierbar. Was Frau-Sein, Schwarz-Sein und so weiter jeweils bedeutet, wer dazu zählt und wie man das öffentlich macht, ist seit Jahren Gegenstand vielfältiger politischer Auseinandersetzungen. Voraussetzung dafür war, dass die demokratischen Prinzipien, Freiheit und Gleichheit, zum „common sense der westlichen Gesellschaft" verallgemeinert waren.[8] Die Identitäten, die sich in die Öffentlichkeit einschreiben, haben bereits den demokratischen Glauben übernommen, sie sind durch die Spaltung hindurch gegangen. Sie sind ein „Produkt der demokratischen Entwicklung".[9] Man tritt auch heute nicht als volle Identität in den öffentlichen Raum. In diesem Sinne handelt es sich eben nicht um eine Entprivatisierung, da diese Zugehörigkeiten nicht mehr privat sind, sondern als Entscheidungen, den säkularen Glauben in sich zu tragen.

Dies wird etwa am Unterschied zwischen Feministinnen und verschleierten Frauen in öffentlichen Berufen, wie Lehrerinnen oder Beamtinnen, deutlich. Der Unterschied liegt nicht daran, dass die eine Auseinandersetzung fortschrittlich ist und die andere nicht. Es geht nicht um ein Mehr an Rechten oder ein Weniger. Die Differenz liegt vielmehr genau am demokratischen Glauben. Der Schleier ist das Zeichen einer vollen Identität. Eine Frau, die verschleiert eine öffentliche Funktion wahrnimmt, bedeutet den Eintritt einer vollen, nicht-gespaltenen Identität in eben diese Öffentlichkeit, die per Definition der Bereich ist, der die Spaltung der Individuen in öffentliche und private notwendig macht. Daran sieht man im Gegenzug, dass feministische Forderungen eben nicht-volle Identitäten „veröffentlichen".

Seyla Benhabib scheint implizit genau diesem Unterschied gerecht zu werden, wenn sie zur Verteidigung des Schleiers dessen „fließende Bedeutungspolyvalenz" anführt:[10] Die Festschreibung der Bedeutung des Schleiers – in unserer Definition seine Zuordnung als volles Zeichen – verkenne, laut Benhabib, die Umcodierung, die er erfährt. Sie sieht eine Entwicklung, die das Tragen des Schleiers „von einem religiösen Akt in eine Geste kulturellen Aufbegehrens" verwandelt, in einen „politischen Akt der offensiven Bekundung des kulturellen Andersseins auf der Bühne einer monochromen Öffentlichkeit, die jede derartige Differenz in die Sphäre des Privaten verabschiedet".[11]

Benhabibs Gegenentwurf ist also der einer Öffentlichkeit, die nicht monochrom ist, sondern eine Bühne für Differenzen. Diese Vorstellung ist jedoch durchaus ambivalent. Geht es einfach um Zeichen der Differenz, um volle Zeichen von geschlossenen Gemeinschaften, dann ist diese Forderung problematisch. Denn dann wird dieses Zeichen zum „Instrument der Zersetzung der Gesamtgesellschaft".[12] Als reine Bühne für Differenzen dieser Art würde die Öffentlichkeit fragmentiert und untergraben. Gelänge jedoch die Umcodierung des Schleiers von einem Zeichen der Unterdrückung zu einem Zeichen des Aufbegehrens der Frauen, ein Aufbegehren sowohl gegen die Diskriminierungen durch die Mehrheitsgesellschaft wie auch gegen jene ihrer integralen Lebenswelten, dann hätte er sehr wohl Platz in einer Öffentlichkeit der Abstraktion. Die Öffentlichkeit kann nicht reine Akkumulation von Differenz sein. Sie bedarf auch einer Allgemeinheit, eines abstrakten, allen gemeinsamen Prinzips.

Der postnationale öffentliche Raum ist zwar entleert, er gibt also nicht das inhaltliche Prinzip der Einheit vor, dennoch aber muss er die Pluralismen verbinden. Der demokratische Glaube, die Einhegung aller vollen Identitäten, stellt jene abstrakte Einheit her, die Minderheiten und Mehrheitskultur gleichermaßen umfasst.

Benhabib schreibt, das Kopftuch kollidiere mit der Ansicht, wie eine Lehrerin in der Öffentlichkeit aufzutreten habe. Sie hat natürlich recht, weil sie darauf hinweist, dass es eine Vorstellung, ein Bild des „abstrakten" Citoyens gibt. Eben jenes Bild, auf dessen Umschreibung jede Politik der Anerkennung zielt. Es gibt also eine falsche Abstraktion der Gestalt des Citoyens, die sehr wohl kulturell und national determiniert ist. Gleichzeitig aber gibt es eine notwendige Abstraktion, die gerade für jede Politik der Differenz entscheidend ist: die Abstraktion der Spaltung zwischen privater und öffentlicher, voller und nicht-voller Identität. Im Unterschied zu Ersterer ist diese nicht aufzugeben. In diesem Sinn: Kann eine verschleierte Lehrerin den demokratischen Glauben repräsentieren? Derzeit scheint es kaum vorstellbar, dass sie durch Eingrenzung ihrer gemeinschaftlichen Identität ans politische Gemeinwesen gebunden ist.

Benhabib schreibt weiter, man solle den Anderen in seiner Differenz belassen.[13] Man muss ihr beipflichten, dass der Andere nicht an die gleichförmige Mehrheitskultur assimiliert werden soll. Aber man muss auch einwenden, dass dieses „Belassen" nur gilt, wenn dieser Andere den demokratischen, den säkularen Glauben „übernimmt" – den affektiven Bezug aufs Gemeinwesen qua Spaltung.

Der demokratische Prozess in nuce, also in Absehung seiner nationalen Gestalt, braucht, wie gesagt, mehr als reinen Gesetzesgehorsam und weniger als Assimilation. Der demokratische Glaube erfüllt genau die Funktion, die eine pluralistische Gesellschaft braucht: eine Integration, die kein Bekenntnis im inhaltlichen Sinn verlangt, die nicht auf der Ebene der Werte stattfindet und gleichzeitig zutiefst anti-fundamentalistisch ist. Ist das demokratische Setting doch gerade in seiner Struktur der Eingrenzung das Gegenteil jeder fanatisch vollen Identität. Es ermöglicht einen doppelten, komplementären Prozess: die Öffnung der Subkulturen, die ihre Mitglieder „aus der Umklammerung entlassen",[14] die Abschottung öffnen, ohne ihre Kultur, ihre Lebensweise aufgeben zu müssen. Es bedarf keiner Konversion zum demokratischen Glauben im Sinne eines Bekenntnisses. Er ist Glaube nur durch die Gleichzeitigkeit von Gemeindemitgliedschaft und Staatsbürgertum, durch den emotionalen Bezug, der die eigene Identität als gespaltene, als beschränkte herstellt.

Gleichzeitig aber braucht es auch eine Öffnung des politischen Gemeinwesens. Es muss Differenzen zulassen. Dazu muss es sich von den Vorstellungen einer nationalen Homogenität, von einer ethnisch-kulturellen Gemeinsamkeit verabschieden und seine Einheit auf eine andere Grundlage stellen: auf die der identitären Spaltung seiner Bürger. Darin besteht die gemeinsame „politische Kultur". Demokratie bedarf des demokratischen Glaubens aller.

Anmerkungen

1 Benedict ANDERSON, Imagined communities, London–New York 1983.
2 Jürgen HABERMAS, Die postnationale Konstellation und die Zukunft der Demokratie, in: HABERMAS, Die postnationale Konstellation, Frankfurt am Main 1998, 116.
3 Ebenda, 117.
4 Friedrich Wilhelm GRAF, Die Wiederkehr der Götter. Religion in der modernen Kultur, München 2007, 109.
5 Thomas LUCKMANN, Die unsichtbare Religion, Frankfurt am Main 1991, 119.
6 GRAF, Wiederkehr der Götter, 119.
7 Marcel GAUCHET, La religion dans la démocratie, Paris 2002, 134.
8 Chantal MOUFFE, Ernesto LACLAU, Hegemonie und radikale Demokratie, Wien 2000, 201.
9 GAUCHET, La religion, 130.
10 Seyla BENHABIB, Der Kampf um die Kultur. Gleichheit und Vielfalt im öffentlichen Diskurs Europas, in: Lydia HAUSTEIN, Bernd M. SCHERER, Martin HAGER (Hg.), Feindbilder, Göttingen 2007, 65.
11 Ebenda, 75.
12 GAUCHET, La religion.
13 Ebenda, 68.
14 HABERMAS, Die postnationale Konstellation.

Sprache und Politik: Umgang und Auseinandersetzung mit Vergangenheiten

Ruth Wodak

Für den, der nicht mitmacht, besteht die Gefahr, daß er sich für besser hält als die anderen und seine Kritik der Gesellschaft mißbraucht als Ideologie für sein privates Interesse. … Das Publikum hat ein Recht darauf, nicht angeschmiert zu werden, auch wenn es darauf besteht, angeschmiert zu werden.

Theodor W. Adorno, 1993

Kommunikation besitzt viele verschiedene Funktionen, deren wir uns zum Teil bewusst, zum Teil gar nicht bewusst sind: Vieles läuft im Alltag automatisiert ab. In einer Zeit neuer Medien und Technologien, fließender und sich verändernder Grenzen, neuer Zeit- und Raumwahrnehmungen und großer Mobilität wächst die Relevanz von Kommunikation: Kommunikation im Sinne von größerer Frequenz der Kontakte und neuer Qualität der Beziehungen. Umso schwieriger gestalten sich aber auch Verständigung, Verhandlung und Austausch in unserer multilingualen, globalisierten Welt. Die – oft überwältigende – Schnelligkeit der neuen Medien (wie E-Mail, SMS, Internetforen, Chatrooms, Videokonferenzen und so weiter) täuscht uns vor, dass wir alle immer und überall erreichbar wären. Wenn man sich nicht vorsieht, wird man sogar von den Kommunikationsmitteln kontrolliert, und nicht umgekehrt. Die Benutzung und die sinnvolle Integration neuer Technologien müssen daher sowohl überlegt wie auch gelernt werden.

Auch Medien erreichen uns überall. Wir bekommen – erstmalig in dieser Vehemenz – sämtliche Nachrichten ins „Wohnzimmer“ geliefert; oft können wir wichtige Ereignisse miterleben; wir sind quasi „live dabei“, nicht nur in Wort, sondern auch in Bild. Dies war beispielsweise ein besonderes Merkmal des ersten Golf-Krieges 1991 und auch der Ereignisse rund um den 11. September 2001. Natürlich haben wir die Option, die Medien nicht zu benützen, also „abzudrehen“. Dennoch hat die „große Politik“ durch Medien wie CNN einen anderen Stellenwert erhalten. Denn man erlebt Politik „mit“, ohne wirklich „dabei zu sein“, und vor allem, ohne dass man sich dazu gleichzeitig für die Öffentlichkeit hörbar äußern kann, geschweige denn Entscheidungen mitbestimmen kann oder darf. Was sind nun Konsequenzen der neuen Kommunikationsformen in der Politik? Wie könnten alternative Formen politischer Kommunikation ausschauen? Welche Herausforderungen stellen sich für eine fortschrittliche Politik?

Politikverdrossenheit

Die oben genannten Phänomene führen unter anderem zu tiefer Frustration, denn viele Menschen fühlen sich und sind auch tatsächlich von jeglicher Mitbestimmung ausgeschlossen. Das sogenannte „Demokratiedefizit" der Europäischen Union weist auf Ohnmachtsgefühle hin, die viele europäische BürgerInnen empfinden. Entschieden wird also „hinter verschlossenen Türen"; obwohl die Medien uns vorgaukeln, dass wir über alles informiert werden, sind gerade JournalistInnen von „Scoops", also wichtigen und berichtenswerten Nachrichten und Ereignissen, abhängig. Und der Nachrichtenwert hängt, wie wir wissen, stark von Verkaufszahlen und Einschaltquoten ab. Daher sind wir einerseits mit vielen ritualisierten und damit recht inhaltsleeren Abläufen konfrontiert (mit Gruppenfotos, Interviews und Pressekonferenzen), andererseits mit Skandalisierungen, die allesamt mit Korruption, Sex, und Celebrity-Culture zusammenhängen. Die Grenzen zwischen seriöser Politik und Pop-Kultur sind neuerdings fließend. Man spricht vom „Infotainment".

Wichtige Entscheidungen können nicht nachvollzogen und natürlich schon gar nicht mitbestimmt werden. Politikverdrossenheit ist eine notwendige Folge dieser Entwicklungen, die sich unter anderem in immer geringeren Wahlbeteiligungen auf nationaler und transnationaler Ebene äußert. Inhaltsleere Slogans und lächelnde Politikerporträts, wie sie uns allerorts begegnen, bieten weder Programme und Positionen noch interessante Argumente (pro oder kontra wichtiger Entscheidungen oder gesellschaftlicher Herausforderungen) an. Das Fehlen von Inhalten und der Mangel an transparenter Entscheidungsfindung führen auch zu einer Hinwendung zu populistischer Politik, sei es von „rechts" oder von „links" (wobei klar ist, dass jede Form politischer Kommunikation notwendigerweise in gewissem Ausmaß populistisch sein muss im Versuch, möglichst viele WählerInnen anzusprechen; Mittel und Inhalte können jedoch sehr unterschiedlich ausfallen[1]).

Sieht man sich T. W. Adornos Überlegungen an, die ich zu Beginn als Epigraph angeführt habe, so müssen wir uns fragen, wie Information, sachliche Auseinandersetzung, Verhandlung, Partizipation, Transparenz und Interesse gewährleistet bleiben können. Letztlich muss sich gerade auch kritische Wissenschaft damit auseinandersetzen, welche Rollen sie übernehmen will, kann oder darf.

Richard Sennett meint, dass sich das Gleichgewicht zwischen „privat" und „öffentlich" zugunsten Ersterem verschoben hat.[2] Daraus ergibt sich, so Sennett, ein Verfall des öffentlichen Lebens. Dies zu überprüfen ist bisher nur in Teilbereichen möglich. Jedenfalls wird klar, wie wichtig der Alltag und die unmittelbaren Lebensumstände für die Wahrnehmung von Politik sind. Viele meinen, dass PolitikerInnen den Bezug zu den Individuen und ihrem Alltag verloren hätten. Und viele empfinden Politik als intransparent und unverständlich, auch in ihrer Sprache. Der Widerstand gegen eine neue europäische Verfassung etwa äußerte sich nicht zuletzt in der Kritik am Text selbst, der mit den Erwartungen an eine Verfassung (auch als Textsorte) wenig gemein hatte und hat. In der Schule hätte man dies als „Textsorten- und Themenverfehlung" bezeichnet und dementsprechend schlecht benotet. In diesem Fall waren Widersprüche nicht überbrückbar: einerseits VertreterInnen von 27 Mitgliedsstaaten auf ein Dokument einzuschwören (das daher entsprechend vage verbleiben musste), andererseits den Charakteristika des Genres „Verfassung" gerecht zu werden.

Die Hinwendung zum Bild

All die bisher genannten Phänomene sind Konsequenz von Globalisierung auf vielen Ebenen und betreffen insbesondere auch den Wechsel vom schriftlichen oder mündlichen Text zum Bild, zur visuellen Kommunikation („Multimodalität"). Visuelle Kommunikation besitzt oft andere, emotionelle Wirkungen, die in ihrem Umfang erst erforscht werden. Bilder gewinnen gerade wegen der Schnelligkeit der Medien und der verkürzten Informationen (kurze „sound bites" sind gefragt) immer mehr an Bedeutung. Bilder lassen vielfache und widersprüchliche Interpretation und Identifikationen zu. Sie können durchaus auch argumentativ aufgeladen sein, bleiben jedoch notwendigerweise mehrdeutig. Dadurch werden gleichzeitig an ganz verschiedene Rezipientengruppen Appelle und Bedeutungen kommuniziert („Mehrfachadressierung"; „Strategie der kalkulierten Ambivalenz"). Oder die Inhalte sind sehr simpel und leicht zu behalten, ohne auf schwierige und komplexe Vorgänge Rücksicht zu nehmen.

Bilder reduzieren komplexe politische und historische Prozesse auf eine Momentaufnahme. Eingebettet in Erklärungen und Orientierungen sind Bilder natürlich wichtig. Aber als einzige Nachrichten- und Informationsträger sind sie sicherlich nicht geeignet, da sie den Prozesscharakter gesellschaftlicher Entwicklungen nicht zu transportieren vermögen.

Identität und Differenz

Die Dichotomisierung der komplexen Welt in einfache Kategorien erscheint als ein wesentliches konstitutives Moment heutigen politischen Sprachgebrauchs, persuasiver Kommunikation und politischen Handelns, besonders aber populistischer Rhetorik. Diese besondere Wahrnehmung dient unter anderem dazu, die eigenen Handlungen positiv darzustellen, diejenigen der anderen hingegen als negativ. Das Grundmuster besitzt mehrere – leicht erkennbare und typische – Funktionen:

- Komplexe Phänomene werden einfach erklärt und damit verzerrt.
- Komplexe Fragen erhalten einfache Antworten.
- Komplexe Argumente werden durch einfache Behauptungen ersetzt.
- Komplexe Probleme finden schnell einfache Lösungen; die Sündenbockstrategie bietet sich an: Die anderen sind schuld! Dazu passen Verschwörungstheorien: „Gewisse Kreise", die im Hintergrund agieren, werden anonym und vage ausfindig gemacht; damit kann man sich leicht als Opfer unbekannter Mächte definieren. Durch solche Argumentationsstrategien kann man von komplexen Problemen ablenken.
- Freunde/Freundinnen und Feinde werden immer neu definiert, die Mächtigen bestimmen, wer ein- und ausgeschlossen ist.

Diese Grundstruktur erlaubt Generalisierungen auf die Außengruppe, die Grundvoraussetzung für vorurteilsbehafteten Sprachgebrauch.

Der Wir-Diskurs dient letztlich dazu, Identitäten zu schaffen und zu definieren, Gleichheit, Ähnlichkeit und Verschiedenheit (idem und ipse im ricoeurschen Sinn) stets Gruppen zuzuordnen, Aus- und Abgrenzung zu manipulieren.

Der politische Diskurs erlaubt also eine stete Transformation und immer neue Definition von Identitäten. Wer heute noch „dazu gehört", kann morgen ausgeschlossen sein. Wir-Diskurse bedeuten somit einen ersten Schritt in der Schaffung von Feindbildern: von der diskursiven Setzung von Differenzen bis zur gesetzlich legitimierten Ausgrenzung und, im Extremfall, zur geplanten physischen Vernichtung der „Anderen". Solche Wir-Diskurse sind nicht als statisch zu begreifen, sondern als dynamisch, widersprüchlich, fragmentiert und historisch veränderbar.

Der uneingeschränkte und alle vereinnahmende Wir-Diskurs kann auch zu einer „Heimatrhetorik" (zum sogenannten „nationalen Schulterschluss") führen[3]: zur Suche nach Identitäten, zu Solidarität einerseits, zu Nationalismus, Chauvinismus und Fremdenfeindlichkeit, Xenophobie und Antisemitismus andererseits. Dies überrascht gerade in Zeiten der Globalisierung und generellen Unsicherheit und „Angstmache" nicht,[4] wobei die Suche nach „Heimat" natürlich nicht neu ist, sondern ein zentraler Topos in vielen Literaturen.[5]

Ökonomisierung des Alltags und der Politik

Der Diskursanalytiker Norman Fairclough hat schon 1992 in seinem Buch *Discourse and Social Change* festgestellt, dass es signifikante Tendenzen zu „marketisation" und „technologisation" gebe, aufgrund genauer Untersuchungen des thatcherschen Neoliberalismus und seiner Auswirkungen auf das britische Hochschulsystem. In seinem nächsten Buch *New Labour - New Language* (2000) konnte Fairclough die Fortsetzung des Thatcherismus in der Politik von New Labour festmachen - in einem neuen „managerial speak", von vielen abfällig als „spin" anstelle von Politik bezeichnet. In der Folge konnte unter anderem die Anglistin Gerlinde Mautner anhand eines umfassenden Korpus von „mission statements" amerikanischer und britischer Universitäten den ersten Eindruck Faircloughs klar bestätigen.[6] Auch Universitäten vermarkten sich neuerdings und weisen - wie große Firmen - ihre Ziele und „mission-statements" explizit im Internet aus. Die Universitäten kämpfen um ihren Platz im Ranking, setzen sich entsprechend ihre „benchmarks" und „targets" und nehmen am oben erwähnten globalen Wettbewerb um Prestige, Geld und Studentenzahlen teil. Verbesserungen des „student recruitment", eine Anleihe aus der Militärmetaphorik, sind zum obersten Ziel geworden, denn Studierende bringen Geld (und Prestige).[7]

Die Ökonomisierung des Alltags und der (Bildungs-)Politik hängt mit Gegentendenzen zur oben genannten Heimatrhetorik zusammen: EU- und weltweit beobachten wir „Globalisierungsrhetorik" und „Wettbewerbsrhetorik" als Teil der „knowledge-based economy" und der sogenannten Wissensgesellschaft:[8] Mit Globalisierungsrhetorik ist die diskursive Konstruktion eines Tatbestandes namens Globalisierung gemeint, der im unmittelbaren argumentativen Zusammenhang mit anderen konstruktiven Elementen des EU-Beschäftigungsdiskurses steht: Wettbewerbsfähigkeit, Standort, und Flexibilisierung.

Die Notwendigkeit von Wettbewerbsfähigkeit und Flexibilisierung als Voraussetzung für Beschäftigungswachstum wird durch eine solche Globalisierungsrhetorik legitimiert. Das gilt übrigens in der Regel für makroökonomische Maßnahmen ebenso wie für strukturelle. Und nicht zuletzt wird diese Rhetorik eingesetzt für die Abgrenzung einer europäischen Identität von anderen sogenannten Global Players, beispielsweise von den USA, China, Indien und Japan. Zwei konstitutive Diskursfiguren der Globalisierungsrhetorik sind erstens die Entpolitisierung sozioökonomischer Handlungsfelder, da ist die Rolle der Finanzmärkte sehr bedeutsam; und zweitens die Verabschiedung des Nationalstaats, also die sogenannte Ohnmacht des Nationalstaats gegenüber den neuen ökonomischen Zwängen (was wiederum zur „Heimatrhetorik" führen kann).

Man kann den Kern der Globalisierungsrhetorik zusammenfassend so beschreiben: Ausgehend von einem bestimmten Segment der Wirtschaft, den Finanzmärkten, wird eine gesamtwirtschaftliche Entwicklung konstatiert. Diese an sich kontingente wirtschaftliche Entwicklung wird zur schicksalhaften Notwendigkeit erklärt und dann, in einem weiteren Schritt, zur Tugend stilisiert. Man kann das auch als den Dreischritt Kontingenz - Notwendigkeit - Tugend bezeichnen.[9]

Die zentrale Funktion der Globalisierungsrhetorik und der mit ihr verbundenen Wettbewerbsrhetorik ist, im Sinne Foucaults, die Disziplinierung des Alltags (und damit auch der Bildungsinstitutionen) durch ökonomische Argumente. Diese Disziplinierung betrifft nicht nur eine Klasse, sie ist umfassend. Ihr Ziel ist letztlich das, was Sennett den flexiblen Menschen nennt.[10] Diese Disziplinierung arbeitet wesentlich mit Angst. Dabei spielt Arbeitslosigkeit eine große Rolle. Unsicherheit und Angst, den Arbeitsplatz zu verlieren, dringen überall ein; Angst untergräbt die Selbstachtung und belastet soziale Beziehungen bis in privateste Bereiche hinein. Mit anderen, etwas zynischen Worten: Das fundamentale Problem, das eine Gesellschaft zersetzt, ist nicht die Arbeitslosigkeit von 10 %, sondern die Angst vor Arbeitslosigkeit des großen Restes, also der restlichen 90 %. Instabilität und Ungewissheit werden zur Norm: „Persönliche Ängste sind tief mit dem neuen Kapitalismus verknüpft".[11] Der flexible Mensch, so scheint es zumindest, ist noch kein selbstbewusster Mensch.

Die Argumentationsschritte in vielen Policy Papers und anderen politisch-strategischen Texten lauten also wie folgt:

Globalisierung wird als naturhaftes Phänomen unhinterfragt angenommen. Globalisierung wird in einem zweiten Schritt mit Arbeitslosigkeit in Zusammenhang gebracht. Dieser Zusammenhang wird dann - mit Hilfe einer „fallacy" (eines Trugschlusses), dem Strohmann-Argument - bestritten. Daraufhin werden - in einem vierten Zug - die positiven Aspekte der Globalisierung herausgestrichen; es wird gegen „Commonsense-Meinungen", gegen den Glauben der Leute argumentiert. Die bisherigen europäischen

Fehler werden aufgezählt. Es wird versichert, dass die spezifischen europäischen Ideale unangetastet bleiben sollen. Ein neuer, genuin europäischer Weg wird gesucht. Genau dieser europäische Weg, der „neu“ sein wird, soll - so wird weiter argumentiert - Europa eine führende Rolle im weltweiten Wettbewerb sichern. Wandel und Änderungen sind daher unvermeidbar, quasi naturhaft vorgegeben. Sonst würde Europa in diesem Wettbewerb versagen. Wettbewerb, und damit ist dann die Argumentation zu Ende geführt, ist also das Instrument zur Bekämpfung von Arbeitslosigkeit schlechthin.

Globalisierungsrhetorik dient letztlich dazu, Flexibilisierung in das Zentrum der (Beschäftigungs-)Politik zu stellen und soziale Komponenten in den Hintergrund zu rücken. Die Globalisierungsrhetorik konstruiert damit einen globalen Markt, wo jeder mit jedem in Wettbewerb steht. Dieses Konzept wird in einen neuen Kontext gestellt, in dem grundsätzlich nicht-ökonomische Akteure wie Regierungen und Staaten den Prinzipien eines universalen Ökonomismus unterworfen werden. Politische Akteure werden auf ökonomische Akteure reduziert und Staaten (und Universitäten) zu großen Firmen umdefiniert. Die Politik wird quasi zur Ersatzökonomie und - aus umgekehrter Perspektive - die Ökonomie zur Ersatzpolitik.

In der österreichischen Hochschulpolitik sticht etwa Wissensbilanz als neues Schlagwort hervor:[12] Man fragt sich zu Recht, was auf der Soll- und was auf der Habenseite zu stehen kommt beziehungsweise stehen soll? Wie quantifiziert man „Wissen“ für eine solche Bilanz? Diese Antworten werden vom Gesetzgeber nicht gegeben. Autonomie wird zwar garantiert, alle Entscheidungen des Rektorats und der untergeordneten Organe bedürfen jedoch einer Genehmigung durch den Universitätsrat und darüber hinaus des Ministeriums. Auch „Zielvereinbarungen“ sind neuerdings mit den entsprechenden Dekanen abzuschließen, ganz im Sinne der New-Labour-Rhetorik von „tasks“ und „targets“. Wie man allerdings in einem kreativen Umfeld Produkte auf Jahre genau vorausplanen können soll, bleibt offen.

Zwischenbilanz: Neue Formen politischer Kommunikation?

- Gesichter auf Wahlplakaten ersetzen keine politisch-ideologischen Programme.
- Slogans und Metaphern ersetzen keine komplexen Argumentationen, wirken inhaltsleer. Wobei kreative Metaphern durchaus nützliche Identifikationen anbieten.

- Vage Formulierungen bleiben widersprüchlich und unverständlich und führen zu Gerüchten und Verschwörungstheorien.
- Politische Rhetorik muss sich an bestimmten Situationen und Rezipientengruppen orientieren und „situationsadäquate“ Formulierungen anbieten.
- Konstruierte und reale Ängste müssen ernst genommen werden; kreative und verständliche Alternativen sind gefragt.
- Bilder sprechen Emotionen und Phantasien an, erlauben Assoziationen. Erklärungen und Orientierungen müssen zusätzlich angeboten werden.
- Eingeschliffene Argumentationsmuster müssen aufgebrochen werden.
- Dichotomien vereinfachen Komplexitäten und polarisieren. Auch Komplexität kann verständlich aufgeschlüsselt werden.

Beispiel: Umgang mit traumatischen Vergangenheiten

Heutzutage sind Erinnern und Erinnerungskultur zu Modeerscheinungen geworden. Es wird viel erinnert; Gedenktage, Ausstellungen, Dokumentationen, Gedenkstätten, Denkmäler, Reden, Filme, wissenschaftliche und populäre Literatur, Symposien et cetera zeugen davon – vielfältige und vielfache „lieux de memoire“ (Pierre Nora). Manche sprechen sogar von einer „Gedenkindustrie“, da sich auf sowohl nationaler wie auch internationaler Ebene Reisen an Gedenkstätten als lukrative Formen des Tourismus entwickelt haben.[13]

> Wem es gelingt, eine nationale Geschichte als Abfolge von fremdverursachten Katastrophen hinzustellen, dem (der) gelingt es auch, die Verantwortung für zukünftige Misserfolge, für zukünftige Katastrophen auf Feinde zu projizieren. Wem es gelingt, die „eigene“ Geschichte als Kette von grandiosen Erfolgen zu deuten, für die einzelnen Heroen die Verantwortung zu haben, legt damit den Grundstein für eine übersteigerte Erwartung in die jeweils „eigenen“ Positionen in einer unvermeidlich konfliktreichen Zukunft.[14]

Anton Pelinka zeichnet in diesem kurzen Zitat präzise die inhärenten Spannungen auf, die sich bei Gedenken und Gedenktagen notwendigerweise einstellen: Wie behandeln verschiedene RednerInnen traumatische Geschehnisse? Werden diese als Katastrophen bezeichnet und Menschen beziehungsweise Akteure damit aus der Verantwortung enthoben? Gibt es TäterInnen oder „verschwinden“ diese „einfach“?[15] Oder werden Erfolge hervorgehoben, und wer ist für diese Erfolge verantwortlich? Was bedeuten die jeweils unterschiedlichen Vergangenheitsnarrative für die Gegenwart und Zukunft, für offizielle und hegemoniale Geschichtsbilder oder auch für alternative Entwürfe? Gelingt es, an solchen Gedenktagen oder gar in ganzen Gedenkjahren gegensätzliche Gruppierungen konsensuell zu vereinen oder bleiben Brüche und Differenzen bestehen? Welche Ereignisse werden hervorgehoben, welche in den Hintergrund geschoben und welche überhaupt verschwiegen?

In einem viel beachteten Essay in *The New York Review of Books*[16] kommt der britische Historiker Tony Judt zu dem Schluss, dass zwar seit den 1960er Jahren Gedenken an die Shoah institutionalisiert und das Schweigen früherer Jahrzehnte durchbrochen wurde. Die gängigen Formen solchen Gedenkens hätten jedoch mit vielen Schwierigkeiten zu kämpfen. Er listet insgesamt fünf Problemkreise auf, von denen ich nur drei kurz zusammenfassen will, da sie auch für offizielle Gedenkfeiern in Österreich Geltung besitzen.

Judt beschreibt zunächst, dass das kollektive Gedächtnis in Westeuropa sich von osteuropäischen Schwerpunktsetzungen signifikant unterscheidet. Im ehemaligen Ostblock kommen Erinnerungen an die sowjetkommunistischen Regimes hinzu, die – so meinen viele in den ehemaligen Ostblockländern – unterbelichtet bleiben; daher sei die Fokussierung auf den Holocaust für manche „irritierend": „In this context, the Western European and American emphasis upon Auschwitz and Jewish victims sometimes provokes an irritated reaction".[17] Die eigenen Opfer und Traumen würden, so diese Meinung, hintangereiht. Weiter erklärt Judt, dass es viele Widersprüche in der „europäischen" Vergangenheitspolitik gibt – einerseits würde die Einzigartigkeit des Holocaust betont, andererseits würden angebliche Genozide der jüngeren Vergangenheit immer wieder mit dem Holocaust verglichen (wie etwa Ruanda, Bosnien oder Darfur). Daher gebe es, so meint Judt, die Gefahr einer inflationären Verwendung des Begriffes.

Judt weist schließlich auch darauf hin, dass vorschnell bei jeder Form von Antisemitismen sogleich vor einem neuen „Holocaust" gewarnt werde. Damit, so argumentiert er weiter, verlerne man, zwischen dem „wirklich Bösen" und den alltäglichen Vorurteilen und Opportunismen zu unterscheiden:

> We have lost sight of what it was about twentieth-century political religions of the extreme left and extreme right that was so seductive, so commonplace, so modern, and thus so truly diabolical. After all, if we see evil everywhere, how can we be expected to recognize the real thing?[18]

Im Rückgriff auf Hannah Arendt bedeute dies, dass das „Böse" seine Bedeutung verliere. Letztlich warnt Judt davor, dass viele andere schreckliche

Vorkommnisse nicht rechtzeitig in der breiten Öffentlichkeit wahrgenommen würden, weil sich alle in ritualisierter Form mit Vergangenheiten beschäftigen.

Judts Thesen sind in manchem provokativ und vor allem auf den US-amerikanischen Kontext gemünzt; für uns sind sie jedoch insofern relevant, als einerseits auch hier die Kontextabhängigkeit von Vergangenheitspolitik nochmals hervorgehoben und historisch-wissenschaftlich begründet wird und andererseits vor Ritualisierungen und Verengungen gewarnt wird. Inszenierungen von Erinnerungspolitik dienen der Legitimation, aber entheben natürlich niemanden der moralischen Verantwortung, sich mit dem gegenwärtigen „Bösen“ auseinanderzusetzen.

Die expliziten Hinweise auf westlichen Eurozentrismus bei vielen Gedenkfeiern, auf die inflationäre und widersprüchliche Verwendung von Begriffen und auf die politische Instrumentalisierung von Vergangenheiten als Vergangenheitspolitik sind wesentlich und gerechtfertigt. Denn all dies führt, so Judt, letztlich zu „bad morality and bad history“.[19] Judt bietet ebenfalls kein kontextunabhängiges, allgemein gültiges Rezept für eine europäische Erinnerungspolitik an; dieses kann es ja auch aufgrund der vielen unterschiedlichen Narrative und ideologischen Positionen gar nicht geben.

Aufgrund dieser notwendigerweise kurzen Betrachtungen wird deutlich, dass Erinnerungspolitik vor große Herausforderungen gestellt ist: nämlich sicherzustellen, dass dem gegenwärtigen Bösen nicht zu wenig Bedeutung zugemessen wird (Gefahr der „Banalisierung und Normalisierung“) und dass die Vergangenheiten differenziert erinnert werden und nicht in erster Linie für politische Opportunismen benützt werden.

Offizielles Gedenken gemäß den oben gestellten Fragen nach Ritualisierung von beziehungsweise Auseinandersetzung mit traumatischen Vergangenheiten passiert in durchaus systematischer und geplanter Form; es wird versucht, konsensuelle Geschichtsbilder herzustellen, die die gesamte „Nation“ zu vereinen vermögen.[20] Dies hat zur Folge, dass vieles vage bleiben muss, damit sich niemand ausgeschlossen oder gar angegriffen fühlt. Tabus entstehen, um Schuldfragen auszuweichen; entsprechende Narrative werden – als Mythen – von Generation zu Generation weitergereicht, in der Form von kollektivem Vergessen und kollektivem Erinnern.[21]

Bei der diskursiven Konstruktion von Vergangenheiten und Vergangenheitspolitik kommt bestimmten linguistisch-rhetorischen Strategien (neben der schon oben erwähnten Vagheit) besondere Bedeutung zu: die Verwendung bestimmter Zeitenfolgen (Deixis), das Benennen bestimmter Akteure (und das Verschweigen anderer), das häufige Verwenden von Passivformen, der Einsatz deontischer beziehungsweise epistemischer Logik, das Bevorzugen abstrakter Nominalisierungen in der Funktion von Metonymien oder anderer rhetorischer Tropen, verniedlichende Metaphorik und der Einsatz spezifischer Verben und Verbklassen als Realisierungsform zugelassener beziehungsweise tabuisierter Handlungsmuster (um nur einige zu nennen). Bestimmte rhetorische und diskursive Argumentationsstrategien werden erfolgreich eingesetzt, um Katastrophen- oder auch Erfolgsgeschichten ins Leben zu rufen, und weisen den jeweils verwendeten Strategien und Topoi klare Funktionen im Rahmen hegemonialer Vergangenheitspolitik zu.

1988 - 1995 - 2008

Das Jahr 2005 war erneut ein wichtiges Jubiläumsjahr für Österreich: Diesmal galt es, sechzig Jahre Kriegsende und Befreiung, sechzig Jahre Zweite Republik, fünfzig Jahre Staatsvertrag und Neutralitätsgesetz sowie zehn Jahre EU-Mitgliedschaft zu feiern, und das Jahr wurde von den offiziellen Stellen, die die Feiern koordinierten, „Gedankenjahr" getauft. Es schlug sich im öffentlichen politischen Diskurs in vielen Genres (Ausstellungen, Veranstaltungen, Reden, Festakte und so weiter) nieder. Dieser Diskurs war Anlass, einen Vergleich zu den Jahren 1988 und 1995 herzustellen. Dafür wurde ein reichhaltiges Korpus aus dem öffentlichen Diskurs (Politikerdiskurs, Mediendiskurs im öffentlich rechtlichen Fernsehen, Printmedien) gesammelt, gleichzeitig wurden Gruppendiskussionen durchgeführt.[22] Im Folgenden fasse ich einige zentrale Ergebnisse zusammen, die durchaus als Herausforderungen für eine kritische Vergangenheitspolitik gelten können.

Beim Vergleich wird deutlich, dass es sowohl signifikante Veränderungen wie auch bewährte Kontinuitäten gibt: Die alle umfassende, konstruierte Opfergemeinschaft wird immer mehr institutionalisiert und etabliert, wodurch Unterschiede zwischen Opfergruppen verblassen; dies ist als entscheidende Veränderung zu werten. Weiters ist auffällig, dass die TäterInnen immer häufiger verschwinden, Passivkonstruktionen dominieren. Die Erfolgsstory wird als Wiedergeburt Österreichs gefeiert, und damit versuchen Regierungsvertreter, alle Geschehnisse vor 1945 entweder als Katastrophe, Krankheit oder Albtraum in das Reich der dunklen Metaphorik zu rücken. Das „neugeborene Kind" (also Österreich) ist demnach auch unschuldig, wie jeder neugeborene Säugling, folgt man der Geburtsmetaphorik, die in vielen staatstragenden Reden angesprochen wird. Prinzipiell ist vermehrt der Übergang zum verstärkten Feiern des Erfolges zu bemerken.

Auffällig sind auch Brüche: In jedem Gedenkjahr wurden bisher plötzlich und überraschend „unangenehme und peinliche" (das heißt rechtsradikale, revisionistische oder nationalsozialistische) Ideologien sichtbar, die den offiziellen, mühsam und lange vorbereiteten und geplanten Ablauf und Konsens störten (etwa die Affären Kampl und Gudenus 2005[23]). Und letztlich gibt es in Bezug auf die österreichische Neutralität eine unerwartete Entwicklung: 1995 schon fast obsolet, ist sie 2005 jedoch wieder positiv besetzt und als unumstößlich anerkannt.

Insgesamt drohen die Feiern vor allem als inhaltsleere Rituale wahrgenommen zu werden, sie dienen der Selbstdarstellung der jeweils Regierenden, oder sie werden politisch in vielerlei Weise instrumentalisiert. Natürlich gibt es noch andere Funktionen und Muster. Beim Vergleich von 1995 und 2005 fällt auch der unterschiedliche Grad an Inszenierung und Selbstinszenierung auf. Alle Gedenkjahre werden natürlich im Voraus geplant und damit auch inszeniert. Dennoch: Es gab signifikante Unterschiede im Ausmaß an Inszenierung: Das ganze Jahr 2005 wurde vorneweg als Gedankenjahr definiert. Dies schlug sich im Alltag praktisch täglich, von der Fernsehwerbung bis zu den Plakaten, nieder. Das Ausmaß des Feierns der Erfolgsstory in Ausstellungen, Festakten, Reden, Filmen, Events und so weiter war unerwartet und einfach riesig, auch wenn der Bezug zu 1945 und 1955 eher zu einem solchen Konzept anregt als das Gedenken an 1938. Natürlich muss hier auch die Magie der runden Zahlen mitbedacht werden: Das 50-Jahr-Jubiläum der Unterzeichnung des Staatsvertrags ist ein prominenteres Datum als der 40. Jahrestag seiner Unterzeichnung.

Die Balkonszene wurde ein für alle Mal ikonisiert. Die schwarz-blaue Regierung stand natürlich auch unter einem gewissen Erfolgs- und Beweisdruck, da die sogenannten „Maßnahmen gegen die österreichische Regierung" aus dem Jahre 2000 noch allen deutlich im Gedächtnis waren. Es ist jedoch wichtig, darauf hinzuweisen, dass es auch vereinzelte Gegendiskurse wie „Österreich minus 2005" gab, die alternative und differenziertere Formen des Erinnerns anregten. Die Opposition wurde erfolgreich vereinnahmt, abgesehen von der ungeplanten Provokation durch die Affären Kampl und Gudenus ist das gesamte Jahr gut inszeniert abgelaufen. Geblieben ist, wie die Analyse von Gruppendiskussionen nahe legt, nicht viel.[24]

Kurzes Fazit

Wie soll also erinnert werden? Woran? Wie vermeidet man inflationäre und inhaltsleere Begriffe? Wie behält man Differenzierungen bei? Und wie verhindern wir, dass wichtige Gegebenheiten, Prozesse, Fakten und Narrative (also Geschichte) vergessen werden und der Ruf nach dem „Schlussstrich" erfolgreich ist? Vergangenheiten holen uns immer ein. Gegenwart und Zukunft sind ohne Auseinandersetzungen mit Vergangenheiten nicht denkbar und nicht möglich.[25] Kritische Analysen der Diskurse über Vergangenheiten können nur zum Nachdenken anregen und zum Hinterfragen des scheinbar „Normalen" und „Banalen" herausfordern. Nur so können – um nochmals Tony Judt zu zitieren – inadäquate Geschichtsforschung und -vermittlung vermieden werden. Und nur so können Tabus, Schweigen, Heroisierungen und Mythen hinterfragt und letztlich aufgebrochen werden.

Anmerkungen

1 Vgl. WODAK, PELINKA, The Haider Phenomenon; PELINKA, WODAK, „Dreck am Stecken".
2 SENNETT, Der flexible Mensch, 380 f.
3 REISIGL, WODAK, Nationalpopulistische Rhetorik.
4 BAUMAN, In Search of Politics.
5 SCHLINK, Heimat als Utopie.
6 MAUTNER, The entrepreneurial university.
7 Vgl. JESSOP, FAIRCLOUGH, WODAK, Education and the Knowledge-Based Economy.
8 MUNTIGL, WEISS, WODAK, European Union Discourses.
9 WEISS, WODAK, European Union Discourses.
10 SENNETT, Der flexible Mensch.
11 Ebenda, 128.
12 WODAK, Von Wissensbilanzen zu Benchmarking.
13 Vgl. WODAK u. a., Umgang mit Vergangenheiten.
14 PELINKA, Vorwort, vii.
15 Vgl. HEER, Vom Verschwinden der Täter.
16 The New York Review of Books, February 14, 2008, 33 ff.
17 Ebenda, 34.
18 Ebenda, 34.
19 Ebenda, 35.
20 WODAK u. a., Die Sprachen der Vergangenheiten; WODAK u. a., The Discursive Construction; DE CILLIA, WODAK, Gedenken.
21 HALBWACHS, Das kollektive Gedächtnis; HEER, WODAK, Introduction.
22 DE CILLIA, WODAK, Gedenken.
23 Vgl. ENGEL, WODAK, Kalkulierte Ambivalenz.
24 DE CILLIA, ‚Ich bin verliebt ...'.
25 KOSELLECK, Vergangene Zukunft.

Theodor W. ADORNO, Antisemitismus und faschistische Propaganda, in: E. SIMMEL (Hg.), Antisemitismus, Frankfurt am Main 1993, 148–161.

Zygmunt BAUMAN, In Search of Politics, London 1999.

Rudolf DE CILLIA, ‚Ich bin verliebt in mein Österreich'. Die diskursive Konstruktion österreichischer Identität in zwei Gruppendiskussionen, in: Rudolf DE CILLIA, Ruth WODAK (Hg.), Gedenken im ‚Gedankenjahr', Innsbruck 2008, 135–172.

Rudolf DE CILLIA, Ruth WODAK (Hg.), Gedenken im ‚Gedankenjahr', Innsbruck 2008.

Jakob ENGEL, Ruth WODAK, Kalkulierte Ambivalenz, ‚Störungen im Gedankenjahr': Die Causen Siegfried Kampl und John Gudenus, in: Rudolf DE CILLIA, Ruth WODAK (Hg.), Gedenken im ‚Gedankenjahr', Innsbruck 2008, 79–100.

Norman FAIRCLOUGH, Discourse and Social Change, London 1992.

Norman FAIRCLOUGH, New Labour, New Language?, London 2000.

Maurice HALBWACHS, Das kollektive Gedächtnis, Stuttgart 1967.

Hannes HEER, Vom Verschwinden der Täter. Der Vernichtungskrieg fand statt, aber keiner war dabei, Berlin 2004.

Hannes HEER, Walter MANOSCHEK, Alexander POLLAK, Ruth WODAK (Hg.), Wie Geschichte gemacht wird. Zur Konstruktion von Erinnerungen an Wehrmacht und Zweiten Weltkrieg, Wien 2003.

Hannes HEER, Walter MANOSCHEK, Alexander POLLAK, Ruth WODAK (Hg.), The Discursive Construction of History. Remembering the Wehrmacht's War of Annihilation, Basingstoke 2008.

Hannes HEER, Ruth WODAK, Introduction. Collective Memory, National Narratives and the Politics of the Past, in: Hannes HEER, Walter MANOSCHEK, Alexander POLLAK, Ruth WODAK (Hg.), The Discursive Construction of History. Remembering the Wehrmacht's War of Annihilation, Basingstoke 2008, 1–16.

Robert JESSOP, Norman FAIRCLOUGH, Ruth WODAK (Hg.), Education and the Knowledge-Based Economy in Europe, Amsterdam 2008.

Tony JUDT, ‚The Problem of Evil' in Postwar Europe, in: The New York Review of Books, February 14, 2008, 14, 33–35.

Reinhard KOSELLECK, Vergangene Zukunft. Zur Semantik geschichtlicher Zeiten, Frankfurt am Main 1989.

Gerlinde MAUTNER, The entrepreneurial university: a discursive profile of a higher education buzzword, in: Critical Discourse Studies 2 (2), 2005, 95–120.

Peter MUNTIGL, Gilbert WEISS, Ruth WODAK, European Union Discourses on Unemployment. An interdisciplinary approach to employment policy-making and organizational change, Amsterdam 2000.
Anton PELINKA, Vorwort, in: Florian WENNINGER, Paul DVORAK, Katharina KUFNER (Hg.), Geschichte Macht Herrschaft, Wien 2007, i–viii.
Anton PELINKA, Ruth WODAK (Hg.), „Dreck am Stecken". Politik der Ausgrenzung, Wien 2002.
Martin REISIGL, Ruth WODAK, Nationalpopulistische Rhetorik. Einige diskursanalytische und argumentations-theoretische Überlegungen zur österreichischen Debatte über den „nationalen Schulterschluss", in: Alex DEMIROVIC, Manuela BOJADZIJEV (Hg.), Konjunkturen des Rassismus, Münster 2002, 90–111.
Paul RICOEUR, Oneself as Another, Chicago 1992.
Bernhard SCHLINK, Heimat als Utopie, Frankfurt am Main 2000.
Richard SENNETT, Der flexible Mensch. Die Kultur des neuen Kapitalismus, Berlin 1998.
Gilbert WEISS, Ruth WODAK, European Union Discourses on Employment. Strategies of Depolitizing and Ideologizing Employment Policies, in: Concepts and Transformation 5/1, 2001, 29–42.
Ruth WODAK, Von Wissensbilanzen zu Benchmarking: Die fortschreitende Ökonomisierung der Universitäten. Eine Diskursanalyse, in: Gertraud KRELL, Rainer BONE-DIAZ (Hg.), Ökonomie und Politik (in Druck).
Ruth WODAK, Rudolf DE CILLIA, Teresa DISTELBERGER, Jakob ENGEL, Umgang mit Vergangenheiten: 1988 - 1995 - 2005. Ein abschließender Vergleich, in: Rudolf DE CILLIA, Ruth WODAK (Hg.), Gedenken im ‚Gedankenjahr', Innsbruck 2008, 173–190.
Ruth WODAK, Anton PELINKA (Hg.), The Haider Phenomenon in Austria, Boulder 2002.
Ruth WODAK, Rudolf DE CILLIA, Martin REISIGL, Karin LIEBHART, The Discursive Construction of National Identity, Edinburgh 1999.
Ruth WODAK, Florian MENZ, Richard MITTEN, Frank STERN, Die Sprachen der Vergangenheiten. Öffentliches Gedenken in österreichischen und deutschen Medien, Frankfurt am Main 1994.

Politische Kultur, Rassismus und Fremdenfeindlichkeit

Anton Pelinka

We are all different. We are all equal.
Motto des Europäischen Jahres gegen Rassismus, 1997

Es gibt keine Rassen, aber es gibt Rassismus

Rassen sind Konstrukte. Die nationalsozialistische Rassenlehre ist von der Existenz einer „nordischen Rasse" ausgegangen und hat gleichzeitig Roma und Sinti, die im Sinne der nationalsozialistischen Konstruktion eigentlich zu den Indo-Germanen und damit zur „nordischen Rasse" zählten, mit rassisch motiviertem Massenmord überzogen. Die semitischen Juden sollten durch den Holocaust vernichtet werden, ebenso semitische Araber waren aber als strategische Bündnispartner willkommen. Und die ganz eindeutig nicht „nordischen" Japaner waren die wichtigsten Alliierten im Kampf gegen die „nordischen" Briten und Amerikaner.

Der südafrikanische Apartheid-Staat klassifizierte Menschen indischer und chinesischer Herkunft in einer Kategorie zwischen „weiß" und „schwarz"; Japaner aber wurden als „Weiße" behandelt. Der US-amerikanische Rassismus, manifestiert in den Segregationsbestimmungen des 19. und des 20. Jahrhunderts, kannte nur „Schwarze" und „Weiße" – jeder „Tropfen schwarzen Blutes" machte aus den Nachfahren schwarz-weißer Verbindungen „Schwarze".

Die Kette von Absurditäten jeder Rassenlehre ließe sich noch lange fortsetzen. Doch das Problem ist nicht der intellektuelle Unsinn solcher Lehren. Das Problem ist, dass sie ein gesellschaftliches Bedürfnis ausdrücken: das Bedürfnis nach Kategorisierung der Menschen; und dahinter das Bedürfnis, einen quasi objektiven Grund zu haben, sich in einer Gruppe zu sehen, der ein höherer Wert als den anderen zugesprochen wird. Das Problem ist der Rassismus, der unbeschadet von der Unsinnigkeit jeder Rassenlehre existiert.

Rassismus ist eine besonders verletzende Form von Vorurteilen – und das in mehrfacher Hinsicht:

- Der Rassismus steht mehr als (andere) religiöse, politische oder auch soziale Vorurteile im Widerspruch zur Universalität der Menschenrechte, weil die dem Rassismus immanente Verachtung der anderen „Rasse(n)" auf einem individuell nicht korrigierbaren, vom individuellen Verhalten völlig unabhängigen Urteil aufbaut: Denn in eine „Rasse" wird man hineingeboren; aus dieser „Rasse" kann man sich nicht verabschieden. Die Transformation des religiösen Vorurteils gegen Juden in ein „rassisches" ließ den Opfern dieses Vorurteils nicht mehr den Ausweg, den das religiöse Vorurteil grundsätzlich noch offeriert hatte – die Konversion.

- Der Rassismus verletzt in besonders gravierender Weise den mit den individuellen Freiheitsrechten verbundenen Grundsatz der Meritokratie, der jedem Menschen die Möglichkeit zur Gestaltung seiner Lebensverhältnisse garantiert. Der Rassismus spricht Menschen „schuldig" zum Zeitpunkt ihrer Geburt – und eröffnet ihnen keine Möglichkeit, sich von dieser „Schuld" zu befreien. In eine bestimmte „Rasse" hineingeboren zu werden bestimmt über das Leben (im Holocaust: über den Tod) von Individuen. Deshalb ist der Rassismus die schwerstwiegende Verletzung der Menschenrechte.

Rassismus zerstört die Möglichkeit zum freien Umgang der Menschen miteinander prinzipiell, weil er den Opfern des Rassismus das Gefühl der Minderwertigkeit vermittelt. Fremdenfeindlichkeit ist eine Art „weiche" Variante des Rassismus: Sie kommt aus denselben Wurzeln – aus dem Bedürfnis, Differenz zu konstruieren, um den als bedrohlich empfundenen Veränderungen durch Konstruktionen der „Anderen" eine Struktur, eine (scheinbare) Ordnung zu geben.[1] Fremdenfeindlichkeit ist aber amorpher, weil schon begrifflich nicht als endgültig, als unveränderbar konstruiert. Und deshalb ist Fremdenfeindlichkeit auch leichter durch Erfahrung zu dekonstruieren.

Wir alle sind immer auch Fremde. Dennoch gibt es Fremdenfeindlichkeit

Jede Frau, jeder Mann ist immer irgendwo „fremd": fremd in einem bestimmten Milieu, dem man nicht zugerechnet wird; fremd in einem bestimmten Land, das man gerade besucht; fremd in einer Kirche, Moschee, Synagoge, in einem Tempel, der (dem) man nicht angehört. Fremd fühlt man sich, wenn man als junger Mensch zum ersten Mal ein Altersheim besucht – oder wenn man als alter Mensch in einen Kindergarten kommt, um zum ersten Mal ein Enkelkind abzuholen. Das Gefühl des „Fremdseins" gehört zur Existenz des Menschen in der Gesellschaft.

Den Begriff des Fremden kann man intellektuell rasch dekonstruieren. Dennoch gibt es Fremdenfeindlichkeit, gibt es die aggressive Abwehr von

Menschen, die als fremd empfunden werden. Dahinter steht das Bedürfnis, in der eigenen Familie, im eigenen Stamm, in der eigenen Nation Schutz zu finden - durch Abgrenzung von denen, die nicht in dieses Wir-Gefühl eingeschlossen sind.

Es ist wichtig und richtig, die Konzepte von „Rasse" und vom „Fremden" als gesellschaftliche Konstrukte zu entlarven, die einem nachvollziehbaren Wandel unterliegen. Am Beginn des 21. Jahrhunderts würde kaum noch jemand von einer „British race" sprechen, obwohl ein solcher Begriff bis ins 20. Jahrhundert hinein existierte. Es ist leicht, in der Islam-feindlichen Propaganda rechtsextremer Parteien die Willkür zu erkennen, mit der eine christlich-abendländische Identität behauptet wird, der im Alltag der meisten Propagandisten keinerlei Bedeutung zukommt. Es ist einfach, sich über die Primitivität des Rassismus und der Fremdenfeindlichkeit erhaben zu fühlen.

Doch wenn man über dieses Gefühl moralisch-intellektueller Überlegenheit hinaus Rassismus und Fremdenfeindlichkeit politisch bekämpfen will, müssen die Ursachen dieser Erscheinungen in Rechnung gestellt werden. Und die Ursachen liegen nicht in der Bösartigkeit der Parteien des äußersten rechten Randes - zum Beispiel Vlaams Belang und Front National, FPÖ und Ataka (Bulgarien). Die Ursachen liegen in einem gesellschaftlichen Bedürfnis, aus der Komplexität gesellschaftlichen Wandels in manichäisch-bipolare Vereinfachungen zu flüchten: „Wir" gegen die „Anderen".

Alle Untersuchungen zeigen, dass dieses Bedürfnis nach derart vereinfachenden Gesellschafts- und Politikbildern höchst ungleich streut. Der wohl aussagestärkste Faktor, der Fremdenfeindlichkeit und Rassismus erklärt, ist der Faktor Bildung: Je höher der Bildungsgrad ist - formal, im Sinne von Bildungsabschlüssen zu verstehen -, desto geringer die Anfälligkeit für die Flucht in diese Vereinfachung. Rassismus und Fremdenfeindlichkeit entsprechen dem, was Victor Adler schon - in einer historisch verständlichen Verharmlosung - im Antisemitismus gesehen hat: den „Sozialismus der dummen Kerls".

Linksparteien - verlassen von den Modernisierungsverlierern

Da Bildung mit der auch materiell messbaren Verteilung von Lebenschancen zu tun hat, haben Rassismus und Fremdenfeindlichkeit auch etwas mit Sozialismus zu tun - mit der Art von Sozialismus, der sich auch in der Volksgemeinschafts-Ideologie des NS-Regimes niedergeschlagen hat: Innerhalb des „Wir" ist Egalität, ist Solidarität groß geschrieben. Dieser „Kraft durch

Freude"-Sozialismus ist geprägt von einer solidarischen Einschließung, in Verbindung mit einer aggressiven Ausschließung.[2]

Damit entsteht die politische Ausgangslage, die den traditionellen Linksparteien Europas große Probleme macht: Es sind – unter den Voraussetzungen der relativen Wohlstandsgesellschaft (West-)Europas – die sozial Schwächeren, die für rassistische und fremdenfeindliche Parolen anfällig sind. Die sozial Schwachen haben – im Konkurrenzkampf mit denen, die als „Fremde" in „unser" Land strömen – ja nur einen wesentlichen Startvorteil: die Zugehörigkeit zu einer ethnisch oder national definierten Wir-Gruppe.

Die real existierenden Fremden – im weitesten Sinne auch diejenigen, die schon die Staatsbürgerschaft und damit die formelle Zugehörigkeit zur Wir-Gruppe besitzen – bedrohen ja nicht die Lebenschancen derjenigen, die durch höhere Bildung mit großer Wahrscheinlichkeit im Besitz eines Eintrittsbilletts in die relativen Privilegien sind, die eine ungleich geschichtete Gesellschaft zu vergeben hat. Die real existierenden Fremden bedrohen nicht nur subjektiv diejenigen, die – mit Pflichtschulabschluss – froh sein müssen, eine Lehrstelle zu bekommen. Diese spüren den Konkurrenzdruck von „Fremden", die bereit sind, für weniger Lohn grundsätzlich die gleiche Arbeitsleistung zu erbringen.

Wenn unter Modernisierung verstanden wird, dass – etwa ausgedrückt in den Freiheiten des Binnenmarktes der EU – nicht nur das Kapital sich grenzüberschreitend bewegt, sondern auch Menschen, dann gibt es relativ klar zu benennende Gewinner und Verlierer dieser Entwicklung. Diese Differenzierung steht auch hinter dem überall in den fortgeschrittenen Industriegesellschaften zu beobachtenden Trend: Der Abstand zwischen Arm und Reich wächst. Das bedeutet zwar nicht zwingend, dass die Armen ärmer werden. Aber das subjektive und daher politisch relevante Gefühl der materiellen Schlechterstellung nimmt zu.

Diese Entwicklung trifft die historische „raison d'être" des europäischen Sozialismus. Im 19. Jahrhundert sammelte die Arbeiterbewegung die damaligen Modernisierungsverlierer – das Proletariat, das die Lasten der industriellen Revolution zu tragen hatte. Am Beginn des 21. Jahrhunderts verliert die traditionelle Linke zunehmend die Fähigkeit, die Interessen der aktuellen Modernisierungsverlierer zu vertreten.

Es ist immer mehr die radikale Rechte, die für wesentliche Teile der Modernisierungsverlierer spricht. Die traditionelle extreme Rechte bedient sich dabei zunehmend einer radikaldemokratischen Rhetorik. Sie agiert populistisch und beansprucht, für „das Volk" zu sprechen – gegen „die da oben", also die politischen Eliten, und gegen „die da draußen", also „Fremde".[3]

Dadurch entstehen politische Allianzen, die auf den ersten Blick paradox erscheinen: Die traditionell der Internationalität verpflichteten Linksparteien verlieren mehr und mehr ihr klassisches Segment von Wählerinnen und Wählern - die sozial Schwächeren. Sozialdemokratische Parteien in Europa werden immer mehr zu Parteien eines „neuen Mittelstandes", der Angestellten und öffentlich Bediensteten, und stehen hier unter Konkurrenzdruck von Seiten der Grünen, die überall in Europa a priori diesen „neuen Mittelstand" angesprochen haben. Das klassische Proletariat aber wandert immer mehr zu den Parteien, die Schutz vor den Folgen der Modernisierung durch eine verstärkte Betonung nationaler und/oder ethnischer Grenzen versprechen. Die klassischen Arbeiterparteien haben aufgehört, solche zu sein. Neu formierte Rechtsparteien sind zu Arbeiterparteien geworden - das gilt zum Beispiel für die Partei des Front National,[4] aber auch für die FPÖ. In Frankreich ist dieser Trend zu Lasten der Kommunistischen Partei gegangen, in Österreich auf Kosten der SPÖ.

Tabelle: Strukturprofil der Parteiwählerschaften 2006

Von 100 Wählerinnen von	SPÖ	ÖVP	FPÖ	Grüne
waren ArbeiterInnen	9	5	12	2

Quelle: Plasser, Fritz/Ulram, Peter A. (Hg.): Wechselwahlen. Analysen zur Nationalratswahl 2006, Wien 2007, S. 313.

Dieser Rechtstrend des sozial Schwächeren ist nachvollziehbar. Schlecht ausgebildete Menschen in (West-)Europa haben tatsächlich durch die mit den Begriffen wie Globalisierung und Europäisierung verbundene Öffnung der Märkte nur zu verlieren. Diejenigen Parteien, die sich verbal und aggressiv dieser Öffnung widersetzen, treffen eine objektiv vorhandene Bedürfnislage. Dass dann, wenn solche Parteien Regierungsverantwortung übernehmen, die Umsetzung von Versprechungen nicht funktioniert, ist freilich die zweite Seite und kommt etwa im Absturz der FPÖ 2002 zum Ausdruck.[5] Die FPÖ konnte sich - gerade als Arbeiterpartei - erst wieder erholen, nachdem sie durch die Abtrennung des BZÖ 2005 wieder ihre Glaubwürdigkeit als rechtspopulistische Oppositionspartei zurückzugewinnen vermochte.

Dieser Trend wird dadurch gemildert, dass der gesellschaftliche Wandel das ArbeiterInnen-Segment („blue collar") quantitativ immer mehr in den Hintergrund drängt: Die klassische Industriearbeiterschaft nimmt an Zahl ständig ab; der „tertiäre Sektor", Beschäftigte in den Dienstleistungen im weitesten Sinn, nimmt immer mehr zu. Das macht zwar für die traditionellen Linksparteien den Verlust von „blue collar"-Stimmen weniger dramatisch. Aber es verstärkt das Verlierergefühl dieses Segments und begründet eine Neigung zu einer nunmehr politisch rechts orientierten Radikalität.

Die Paradoxie der Allianz von rechtsextremen Parteien mit dem Segment der ArbeiterInnen wird ergänzt durch eine andere Paradoxie: Durch den eine Konvergenz auslösenden Wettbewerb zwischen den postmaterialistisch orientierten Grün-Parteien und den traditionellen Linksparteien sind diese daran gehindert, einer zunächst naheliegenden Versuchung in vollem Umfang nachzugeben und die Ängste der Modernisierungsverlierer in der Form zu bedienen, die den rechtsextremen Parteien eben möglich ist. Sozialdemokratische Parteien können inhaltlich nicht in vollem Umfang den Bedürfnissen ihrer traditionellen Klientel entsprechen, weil sie sonst die Attraktivität in dem Segment verlieren würden, das zu ihrem wichtigsten geworden ist: der „neue Mittelstand", der teilweise mit den Modernisierungsgewinnern gleichzusetzen ist.

Demokratie: Mehrheitsherrschaft plus X

Demokratie hat immer auch mit dem Markt zu tun - mit dem politischen Markt, in dem Anbieter in Form von Parteien die Nachfrage, artikuliert durch Wählerstimmen, zu befriedigen suchen. Die Durchlässigkeit oder auch Aufhebung von Grenzen erzeugt eine Nachfrage nach einer Politik, die eine Gegensteuerung verspricht, die Grenzen sichern oder wieder aufrichten will und die Fremde und Fremdes fernhalten soll. Die Ursache für eine Politik des Rassismus und der Xenophobie ist nicht in den Parteien zu suchen, sondern in einem gesellschaftlichen Bedürfnis.

Dieses Bedürfnis provoziert Angebote versteckt rassistischer und offen fremdenfeindlicher Art. Diese Angebote sind die Folge eines politischen Marktmechanismus, der mit Pluralismus und Mehrparteiensystem und daher mit Demokratie untrennbar verbunden ist - und der sich dennoch mit der Demokratie reibt. Denn eine behauptete biologische Differenz („Rasse") in eine politische Differenz umwandeln zu wollen ist mit dem Grundsatz universaler Menschenrechte - „all men are born free and equal" - nicht zu vereinen. Und eine Politik, die Menschen als Arbeitskräfte und Steuerzahler, nicht aber als Wählerinnen und Wähler akzeptiert, verstößt gegen den Kernsatz der bürgerlichen demokratischen Revolution im Amerika der 1770er Jahre: „No taxation without representation.".

Die universellen Menschenrechte und die Logik des politischen Marktes stehen nicht prinzipiell im Widerspruch – aber es existiert ein Spannungsverhältnis zwischen diesen beiden unverzichtbaren Zugängen zur Demokratie: Die Politik hat auf die aus der Gesellschaft in Form von Wahlen kommenden Impulse zu reagieren, hat Bedürfnisse zu befriedigen, aber gleichzeitig muss die Politik den nicht zufällig überall im Verfassungsrang stehenden Grund- und Menschenrechten entsprechen. Was aber, wenn – und das ist das Grundproblem – Bedürfnisse vorhanden sind, die im Widerspruch zu diesen Normen stehen?

Die Antwort auf diese Kernfragen der aktuellen Demokratieentwicklung kann nicht dogmatisch gegeben werden, sie kann nur aus einem pragmatischen Mix bestehen. Die mit dem Schutz der Grundrechte befassten Institutionen – unabhängige Höchstgerichte – und die von den Mehrheitsverhältnissen abhängigen Institutionen (Parteien, Parlamente, Regierungen) müssen in einem modus vivendi koexistieren.

Ein Aspekt dieser pragmatischen Koexistenz ist, dass die Rechte der StaatsbürgerInnen und derjenigen, die diesen Status nicht haben – also der im rechtlichen Sinne „Fremden" –, nicht gleich sind. In allen Demokratien ist zu beobachten, dass der Rechtsstaat ambivalent ist: Das Recht auf politische Partizipation ist nicht an den Wohnort, auch nicht an die Steuerpflicht, sondern an die Staatsbürgerschaft gebunden. Der Zugang zu dieser wird aber politisch geregelt – und ist damit abhängig von der Stimmenmaximierungslogik des parteipolitischen Pluralismus.

Das führt zu faktischen Verletzungen von demokratischen Prinzipien. Denn die Spaltung der Gesellschaft in Menschen mit uneingeschränkten und solche mit eingeschränkten Bürgerrechten – und das ist der Zustand in allen real existierenden Demokratien – ist demokratietheoretisch äußerst unbefriedigend. Dadurch wird der demokratische Grundsatz verletzt, dass alle einer demokratischen Regierung („government") unterworfenen Menschen am Zustandekommen dieser Regierung beteiligt sein müssen.[6]

Aus diesem Dilemma gibt es keinen einfachen Ausweg. Für die Koexistenz der Widersprüche ist es aber zunächst notwendig, die Widersprüche zur Kenntnis zu nehmen. Konkret: In der Demokratie ist zu akzeptieren, dass die beiden Prinzipien – Demokratie als Mehrheitsherrschaft und Demokratie als Garantie von Grund- und Menschenrechten – de facto in einem zu vielen Reibungen führenden Spannungsverhältnis stehen.

Der politische Marktmechanismus, einer der beiden unverzichtbaren Bestandteile der Demokratie, ist die Ursache für eine ständige Versuchung der politischen Parteien, um der Stimmenmaximierung willen den zweiten unverzichtbaren Bestandteil der Demokratie – die Grund- und Menschenrechte – hintanzustellen. Diese Versuchung ist nicht die Folge eines ethischen Defizits der Parteien, sie ist die Folge der Logik des politischen Pluralismus: Um die Gesellschaft gestalten zu können, braucht es in der Demokratie die Zustimmung der Mehrheit. Um diese Zustimmung zu erreichen, ist es unvermeidlich, den konkreten Bedürfnissen dieser Mehrheit zu entsprechen. Eine Partei, die fest auf ihren Grundsätzen beharrt, ohne ihre Strategie auf die Bedürfnisse der für die Mehrheitsgewinnung entscheidenden (Grenz-)Wählerschichten abzustellen, wird keine Chance bekommen, ihre Grundsätze umzusetzen.

Demokratische Parteien müssen in diesem Sinne populistisch sein, sie müssen ihr politisches Angebot der politischen Nachfrage anpassen. Würden sie sich dieser Logik grundsätzlich verweigern, hätten sie ihre Funktion im Mehrparteiensystem verkannt. Vor allem aber würden sie sich selbst der Chance berauben, demokratisch legitime Macht zu erlangen und so die Gesellschaft gestalten zu können.

Das Dilemma des latenten Widerspruchs zwischen der populistischen Logik und der demokratischen Wertebasis kann nicht einfach mit einem Verbot gelöst werden, das populistisches Agieren ausschließt. Das Konzept der „wehrhaften Demokratie", wie es im Grundgesetz der Bundesrepublik Deutschland verankert ist, beinhaltet zwar ausdrücklich die Möglichkeit von Verboten – dem Prinzip folgend, dass die Feinde der Demokratie keinen Rechtsanspruch auf demokratische Freiheiten haben. Die „wehrhafte Demokratie" ist durchaus geeignet, mit deklariert antidemokratischen Strömungen wie dem Neonazismus erfolgreich umzugehen. Die „wehrhafte Demokratie" ist hingegen nicht oder nur wenig geeignet, mit populistischen Tendenzen zurechtzukommen, die sich auf die Volkssouveränität berufen und – wie etwa die Schweizer Volkspartei – die Entscheidung über Grundrechtsfragen in letzter Instanz nicht Gerichten, sondern einer Volksmehrheit überantworten wollen.

Die Funktion von Höchstgerichten wie dem US-Supreme Court, über die Rechte von Minderheiten zu wachen, ist wichtig – doch sie reicht nicht aus, um an die Wurzeln des Rassismus und der Fremdenfeindlichkeit zu rühren. Das kann nur eine Politik der umfassenden Aufklärung, die gesellschaftliche Voraussetzungen herstellt, die ein simplifiziertes Verständnis von

Fremdsein und von den „Anderen" auflösen helfen. Dass die Anfälligkeit für Rassismus und Fremdenfeindlichkeit mit Bildung negativ korreliert, weist auf die Bedeutung der Bildungspolitik. Und gerade die Erfolge der deutschen „re-education" belegen, dass Rassismus und Fremdenfeindlichkeit zwar nicht zum Verschwinden gebracht werden können, dass sie aber an politischer Bedeutung verlieren.

Die populistische Versuchung wird dann erfolgreich eingedämmt, wenn die Nachfrage nach Feindbildern zurückgeht. Dafür aber braucht es einen langen Atem: Eine Politik der Aufklärung, die zuallererst auf die Aufklärung der Aufklärer der nächsten Generation setzt, zeigt ihre Wirkung erst nach etwa einer Generation. Am Beispiel der Thematisierung des Holocaust als des großen Verbrechens des 20. Jahrhunderts ist dies ersichtlich: Konzepte einer Holocaust-Erziehung und der Bau von Holocaust-Memorials wurden erst nach etwa einer Generation wirksam - in der Generation, die nach den Tätern und Opfern kam.[7]

Erst wenn der politische Markt rassistische Parolen und eine fremdenfeindliche Politik nicht mehr belohnt, sondern bestraft; erst wenn die populistische Versuchung nicht mehr Rassismus und Xenophobie beinhaltet, hat die Demokratie - in ihrer Ambivalenz zwischen Markt- und Wertorientierung - Rassismus und Fremdenfeindlichkeit zu Randphänomenen reduziert.

Europa als Risiko - Europa als Chance

Das vereinigte Europa in Form der Europäischen Union ist nicht zufällig ein Feindbild für die verschiedensten Formen rassistischer und xenophober Strömungen. Die EU hebt ja das auf, worauf Rassismen jedweder Art beharren - Grenzen; und die EU fördert eine demografische Mobilität, die fremdenfeindliche Abwehrhaltungen provoziert.

Gerade deshalb aber muss die Auseinandersetzung mit Rassismus und Fremdenfeindlichkeit eine europäische Strategie beinhalten. Die Freiheiten des Binnenmarktes setzen eine Wanderungsdynamik innerhalb der EU in Gang; und die Freiheiten des Schengen-Raumes bedeuten, dass die Migration in bestimmte EU-Länder (zum Beispiel Spanien, Italien) als Wanderung in die gesamte Union zu sehen ist. Die Asylpolitik und die Regelung des Zugangs zur Staatsbürgerschaft können nicht mehr auf nationaler Ebene greifen. Sie brauchen eine europäische Dimension.

Die unvermeidliche Konvergenz nationalstaatlicher Politik kann als eine Konvergenz in Richtung Verschärfung verstanden werden. Dabei ist es wichtig, zwischen den verschiedenen Ebenen zu unterscheiden: Eine Verschärfung des Zugangs zur Staatsbürgerschaft ist demokratietheoretisch a priori negativ zu sehen, weil sie die Trennung zwischen berechtigten BürgerInnen und nicht berechtigten, aber verpflichteten Fremden betont. Legal in den Staaten der EU lebende AusländerInnen müssen, will man dem für die Demokratie zentralen Prinzip der „citizenship" Rechnung tragen, einen einfachen Zugang zur Staatsbürgerschaft haben. Die Alternative ist, dass in der Demokratie die Zahl von Minderberechtigten, quasi Halbfreien wächst – zum Schaden für die Demokratiequalität insgesamt.[8]

Das für das Verständnis von Demokratie zentrale Prinzip „citizenship" erfordert, dass alle Menschen, die in einer Demokratie leben, Zugang zur demokratischen Mitbestimmung haben. Dieses Prinzip aber erfordert nicht, dass alle, die in ein bestimmtes Land wollen, ein Recht auf Leben in diesem Land haben. Die Kritik an der Migrations- und Asylpolitik der EU und ihrer Mitgliedsstaaten muss daher zwischen einer illiberalen Staatsbürgerschaftspolitik und einer illiberalen Migrationspolitik unterscheiden. Erstere ist prinzipiell zu kritisieren – die Zweite ist, was den Zugang zur EU betrifft, pragmatisch zu sehen: Es ist legitim, Menschen, die keinen Rechtsanspruch auf Einwanderung haben, an der Einwanderung zu hindern. Es ist aber letztlich nicht legitim, Menschen, die legal in einer Demokratie leben, einen möglichst raschen Zugang zur Staatsbürgerschaft zu verwehren.

Die europäische Integration ist in mehrfacher Hinsicht eine Chance, den Umgang mit Rassismen jedweder Art und mit der immanenten Fremdenfeindlichkeit auf eine neue Qualitätsstufe zu heben: Der Begriff „fremd" wird objektiv ja relativiert, weil er sich – im Zusammenhang mit Binnenmarkt und Schengen – bezüglich der „Fremden" aus der EU auflöst. Slowakische Pflegerinnen sind in Österreich keine Ausländerinnen – ebenso wenig wie rumänische Erntehelferinnen dies in Spanien, polnische Installateure in Großbritannien oder österreichische Manager in der Tschechischen Republik sind.

Diese Chance wird von denen, die sie nutzen, anders wahrgenommen als von denen, die sie passiv erfahren: Erstere sind Nutznießer dieser Öffnung, Letztere fühlen sich nur zu oft als Opfer. Bildungspolitik muss hier einsetzen – um Vorurteilsstrukturen schrittweise aufzulösen. Bildungspolitik braucht aber die Ergänzung durch eine umfassende Gesellschafts-, insbesondere Wirtschafts- und Sozialpolitik, die mithilft, die Schere zwischen Modernisierungsgewinnern und Modernisierungsverlierern schrittweise zu schließen.

Dafür aber braucht es erst recht eine europäische Dimension der Politik: Nationalstaaten sind zunehmend überfordert, dem durch die ökonomische Dynamik ausgelösten Verlust der Politikfähigkeit gegenzusteuern. Die sozialen Voraussetzungen von Rassismus und Fremdenfeindlichkeit sind nur transnational, nicht national zu beeinflussen.

Für einen Politik-Mix

Rassismus und Fremdenfeindlichkeit reduzieren die Demokratiequalität und bedrohen letztlich die Demokratie. Aber es wäre naiv, diese Bedrohung durch bloße moralische Appelle beseitigen zu wollen. Der Hinweis auf die Unsinnigkeit von Rassismus und auf die Beliebigkeit der Fremdenfeindlichkeit hilft, aber letztlich geht es darum, die Voraussetzungen von Rassismus und Fremdenfeindlichkeit zu beseitigen.

Das verlangt nach einem Mix aus verschiedenen Maßnahmen:

- Kurzfristig hilft, wenn Rassismus und Fremdenfeindlichkeit auf der politischen Ebene sanktioniert werden. Das in Frankreich und Belgien praktizierte Konzept eines „cordon sanitaire", das bestimmte Parteien (Front National, Vlaams Belang) von allen Allianzen mit demokratischen Parteien fernhält, hat zumindest in Frankreich auch Erfolge gebracht – die Attraktivität von Front National ist im Rückgang. Der Gesellschaft wird so demonstriert, dass es nicht akzeptable Formen populistischen Agierens gibt; und dass sich dieses Agieren letztlich nicht lohnt.
- Langfristig hilft, wenn die simplifizierten Bilder, die den Hintergrund von Rassismus und Fremdenfeindlichkeit bilden, durch eine systematische Bildungspolitik allmählich aufgelöst werden. Bildung als Aufklärung muss aber mehr sein als Moralisieren. Aufklärung muss die Bedürfnisse ernst nehmen, die den Hintergrund von Rassismus und Fremdenfeindlichkeit bilden. Eine solche Bildungspolitik ist auch als Teil einer Gesellschaftspolitik zu verstehen, die durch ein Mehr an Bildung die Zahl der Modernisierungsverlierer reduziert.

Die von Wahlterminen bestimmte Kurzatmigkeit der Demokratie erschwert eine langfristige Strategie. Parteien und PolitikerInnen werden im Zweifel immer versucht sein, langfristige Ziele dem kurzfristigen Ziel des Wahlerfolges zu opfern. Deshalb braucht eine Politik, die das Vorhandensein von Rassismus und Fremdenfeindlichkeit nicht einfach achselzuckend akzeptiert – oder gar instrumentiert –, ein Konzept, das ja in Fragen der Außen-, aber auch der Wirtschafts- und Sozialpolitik oft angewendet wird: Bestimmte Grundsätze werden außer Streit gestellt. Rassismus und Fremdenfeindlichkeit bedrohen Grundsätze der Demokratie – und deshalb macht es Sinn, die politische Auseinandersetzung mit Rassismus und Fremdenfeindlichkeit außer Streit zu stellen.

Anmerkungen

1 Zygmunt BAUMAN, Modernity and Ambivalence, Cambridge (UK) 1993, insbes. 1–17; Elisabeth YOUNG-BRUEHL, The Anatomy of Prejudices, Cambridge (MA) 1996, insbes. 386–411.
2 Götz ALY, Hitlers Volksstaat. Raub, Rassenkrieg und nationaler Sozialismus, Frankfurt am Main 2005.
3 Cas MUDDE, Populist Radical Right Parties in Europe, Cambridge (UK) 2007.
4 Udo KEMPF, Das politische System Frankreichs, in: Wolfgang ISMAYR, Die politischen Systeme Westeuropas, Opladen [3]2003, 301–348, hier 332–334.
5 Susanne FRÖLICH-STEFFEN, Lars RENSMANN (Hg.), Populisten an der Macht. Populistische Regierungsparteien in West- und Osteuropa, Wien 2005.
6 Robert A. DAHL, Democracy and its Critics, New Haven 1989, 122–129.
7 David S. WYMAN (Hg.), The World Reacts on the Holocaust, Baltimore 1996.
8 Rainer BAUBÖCK, Transnational Citizenship. Membership and Rights in International Migration, Cheltenham 1994.

Zukunft des Staates

Margit Schratzenstaller

1. Einleitung

Überlegungen zur Zukunft des Staates haben einen Wandel der Rahmenbedingungen auf unterschiedlichen Ebenen zu beachten. Erstens sehen sich Regierungen veränderten Herausforderungen und langfristigen Entwicklungstrends gegenüber, auf die sie mit geeigneten (wirtschafts-)politischen Maßnahmen reagieren müssen: etwa dem weltweiten Klimawandel, der Zunahme von Einkommen und Vermögen bei gleichzeitig steigender Ungleichverteilung, der wachsenden internationalen Integration der Volkswirtschaften oder der längerfristigen demografischen Entwicklung in Richtung Alterung der Bevölkerung. Zweitens schränkt die zunehmende internationale Verflechtung der Volkswirtschaften die Handlungsspielräume des Nationalstaates ein und bringt gleichzeitig eine Reihe neuer Aufgaben mit sich, die nur auf der supranationalen Ebene gelöst werden können; beides erfordert eine verstärkte Kooperation der nationalen Regierungen auf der supranationalen Ebene.

Mein Beitrag diskutiert zunächst die wichtigsten Funktionen sowie wirtschaftspolitischen Zielsetzungen eines modernen Staatswesens. Hierbei spielt die Nachhaltigkeit eine herausragende Rolle: Ein moderner Wohlfahrtsstaat sollte eine ökonomisch, sozial wie auch ökologisch nachhaltige Politik verfolgen. Ausgehend von dem empirischen Befund, dass wichtiger als die Höhe der öffentlichen Ausgaben und Einnahmen deren Struktur ist, werden in diesem Beitrag die Eckpunkte einer nachhaltigen Gestaltung der Ausgaben sowie Einnahmen der öffentlichen Hand skizziert.

Angesichts der zunehmenden internationalen Integration von Faktor- und Gütermärkten ist darüber hinaus vor allem im Bereich der Steuerpolitik eine verstärkte supranationale Kooperation erforderlich: erstens, um auch weiterhin die Finanzierungsbasis für eine effektive Aufgabenerfüllung der öffentlichen Hand sicherzustellen – nicht nur auf der Ebene der Nationalstaaten, sondern zunehmend auch auf supranationaler Ebene, auf der

der Bereitstellung sogenannter globaler öffentlicher Güter zunehmende Bedeutung zukommt; zweitens, damit die Steuerpolitik auch weiterhin als effektiver lenkungspolitischer Hebel eingesetzt werden kann. In diesem Zusammenhang gewinnen internationale Steuern neben einer supranationalen Harmonisierung von auf der Ebene der Nationalstaaten verbleibenden Steuern immer mehr an Bedeutung.

2. Nachhaltige Budgetpolitik auf der Ebene des Nationalstaates

Seit jeher gehen die Auffassungen über Art und Umfang der Staatstätigkeit auseinander.[1] Während die neoklassische Theorie sich auf ein eher minimalistisches Konzept staatlicher Aktivitäten stützt, da sie davon ausgeht, dass die Marktkräfte für optimale Ergebnisse sorgten und Eingriffe der öffentlichen Hand eher destabilisierend wirkten, als ein (Wieder-)Erreichen des Gleichgewichts auf den Märkten zu unterstützen, sind nach Ansicht der ProtagonistInnen der keynesianischen Schule Marktwirtschaften inhärent instabil, was eine starke Rolle des Staates erfordere.

Insbesondere in den vergangenen drei Jahrzehnten wurde in der Literatur verstärkt Kritik an einer interventionistischen wirtschaftspolitischen Praxis geübt, und die teilweise recht großen Staatssektoren der westlichen Wohlfahrtsstaaten kommen zunehmend unter (Rechtfertigungs-)Druck. Wiewohl eine regelmäßige Überprüfung und Kritik bestehender Staatsaufgaben unabdingbar sind für die Aufrechterhaltung eines effizient funktionierenden Staatswesens, das seine Aktivitäten flexibel an sich wandelnde Herausforderungen anpasst, so wenig scheint es allerdings vor dem Hintergrund sich ständig verändernder Rahmenbedingungen und Probleme, mit denen die nationalen Regierungen konfrontiert sind, gerechtfertigt, einer pauschalen Verringerung der Aktivitäten der öffentlichen Hand das Wort zu reden. Eine solche Empfehlung wäre durch die vorliegende empirische Evidenz auch kaum zu stützen: Empirische Studien zum Zusammenhang zwischen der Staatsgröße und der Ausgaben- oder der Abgabenquote ergeben erstens keinen eindeutigen Anhaltspunkt für die „optimale" Staatsgröße und zeigen zweitens, dass wichtiger als der Umfang der öffentlichen Aktivitäten, der nichts über Effizienz und Wirkungen der Ausgaben der öffentlichen Hand sowie über die Effekte einzelner Abgabenkategorien aussagt, deren Struktur ist.

Hinsichtlich der Struktur der öffentlichen Finanzen wird im Rahmen des seit Anfang dieses Jahrzehnts insbesondere von der Europäischen Kommission propagierten Konzepts der „Qualität der öffentlichen Finanzen" – im Einklang mit der neueren finanzwissenschaftlichen Literatur – der Fokus primär auf Effizienz- und Wachstumswirkungen von öffentlichen Ausgaben sowie von Abgaben- und Transfersystemen gerichtet. Anhand dieses Maßstabs wird unterschieden zwischen produktiven öffentlichen Ausgaben, die einen positiven Wachstumsbeitrag leisten, und unproduktiven öffentlichen Ausgaben, die sich neutral oder negativ auf das Wirtschaftswachstum auswirken. Demnach fallen unter produktive öffentliche Ausgaben solche, die Aktivitäten privater Wirtschaftssubjekte mit positiven Externalitäten oder die Akkumulation von (physischem oder Human-)Kapital fördern (Ausgaben für Bildung, Gesundheit, Recht und Ordnung, allgemeine öffentliche Dienste, Wohnbau, Transport und Kommunikation), unter unproduktive öffentliche Ausgaben dagegen solche, die andere, wachstumsfördernde Ausgaben verdrängen oder negative Anreizwirkungen (etwa auf das Arbeitsangebot) haben (vor allem Ausgaben für soziale Sicherheit).

Dieser Begriff der Qualität der öffentlichen Finanzen beziehungsweise diese einseitig auf das Wirtschaftswachstum bezogene Dichotomie zwischen produktiven und unproduktiven öffentlichen Ausgaben erscheint jedoch zu eng. Dies gilt auch für die Auffassung eines Großteils der neueren finanzwissenschaftlichen Literatur hinsichtlich der Nachhaltigkeit der öffentlichen Finanzen: Hierunter wird häufig lediglich die langfristige finanzielle Tragfähigkeit der öffentlichen Haushalte verstanden, also einseitig auf die ökonomische Nachhaltigkeit abgestellt, während soziale und ökologische Nachhaltigkeit – als die beiden anderen, gleichwertigen Dimensionen der Nachhaltigkeit – vernachlässigt werden.[2]

Das Selbstverständnis eines modernen, zukunftsfähigen Staatswesens muss allerdings über dieses zu eng gefasste Verständnis der Qualität der öffentlichen Finanzen und ihrer langfristigen Nachhaltigkeit hinausreichen. Angesichts von Klimawandel, demografischem Wandel, der Flexibilisierung und Prekarisierung von Arbeitsbeziehungen und Arbeitswelt, Internationalisierung und Standortwettbewerb oder der steigenden Ungleichverteilung von Einkommen und Vermögen ist der Staat gefordert, den privaten Haushalten und Unternehmen die Anpassung an den sich immer rascher vollziehenden Wandel der sozio-ökonomischen Rahmenbedingungen zu erleichtern beziehungsweise neue Aufgaben zu übernehmen, bei deren Erfüllung der Markt versagt.

Für die Identifikation der Aufgaben eines zukunftsfähigen Staatswesens ist letztlich auch heute noch die Kategorisierung von Musgrave (1959), angereichert um einige Ergänzungen und Qualifizierungen, ein geeigneter und nach wie vor aktueller Ausgangspunkt. Musgrave gliedert die öffentlichen Aufgaben in eine Allokationsfunktion, eine Stabilisierungsfunktion und eine Verteilungsfunktion.

Die Allokationsfunktion umfasst sämtliche Fälle von Marktversagen, das durch das Vorliegen positiver oder negativer externer Effekte, meritorischer oder demeritorischer Effekte, Informationsasymmetrien oder Marktmacht begründet wird. Besonders wichtige Bereiche, deren Bedeutung in Zukunft noch zunehmen werden und die ein verstärktes Engagement des Staates erfordern, um die hier auftretenden negativen Externalitäten zu verringern beziehungsweise die positiven externen Effekte zu realisieren, sind Umweltschutz sowie Forschung und Entwicklung. Daneben muss der Bildungs- und Weiterbildungsbereich ausgebaut werden, da nur so die langfristige Alterung der Gesellschaften sowie die zunehmende grenzüberschreitende Migration zu bewältigen sind.

Unter die Stabilisierungsfunktion des Staates fällt die Sicherstellung stabiler Preise, eines hohen Beschäftigungsniveaus sowie eines angemessenen Wirtschaftswachstums bei Aufrechterhaltung eines fiskalischen und außenwirtschaftlichen Gleichgewichts. Während eine aktive Konjunktursteuerung auf nationalstaatlicher Ebene, die über das Wirkenlassen automatischer Stabilisatoren hinausgeht, in offenen Volkswirtschaften aufgrund der hier auftretenden grenzüberschreitenden Spill-overs nur begrenzte Wirkung zeitigt, gewinnt die Wachstumsaufgabe an Bedeutung. Empirische Studien, die den Zusammenhang zwischen einzelnen Ausgabenkategorien und dem Wirtschaftswachstum untersuchen, kommen mehrheitlich zu dem Ergebnis, dass öffentliche Ausgaben für die Transport- und Kommunikationsinfrastruktur, für Forschung und Entwicklung sowie im Bildungs- und Gesundheitsbereich positive Wirkungen auf das Wirtschaftswachstum ausüben.

Die Verteilungsfunktion schließlich richtet sich auf die Abmilderung von Einkommens- und Vermögensunterschieden. Da diese in vielen Ländern tendenziell zunehmen,[3] wird diese öffentliche Aufgabe auch in Zukunft nichts von ihrer Aktualität verlieren. Die in allen Wohlfahrtsstaaten mehr oder weniger ausgeprägten Gender-Differenzen erfordern als eine weitere verteilungspolitische Dimension ein verstärktes gleichstellungspolitisches Engagement der öffentlichen Hand. Angesichts des demografischen Wandels wächst zudem die Bedeutung bestimmter Bereiche der sozialen Sicherung beziehungsweise der Sozialpolitik im Allgemeinen: insbesondere jener der Altenpflege und -betreuung, aber auch der Integration von MigrantInnen.

Auch die Eckpunkte eines ökonomisch, sozial und ökologisch nachhaltigen Abgabensystems ergeben sich im Prinzip aus den von Musgrave unterschiedenen grundlegenden Funktionen der öffentlichen Hand.[4] Aus allokativer Sicht sollen öffentliche Abgaben Effizienzverluste auf ansonsten effizienten Märkten vermeiden, das heißt, ökonomische Entscheidungen privater Haushalte und Unternehmen möglichst wenig beeinflussen (zum Beispiel Entscheidungen bezüglich des Arbeitsangebotes). In Fällen von Marktversagen, vor allem in Form positiver oder negativer Externalitäten, können öffentliche Abgaben dagegen als marktkonformes, über den Preismechanismus wirkendes Lenkungsinstrument dienen: also steuerpolitische Anreize geben, um erwünschte Aktivitäten zu fördern (beispielsweise Investitionen in Bildung und Weiterbildung) oder steuerpolitisch unerwünschte Aktivitäten zu sanktionieren (etwa mit Umweltschäden verbundene Produktions- oder Konsumaktivitäten). Öffentliche Abgaben können darüber eine stabilisierungspolitische Funktion ausüben, insbesondere in Form von automatischen Stabilisatoren (zum Beispiel innerhalb eines progressiven Einkommensteuertarifs). Nicht zuletzt können sie in den Dienst der Verteilungsaufgabe gestellt werden und zur Abmilderung der Ungleichverteilung von Einkommen und Vermögen, wie sie sich aus dem Marktprozess ergeben, beitragen: Neben einem progressiven Einkommenssteuersystem sind hier insbesondere auch Steuern auf den Bestand, den Zuwachs sowie die Übertragung von Vermögen (zum Beispiel Erbschafts- und Schenkungssteuer, Grundsteuer, Kapitalverkehrssteuern et cetera) von Bedeutung. Ein Abgabensystem, das nicht nur die Effizienzdimension der Nachhaltigkeit, sondern auch die soziale und ökologische Nachhaltigkeit berücksichtigen will, muss sich somit auf die Herstellung eines ausgewogenen Verhältnisses zwischen Steuern und Abgaben mit unterschiedlichen, teilweise widersprüchlichen Zielsetzungen und Wirkungen orientieren.

3. Die Bedeutung supranationaler Kooperation

Wie im vorhergehenden Abschnitt dargelegt, besteht auf der nationalen Ebene nach wie vor eine Reihe von Herausforderungen für eine nachhaltige Gestaltung öffentlicher Einnahmen und Ausgaben. In einer Welt, in der die nationalen Volkswirtschaften durch eine sich intensivierende Verflechtung von Kapital-, Güter- und Arbeitsmärkten miteinander verbunden sind, können sich jedoch staatliche Aktivitäten nicht mehr primär auf die Ebene des Nationalstaates beschränken. Vielmehr gibt es sowohl auf der Ausgaben- als auch der Einnahmenseite der öffentlichen Budgets Bereiche, in denen vor dem Hintergrund offener Grenzen sowie der grenzüberschreitenden Mobilität von Gütern, Kapital und Arbeitskräften internationale Kooperation erforderlich ist, wenn es nicht zu einer unzureichenden Erfüllung öffentlicher Aufgaben kommen soll. In diesem Zusammenhang gewinnen zwei relativ neue Konzepte zunehmend an theoretischer und praktischer finanzpolitischer Bedeutung: erstens jenes der globalen öffentlichen Güter, zweitens jenes der internationalen Steuern. Beide werden im Folgenden kurz vorgestellt.

3.1. Globale öffentliche Güter

Mit der zunehmenden Verflechtung der Märkte werden die traditionelle Theorie sowie die praktische Wirtschaftspolitik, die sich bislang im Wesentlichen auf im nationalstaatlichen Rahmen bereitgestellte, nationale öffentliche Güter (wie Landesverteidigung oder Verkehrsinfrastruktur) beschränken, mit der neuen Herausforderung sogenannter globaler öffentlicher Güter („global public goods“) konfrontiert. Bisher sind für die Bereitstellung öffentlicher Güter nationalstaatliche Institutionen zuständig. Mit der fortschreitenden Globalisierung der Weltwirtschaft werden jedoch viele, bislang nationale öffentliche Güter global beziehungsweise kommen zum Katalog der traditionellen nationalen öffentlichen Güter hinzu.

Öffentliche Güter zeichnen sich allgemein durch zwei Eigenschaften aus, die zu einem Marktversagen führen und – wenn ein Angebot dennoch gewünscht wird – ein Eingreifen der öffentlichen Hand erfordern. Ein erstes Charakteristikum ist die Nicht-Rivalität im Konsum: Öffentliche Güter können von beliebig vielen Nutzern konsumiert werden, ohne dass diese sich gegenseitig im Konsum einschränken. Zweitens sind öffentliche Güter durch die Nicht-Ausschließbarkeit vom Konsum gekennzeichnet: Kein potenzieller Nutzer kann von ihrem Konsum ausgeschlossen werden, unabhängig davon, ob er für die Nutzung bezahlt oder nicht. Resultat ist Trittbrettfahrer-Verhalten, das heißt, kein Nutzer ist bereit, für die Bereitstellung des öffentlichen Gutes zu zahlen; somit wird sich mangels Zahlungsbereitschaft der potenziellen KonsumentInnen kein privater Anbieter finden, der das betreffende Gut am Markt bereitstellen würde.

Die Übertragung des traditionellen Konzepts der öffentlichen Güter auf die globale Ebene wurde im vergangenen Jahrzehnt maßgeblich von der UNO vorangetrieben.[5] Zentrales Merkmal globaler öffentlicher Güter ist zunächst, dass ihr Nutzen Landesgrenzen überschreitet, während der Nutzen nationaler öffentlicher Güter sich auf die BewohnerInnen einzelner Nationalstaaten beschränkt. Die Nicht-Rivalität in der Nutzung globaler öffentlicher Güter besteht darin, dass der Konsum eines Staates nicht beeinträchtigt wird, wenn ein weiterer Staat als Nutzer hinzutritt; gleichzeitig können einzelne Staaten nicht vom Konsum ausgeschlossen werden.

Über diese eher konventionell-finanzwissenschaftliche Definition[6] gehen Kaul et al. (1999) hinaus, die neben der Öffentlichkeit des Konsums, also den beiden klassischen Eigenschaften öffentlicher Güter Nicht-Ausschließbarkeit und Nicht-Rivalität in der Nutzung, weitere Aspekte der Öffentlichkeit globaler öffentlicher Güter betonen: nämlich die Öffentlichkeit der Entscheidung über die Bereitstellung dieser öffentlichen Güter sowie die Öffentlichkeit der Verteilung des Nutzens, der aus ihrem Konsum erwächst. Je demokratischer und partizipativer sich der Entscheidungsprozess über das Angebot des betreffenden Gutes gestaltet und je gleichmäßiger die Verteilung des Nutzens daraus ist, desto öffentlicher ist dieses Gut.

Die Abgrenzung globaler öffentlicher Güter erfordert einen Rahmen, der auf einem global geteilten Verständnis globaler öffentlicher Güter basiert. Ein Vorschlag hierzu stammt von Martens/Hain (2002), die sich auf die weltweit gültigen Konventionen und Deklarationen der UNO beziehen, insbesondere auf die im Jahr 2000 von VertreterInnen von 189 Staaten verabschiedete Millenniumserklärung. Hieraus lässt sich eine Prioritätenliste globaler öffentlicher Güter ableiten, die sowohl vom Menschen geschaffene globale öffentliche Güter (Frieden und internationale Sicherheit, internationale Rechtsstaatlichkeit/Völkerrecht, Schutz der Menschenrechte, Chancengleichheit und internationale Gerechtigkeit, Gesundheit, Wissen und Information) als auch natürliche globale öffentliche Güter (Schutz der Erdatmosphäre/des Klimas, Schutz der Biodiversität, Schutz der Wälder, Schutz der Meere) umfasst.

Eine Unterversorgung kann sich zunächst daraus ergeben, dass aufgrund der Öffentliche-Güter-Eigenschaften das bereits erwähnte Trittbrettfahrer-Verhalten und fehlende Zahlungsbereitschaft einzelner Nationalstaaten zu erwarten sind. Wegen ihrer grenzüberschreitenden positiven Externalitäten (grenzüberschreitende Spill-overs, das heißt, der Nutzen aus globalen öffentlichen Gütern fließt nicht nur dem bereitstellenden Staat, sondern auch anderen Staaten zu) beziehungsweise ihres Umfangs werden globale öffentliche Güter von einzelnen Staaten nicht oder nur auf unzureichendem Niveau bereitgestellt: Da grenzüberschreitende Spill-overs von einer nationalen, nur die inländischen Belange berücksichtigenden Regierung nicht ins Kalkül gezogen werden würden, käme es aus globaler Perspektive zu einem Unterangebot an den betreffenden Gütern. Ihre Bereitstellung muss daher auf der supranationalen Ebene erfolgen. In Ermangelung einer übergeordneten „Weltregierung“, die Zwangsabgaben zur Finanzierung globaler öffentlicher Güter durchsetzen könnte, erfordert dies allerdings eine entsprechende supranationale Kooperation. Nur so kann ein aus weltwirtschaftlicher Sicht effizientes Angebot an globalen öffentlichen Gütern realisiert werden.

Das bestehende Unterangebot an globalen öffentlichen Gütern ist jedoch nicht nur auf Trittbrettfahrer-Verhalten der Nationalstaaten zurückzuführen.[7] So sind Regierungen häufig nicht bereit, eine Einschränkung ihrer nationalen Souveränität durch verbindliche Abkommen, deren Einhaltung einem internationalen Monitoring unterliegt, hinzunehmen. Darüber hinaus erschweren es divergierende Präferenzen, zu supranationalen Vereinbarungen zu gelangen; Beispiel ist der Klimawandel, von dem die einzelnen Staaten unterschiedlich stark betroffen sind. Auch können einige globale öffentliche Güter nur dann erfolgreich bereitgestellt werden, wenn alle Staaten sich beteiligen (sogenanntes „weakest link"-Problem), etwa bei der Eindämmung von grenzüberschreitenden Infektionskrankheiten.

So überzeugend das theoretische Konzept globaler öffentlicher Güter ist, so sind doch auf dem Weg zur praktischen Umsetzung einige Hürden zu gewärtigen, deren Überwindung die internationale Staatengemeinschaft zum Teil vor große Herausforderungen stellt. So fehlen auf der globalen Ebene weitgehend demokratische Entscheidungsstrukturen sowie die erforderlichen Institutionen wie auch Finanzinstrumente,[8] um zu gewährleisten, dass globale öffentliche Güter auf einem ausreichenden Niveau bereitgestellt werden. Dennoch müssen sich Überlegungen zur Zukunft des Staates dringend solchen, die nationalstaatlichen Grenzen überschreitenden Aufgaben widmen. Denn selbst wenn kurzfristig einzelne Nationalstaaten Vorteile durch die Verweigerung einer internationalen Kooperation und durch abweichendes Verhalten erzielen können, so dürfte doch angesichts der bestehenden und sich intensivierenden Dependenzen der Volkswirtschaften langfristig der Erfolg einer nationalstaatlichen Politik, die nicht in die Bewältigung der globalen Probleme eingebunden ist, gefährdet sein.

3.2. Internationale Steuern

In gewisser Weise das Gegenstück zu globalen öffentlichen Gütern sind auf der Einnahmenseite der öffentlichen Budgets internationale Steuern. Wiewohl der Ausgang der Debatte über internationale Steuern im akademischen Bereich verortet werden kann – mit James Tobins Vorschlag einer Steuer auf internationale Devisentransaktionen, der nach ihrem Protagonisten benannten „Tobin-Steuer"[9] –, hat sie bislang kaum Eingang in die etablierte finanzwissenschaftliche beziehungsweise steuertheoretische Literatur gefunden. Vielmehr ist die Diskussion über Notwendigkeit und Optionen zur Einführung internationaler Steuern fast ausschließlich ein rein steuerpolitischer Diskurs, der insbesondere in zwei Zusammenhängen geführt wird. Erstens im Rahmen der Debatte über Optionen zur Reform des Finanzsystems der EU; stärkste Proponentin ist hier die Europäische Kommission, die seit längerem versucht, die Akzeptanz der Mitgliedsländer für einzelne Steuern als alternative Finanzierungsquellen für das EU-Budget zu gewinnen.[10] In diesem Kontext eingeführte europäische Steuern würden somit zur Finanzierung europäischer öffentlicher Güter dienen. Zur Diskussion stehen insbesondere eine CO_2- beziehungsweise Energiesteuer, die Mehrwertsteuer, die Mineralölsteuer sowie die Körperschaftsteuer. Zweitens werden internationale Steuern im entwicklungspolitischen Zusammenhang propagiert: Hier waren es zunächst Nichtregierungsorganisationen, die diese Diskussion vorantrieben;[11] inzwischen werden Optionen für internationale Steuern als innovative Finanzierungsquellen für globale öffentliche Güter im Allgemeinen und für entwicklungspolitische Aufgaben im Besonderen, aber auch auf der Ebene supranationaler Organisationen beziehungsweise Ländergruppen geführt.[12] Die im Rahmen dieses „Globalisierungsdiskurses" vorgeschlagenen potenziellen Bemessungsgrundlagen umfassen ein weites Spektrum: Dieses reicht von internationalen Devisentransaktionen, Umweltsteuern, Flugverkehr (Flugbenzin, Flugtickets, Nutzung von Luftkorridoren), Emissionen und Gefahrgütern in der Seeschifffahrt sowie Meerengen, Bankgeheimnis und Offshore-Zentren, transnationalen Konzernen, internationalem Waffenhandel, E-Commerce, Luxusgütern bis hin zum erdnahen Weltraum.

Ganz allgemein ist unter internationalen Steuern die international vereinbarte oder organisierte Besteuerung des grenzüberschreitenden Austausches oder Verkehrs von Gütern, Dienstleistungen oder Personen oder grenzüberschreitenden Erträgen aus der Anlage von Kapital zu verstehen. Sie sollen für internationale Zwecke (etwa für die Finanzierung globaler öffentlicher Güter) verwendet, das heißt, durch internationale/supranationale Organisationen (etwa die UNO oder die EU) vereinnahmt und verausgabt werden. Dabei kann es sich um neue Steuern handeln (etwa eine Steuer auf E-Commerce oder Devisentransaktionen) oder um bis dato auf der nationalen Ebene erhobene Steuern, die der supranationalen Ebene zugewiesen werden (etwa die Körperschaftsteuer). Selbstverständlich müssen internationale Steuern nicht „global" eingeführt, sondern können zunächst von einer Gruppe von Ländern – etwa als „europäische Steuern" – implementiert werden. Meist werden sie diskutiert zur gleichzeitigen Erreichung lenkungs- und fiskalpolitischer Zielsetzungen und/oder als Alternative zur Harmonisierung von Steuern, die auf der nationalstaatlichen Ebene verbleiben, beziehungsweise zu sonstigen grenzüberschreitenden steuerpolitischen Koordinationsmaßnahmen (zum Beispiel gegenseitige, grenzüberschreitende Amtshilfe oder Informationsaustausch).

Eine erste theoretische finanzwissenschaftliche Begründung können internationale Steuern in ihrer Eigenschaft als Finanzierungsinstrument maßgeblich im Prinzip der fiskalischen Äquivalenz finden, wonach die

Finanzierung öffentlicher Leistungen und deren Bereitstellung sowie Nutzung beziehungsweise Nutzen auf derselben staatlichen Ebene anfallen sollen: Die Nutznießer einer öffentlichen Leistung sollen auch für deren Finanzierung verantwortlich sein. Für den Fall globaler öffentlicher Güter, deren Nutzen global ist beziehungsweise zumindest einer Gruppe von Ländern zufließt, bedeutet dies, dass sie durch ebenfalls supranational angesiedelte Steuern zu finanzieren sind, um eine ausreichende Finanzierung zu gewährleisten. Würde nämlich die Finanzierung auf der nationalen Ebene angesiedelt, so bestünde die bereits erörterte Gefahr, dass sich die betreffenden Länder auf eine Trittbrettfahrer-Position zurückzögen: Das heißt, sie würden vom Nutzen der globalen öffentlichen Güter profitieren, von dem sie aufgrund von deren Eigenschaften nicht ausgeschlossen werden könnten, nicht jedoch zu deren Finanzierung beitragen.

Als internationale Steuern eignen sich besonders:

- Steuern auf international mobile Bemessungsgrundlagen, bei denen die Gefahr eines interregionalen Steuerwettbewerbs besteht beziehungsweise deren Besteuerung auf der Ebene eines einzelnen Nationalstaates oder nur weniger Länder wegen der zu erwartenden steuerlich induzierten Abwanderung der Steuerbasis beziehungsweise der Steuersubjekte unmöglich ist. Verfolgen diese Steuern neben dem fiskalischen Ziel auch noch Lenkungszwecke (wie etwa die Internalisierung negativer Externalitäten oder die Eindämmung demeritorischer Effekte), birgt ihre unilaterale Einführung die Gefahr einer ineffizient niedrigen Besteuerung, also einer Besteuerung auf einem Niveau, welches das Ausmaß der vom Steuergegenstand ausgehenden negativen Externalitäten beziehungsweise demeritorischen Effekte unterschreitet und somit deren vollständige Internalisierung nicht gewährleisten kann: Würde nämlich der räumliche Geltungsraum der Steuer nicht auch zumindest die wichtigsten potenziellen Ausweichländer umfassen, so wären Ausweichreaktionen und damit eine Unterbesteuerung des betreffenden Steuergegenstandes zu erwarten, womit auch das Lenkungsziel nicht effektiv umgesetzt werden könnte. Ein Beispiel ist die Besteuerung von Flugbenzin, das derzeit im grenzüberschreitenden europäischen Flugverkehr steuerfrei ist; die Einführung einer Kerosinsteuer durch ein einzelnes Land oder durch nur wenige europäische Länder wäre aufgrund von Ausweichreaktionen wohl kaum mit Erfolg umsetzbar.
- Steuern auf (auch immobile) Steuerbasen/Aktivitäten mit grenzüberschreitenden negativen Externalitäten, bei denen die Besteuerung auf nationalstaatlicher Ebene zur Festsetzung eines ineffizient geringen Steuer-

satzes führen würde, da lediglich die das jeweilige Land betreffenden Externalitäten, nicht jedoch grenzüberschreitende Externalitäten bei der Bestimmung der Höhe des Steuersatzes berücksichtigt werden würden, mithin eine nur unzureichende Internalisierung der negativen Externalitäten resultieren würde. Beispiele sind Steuern auf fossile Brennstoffe, deren CO_2-Ausstoß nicht an den nationalen Grenzen haltmacht.

Neben diesen sehr grundsätzlichen Kriterien spielen bei der Beurteilung der Eignung bestimmter Steuern als internationale Steuern noch einige weitere Fragen und Überlegungen eine Rolle:

- Fiskalische Überlegungen: Sind die Einnahmen umfangreich genug, dass sie einen substanziellen Beitrag zur Finanzierung globaler öffentlicher Güter leisten können? Und ist das Aufkommen kurz- und langfristig stabil und ergiebig und damit eine verlässliche Einnahmenquelle?
- Wie hoch ist der administrative Aufwand für die Erhebung und Eintreibung der Steuer, und steht er in einem vertretbaren Verhältnis zu den erzielbaren Einnahmen?
- Wie steht es um die politische Akzeptanz und Durchsetzbarkeit der Steuer?
- Ist die Bruttobelastung auf Länderebene gerecht, das heißt, besteht ein Zusammenhang zwischen der Steuerbemessungsgrundlage (und damit der Steuerbelastung) und der Wirtschaftsleistung der beteiligten Länder?

Auch bezüglich der Implementierung internationaler Steuern ergibt sich eine Reihe von mehr oder weniger grundsätzlichen praktischen Problemen. So ist zunächst ein institutioneller Rahmen für ihre Einhebung erforderlich, der einerseits Anreize zur Kooperation, andererseits aber auch Möglichkeiten zur Sanktionierung abweichenden, nicht-kooperativen Verhaltens einzelner Staaten bieten muss. Des Weiteren wird es nicht immer einfach sein, sich im Einzelfall auf den Verwendungszweck für die erzielten Einnahmen zu einigen, wie die Diskussion um die Besteuerung von Devisen- beziehungsweise von Finanztransaktionen zeigt.[13]

Dennoch erscheint es lohnenswert, an der Lösung dieser Probleme zu arbeiten, denn internationale Steuern sind nicht nur ein wichtiges Instrument zur Finanzierung globaler öffentlicher Güter. Mindestens ebenso bedeutsam ist, dass durch ihren Einsatz und die damit verbundenen Lenkungswirkungen (etwa die Eindämmung von Energie- und Umweltverbrauch oder der Spekulation auf den Finanzmärkten) internationalisierungsbedingte Beschränkungen der Handlungsspielräume der nationalen Steuerpolitik kompensiert werden können. Die Implementierung internationaler Steuern ist zwar auf der einen Seite mit der Aufgabe nationaler Souveränität verbunden, da die Nationalstaaten eines ihrer ureigensten Hoheitsrechte, nämlich jenes der Besteuerung, an die supranationale Ebene abgeben. In jenen Fällen jedoch, in denen die internationale Verflechtung der Volkswirtschaften die Umsetzung dieses formalen Rechtes faktisch unmöglich macht, ermöglicht andererseits eine supranational koordinierte Einführung internationaler Steuern die Wiedergewinnung von Handlungsspielräumen.

4. Schlussbemerkung

Die vorhergehenden Ausführungen versuchen, bislang relativ unverbundene Diskussionsstränge zusammenzuführen, die als Grundlage für Überlegungen zur Zukunft des Staates gleichermaßen von Bedeutung erscheinen: Eckpunkte einer nachhaltigen Budgetpolitik auf der Ebene des Nationalstaates einerseits sowie eines ergänzenden supranationalen Engagements im Bereich globaler öffentlicher Güter sowie internationaler Steuern andererseits. Auch wenn hinsichtlich der konkreten Ausgestaltung einer verstärkten supranationalen Kooperation noch eine Reihe inhaltlicher sowie institutioneller Fragen zu klären ist und die theoretische und politische Debatte noch ziemlich am Anfang steht, so ist ihr Ausbau doch unabdingbar für die Aufrechterhaltung nationaler Handlungsspielräume sowie die erfolgreiche Bewältigung der an Bedeutung gewinnenden globalen Probleme und Herausforderungen.

Anmerkungen

1 Vgl. zum Folgenden HANDLER, SCHRATZENSTALLER, Die Rolle des Staates; SCHRATZENSTALLER, Wachstumsimpulse.
2 Vgl. zu einer ausführlichen Kritik SCHRATZENSTALLER, Anforderungen an eine nachhaltige Budgetpolitik.
3 Vgl. z. B. ATKINSON, PIKETTY, Top Incomes.
4 Vgl. zum Folgenden z. B. Nowotny 1999; Stiglitz 2000.
5 Vgl. KAUL u. a., Global Public Goods; KAUL u. a., Providing Global Public Goods; KAUL, CONCEIÇÃO, The New Public Finance.
6 Vgl. etwa SANDLER, Global Collective Action.
7 Vgl. KAUL u. a., Global Public Goods; BARRETT, Why Cooperate?.
8 Vgl. zu diesem Aspekt den folgenden Abschnitt zu internationalen Steuern.
9 Vgl. hierzu die Beiträge in UL HAQ u. a., The Tobin Tax.

10 Vgl. z. B. BERGHUBER, SCHRATZENSTALLER, Finanzierungsalternativen zum EU-Budget.
11 Vgl. beispielsweise KALINOWSKI, WAHL, Kampf um Tobin.
12 Vgl. hierzu den sogenannten Landau-Report (Groupe de travail sur les nouvelles contributions financières internationales, 2004).
13 Vgl. z. B. SPAHN, On the Feasability of a Tax; SCHULMEISTER u. a., A General Financial Transaction Tax.

Literatur

A. B. ATKINSON, Thomas PIKETTY, Top Incomes over the Twentieth Century. A Contrast Between Continental European English-Speaking Countries, Oxford-New York 2007.

Scott BARRETT, Why Cooperate? The Incentive to Supply Global Public Goods, New York 2007.

Bernd BERGHUBER, Margit SCHRATZENSTALLER, Finanzierungsalternativen zum EU-Budget, in: WIFO-Monatsberichte 12/2006, 893–910.

Groupe de travail sur les nouvelles contributions financières internationales, Rapport à Monsieur Jacques Chirac, Paris 2004.

Heinz HANDLER, Margit SCHRATZENSTALLER, Die Rolle des Staates, Wien 2006 (WIFO-Weißbuch 2006. Mehr Beschäftigung durch Wachstum auf Basis von Innovation und Qualifikation, Teilstudie 7).

Bruno JETIN, Lieven DENYS, Ready for Implementation. Technical and Legal Aspects of a Currency Transaction Tax and its Implemenation in the EU, Berlin 2006.

Thomas KALINOWSKI, Peter WAHL, Kampf um Tobin. Internationale Steuern und Globalisierung, in: Blätter für deutsche und internationale Politik Nr. 2, 2006, 213–219.

Inge KAUL, Pedro CONCEIÇÃO, The New Public Finance. Responding to Global Challenges, New York 2007.

Inge KAUL, Pedro CONCEIÇÃO, Katell LE GOULVEN, Ronald U. MENDOZA, Providing Global Public Goods: Managing Globalization, New York 2003.

Inge KAUL, Isabelle GRUNBERG, Marc A. STERN, Global Public Goods, New York 1999.

Jens MARTENS, Roland HAIN, Globale öffentliche Güter: Zukunftskonzept für die internationale Zusammenarbeit?, Berlin 2002 (Heinrich-Böll-Stiftung Working Paper).

Richard A. MUSGRAVE, The Theory of Public Finance, New York 1959.

Ewald NOWOTNY, Der öffentliche Sektor, Berlin ^{4}1999.

Todd SANDLER, Global Collective Action, New York 2004.
Joseph E. STIGLITZ, Economics of the Public Sector, New York [3]2000.
Mahbub UL HAQ, Inge KAUL, Isabelle GRUNBERG (Hg.), The Tobin Tax. Coping with Financial Volatility, New York 1996.
Margit SCHRATZENSTALLER, Wachstumsimpulse durch die öffentliche Hand, Wien 2006 (WIFO-Weißbuch 2006. Mehr Beschäftigung durch Wachstum auf Basis von Innovation und Qualifikation, Teilstudie 12).
Margit SCHRATZENSTALLER, Anforderungen an eine nachhaltige Budgetpolitik, WISO Nr. 3/2005, 118–137.
Stephan SCHULMEISTER, Margit SCHRATZENSTALLER, Oliver PICEK, A General Financial Transaction Tax. Motives, Revenues, Feasability and Effects, Wien 2008.
P. B. SPAHN, On the Feasability of a Tax on Foreign Exchange Transactions. Study Commissioned by the German Ministry for Economic Cooperation and Development, Frankfurt am Main 2002.

Der Rechtsstaat und Perspektiven dazu

Hannes Jarolim

Einleitung

Über den Rechtsstaat als ein Thema der Zeit zu schreiben stellt in vielfacher Hinsicht eine nicht einfach zu meisternde Herausforderung dar. Wieso das? Der Rechtsstaat, versteht man ihn umfassend, ist nicht primär ein Thema der Zeit, sondern eines der Demokratie der neuzeitlichen Staatsorganisation, genauer seit den Revolutionen im 18. und 19. Jahrhundert.[1] Dies bedeutet allerdings keinesfalls, dass dieses Generalthema nicht einer permanenten Reflexion bedürfte, um das grundlegende Konzept vital zu halten: Gerade in den letzten Jahren hat die österreichische rechtswissenschaftliche Literatur mehrfach eine Krise des Rechtsstaates konstatiert, deren Ursache nicht zuletzt darin liegt, dass das Recht als gesellschaftliches Steuerungsinstrument in der Kommunikationsgesellschaft seine Steuerungsfähigkeit zu verlieren droht.[2]

Zugleich bedarf die Diskussion aktueller Aspekte der Rechtsstaatlichkeit immer einer scharfen Eingrenzung, da sich ansonsten jede Diskussion dieser Aspekte in der Uferlosigkeit des Generalthemas zu verlieren droht. Ich verstehe meine Themenstellung daher folgendermaßen, dass ich vor dem Hintergrund des allgemeinen Rechtsstaatskonzepts und dessen Umsetzung einige Probleme, die gegenwärtig von hoher Relevanz sind, herausgreife und darstelle. Dass diese Darstellung notwendigerweise fragmentarisch bleiben muss, versteht sich von selbst. Dies ist allerdings kein Hindernis bei der Darstellung, sondern notwendige Voraussetzung einer konstruktiven Diskussion. Bevor wir uns aktuellen Themen nähern, müssen wir daher entsprechende Wertentscheidungen treffen, wohin sich unsere Gesellschaft entwickeln soll.

Das historisch-theoretische Rechtsstaatskonzept

Nach dem klassischen Verständnis von Rechtsstaatlichkeit ist der Rechtsstaat ein Staat, dessen Handeln durch allgemeine, öffentlich kundgemachte Gesetze determiniert ist und so für die seiner staatlichen Herrschaft unterworfenen Menschen vorhersehbar ist. Daneben ist der Rechtsstaat zugleich Rechtsschutzstaat: Menschen, in deren Rechtspositionen eingegriffen wird, müssen die Möglichkeit haben, sich gegen diese Eingriffe zu wehren und berechtigte Positionen mit staatlicher Hilfe durchsetzen zu können.

Theoretisch betrachtet ist der Rechtsstaat damit der siamesische Zwilling der Demokratie. Der Wille des Souveräns, das heißt des Volkes, wird gebildet durch die akkumulierte Äußerung der einzelnen Mitglieder der demokratisch verfassten Gesellschaft. Der Rechtsstaat garantiert wiederum, dass dieser Wille des Souveräns in Form der Vollziehung wieder zum einzelnen Subjekt zurückkehrt – er garantiert die Rückbindung der individuellen Gesetzesanwendung an den demokratischen Willen.[3] Auf dieser grundlegenden Konzeption beruhen alle rechtsstaatlich-demokratischen Verfassungen im kontinentaleuropäischen Bereich.

Umsetzung im österreichischen Rechtssystem

Die österreichische Bundesverfassung kennt den Begriff der Rechtsstaatlichkeit nicht ausdrücklich (anders als etwa die Demokratie oder die Republik, die in Art. 1 B-VG proklamiert werden). Dennoch ist es in Lehre[4] und Rechtsprechung[5] absolut unbestritten, dass die österreichische Bundesverfassung ein rechtsstaatliches Grundprinzip enthält. Auch wenn dieses Prinzip nirgends ausdrücklich festgeschrieben steht, so ergibt sich die Existenz dieses Prinzips aus einer Vielzahl von einzelnen Bestimmungen.

Zu nennen sind an erster Stelle das in Art. 18 B-VG verbürgte Legalitätsprinzip, das das gesamte Handeln der Vollziehung an die Gesetze bindet, außerdem die Bestimmungen über die Kundmachung von Gesetzen (Art. 48, 49 B-VG), die Bestimmungen über die Gerichtsbarkeit (Art. 82 ff. B-VG), über Verwaltungs- und Verfassungsgerichtsbarkeit (Art. 129 ff. B-VG) sowie die Grundrechtskataloge in der Europäischen Menschenrechtskonvention (EMRK) und dem Staatsgrundgesetz 1867 (StGG).

Ein ausdrückliches Bekenntnis zur Rechtsstaatlichkeit findet sich in den Grundlagenverträgen der Europäischen Union, insbesondere in Art. 6 Abs. 1 EUV, wo es heißt, dass sich die Europäische Union auf die Grundsätze der Freiheit, Demokratie, Rechtsstaatlichkeit und die Achtung der Menschenrechte und Grundfreiheiten gründet. Eine nähere Definition des Begriffes findet sich dort zwar nicht, doch er stützt sich auf die gemeineuropäische Tradition, ist folglich nicht wesentlich anders zu verstehen als das bereits oben dargestellte gemeineuropäische Konzept der Rechtsstaatlichkeit.

Aktuelle Herausforderungen

Sowohl das generelle Rechtsstaatskonzept sowie auch dessen Umsetzung im Rahmen der österreichischen Bundesverfassung sind in ihren Grundzügen verhältnismäßig formalistisch und starr. Zum Leben erweckt wird dieses Konzept erst durch die Anreicherung mit verschiedenen rechtlichen Inhalten. Eine wesentliche Funktion haben hier sicherlich die Grundrechte, doch auch sie passen sich ihrem Wortlaut nach kaum an geänderte gesellschaftliche Rahmenbedingungen an – diese Rolle kommt im Wesentlichen den Gerichten zu, die Grundrechte in ihrer Anwendung anreichern.

In dieser Funktionsteilung liegt allerdings eines der größten Probleme: Von wissenschaftlicher Seite wurde dem Gesetzgeber bereits mehrfach vorgeworfen, er danke zugunsten der Gerichtsbarkeit ab,[6] an anderer Stelle wurde festgestellt, dass die österreichische Grundrechtslehre weitestgehend auf Richterrecht gestützt ist. Ohne diese Funktion der Gerichte wäre in der Tat die Entwicklung der Grundrechte nicht so weit fortgeschritten, allerdings ist die Tätigkeit der Gerichte zumeist lediglich an einen kleinen Kreis von Personen adressiert, während der breiteren Masse der Bevölkerung der Zugang zu gerichtlichen Entscheidungen verwehrt bleibt; und selbst in diesem Fall wird es interessierten Laien nicht leicht fallen, von Entscheidungen der Gerichtsbarkeit dahingehend zu profitieren, dass ihnen Wesen und Wert des Rechtsstaates generell vermittelt würden.

Ich sehe daher die Gefahr, dass das Verständnis für den Rechtsstaat in der aktuellen Situation gewissen Eliten vorbehalten bleibt, eine generelle Wertschätzung allerdings verloren zu gehen droht.[7] Das wiederum birgt das Risiko in sich, dass viele Personen Einschränkungen der Rechtsstaatlichkeit tolerieren oder gar begrüßen – man denke nur an die Erweiterung von polizeilichen Überwachungsbefugnissen, die in der rechtspolitischen Debatte mit der Gefahr terroristischer Akte gerechtfertigt werden, ohne dass die entsprechenden Prämissen hinterfragt werden.

Die allgemeine Herausforderung liegt folglich darin, den Rechtsstaat wieder näher an die Bürgerinnen und Bürger heranzubringen.

Die allgemeine Gesetzesbindung erfordert, dass alle Rechtsunterworfenen das Recht kennen, an das sie sich zu halten haben. Bei der Vielzahl an Gesetzen, durch die unser Handeln determiniert werden soll, ist dies natürlich praktisch nahezu unmöglich, weshalb es notwendig ist, sich mit der Fiktion zu behelfen, dass alle Bürgerinnen und Bürger ein gehörig kundgemachtes Gesetz kennen.[8] Dieses Prinzip legt § 2 ABGB allgemein fest: „Sobald ein Gesetz gehörig kundgemacht worden ist, kann sich niemand damit entschuldigen, dass es ihm nicht bekannt geworden sei."

Auf dieses Prinzip wird man allerdings nicht verzichten können, da es die allgemeine und gleiche Anwendung von Gesetzen garantiert. Würde man die subjektive Unkenntnis einer gesetzlichen Bestimmung als Rechtfertigung für nicht rechtskonformes Handeln allgemein anerkennen, wäre es um die Vorhersehbarkeit staatlichen Handelns geschehen. Allenfalls denkbar wäre eine sensible Ausweitung von Entschuldigungsgründen in speziellen Fällen. Damit wird jedoch die generelle Akzeptanz und Kenntnis des Rechts schwerlich signifikant zu erhöhen sein.

Der Ansatzpunkt hierfür muss folglich woanders liegen, nämlich in der Möglichkeit der BürgerInnen, sich einfach und verständlich Kenntnis von Rechtsinhalten zu verschaffen. Grundlage hierfür ist die Verständlichkeit des normativ verbindlichen Rechtstextes selbst. Hier ist zum einen die Legistik gefordert, entsprechend dieser Anforderung zu handeln und nicht aus der juristischen Routine heraus betriebsblind zu werden. Daneben kann aber auch der Gesetzgeber selbst einen wesentlichen Beitrag leisten, indem er nämlich bereits im laufenden Gesetzgebungsverfahren konsolidierte, das heißt einheitliche Rechtstexte zur Verfügung stellt, die eine Orientierung innerhalb der Materie ermöglichen. Zum Teil geschieht dies bereits auf freiwilliger Basis in den Erläuterungen zu Regierungsvorlagen, hierzu müsste allerdings eine allgemeine Verpflichtung geschaffen werden. Ähnliches gilt für Gesetzesvorschläge, die - häufig mit dem Motiv, eine parlamentarische Begutachtung vermeiden zu können - im Wege von Initiativanträgen eingebracht werden. Hier müssen Begründung und Verständlichkeit des Entwurfes massiv gestärkt werden.

Zugleich wäre es wünschenswert, jedes Gesetzesvorhaben aus der juristischen Sprache in den allgemeinen Sprachgebrauch zu „übersetzen" und diese Übersetzung allgemein zugänglich zu machen. Die entsprechenden Plattformen bestehen bereits, sowohl das Parlament als auch die Bundesregierung haben hervorragende Homepages, die ohne großen Aufwand mit dem entsprechenden Inhalt gefüllt werden könnten. Die Herstellung des

Inhaltes hingegen wird aufwendiger sein. Allerdings denke ich, dass die mit dieser Idee verbundenen Kosten kein Argument gegen die Verständlichmachung und Zugänglichkeit des Rechts sein können.

Neben der bloßen Möglichkeit, sich Kenntnis über rechtliche Inhalte zu verschaffen, ist es ebenfalls nötig, in rechtlich diffizileren Situationen die entsprechende rechtliche Beratung zur Verfügung zu haben, um mit Sachverhalten umgehen zu können, die eine vertiefte Kenntnis voraussetzen. Momentan wird Rechtsberatung nahezu ausschließlich durch Rechtsanwälte erteilt, mit der steigenden Komplexität juristischer Fragestellungen steigen jedoch auch zwangsweise die Kosten anwaltlicher Beratungsleistungen.[9] Die daraus resultierende Gefahr liegt auf der Hand: Hochwertige rechtliche Beratung droht damit nur jenen offen zu stehen, die die entsprechenden Mittel hierfür zur Verfügung haben, und der Zugang zum Recht wird sozial Schwächeren potenziell eher verwehrt bleiben.

Ursprünglich sollte diesem sozialen Defizit durch das Institut der Verfahrenshilfe vorgebeugt werden: Menschen, die keine ausreichenden Mittel zur Finanzierung anwaltlicher Vertretung in einem Rechtsstreit aufbringen können, haben Anspruch auf die kostenlose Beistellung eines Rechtsanwaltes für das entsprechende Verfahren. Im Strafverfahren ist dieses Recht durch Art. 6 Abs. 3 lit. c EMRK gesichert, im Zivilprozess und im Verfahren vor den Gerichtshöfen öffentlichen Rechts ist dieser Anspruch einfachgesetzlich garantiert. Die Realität hat die Rechtslage allerdings insoweit überholt, als nur in Verfahren, in denen gesetzlich angeordnete Anwaltspflicht besteht, überhaupt Verfahrenshilfe erteilt werden kann.

Dieses Konzept basiert auf der Vorstellung, dass Rechtsprobleme erst im Bereich des streitigen Verfahrens wirklich gelöst werden können, was jedoch insofern überholt ist, als in der heutigen Praxis Rechtsberatung auf juristische Absicherung und die Vermeidung von Rechtsstreitigkeiten abzielt. Dies ist im Ergebnis auch wesentlich sinnvoller, da auch Personen, die aufgrund ihrer prekären finanziellen Situation Verfahrenshilfe erhalten, das Kostenrisiko des Verfahrens voll tragen. Dies kann wiederum dazu führen, dass jemandem zwar die Anwaltskosten erspart bleiben, die Verfahrenskosten allerdings zu einer dauerhaften Belastung der Schutz suchenden Person werden.

Es bedarf daher der Möglichkeit, rechtliche Beratung im Vorfeld potenzieller Rechtsstreitigkeiten kostengünstiger zugänglich zu machen, genauso wie in Fällen, in denen bloße rechtliche Beratung zur Absicherung notwendig ist. Dass diese Aufgabe allerdings nicht alleine den „klassischen" Rechtsberufen übertragen werden kann, versteht sich von selbst, da diese jedenfalls nicht so weit mit Sozialtätigkeiten eingedeckt werden können, dass dies zu ihrem Haupterwerb wird, sondern es muss eine entsprechende Aufgabenverteilung auch auf fachspezifische Organisationen geben.

Auch hier bestehen in gewissen Sparten bereits gut etablierte Strukturen, die weiter ausgebaut werden können. Zu denken ist dabei vor allem an die gesetzlichen und freiwilligen Interessenvertretungen, denen durch Gesetz in manchen Bereichen bereits die Kompetenz übertragen worden ist, rechtsberatend tätig zu werden.[10] Das dort vorhandene fachspezifische Wissen könnte wesentlich weitergehend nutzbar gemacht werden, indem zum Beispiel ein allgemeines Rechtsberatungsgesetz den entsprechenden Organisationen die Möglichkeit einräumt, rechtliche Beratung in deren fachlicher Sparte anzubieten.

Ein weiterer Ansatz, um den Bürgerinnen und Bürgern den Zugang zum Recht zu erleichtern, ist die Konzentration von Verfahren, was zu einer Effizienzsteigerung und Kostenersparnis führen würde. Eine praktische Möglichkeit läge hier in der Einführung von Sammelklagen und flankierenden Maßnahmen. Entsprechende Entwürfe existieren bereits, nach denen die Möglichkeit bestehen soll, im Wesentlichen ähnliche Ansprüche in einem Sammelverfahren zu konzentrieren, anstatt Einzelverfahren führen zu müssen.[11] Daneben besteht nach diesem Entwurf noch die Möglichkeit, dass eine der nach § 29 KSchG verbandsklagebefugten Vereinigungen verlangt, ein von ihr „stellvertretend" im Wege einer Abtretungskonstruktion geführtes Verfahren zum Musterverfahren zu erklären, dessen Ergebnisse einer stärkeren Publizität unterliegen sollen.

Die in diesen Fällen immer wieder geäußerten Bedenken, dass Sammelklagen zu rechtspolitisch unerwünschten „Monsterzusprüchen" führen würden, wie sie im US-amerikanischen Zivilprozess vorkommen, rührt vor allem aus einer zu wenig reflektierten Auseinandersetzung mit dem dortigen Rechtssystem. Die in dortigen Massenverfahren manchmal zugesprochenen Beträge ergeben sich daraus, dass das amerikanische Schadenersatzrecht nicht nur positiven Schaden und entgangenen Gewinn für ersatzfähig erklärt, sondern darüber hinaus auch der Zuspruch von Strafschadenersatz („punitive damages") für sozial besonders untragbares Verhalten möglich ist. Über solche Ansprüche entscheiden in erster Instanz Geschworenengerichte („juries"), im Instanzenzug aber ausschließlich Berufsrichter. Dies führt dazu, dass die in erster Instanz zugesprochenen Beträge (und nur über sie wird in unseren Kreisen ausführlich berichtet) im Berufungsverfahren zumeist auf Beträge reduziert werden, die auch im kontinentaleuropäischen Rechtskreis durchaus üblich sind.[12]

Eine stärkere Konzentrationswirkung könnte darüber hinaus auch erreicht werden, indem man die Entscheidung gewisser rechtlicher Grundsatzfragen schneller bei einem Höchstgericht herbeiführen kann. Zu denken ist hier an ein Modell der Vorabentscheidung durch den obersten Gerichtshof, ähnlich dem Vorbild des Art. 89 B-VG oder 234 EGV, wo die Gerichte die Möglichkeit haben, Fragen des Verfassungs- beziehungsweise Gemeinschaftsrechts vom zuständigen Gericht beantworten zu lassen. Eine entsprechende Antragsbefugnis kann den Verfahrensparteien zukommen, ebenso könnte darüber hinaus eine Amtspartei (ähnlich dem Bundeskartellanwalt) vorgesehen werden, die eine entsprechende Antrags- und Äußerungsbefugnis hat. Eine solche Vorabentscheidungsbefugnis könnte die Wartezeiten bis zu einer aussagekräftigen Grundsatzentscheidung wesentlich verkürzen.

Transparenz in der Vollziehung

Im Lichte der klassischen Gewaltenteilungslehre sind Gesetzgebung und Vollziehung voneinander strikt getrennt, die Gesetzgebung ist zuständig für das „offene Ohr“ den Bürgern gegenüber, während es der Vollziehung obliegt, hinter verschlossenen Türen das Recht zu vollziehen. Neben der Verständlichkeit von Rechtstexten ist der wohl noch wesentlichere Aspekt der Akzeptanz des Rechts der individuelle Kontakt mit dem Gesetzesvollzug.

Die rechtliche Konzeption der Vollziehung basiert nach wie vor auf einem stark obrigkeitlich geprägten Verwaltungsbild. Die gesamte staatliche Verwaltung ist streng hierarchisch durchorganisiert, es besteht ein weisungsmäßiger Durchgriff von der obersten bis zur untersten Ebene. Bis vor kurzem bedurfte jede Weisungsfreistellung einer Verwaltungsbehörde einer separaten verfassungsrechtlichen Grundlage. Der grundsätzlichen Idee nach soll das Weisungsprinzip die Gesetzmäßigkeit der Verwaltung sichern und die Verantwortlichkeit der obersten Organe der Verwaltung den parlamentarischen Vertretungskörpern gegenüber absichern und durchsetzbar machen.[13]

Dieser Ansatz beruht jedoch auf der Annahme, dass die Bürgerinnen und Bürger volles Vertrauen in den Vertretungskörper und in die Gesetzestreue der vollziehenden Organe haben und auf diese Weise das System legitimieren. Eine weitere Grundlage dieses Vertrauens war der „Informationsvorsprung“, den die staatlichen Organe aufgrund der Verzögerung des Informationsflusses in die Medien hatten. Nachdem nicht alle Vorgänge bekannt waren, gab es weniger Grund, an den von der Verfassung vorgegebenen Strukturen zu zweifeln.

Mit der informationellen Revolution ist ein wesentlicher Grundpfeiler dieses legitimatorischen Konsenses weggefallen: Im Internet können Informationen nahezu jeden Umfanges und Inhaltes in kürzester Zeit verbreitet werden, den staatlichen Akteuren fehlt jedoch die Möglichkeit, adäquat zu reagieren. Damit wird aus dem Vertrauensvorschuss, der in Zeiten „klassischer" Kommunikation bestand, ein Malus, da medial artikulierte Kritik jedenfalls schneller ist als die möglicherweise objektivere Darstellung durch die Behörden. Im Zweifel kommt aber jener Information der höhere kommunikative Wert zu, die die Öffentlichkeit zuerst erreicht.

Zusätzlich verstärkt wird dieses Problem durch die in Österreich nach wie vor streng gehandhabte Amtsverschwiegenheit. Selbst wenn die Möglichkeit bestünde, objektive Informationen, die von öffentlichem Interesse sind, von Seiten staatlicher Akteure zu veröffentlichen, steht dieser Möglichkeit das strafrechtlich sanktionierte Verbot der Weitergabe dieser Informationen entgegen (§ 310 StGB). Auch hier wird die ursprüngliche Intention, Parteiinteressen und das Ansehen der staatlichen Akteure zu schützen, umgekehrt: Verschwiegenheit impliziert in der Informationsgesellschaft nahezu zwangsläufig den Verdacht, etwas zu verbergen zu haben. Zugleich wird auch den Interessen beteiligter Parteien kein Dienst erwiesen, da mediale Spekulation oftmals wesentlich intensiver in Persönlichkeitsrechte eingreift als objektive Information.

Um daher das Vertrauen in die Vollziehung zu stärken, ist vor allem Transparenz nötig. Diese Transparenz ist durch mehrere Maßnahmen herstellbar, wobei ich hier zwischen unmittelbar wahrnehmbarer und mittelbar wahrnehmbarer Transparenz unterscheide: Unmittelbar wahrnehmbare Transparenz bezieht sich auf den direkten Kontakt mit Organen der Vollziehung. Ein gutes Beispiel hierfür kann die Justiz sein, deren Verhandlungen öffentlich und mündlich sind. Denkt man an große Strafverfahren der jüngeren Zeit, so zeigt sich, dass in keinem dieser Prozesse wesentliche öffentliche Zweifel an der Verfahrensführung geäußert wurden. Dies liegt nach meiner Einschätzung zu einem guten Teil daran, dass für die Öffentlichkeit die Möglichkeit bestanden hat, sich unmittelbar über den Verfahrensablauf zu informieren. Zugleich ist die öffentliche Präsenz der Verfahren Garant dafür, dass die handelnden Organe besonders auf korrektes Verhalten achten. Nicht zuletzt dank dieser Wechselwirkung genießt die Justiz hohes Ansehen, und es bestehen nahezu keine Zweifel an ihrem Handeln und ihren Urteilen.

Der Aufbau eines ähnlichen Ansehens für die anderen Zweige staatlicher Verwaltung ist mit Sicherheit nicht sofort umsetzbar, doch es ist hoch an der Zeit, entsprechende Schritte umzusetzen. Verfahren von öffentlichem Interesse sollten daher nicht mehr unter bloßer Beteiligung der Parteiöffentlichkeit, sondern volksöffentlich geführt werden, außerdem sollte die Möglichkeit eingeführt werden, dass sich Bürgerinitiativen und andere Interessengruppen in wichtige Verfahren vermehrt einbringen können. Als Vorbild kann hier das Umweltverwaltungsrecht herangezogen werden, wo für Bürgerinitiativen und Umweltorganisationen die Möglichkeit der Teilnahme an Umweltverträglichkeitsprüfungen besteht. Darüber hinaus liegen die Projektunterlagen öffentlich auf, womit die Möglichkeit für die Bürgerinnen und Bürger besteht, sich über den Verlauf der Verfahren zu informieren.

Ein im Zusammenhang mit dem Thema Transparenz immer wiederkehrendes Thema ist die Weisungsgebundenheit der Verwaltung, die es übergeordneten Verwaltungsorganen ermöglicht, auf jedes Verfahren Einfluss zu nehmen, ohne dass dies für die Betroffenen wirklich bekämpfbar wäre. Oft bekommen sie in letzter Instanz vor Gericht zwar Recht, müssen hierfür aber jahrelang warten und hohe Kosten auf sich nehmen. Nicht zuletzt schwächen die Stellungnahmen von Politikern selbst das Vertrauen in die Organe der Vollziehung.[14] Wesentlich ist es daher, Einflussnahmen jeder Art offen zu legen, um unzulässige Einflussnahmen hintanzuhalten, wie etwa, dass Weisungen nur mehr schriftlich erteilt werden dürfen oder Weisungen in Entscheidungsbegründungen wörtlich zu zitieren sind. Da problematische Weisungen zumeist von politischen Organen erteilt werden oder politisch motiviert sind, werden diese Personen eher davon Abstand nehmen, solche Weisungen zu erteilen. Darüber hinaus besteht danach eine entsprechende Dokumentation dieser Vorgänge, sodass die entsprechende Verantwortung eher nachgewiesen werden kann.

Nicht zuletzt wäre die Einführung einer echten Verwaltungsgerichtsbarkeit erster Instanz ein wesentlicher Schritt in Richtung Transparenz staatlichen Handelns, da dort eine öffentliche und gerichtliche Kontrolle bei zugleich weitaus geringerem finanziellem Aufwand stattfinden könnte. Da diese Gerichte zugleich die Rolle der Berufungsbehörde in der mittelbaren Bundesverwaltung übernehmen, fällt damit der weiteste Teil der Kompetenz der Landeshauptleute als Berufungsbehörde weg, deren politischer Einfluss hierdurch wirksam zurückgedrängt werden könnte.

Mittelbar wahrnehmbare Transparenz bezieht sich auf die Kommunikationspolitik, die die staatlichen Stellen betreiben. Bislang gibt es keinerlei einheitliche Standards für die öffentliche Kommunikation der Vollziehung. Solcher Standards bedarf es aber, je mehr öffentliches Handeln zum Sujet öffentlicher Wahrnehmung wird. Ein einheitlicher Informationskodex aller Bundes- und Landesstellen ist daher ein rechtspolitisches Bedürfnis, wobei hier zwei grundlegende Alternativen bestehen.

Entweder führt man einen soft-law-artigen Code of Conduct ein, dessen Einhaltung rechtlich nicht durchsetzbar ist; sollte sich eine öffentliche Stelle nicht daran halten, wäre dessen einzige Sanktionierung diejenige durch öffentliche Wahrnehmung und Kritik. Oder aber man setzt die Vorgaben gesetzlich und damit jedenfalls verbindlich um. Gewisse Ansätze bestehen hier bereits, und zwar im Bereich der Auskunftspflicht. Den verfassungsrechtlichen Substrat liefert Art. 20 Abs. 4 B-VG, der allerdings viel zu eng geregelt ist. Nach dieser Bestimmung haben alle Verwaltungsorgane über Angelegenheiten ihres Wirkungsbereichs Auskünfte zu erteilen, soweit dem eine gesetzliche Verschwiegenheitspflicht nicht entgegensteht. Hier besteht das Problem, dass der Anwendungsbereich der Ausnahme (Verschwiegenheit) durch seinen Umfang die Regel (Auskunftserteilung) determiniert, weshalb in der Praxis nahezu keine Möglichkeit besteht, Auskünfte zu erlangen.[15]

Dennoch ist die gesetzliche Regelung zu favorisieren, da die medial-öffentliche Kontrolle die Gefahr in sich trägt, das Problem lediglich zu verlagern und damit sogar zu verschärfen. Da eine einheitliche Letztentscheidung nicht gefällt werden kann, kann jeder Einzelfall in der Medienöffentlichkeit kontroversiell diskutiert werden, und jede Entscheidung der Behörde wird kritisiert werden. Transparenz und Legitimation werden hierdurch nicht gefördert.

Auch im Fall der Verbindlichkeit eines Informationskodex müssten einige rechtspolitische Anpassungen vorgenommen werden. Zuallererst müsste der Kodex selbst so ausgestaltet sein, dass eine wesentlich weitergehende Auskunftspflicht eingeführt wird. Darüber hinaus müsste die Verbindlichkeit einer solchen Regelung durch geeignete Kontrollmechanismen gesichert werden. Anders als nach der geltenden Rechtslage muss jedenfalls ein subjektives Recht auf Auskunftserteilung bestehen, sofern die Anfrage grundsätzlich gerechtfertigt ist. Darüber hinaus muss die Durchsetzbarkeit dieses Rechts gesichert sein. Selbstverständlich kann es keine unmittelbare Durchsetzung mit den klassischen Mitteln des Vollstreckungsrechts geben, da sich dieses an der Erzwingung von Leistungen orientiert, nicht aber an der Herausgabe von Informationen. Ich plädiere daher für die Einrichtung einer unabhängigen Stelle (etwa nach Vorbild einer Regulatorbehörde), der eine entsprechende Feststellungsbefugnis zukommt und deren Entscheidungen in jedem Fall zu veröffentlichen sind, und zwar sowohl im Publikationsorgan der entsprechenden Behörde als auch durch den/die Anfragesteller/in. Diese Feststellungsbefugnis soll diese Stelle auf Antrag des/der Anfragestellers/in, der angefragten Behörde als auch allenfalls betroffener Dritter ausüben. Damit ist die Balance der Möglichkeiten aller Akteure so weit gesichert, dass keine rechtsmissbräuchlichen Feststellungsanträge gestellt werden.

Ein Plädoyer für Transparenz birgt immer die Gefahr in sich, mit seinen Vorschlägen in Konflikt mit dem Persönlichkeitsschutz stehen. Tatsächlich wäre absolut lückenlose Transparenz eine Gefahr für den Rechtsstaat, sodass es notwendig ist, meinen Vorschlägen in diesem Kapitel Maßnahmen gegenüberzustellen, die die Balance entsprechend sichern. Dabei ist es notwendig, zwischen zwei wesentlichen Aspekten zu differenzieren, nämlich dem Schutz der Privatsphäre gegenüber dem Staat und dem Schutz gegenüber anderen privaten Akteuren.

In absolut jedem Fall bedarf es einer grundlegenden Sensibilisierung der Bevölkerung in Fragen des Persönlichkeitsschutzes. Innerhalb der EU besteht ein elaboriertes Datenschutzrecht, dessen wesentliches Manko darin liegt, dass es nicht gelebt wird. Hierfür sehe ich zwei wesentliche Gründe, nämlich mangelnde Kenntnis und mangelnde Sensibilität bezüglich dieses Rechtsgebiets. Rechtlich besteht nämlich bereits die Möglichkeit, von einer natürlichen oder juristischen Person Auskünfte über die persönlichen Daten zu erhalten, die dort verarbeitet werden – und zwar kostenlos (§ 28 DSG). Von dieser Möglichkeit wird allerdings nahezu nie Gebrauch gemacht. Hier können rechtliche Maßnahmen nur wenig leisten, sondern es bedarf gezielter Information. Ziel muss es sein, dass die BürgerInnen ein Bewusstsein dafür entwickeln, dass viele ihrer persönlichen Daten durch sie selbst preisgegeben werden (etwa im Bereich des Online-Shopping oder bei Kreditkartenzahlungen), und dass in der Folge die Leichtfertigkeit im Umgang mit persönlichen Daten zurückgeht. Natürlich steht es jedermann frei, über seine/ihre persönlichen Daten zu verfügen, allerdings müssen die entsprechenden Gefahren bewusst sein. Hier ist es auch nicht mit einer klein gedruckten Datenschutzerklärung getan, es müsste zumindest für Verbraucher eine weitergehende Schutzpflicht bestehen.

Unabhängig von privatem Problembewusstsein kann es nicht angehen, dass der Staat selbst mehr und mehr zum Datensammler wird. Beispielsweise können hier die diversen Daten, die beim BMI nach den Bestimmungen des Sicherheitspolizeigesetzes geführt werden, genannt werden. Es fehlt jedoch an wirksamen Schutzmechanismen, und nur zu oft weiß eine betroffene Person überhaupt nicht, welche Daten erhoben worden sind. Es ist daher nötig, dass auch hier eine effektive Durchsetzungsmöglichkeit von Auskunftsrechten gesichert wird.

Zuletzt müssen wirksame Instrumentarien zum Schutz vor der Verletzung von Persönlichkeitsrechten durch private Akteure geschaffen werden. Beispiele in der jüngsten Vergangenheit zeigen, wie vor allem im Bereich der

Printmedien die Verletzung von Persönlichkeitsrechten zum kalkulierten Risiko bei der Vermarktung geworden ist. Das geltende Medienrecht leistet dem insoweit Vorschub, als es die Risiken entsprechend kalkulierbar macht.

Das Problem liegt hierbei nicht in den materiellen Garantien. Das Medienrecht bietet entsprechenden Schutz vor der Verletzung des höchstpersönlichen Lebensbereichs, der Unschuldsvermutung, der Identitätsbekanntgabe und der Veröffentlichung vertraulicher Verfahrensinhalte (§§ 7 ff. MedienG). Das Problem liegt auch hier in den mangelnden Durchsetzungsmechanismen. Die entsprechenden Bestimmungen sehen nämlich Entschädigungsbeträge vor, die zumeist 20.000 Euro, in Ausnahmefällen 100.000 Euro nicht übersteigen dürfen.[16] Die Existenz des Mediums darf durch die Entschädigungssumme allerdings nicht gefährdet werden. Bundesweit verbreitete Printmedien sowie große Gratiszeitungen haben keine Probleme, die Beträge zu zahlen, werden sie doch alleine durch entsprechende Mehreinnahmen im Anzeigenbereich mehr als aufgewogen.

Im momentanen medialen Klima scheint eine bloße Selbstverpflichtung keine ausreichende Abhilfemöglichkeit zu sein, sie kann allenfalls Teil eines Gesamtpaketes sein, dessen Kern auf eine adäquate Ahndung der Verletzung von Persönlichkeitsrechten abzielt. Kern dieser Maßnahmen sollte die Möglichkeit sein, den wirtschaftlichen Vorteil, den ein Medium durch die Verletzung von Persönlichkeitsrechten erlangt, abzuschöpfen und dem Opfer zukommen zu lassen. Darüber hinaus wäre in diesem Bereich auch die Einführung einer Art von Strafschadenersatz denkbar, der zwar nach oben hin begrenzt werden sollte, um nicht uferlos zu werden, aber dennoch weit höher sein sollte als die aktuell geltenden Sätze. Insbesondere sollte die Regelung fallen, nach der der Zuspruch eines Ersatzes nicht die wirtschaftliche Existenz eines Mediums gefährden darf. Im Fall der vorsätzlichen, bewusst auf Gewinn gerichteten Verletzung von Persönlichkeitsrechten ist es für mich nicht ersichtlich, weshalb ein entsprechender Anspruch nicht auch solche Höhen erreichen sollte.

Neben der Entschädigung muss es auch die Möglichkeit geben, entsprechende öffentliche „Gegenmaßnahmen“ zu ergreifen. Nach geltendem Recht besteht die Möglichkeit, als betroffene Person sowohl eine Gegendarstellung als auch eine Urteilsveröffentlichung zu begehren. Die Form dieser Gegendarstellung ist allerdings nicht genau geregelt. Hier wäre es wünschenswert, eine Verpflichtung zur Gegendarstellung und Urteilsveröffentlichung in gleicher Größe und am gleichen Ort wie den Ursprung der Persönlichkeitsverletzung vorzusehen. Diese Regelung besteht in Deutschland und hat dort dazu geführt, dass Unterstellungen auf Titelseiten und in prominenten Schlagzeilen wesentlich seltener vorkommen.

Ausblick

Der Rechtsstaat - oder besser die rechtsstaatliche Demokratie - ist im Lichte unserer historisch-politischen Entwicklung von unschätzbarem Wert zur Sicherung von Freiheit und Gleichheit der Bürgerinnen und Bürger, denn kein System staatlicher Organisation hat sich als besser geeignet erwiesen, den Schutz vor staatlicher Übermacht und absoluten Herrschaftsansprüchen besser zu sichern, und ich denke, dass sich in absehbarer Zeit auch kein besseres System finden lassen wird, das diesen grundlegenden Ansprüchen - und damit der Sicherung der freien Entfaltung von Menschen - besser gerecht wird. Dennoch können wir uns nicht damit begnügen, das Erreichte selbstzufrieden zu betrachten, und uns dem Schein hingeben, in der besten aller Welten zu leben. Dann nämlich wird die Realität das bewährte System überholen und es seiner Legitimation berauben. Sollte dies einmal der Fall sein, ist der Rechtstaat durch die Freiheit, die er auch seinen Feinden gewährt, anfällig und in seinem Bestand gefährdet.

Dieses Szenario erscheint uns heute noch unrealistisch, doch lassen sich erste Anzeichen derartiger Tendenzen lokalisieren. Sie begegnen uns unter Bezeichnungen wie Politikverdrossenheit oder Phänomenen wie dem Wachsen eines inhaltsleeren Rechtspopulismus. Der Rechtsstaat kann dem nur begegnen, indem er seine eigene Lebendigkeit immer wieder aufs Neue unter Beweis stellt und seine Bürgerinnen und Bürger zur Partizipation einlädt. Die oben gemachten Vorschläge mögen vielleicht nur einen Ausschnitt darstellen, doch sie sind mit Sicherheit ein wichtiger Schritt in die richtige Richtung.

Anmerkungen

1 Streng genommen ist das Topos sogar noch älter: Es findet sich im britischen Konzept der „Rule of Law“ seit dem 17. Jahrhundert wieder, die Unterschiede zur hier relevanten kontinentaleuropäischen Rechtsstaatskonzeption sind jedoch signifikant, vgl. Martin KRIELE, Einführung in die Staatslehre, Wien [6]2005, 79.

2 Vgl. z. B. Bernd-Christian FUNK, Rechtspositivismus und Wirklichkeit des Rechts, in: juridikum 4/ 2003

3 Vgl. Heinz MAYER, Plebiszitäre Elemente in der staatlichen Willensbildung, in: FS 75 Jahre Bundesverfassung, Wien 1995, 345 f.

4 Vgl. Theo ÖHLINGER, Verfassungsrecht, Wien [7]2007, Rz 73 ff.

5 VfSlg 2455/1952, 16.327/2001.

6 Vgl. Karl SPIELBÜCHLER, Dankt der Gesetzgeber ab? Gegen das Abschieben der Entscheidung, in: JBl 2006, 341.

7 In diesem Lichte sind meines Erachtens auch die aktuellen Bemühungen um eine Kodifikation des österreichischen Grundrechtsbestandes zu sehen. Zwar ist die grundsätzliche Neufassung zu begrüßen, sie alleine wird jedoch nicht dazu führen, die Akzeptanz von Grundrechten generell zu erhöhen.

8 In gewissen Fällen gibt es von diesem Prinzip Ausnahmen, die allerdings sehr eng ausgestaltet sind, wie z. B. der nicht vorwerfbare Verbotsirrtum nach § 9 StGB.

9 Ich will an dieser Stelle keineswegs die Leistungen von NGOs und anderen ideell aktiven Organisationen schmälern, die in ihren Sparten Rechtsberatung anbieten, allerdings ist diese Beratung zumeist auf gewisse Fachgebiete beschränkt, und gerade im Bereich des Zivilrechts fehlt es an entsprechenden allgemein zugänglichen Stellen.

10 Einer der wichtigsten ist die Verbandsklage nach dem Konsumentenschutzgesetz, in anderen Bereichen (z. B. bei Zinsabsprachen) wurden komplizierte zivilrechtlich-prozessuale Konstruktionen der Zusammenrechnung von Forderungen eingesetzt, sodass ein Verband die Forderung einer Vielzahl kleiner AnlegerInnen vertreten konnte.

11 Entwurf des BMJ 70/ME XXIII. GP.

12 Die Idee, eine Art Strafschadenersatz auch in Österreich einzuführen, halte ich grundsätzlich für überlegenswert, sofern sein Einsatz hinreichend determiniert und berechenbar ist. Einsatzgebiete wären etwa das Wettbewerbs- und Kartellrecht sowie allgemein der Zuspruch immaterieller Schäden.

13 Bernhard RASCHAUER, Art. 20/1 B-VG, in: Karl KORINEK, Michael HOLOUBEK (Hg.), Österreichisches Bundesverfassungsrecht, Wien 2000, Rz 6 f.

14 Man denke etwa an den Semmering-Basistunnel oder den Kärntner Ortstafelstreit, wo sich Landeshauptleute ohne gröbere Konsequenzen über höchstgerichtliche Entscheidungen hinweggesetzt haben.

15 Entsprechende Vorschläge wurden im Rahmen des Verfassungskonvents bereits eingebracht.

16 Im relevantesten Fall, der Verletzung des höchstpersönlichen Lebensbereiches, liegt der höchstmögliche Entschädigungsbetrag bei 20.000 Euro. Er wurde bislang allerdings erst einmal zugesprochen, und zwar im Zusammenhang mit Urlaubsfotos des ehemaligen Finanzministers Karl-Heinz Grasser.

Herausforderungen für den Rechtsstaat

Franz Merli

Der Rechtsstaat steht heute vor drei großen Herausforderungen:

Erstens drohen bisher selbstverständliche Annahmen über das, was im Rechtsstaat verboten ist, in der laufenden Sicherheitsdebatte verloren zu gehen.

Zweitens könnten traditionelle rechtsstaatliche Mechanismen irrelevant werden, weil die Macht, die sie begrenzen sollen, in den internationalen Bereich ausweicht.

Drittens entpuppen sich rechtsstaatliche Regeln möglicherweise auch innerstaatlich als unzureichend, weil sie der zunehmenden Einbeziehung Privater in die staatliche Machtausübung nicht gerecht werden.

Es geht also um den Inhalt wie den Anwendungsbereich von Rechtsstaatlichkeit, um Gewissheits- wie Bedeutungsverluste eines zentralen Elements jeder erträglichen politischen Ordnung.

1. Gewissheitsverluste durch Terrorismus

Die Vereinigten Staaten, in vieler Hinsicht rechtsstaatliches Vorbild für Europa, entführen Personen, sperren sie ohne Ende und Verfahren in geheimen Lagern oder rechtlosen Exklaven ein, verweigern ihnen anwaltlichen Beistand und gerichtlichen Rechtsschutz, foltern sie – und finden das richtig. Das ist verstörend und hat auch in Europa zu Verwirrung geführt.

So entspann sich in Deutschland eine intensive Debatte darüber, ob Folter unter bestimmten Umständen – regelmäßig als einziges Mittel zur rechtzeitigen Entdeckung der verdurstenden Geisel oder der tickenden Bombe – zulässig oder gar geboten sein könne. In einem Land, das Rechtsstaatlichkeit wie kein anderes systematisch entfaltet hat, das im ersten Verfassungsartikel die Menschenwürde für unantastbar erklärt und in einem weiteren verbietet, festgehaltene Personen seelisch oder körperlich zu misshandeln, und das sich, wie Österreich, der Europäischen Menschenrechtskonvention unterworfen hat, die Folter und unmenschliche Behandlung ausdrücklich und ausnahmslos verbietet, hätte man das nicht erwartet. Im konkreten Fall Gäfgen/Metzler/Daschner sind dann das deutsche Bundesverfassungsgericht und der Europäische Gerichtshof für Menschenrechte allerdings standhaft geblieben und haben keine Zweifel daran gelassen, dass die polizeiliche Androhung von Schmerzen gegenüber dem (damals mutmaßlichen) Entführer rechtswidrig war, auch wenn sie der Rettung des entführten Kindes dienen sollte. Das Bundesverfassungsgericht erklärte auch eine gesetzliche Ermächtigung zum Abschuss von Flugzeugen, die von ihren Entführern nach dem Muster des 11. September als Waffe zum Massenmord verwendet werden sollen, für nichtig, weil das Leben der Passagiere nicht mit jenem der möglichen Opfer am Boden verrechnet werden dürfe. Die Debatte war damit aber keineswegs beendet. Gerade diese Entscheidung stieß auf harsche Kritik: In einem Buch warf der Kölner Staatsrechtslehrer Otto Depenheuer dem Verfassungsgericht „Verfassungsintrovertiertheit“ vor, die in verantwortungslosen und wirklichkeitsblinden „Verfassungsautismus“ umzuschlagen und den Rechtsstaat durch Verzicht auf Selbstbehauptung preiszugeben drohe. Der Autor spricht vom notwendigen „Bürgeropfer“, von „domestizierter Folter“ und empfiehlt ein „Feindstrafrecht“ auch für bloß potenzielle Terroristen. Das Buch hat anscheinend Anklang beim deutschen Innenminister gefunden, aber auch viel Ablehnung erfahren. Wie sehr seine Thesen vom traditionellen Verständnis abweichen, erkennt man indirekt daran, dass die Berufung des angesehenen Staatsrechtlers Horst Dreier zum Mitglied und künftigen Präsidenten des Bundesverfassungsgerichts (zumindest „offiziell“) daran scheiterte, dass er in einem Kommentar gemeint hatte, im Extremfall einer Konfrontation zwischen Menschenwürde des Täters und Menschenwürde des Opfers „dürfte der Rechtsgedanke der rechtfertigenden Pflichtenkollision nicht von vornherein auszuschließen sein“.

Debatten dieser grundsätzlichen Art sind in Österreich noch nicht geführt worden, sieht man von einer „Sommerdiskussion“ (Gusenbauer) im Jahr 2007 ab, die zum Ergebnis führte, dass es keine gesetzliche Regelung eines Flugzeugabschusses geben sollte, dass manchmal der Verteidigungsminister und manchmal der Innenminister zuständig sei und dass letztlich der Pilot entscheiden müsse. Dafür gibt es sicher einige Gründe, nicht zuletzt die Tatsache, dass sich hier noch niemand Relevanter als Freund „robuster“ Staatlichkeit im Depenheuerschen Sinn zu erkennen gegeben hat. Ein anderer Grund könnte aber auch darin liegen, dass eine Auseinandersetzung mit diesen Thesen, die über Entrüstung und Polemik hinausgehen will, durchaus intellektuellen Aufwand erfordert: Rechtsstaatliche Selbstverständlichkeiten erodieren erstaunlich schnell, so zeigt sich, wenn man sie mit Extremsituationen konfrontiert.

Was in Österreich jedoch wie in Deutschland passierte, ist eine flächendeckende Verschärfung sicherheitsbezogener Regelungen. Auch wenn damit keine Foltererlaubnis begründet wurde, stellen einzelne dieser Maßnahmen und ihr Zusammenwirken tradierte rechtsstaatliche Grundsätze durchaus in Frage. Einige Beispiele: In das Strafrecht wurden drei neue Tatbestände aufgenommen. „Terroristische Straftaten" von Mord bis zur Flugzeugentführung waren natürlich schon bisher verboten; wer sie aber mit terroristischem Vorsatz begeht, wird nun unter diesem Titel stärker bestraft. Neu ist die Strafbarkeit der Gründung einer „terroristischen Vereinigung", auch bevor diese Verbrechen begeht, und auch wegen „Terrorismusfinanzierung" macht man sich unabhängig von der Ausführung von Anschlägen strafbar. Im Strafprozessrecht wurden die rechtlichen Möglichkeiten von Staatsanwaltschaft und Polizei zur Aufklärung von Straftaten wesentlich erweitert. Zulässig sind nunmehr unter bestimmten Voraussetzungen unter anderem geheime Abhörmaßnahmen, der „große Späh- und Lauschangriff", also das Spionieren mittels Mikrofonen und Kameras in Privaträumen bei gleichzeitiger Aufzeichnung, die Überwachung von Telefon-, E-Mail- und Internetkommunikation der Bürger, die (für den Betroffenen nicht erkennbare) verdeckte Fahndung, die „Rasterfahndung", in der große Datenmengen durchforstet werden, um Verdächtige mit bestimmten Eigenschaften oder Verhaltensweisen herauszufiltern, die „Kronzeugenregelung", nach der jemand, der seine Mittäter verrät, milder bestraft wird, und die Beweisführung mittels anonymer Zeugen, etwa Spitzel, die ihre Identität im Prozess nicht preisgeben müssen. Im Polizeirecht wurden Befugnisse Schritt für Schritt erweitert, sei es zur (auch geheimen) Sicherheitsüberprüfung von Personen, zur verdeckten Ermittlung, zur Ausstellung von Falschurkunden und anderen Maßnahmen zum Schutz von „Vertrauenspersonen" (Spitzeln), zu Späh- und Lauschangriffen, die fast so weit gehen wie jene nach der Strafprozessordnung, zur Videoüberwachung öffentlicher Orte, zur Verwendung automatischer Kennzeichenerkennungsgeräte und von Vorrichtungen zur Feststellung des Standorts von Handynutzern („IMSI-Catchern") und vor allem zur „erweiterten Gefahrenerforschung", also zur Beobachtung von Gruppierungen, die noch nichts angestellt haben, „wenn im Hinblick auf deren bestehende Strukturen und auf zu gewärtigende Entwicklungen in deren Umfeld damit zu rechnen ist, dass es zu mit schwerer Gefahr für die Öffentlichkeit verbundener Kriminalität" kommt. Ähnliche Befugnisse räumt ein relativ neues Militärbefugnisgesetz dem Militär ein, vor allem dem militärischen Nachrichtendienst, und dies nicht nur zum Eigenschutz, sondern auch zu anderen Zwecken, die nur vage mit der nationalen

Sicherheit zu tun haben. In das Fremdenpolizeirecht hat man den (bloßen) Terrorismusverdacht als Einreiseverweigerungsgrund aufgenommen. Das Berufsrecht verlangt neuerdings von Banken, Rechtsanwälten, Notaren und Immobilienmaklern, dass sie bei Geschäften, die der Geldwäsche oder der Terrorismusfinanzierung dienen könnten, die Kunden identifizieren, den Verdacht der Polizei melden und die Abwicklung aussetzen, bis der Verdacht geklärt ist. Das Telekommunikationsrecht soll die Betreiber von Telekommunikationsdiensten bald verpflichten, alle Daten aller Nutzer (außer den Inhalt von Telefongesprächen oder E-Mails) sechs Monate lang auf Vorrat zu speichern und den Behörden in bestimmten Fällen zur Verfügung zu stellen; ein Auskunftsrecht der Sicherheitsbehörden über bestimmte Daten gibt es schon jetzt.

Das Besondere und in seiner Intensität auch Neue dieser Reformen besteht in der Vorverlagerung der Strafbarkeit vor die eigentliche Tat, in präventiven Polizeimaßnahmen auch ohne konkreten Verdacht, in der massiven Sammlung und Verwendung von Daten Unbeteiligter, im staatlichen Eindringen in Kernbereiche der Privatsphäre, in der starken Ausweitung geheimer Ermittlungen meist ohne (auch nur nachträgliche) Verständigung und Rechtsschutz der Betroffenen, in der Sanktionierung von Personen aufgrund geheim gehaltener Informationen und in der zunehmenden Indienstnahme Privater. Alles das widerspricht rechtsstaatlichen Grundsätzen: dass die Polizei erst agieren darf, wenn zumindest eine konkrete Gefahr oder ein Verdacht strafbaren Verhaltens besteht; dass Unbeteiligte nicht Gegenstand behördlicher Aufmerksamkeit werden sollen; dass die Behörden den Bürgern einen unbeobachteten Rückzugsraum zugestehen müssen; dass der Staat grundsätzlich offen agiert, dafür kritisiert und rechtlich belangt werden kann; dass man zwischen Polizei und Privaten unterscheiden kann und private Beziehungen polizeifrei bleiben; dass die Tat, nicht jedoch die Gesinnung bestraft wird; dass Waffengleichheit zwischen Anklage und Verteidigung besteht und die Glaubwürdigkeit von Belastungszeugen in Frage gestellt werden kann. Mancher dieser Grundsätze mögen einem erst als solche klar werden, wenn sie beseitigt oder eingeschränkt werden, andere finden sich explizit in Verfassung oder Menschenrechtskonvention.

Nun wird niemand die Notwendigkeit der Bekämpfung von Terrorismus und Kriminalität bestreiten, und für die meisten genannten Maßnahmen gibt es durchaus Argumente. Das Tückische daran ist nur, dass zunehmend auch schwächere reichen und manchmal gar keine mehr verlangt werden. Daran zeigt sich, dass wir langsam das Gefühl für die Bedeutung der Rechtsgüter verlieren, die wir für ein Sicherheitsversprechen opfern, das sich im Übrigen auch als trügerisch erweisen könnte.

Empörung reicht in dieser Lage nicht, setzt sie doch gerade jenen Konsens über das Empörende voraus, der uns zu entgleiten droht. Manchmal helfen die Gerichte, wenn sie uns schlicht an die Rechtslage erinnern: etwa dass Folter immer verboten ist, auch im Notstand oder im Krieg, und dass das auch bei vergangenen terroristischen Bedrohungen gegolten hat (so in den zitierten Fällen das deutsche Bundesverfassungsgericht und der Europäische Gerichtshof für Menschenrechte); oder dass durch die Verfassung gewährte Menschenrechte auch für ausländische Menschen und auf Militärstützpunkten gelten (so mittlerweile der Supreme Court der USA zu Guantanamo). Wenn es aber um Rechtsänderungen oder Abwägungen im Recht geht, sind inhaltliche Gründe gegen Kriegsrhetorik und Militarisierung des Denkens gefragt, und hier hilft wohl nur geduldiges und beharrliches Argumentieren auf allen Ebenen, empirisch und funktional wie rechtsdogmatisch und moralisch, im Kleinen wie im Großen.

Immer wieder neu müssen wir darauf hinweisen, dass Einschränkungen von Grundrechten nicht nur ein legitimes Ziel (wie die Sicherheit) verfolgen, sondern dafür auch geeignet und notwendig sein müssen; dass dafür abstrakte Behauptungen und nach einiger Zeit auch plausible Vermutungen nicht mehr reichen, sondern konkrete empirische Informationen geliefert werden müssen - zum Beispiel für den Nutzen der grassierenden Videoüberwachung; dass der Staat dafür die Beweislast trägt; dass unzureichend begründete und unnotwendige Einschränkungen daher verfassungswidrig sind - wie zum Beispiel die generelle Vorenthaltung des Rechtsschutzes durch die Unterlassung einer auch nur nachträglichen Verständigung der Betroffenen von geheimen Überwachungsmaßnahmen; dass Nebenwirkungen mitbedacht werden müssen, etwa der regelmäßig vorkommende Missbrauch von Daten - vom Verkauf von staatlichen Zulassungsdaten an Privatdetektive oder umgekehrt dem Kauf von gestohlenen Bankdaten möglicher Steuersünder durch Finanzbehörden über die Verwendung von Telefonverbindungsdaten der Kunden in einem Machtkampf innerhalb eines Telekommunikationsunternehmens oder die parteipolitische Nutzung von Informationen aus laufenden Asyl- oder Strafverfahren bis zur Erpressung politischer Gegner mit Geheimdienstinformationen. Neuerdings müssen wir auch darauf hinweisen, dass umfassende Sicherheit nicht erreichbar ist; dass wir sie auch in anderen Bereichen, etwa im Verkehr, nicht um jeden Preis erreichen wollen; dass Terroranschläge, so schlimm sie auch waren, bislang nicht mehr Opfer gefordert haben als durchschnittliche Naturkatastrophen, AIDS oder Verkehrsunfälle in vielen Ländern dieser Welt; dass eine Gesellschaft mit der Erwartung und dem sicherheitsbehördlichen Verhalten eines unmittelbar drohenden Massenmordes auf Dauer nicht leben kann; dass Folterstaaten nicht sicherer sind als Rechtsstaaten; dass die theoretischen Rechtfertigungsszenarien für Folter in der Wirklichkeit äußerst selten vorkommen, praktische Folterversuchungen aber in vielen ähnlichen Situationen entstehen; dass Foltererlaubnisse den Staat und die Menschen, die für ihn arbeiten, zutiefst korrumpieren, weil damit jede Schranke wegfällt; dass der folternde Staat sein Ansehen, seine Selbstachtung und seine Rechtfertigung für den Kampf gegen Rechtsstaatsfeinde aufgibt; kurz: dass der Rechtsstaat sich behaupten muss - aber eben als Rechtsstaat.

2. *Bedeutungsverluste durch Internationalisierung*

Nach den Anschlägen vom 11. September 2001 forderte der Sicherheitsrat der Vereinten Nationen die Mitgliedstaaten in mehreren Resolutionen auf, Bankkonten bestimmter, in einer Liste namentlich angeführter Personen und Organisationen, die des (islamistischen) Terrorismus verdächtigt wurden, einzufrieren. Für die EU-Mitgliedsstaaten wurde dies durch einen Gemeinsamen Standpunkt der EU im Rahmen ihrer Gemeinsamen Außen- und Sicherheitspolitik und durch unmittelbare wirkende Verordnungen auf der Grundlage des EG-Vertrages umgesetzt, sodass die betroffenen Personen und Organisationen keinen Zugang zu ihrem Geld bei Banken in der EU mehr haben.

Die Aufnahme in die Liste des Sicherheitsrates erfolgte auf Wunsch einzelner UNO-Mitgliedsstaaten, meist aufgrund von Geheimdienstinformationen der USA. Kriterien dafür - wie etwa ein qualifizierter Verdacht der Verwicklung in den Terrorismus oder gar eine Verurteilung - gab es nicht. Den Betroffenen wurde keine Begründung geliefert; sie wurden nicht einmal verständigt und konnten sich auch nicht dazu äußern. Wer einmal auf der Liste steht, kommt auch nicht leicht wieder runter: Er hat kein Recht auf ein individuelles Verfahren oder gar gerichtlichen Rechtsschutz, sondern kann sich nur an einen Staat wenden, der die Streichung als sein Anliegen geltend machen kann, aber nicht muss; selbst wenn der Staat das tut, ist der Erfolg keineswegs sicher, denn die Streichung setzt den Konsens aller Staaten voraus; gegen den Willen des Staates, der die Aufnahme beantragt hat, kann daher niemand gestrichen werden. Als Reaktion auf einschlägige Kritik hat der Sicherheitsrat beziehungsweise sein Sanktionsunterausschuss inzwischen zwar einige Personen und Organisationen aus der Liste gestrichen, die durch Irrtümer oder Namensverwechslungen darauf gelangten, und das Gesamtverfahren in einigen Punkten etwas verbessert. Im Grundsatz hat sich aber nichts geändert: Der massive Eingriff in das Recht auf Eigentum erfolgt nach wie vor ohne Beteiligung der Betroffenen und ohne Rechtsschutz.

Diese „smart sanctions“ widersprechen somit ziemlich allen Regeln, die wir für solche Eingriffe aus dem nationalen Kontext kennen, und bilden ein weiteres Beispiel für die geschilderte Preisgabe rechtsstaatlicher Standards im Rahmen der Terrorismusbekämpfung. Was sie aber besonders macht, ist ihr überstaatlicher Charakter, der die rechtsstaatlichen Probleme noch um vieles verstärkt. Das zeigt sich in den Verfahren, die einige Betroffene, da sie die Vereinten Nationen nicht klagen können, beim Gericht erster Instanz und beim Europäischen Gerichtshof der EU gegen die europäischen Umsetzungsmaßnahmen angestrengt haben. Die Fälle werfen viele schwierige Rechtsprobleme auf und sind (nach vielen Jahren) noch nicht entschieden. Ganz vereinfacht geht es zunächst gar nicht darum, ob die Sanktionen im konkreten Fall gerechtfertigt sind oder nicht, sondern um die vorgelagerte Frage, ob die europäischen Gerichte die EU in diesem Kontext als eigenständige Akteurin oder als bloßen Erfüllungsgehilfin des Sicherheitsrates sehen; und ob sie Vorgaben der UNO als vorrangig einfach hinnehmen müssen oder sie vielmehr auf ihre Vereinbarkeit mit internationalen oder europäischen Grundrechten prüfen und bei Widerspruch unangewendet lassen können, sodass darauf gestützte Durchführungsakte der EU rechtswidrig werden. Unklar ist also, wer für die Maßnahmen letztlich verantwortlich ist und belangt werden kann, welche rechtlichen Maßstäbe dafür gelten und wer ihre Einhaltung kontrolliert.

Aus rechtsstaatlicher Sicht sind das ganz fundamentale Fragen, die klare und inhaltlich zufrieden stellende Antworten verlangen. Im internationalen Bereich können solche Antworten aber keineswegs immer gegeben werden, wie nicht nur die geschilderten UN-Sanktionen zeigen. Die *Verantwortlichkeit* stand vor kurzem im Mittelpunkt einer vieldiskutierten Entscheidung des Europäischen Gerichtshofs für Menschenrechte über die Unzulässigkeit zweier Beschwerden, die sich gegen verschiedene europäische Staaten richteten, deren Truppen im Kosovo Verhaftungen vorgenommen und Minen angeblich so nachlässig geräumt hatten, dass spielende Kinder ums Leben kamen. Der Gerichtshof rechnete das Verhalten der Truppen nach komplizierten Überlegungen nicht ihren Herkunftsstaaten, sondern über KFOR und UNMIK den Vereinten Nationen zu; diese können aber nach der Europäischen Menschenrechtskonvention (und auch sonst) nicht belangt werden. In ähnlicher Weise wird vor niederländischen Gerichten gestritten, ob die UN oder aber die unter ihrem Mandat handelnden niederländischen Einheiten die Bevölkerung von Srebrenica im Stich ließen. Fraglich ist auch, ob für Nachteile, die durch Aufnahme in eine (weitere) europäische Liste von Terrorismusverdächtigen entstehen, der vorschlagende Staat oder die listenerstellende EU verantwortlich ist. Unsicherheit über die geltenden *Standards* kennzeichnen viele UN-Aktivitäten. So ist zum Beispiel nicht einmal sicher, dass der Sicherheitsrat bei friedenserhaltenden Maßnahmen an die von der UN selbst erarbeiteten Menschenrechtskataloge oder überhaupt an menschenrechtliche Vorgaben gebunden ist; das Gericht erster Instanz der EU bejahte das nur für „ius cogens", das aber im menschenrechtlichen Bereich weit weniger umfasst als das von Rechtsstaaten akzeptierbare Minimum. Unklar ist etwa auch, ob die europäische Menschenrechtskonvention in fremden Gebieten gilt, in denen Vertragsstaaten aktiv sind (zum Beispiel im Kosovo oder in Afghanistan), oder wozu die amerikanischen Behörden die Fluggastdaten verwenden können, die sie nach einem entsprechenden Abkommen mit der EU von europäischen Passagieren erhalten. Eine gerichtliche *Kontrolle* fehlt gegenüber der UNO und zum Teil auch im Bereich der „Dritten Säule" der EU, der besonders grundrechtssensiblen „polizeilichen und justiziellen Zusammenarbeit in Strafsachen"; strittig ist, ob und wieweit die mitgliedstaatlichen Gerichte hier einspringen können.

Angesichts dieser Situation empfiehlt sich ein Blick auf traditionelle Grundsätze. In der klassischen zwischenstaatlichen Zusammenarbeit ist jeder Staat für seinen Teil des Zusammenwirkens verantwortlich, unterliegt den eigenen verfassungsrechtlichen, vor allem grundrechtlichen Bindungen und kann dafür zumindest vor eigenen Gerichten geklagt werden. Unter Rechtsstaaten bereitet die Zusammenarbeit daher in der Regel trotz vieler Detailprobleme keine sehr großen Schwierigkeiten prinzipieller Art. Für Ausnahmen im Einzelfall und vor allem für die Zusammenarbeit mit anderen Staaten gibt es eine „Notbremse": Eine Mitwirkung an fremdem Unrecht ist verboten, wenn sie dem (jeweils eigenen oder vertraglich vereinbarten gemeinsamen) Grundrechtsminimum des „ordre public" widerspricht; ein Rechtsstaat darf daher zum Beispiel niemanden an einen Folterstaat ausliefern oder dessen Urteil vollstrecken. Ähnlich verhält es sich mit der traditionellen Zusammenarbeit in internationalen Organisationen: Kann ein Mitgliedsstaat rechtsstaatlich zweifelhafte Beschlüsse nicht schon durch seine Gegenstimme verhindern, bleibt ihm üblicherweise doch genügend Spielraum für eine rechtsstaatskonforme Umsetzung im eigenen Recht; im schlimmsten Fall muss die Umsetzung, in Österreich zum Beispiel aufgrund einer verfassungsgerichtlichen Entscheidung, unterbleiben und der Völkerrechtsverstoß hingenommen werden.

Dieses Modell funktioniert jedoch dann nicht mehr, wenn, wie immer häufiger, bereits auf internationaler Ebene auch gegen den Willen einzelner Staaten so konkrete Beschlüsse gefasst werden, dass den Staaten nur mehr die Vollstreckung bleibt, und wenn ihnen, um die gleichmäßige Durchsetzung des internationalen Beschlusses sicherzustellen, auch kein „ordre public"-Vorbehalt mehr zugestanden wird. Wenn die Macht also in den internationalen Bereich auswandert, hinkt der Rechtsstaat nicht nur begrifflich nach. Das passiert heute freilich nicht zum ersten Mal, denn so ließe sich auch die europäische Integration zusammenfassen.

Die Geschichte der EG zeigt aber auch, wie der Rechtsstaat aufholen kann: Entweder die internationale Organisation nimmt, wie dies die EG getan hat, rechtsstaatliche Züge an, indem sie sich entsprechenden machtbegrenzenden Regelungen und einer eigenen unabhängigen Gerichtsbarkeit unterwirft; oder ihre Mitgliedsstaaten müssen, wie dies verschiedene Verfassungsgerichte der EG-Mitgliedsstaaten angedroht haben, sich die gerichtliche Kontrolle selbst vorbehalten und die Kooperation im Einzelfall verweigern. Blinder Gehorsam wird sich auf Dauer nicht durchsetzen lassen. Wem also eine effektive internationale Zusammenarbeit, auch eine effektiven Friedenssicherung durch die Vereinten Nationen, am Herzen liegt, sollte ihre rechtsstaatliche Zähmung nicht ablehnen, sondern fördern.

3. Bedeutungsverluste durch Privatisierung

Herr Heinrich, auf dem Weg in den Urlaub, saß schon im Flugzeug, musste aber wieder aussteigen, weil er seinen Tennisschläger, eine potenzielle Waffe, mitgenommen hatte. Auf den ersten Blick erscheint das übertrieben, denn man hätte ihm, wenn überhaupt Gefahr drohte, ja auch nur den Tennisschläger abnehmen können. Der für den Flughafen Schwechat zuständige Unabhängige Verwaltungssenat für Niederösterreich jedenfalls hielt eine Beschwerde von Herrn Heinrich gegen „unmittelbare verwaltungsbehördliche Befehls- und Zwangsgewalt" durch den Hinauswurf für zulässig, wohl weil der Pilot, der ihn angeordnet hatte, zwar ein Privater, aber eben mit Hoheitsgewalt des Bundes „Beliehener" war, sodass sein Verhalten als „verwaltungsbehördlich" dem Bund zugerechnet werden konnte. Hätte die Urlaubsreise Herrn Heinrichs dagegen schon beim Sicherheitscheck am Boden geendet, wäre ihm der Rechtsschutz etwas schwerer gefallen. Mit den Sicherheitskontrollen können nach dem Luftsicherheitsgesetz nämlich private Unternehmen vom Bund vertraglich betraut werden. Unklar bleibt dabei allerdings, ob die vertraglich gegenüber dem Bund festzulegenden Pflichten des Sicherheitsunternehmens (zum Beispiel die schonende Durchführung von Kontrollen) auch von Passagieren geltend gemacht werden können, ob mit der Kontrolle auch die Befugnis auf das Unternehmen übertragen wird, gegebenenfalls den Zutritt zum Flugzeug zu verhindern, und vor allem ob damit auch eine Beleihung verbunden ist. Möglicherweise handelt es sich bei den Kontrollen eben nur um private Aktivitäten, denen sich die Passagiere „freiwillig" unterwerfen, und die Zutrittsverweigerung bleibt „echten" Polizisten vorbehalten. Herr Heinrich hätte also zunächst genau aufpassen müssen, wer sich ihm gegenüber äußert und ob der Hinweis, er könne mit dem Tennisschläger da nicht hinein, eine bloße Information eines Privaten über die Rechtslage oder schon ein notfalls mit Gewalt durchsetzbarer Befehl eines Beliehenen oder eines Polizisten war, und er hätte dann noch einige subtile rechtliche Erwägungen anstellen müssen, um zu entscheiden, ob und auf welcher Anspruchsgrundlage er sich an ein Zivilgericht oder an den Unabhängigen Verwaltungssenat wenden könnte. Es ist nicht völlig ausgeschlossen, dass sich Herr Heinrich dabei vertan und die angerufene Stelle sich für unzuständig erklärt hätte. Das wäre aber schade gewesen, weil dann der eigentliche Vorwurf von Herrn Heinrich gar nicht zur Sprache gekommen wäre: dass nämlich jener Teil der Verordnung der EG, der hier vollzogen wurde und möglicherweise die Mitnahme von Tennisschlägern verbietet, „aus Sicherheitsgründen" geheim gehalten wird, sodass außer den Sicherheitsbehörden niemand weiß, ob man Tennisschläger nun mitnehmen darf oder nicht. Man kann also dankbar sein, dass Herr Heinrich bis ins Flugzeug gelangte, denn so hat nun auf Vorlage des Unabhängigen Verwaltungssenates der Europäische Gerichtshof die Gelegenheit, diesen – an das „Geheimrecht" totalitärer Staaten erinnernden – Unsinn abzustellen.

Vermutlich reicht dieses eine Beispiel, um zu zeigen, dass sich Lücken der Verantwortlichkeit, des Handlungsmaßstabes und eines effektiven Rechtsschutzes auch als Folge von Privatisierungen ergeben können; Sicherheitsobsession und Machtflucht ins Internationale sind hier natürlich auch beteiligt, bilden jedoch nicht das Hauptproblem. Dieses besteht vielmehr darin, dass für den Bereich hoheitlicher Staatsgewalt mühsam erkämpfte rechtsstaatliche Standards obsolet zu werden drohen, weil die einschlägigen Aktivitäten privaten Akteuren überlassen und/oder in Privatrechtsform überführt werden.

Nun war die sogenannte „Privatwirtschaftsverwaltung" des Staates immer schon ein rechtsstaatliches Entwicklungsland, und noch heute fördern zum Beispiel Bund, Länder und Gemeinden in vielen Fällen „privatwirtschaftlich" ohne kompetenzrechtliche Schranke, ohne gesetzliche Regelung, ohne Rechtsansprüche der Förderungsinteressenten und ohne speziellen Rechtsschutzmechanismus; dass die ordentlichen Gerichte die Förderer zumindest an das Gleichheitsgebot gebunden haben, ist zwar ein Fortschritt, aber ein im Einzelfall schwer durchsetzbarer. Im Zuge der großen Privatisierungswelle, die in den letzten drei Jahrzehnten fast die ganze Welt überrollt hat, sind aber inzwischen auch immer mehr echte Private in die Besorgung klassisch hoheitlicher Staatsaufgaben einbezogen worden. Wenn etwa zugelassene Unternehmen Produkte anderer Firmen im Hinblick auf ihre Sicherheit zertifizieren, Tierärzte veterinärrechtliche Kontrollen vornehmen, Gutachter Anlagen untersuchen, Rating-Agenturen Bankrisiken bewerten, Bankprüfer Abschlüsse bestätigen und „anerkannte Qualitätsprüfer" Bankprüfer prüfen, dann ist das für sich zwar ebenso wenig ein Übel wie die Terrorismusbekämpfung oder die internationale Zusammenarbeit. Nur müssen die dabei typischerweise auftretenden Probleme erkannt und rechtlich gelöst werden. Abgesehen von den klassischen Zurechnungs- und Rechtsschutzfragen geht es vor allem um adäquate Handlungsmaßstäbe, um die zwangsläufigen Rollenkonflikte zu entschärfen: Ist die jeweilige Aktivität ein profitträchtiges Geschäft oder ein Dienst an der Öffentlichkeit? Sind die privaten Akteure ihren Kunden oder dem Staat verpflichtet? Handeln sie als Grundrechtsberechtigte, die unter Berufung auf ihre Erwerbsfreiheit alles tun können, was ihnen nicht ausdrücklich verboten ist, oder als Grundrechtsverpflichtete, die wie der Staat selbst alle Betroffenen gleich behandeln müssen? Wenn, wofür einiges spricht, jeweils beides gilt, dann was wo und wem gegenüber?

Dass ein privatrechtliches Regime nicht nur praktische Vorteile bringt, zum Beispiel weil es, anders als ein hoheitliches, im Ausland ebenso anwendbar ist wie im Inland, sondern auch aus rechtsstaatlicher Sicht befriedigend funktionieren kann, zeigt etwa die private Produktzertifizierung. Statt eine behördliche Genehmigung in einem Verwaltungsverfahren zu erwirken, kann sich der Hersteller an jedes von einem EU-Staat geprüfte und für den jeweiligen Bereich zugelassene Zertifizierungsunternehmen (zum Beispiel den TÜV) wenden; das gilt auch etwa für die chinesische Firma, die ihr Produkt in Europa vertreiben will. Der behördlichen Pflicht zur Behandlung des Antrags entspricht ein Kontrahierungszwang des Zertifizierers zu seinen Allgemeinen Geschäftsbedingungen, dem Befangenheitsschutz gegen Behörden seine im Zulassungsverfahren nachzuweisende Unabhängigkeit von allen wirtschaftlich einschlägig Interessierten. Der Ablauf des Prüfverfahrens wird statt im AVG und Spezialgesetzen in einem sogenannten „Modulbeschluss" des EG-Ministerrates geregelt, während sich die materiellen Prüfkriterien statt aus Gesetz und Verordnung in der Regel aus technischen Normen, also von privaten Normungsorganisationen unter Beteiligung von Industrie- und Verbrauchervertretern erarbeiteten Standards, ergeben, die Vorgaben in EG-Richtlinien konkretisieren. Statt behördliche Kontrollen durch österreichische Hoheitsträger dulden zu müssen (was zum Beispiel in der chinesischen Fabrik schwierig wäre), unterwirft sich der Hersteller vertraglich der Kontrolle durch den Zertifizierer, und statt eines genehmigenden Bescheides erwirbt er im Erfolgsfall eine Bescheinigung des Prüfunternehmens, die ihn zur Anbringung der „CE"-Zeichens am Produkt berechtigt. Wird sie verweigert, ersetzt, jedenfalls wenn eine Anrufung der Aufsichtsbehörde erfolglos bleibt, eine zivilrechtliche Leistungsklage aus dem Vertrag die Berufung gegen den abweisenden Bescheid. Statt Amtsverschwiegenheit und Amtshaftung gelten für den Zertifizierer eine besondere Geheimhaltungs- und eine Versicherungspflicht.

Die Produktzertifizierung ist durch die gegenseitige Anerkennung zwischen EG, USA und Japan und vielen weiteren Ländern zu einem weltweiten, gar nicht schlecht funktionierenden Markt mit Milliardenumsätzen geworden. Rechtsstaatsfreunde wird an dieser Erfolgsgeschichte nur stören, dass sich die einzelnen Elemente dieses „Kompensationsrechts" nicht einem leicht zugänglichen und allgemein verbindlichen Rechtsakt entnehmen lassen, sondern allenfalls aus einer Vielzahl von nicht unmittelbar verbindlichen EG-Rechtsakten, Erläuterungen dazu, nationalen Verordnungen und vor allem technischen Normen mit zweifelhafter Außenwirkung herbeikonstruiert werden können. Auch das lässt sich als Herausforderung begreifen.

So bestätigt sich auch hier, dass Rechtstaatlichkeit nicht einmal erreicht, sondern immer wieder neu hergestellt werden muss.

Literatur

Zu 1. Gewissheitsverluste durch Terrorismus:

UN Commission on Human Rights, Situation of Detainees at Guantanamo Bay, 2006, Dokument E/CN.4/2006/120, zugänglich unter http://documents.un.org.

Council of Europe, Alleged Secret Detentions in Council of Europe Member States (Übersicht über Berichte und andere Aktivitäten), http://www.coe.int/T/E/Com/Files/Events/2006-cia.

European Parliament, Alleged use of European countries by the CIA for the transportation and illegal detention of prisoners (Übersicht über Berichte und andere Aktivitäten), http://www.europarl.europa.eu/oeil/FindByProcnum.do?lang=2&procnum=INI/2006/2200.

Walter BERKA, The Legal Black Hole. Exekutive Freiheitsbeschränkungen

im Ausnahmezustand, in: Österreichische Juristenkommission (Hg.), Selbstbestimmung und Abhängigkeit. Rechtsschutz in „besonderen Gewaltverhältnissen", Wien-Graz 2006, 69.
Gerhard BEESTERMÖLLER (Hg.), Rückkehr der Folter. Der Rechtsstaat im Zwielicht?, München 2006.
Bundesverfassungsgericht, Nichtannahme der Verfassungsbeschwerde von Magnus Gäfgen, zugänglich unter http://www.bverfg.de/entscheidungen/rk20041214_2bvr124904.html.
European Court of Human Rights, Application no. 22978/05, Gäfgen against Germany, Judgement, zugänglich unter http://www.echr.coe.int/.
Bundesverfassungsgericht, Urteil zur Nichtigerklärung einer Bestimmung des Luftsicherheitsgesetzes, zugänglich unter http://www.bverfg.de/entscheidungen/rs20060215_1bvr035705.html.
Otto DEPENHEUER, Selbstbehauptung des Rechtsstaates, Paderborn 2007.
Stefan HUSTER, Karsten RUDOLPH (Hg.), Vom Rechtsstaat zum Präventionsstaat, Frankfurt am Main 2008.
Peter SCHAAR, Das Ende der Privatsphäre. Der Weg in die Überwachungsgesellschaft, München 2007.
Heribert PRANTL, Der Terrorist als Gesetzgeber. Wie man mit Angst Politik macht, München 2008.
Michael STOLLEIS, Konzertierter Rufmord. Die Kampagne gegen Horst Dreier, in: Merkur Nr. 711, August 2008.
Peter BUSSJÄGER, Rettungsabschuss, Videoüberwachung und Folterverbot. Paradigmen des Sicherheitsstaates als neue Herausforderung der Staatstheorie, in: ZÖR 62 (2007), 415.
Wolfgang WESSELY, Zu den neuen Terrorismustatbeständen im StGB, in: ÖJZ 2004, 827.
Josef Phillip BISCHOF, Operation Spring, in: AnwBl 2006, 12.
Bernd-Christian FUNK, Videoüberwachung an öffentlichen Orten – verfassungsrechtliche und gesetzliche Grundlagen, in: ÖGZ 4/2005, 6.
Ewald WIEDERIN, Privatsphäre und Überwachungsstaat, Wien 2003.
Petra SUSSNER, Fremden-Recht im „Kampf gegen den Terror", in: juridikum 2007, 29.
Kutluhan BOZKURT, Gregor GRUBHOFER, Kredit- und Finanzinstitute, Geldwäsche und Terrorismusfinanzierung, in: ÖBA 2006, 242.
Stefan LAUSEGGER, Arno LIKAR, Die Geldwäschebestimmungen der RAO und das Berufsbild des Rechtsanwalts, in: AnwBl 2004, 132.
Dietrich WESTPHAL, Die Richtlinie zur Vorratsdatenspeicherung von Verkehrsdaten, in: juridikum 2006, 34.

US Supreme Court, Hamdi v. Rumsfeld, 542 U.S. 507 (2004); Rasul v. Bush, 542 U.S. 466 (2004); Hamdan v. Rumsfeld, 548 U.S. 557 (2006); Boumedienne v. Bush, zugänglich unter http://www.supremecourtus.gov/opinions/opinions.html.

Zu 2. Bedeutungsverluste durch Internationalisierung:

UN-Sanktionen gegen Al Kaida und Taliban: www.un.org/sc/committees/1267/consolist.shtml.

Diana AL-JUMAILI, Stationen im Kampf gegen die Terrorismusfinanzierung - New York - Brüssel - Berlin, in: NJOZ 2008, 188.

Raimund BOLLENBERGER, Zum Umgang mit „Sanktionslisten" im Bereich der Bekämpfung von Geldwäsche und Terrorismusfinanzierung, in: ÖBA 2007, 958.

Gericht erster Instanz, Rs. T-306/01, Yusuf/Rat und Kommission; Rs. T-315/01, Kadi/Rat und Kommission; zugänglich unter http://curia.europa.eu/.

Europäischer Gerichtshof, Rs. C-402/05 P, Kadi/Rat und Kommission; C-415/05 P, Al Barakaat/Rat und Kommission (jeweils Schlussanträge des Generalanwalts); zugänglich unter http://curia.europa.eu/.

Ulrich HALTERN, Gemeinschaftsgrundrechte und Antiterrormaßnahmen der UNO, in: JZ 2007, 537.

Kirsten SCHMALENBACH, Normentheorie vs. Terrorismus: Der Vorrang des UN-Rechts vor EU-Recht, in: JZ 2006, 349.

Erwin MÜLLER, Patricia SCHNEIDER (Hg.), Die Europäische Union im Kampf gegen den Terrorismus. Sicherheit vs. Freiheit?, Baden-Baden 2006.

Council of Europe, Parliamentary Assembly, Committee on Legal Affairs and Human Rights, United Nations Security Council and European Union blacklists. Report; zugänglich unter http://assembly.coe.int/main.asp?Link=/documents/workingdocs/doc07/edoc11454.htm.

European Court of Human Rights, Application no. 71412/01, Behrami and Behrami against France, and Application no. 78166/01, Saramati against France, Germany and Norway; zugänglich unter http://www.echr.coe.int/.

Gericht erster Instanz, Rs. T-228/02, Organisation des Modjahedines du peuple d'Iran/Rat; zugänglich unter http://curia.europa.eu/.

Europäischer Gerichtshof, Rs. C-354/04 P, Gestoras Pro Amnistía u. a./Rat; C- 355/04 P, Segi u. a./Rat; zugänglich unter http://curia.europa.eu/.

Stephan KEILER, Hans KRISTOFERITSCH, Passagierdaten auf dem Flug in die USA, in: ZVR 2006, 189.

Franz MERLI, Funktionen des europäischen Grundrechtsschutzes, in: Bernd-Christian FUNK u. a. (Hg.), Der Rechtsstaat vor neuen Herausforderungen. Festschrift für Ludwig Adamovich, Wien 2002, 449.

Zu 3. Bedeutungsverluste durch Privatisierung:

Europäischer Gerichtshof, Rs. C-345/06, Heinrich, (Schlussanträge des Generalanwalts); zugänglich unter http://curia.europa.eu/.

Gerhard STREJCEK, Sicherheitskontrollen auf Zivilflugplätzen, in: ZVR 2006, 396.

Michael HOLOUBEK, Verfassungsrechtliche Rechtsschutzgebote im Vergaberecht und darüber hinaus, in: Ferdinand KIRCHHOF u. a. (Hg.), Rechtsstaat und Grundrechte. Festschrift für Detlef Merten, Heidelberg 2007, 415.

Konrad LACHMAYER, Ausgliederungen und Beleihungen im Spannungsfeld der Verfassung, in: JBl 2007, 750.

Michael HOLOUBEK, Akkreditierung und Zertifizierung, in: Michael HOLOUBEK, Michael POTACS (Hg.), Handbuch des öffentlichen Wirtschaftsrechts, Wien ^{2}2007, Band II, 503.

Europa

Warum ist es so schwer „Europäer/Europäerin" zu sein? Anmerkungen zur komplexen europäischen Identitätsentwicklung

Oliver Rathkolb

Vor fast zehn Jahren haben der deutsche Zeithistoriker Lutz Niethammer aus Jena und die in Turin lehrende italienische Historikerin Luisa Passerini das Konzept einer europäischen Identität diskutiert. Während Niethammer als Metapher für dieses Modell die Kakophonie von „synchronen Monologen betonte", plädierte Passerini für „dodecaphonic music, where the trained ear can discern both divergences and convergences".[1]

Als Österreicher, sozialisiert in einem Land, in dem seit spätestens dem 19. Jahrhundert die Konstruktion als Musikgroßmacht einen wesentlichen Bestandteil der „hidden images" nach innen und außen darstellt, glaube ich, dass die Analogie zur Musik in mehrfacher Hinsicht ein gutes Instrument darstellt, um eine Strategie für die Auseinandersetzung mit europäischen Identitätscodes zu entwickeln. Bis heute gibt es kein übernationales/transnationales Modell für die Diskussion und Verarbeitung gemeinsamer, national aber getrennt erlebter historischer Erfahrungen, und es sind genau diese von Generation zu Generation erneuerten historischen Erfahrungen auf Nationalstaatsebene, die letzten Endes eine europäische Analyse extrem schwierig machen.

Identität

In diesem Beitrag verwende ich den Terminus „Identität", um die Konstruktion emotionaler Identifizierung von Menschen im historischen Kontext von Nationalstaaten seit dem 19. Jahrhundert in Europa zu beschreiben. Bei diesem Konstruktionsprozess nationaler Identität, der sehr stark in der Anfangsphase ein Elitenprojekt darstellt, werden Kultur, Sprache, Religion, ethnischer Hintergrund, Klasse, aber auch Geschichte und Geografie benützt, um ein Rahmenwerk für gemeinschaftsbildende Faktoren zu konstruieren und in die jeweilige staatliche Gesellschaft auf vielen Ebenen (nicht nur via Schule und Bildung) zu kommunizieren. Ich werde aber meine Argumente vor allem auf diese Überbaukonstruktion reduzieren, da ich diesen Beitrag nicht auf die Ebene der kommunikativen und individuellen Identitätskonstruktionen auffächern kann.[2] Kollektive Identität ist nicht „naturally generated but socially constructed" und wird durch die Entwicklung sozialer Grenzen mittels symbolischer Unterscheidungscodes produziert.[3]

Interessant ist, dass als eine Folge der ersten Anzeichen der Globalisierung in den späten 1980er Jahren und besonders intensiv seit dem Ende des Kalten Krieges die Identitätsstudien auch in Europa wieder Konjunktur haben. Heute stimmen die meisten WissenschaftlerInnen darin überein, dass es trotz in manchen Fällen höchst brutaler Identitätsformationen im 18. und vor allem im 19. Jahrhundert letztlich keine stringent homogen konstruierten Identitäten in den jeweiligen nationalen Gesellschaften gibt. Das bedeutet, dass Diversität/Vielfalt durchaus eine funktionierende Grundstruktur für Identitätskonstruktionen liefern kann, somit auch für die europäische Frage Vorbild sein kann.

Sowohl Individuen als auch kollektive Gruppen haben zunehmend hybride Identitäten entwickelt,[4] Mehrfachidentitäten, die es erlauben, eine emotionale Identifikation mit mehreren Gruppen aufzubauen. In Österreich ist das beispielsweise der sehr starke Anteil regionaler und lokaler Identitäten, zum Beispiel das Selbstverständnis als Wiener oder Tiroler, aber auch gleichzeitig als österreichischer Staatsbürger. Gerade in der Gegenwart sind es vor allem MigrantInnen, die wieder vor diesem Phänomen der multiplen Identitäten stehen, zwischen ihrer alten Heimat, der Heimat ihrer Eltern und Großeltern, und den Identitätscodes ihres neuen Lebensmittelpunktes, wobei es zu teilweise heftigen Konfrontationen zwischen historischen und kulturellen Elementen aus diesen beiden Bereichen kommt.

Ich kann die theoretische Debatte über europäische Identität nicht im Detail ausführen, möchte aber vier zentrale Modelle kurz anreißen, die versuchen, die Entwicklung von multiplen Gruppenidentitäten mit einem europäischen Hintergrund zu erklären:[5]

Das Konzept der „nested identities", für das zur Visualisierung die russische Matroschka-Holzpuppe verwendet wird, beruht auf der Idee einer kleinen Gruppe, die gleichzeitig, ähnlich wie diese Puppenserie, auch Teil einer größeren Gruppe darstellt. Bei diesem Modell wird die regionale Identität unter die nationale Identität subsumiert, die ihrerseits wieder in einer europäischen Identität endet.

Das zweite Konzept, ist das Konzept der „cross-cutting identities", die die multiplen Identifikationen von einzelnen Mitgliedern einer Identitätsgruppe mit der Identität anderer Gruppen beschränken; das heißt beispielsweise, die Identifikationsebenen sind auf einen Beruf oder auf religiöse Verbindungslinien reduziert und schließen alle anderen aus.

Das dritte Modell ist das Modell der getrennten Identitäten, das heißt, dass die Gruppenbeziehungen keine Auswirkungen auf das berufliche und private Leben zeigen. Ein sehr starkes Element in dieser Richtung gab es in der österreichischen Gesellschaft nach 1918: Hier kam es zu zwei, manchmal zu drei Säulen in der österreichischen Gesellschaft, die, bis hin zur Freizeitgestaltung, völlig voneinander getrennte politische und kulturelle Modelle entwickelten, so Sozialdemokraten und Christlichsoziale plus Großdeutsche und später Nationalsozialisten. Die so entstandene geteilte Gesellschaft mündete letztendlich in der Auflösung der parlamentarischen Demokratie, in Bürgerkrieg und der Integration in das Nationalsozialistische Deutsche Reich ihren Weg.

Das vierte Konzept, das des „Marmorkuchens multipler Identitäten"[6], läuft darauf hinaus, dass multiple Identitäten nicht getrennt werden können, sondern sich wechselseitig beeinflussen und ineinander übergehen.[7]

Eine konkrete Analyse der europäischen Identitätsentwicklung nach 1945 kann nicht getrennt von den Entwicklungen der Europäischen Gemeinschaft gesehen werden. Trotz des Vertrags von Maastricht aus 1992 dominieren nach wie vor die Nationalstaaten die Kommunikationskanäle des öffentlichen Raums. Gleichzeitig zeigte sich aber seit dem Attentat vom 11. September und dem folgenden Irak-Krieg sowie der Anti-Terror-Kampagne der Bush-Administration, dass sich in Europa leicht eine fragile, aber aggressive europäische Zusatzidentität durch einen offensiven Anti-Amerikanismus (auf der Basis historischer Traditionen) mobilisieren lässt.

Europäischer Leitnarrativ Holocaust-Erinnerung

Bis heute existiert kein mittelfristig wirksamer, stark emotional aufgeladener europäischer Leitnarrativ oder europäischer Mythos, vergleichbar den starken nationalen Basiserzählungen, die von Generation zu Generation neu verhandelt und entwickelt werden und auch innerhalb der nationalen Erziehungssysteme weitergegeben werden. Seit Ende des Kalten Krieges und vor allem seit der zweiten Hälfte der 1990er Jahre gibt es zumindest eine intensive europäische (teilweise auch globale) Neuverhandlung der Gründe für den Holocaust und den Zweiten Weltkrieg und die Folgen für Europa und die Welt. Damit wird auch eine gemeinsame Werteebene kommuniziert, die sich gegen Menschenrechtsverletzungen stellt, aber eigentlich als universaler Wert kommuniziert wird. Nach dem Ende des

Kalten Krieges 1989/90 begann – mit fast zehn Jahren Zeitverzögerung – eine Welle von Gerichtsprozessen in den USA, nachfolgenden historischen Kommissionen und Projekten, die intensiv die Nicht-Entschädigung für Sklaven- und Zwangsarbeit während des Nationalsozialismus und die Rolle von Banken, Versicherungen und Unternehmen in ganz Europa, aber auch in den USA, Großbritannien und Israel thematisierten. Diese neuerliche Auseinandersetzung mit Kollaboration mit dem Nationalsozialismus und Ausbeutung und Verfolgung von Juden und Jüdinnen und anderen Opfern des NS-Terrors betraf auch viele Gesellschaften, die mit dem NS-Regime nach der militärischen Okkupation oder Bedrohung kollaboriert hatten – wie in Frankreich und in anderen Ländern. Gerichtlich anhängige Klagen und politische Debatten hinsichtlich ungenügender Restitution und Kompensation auf erbloses Vermögen prägten diese Diskussionen und führten auch zu zwei Gerichtsvergleichen mit Schweizer und österreichischen Banken. Überdies wurde eine Reihe von Abkommen geschlossen, so zwischen der amerikanischen Regierung und der Bundesrepublik Deutschland, aber auch zwischen der amerikanischen Regierung und Frankreich und Österreich. In diesem Zusammenhang ist vor allem auf das Stockholmer International Forum on the Holocaust vom Jänner 2000 hinzuweisen, eine Konferenz über Erziehung, Erinnerung und Forschung, die einen neuen Trend in der europäischen Re-Evaluierung der jüngsten Zeitgeschichte mit starker Integration der USA und Israels symbolisiert.

Die Frage, ob aus diesen Aktivitäten auch ein gemeinsamer, spezifisch europäischer Narrativ entsteht, ist noch ungeklärt, vor allem vor dem Hintergrund, dass beispielsweise die baltischen Staaten, aber auch die ehemaligen kommunistischen osteuropäischen Staaten diesen selbstkritischen Holocaust-Narrativ in ihrer Erinnerungs- und Geschichtspolitik nur teilweise übernehmen, da die Erinnerung an die kommunistische Vergangenheit und die totalitäre Unterdrückung unter den diversen KP-Regimen nach wie vor die Erinnerung an den Zweiten Weltkrieg und den Holocaust in den Hintergrund drängt oder zumindest in Form einer geteilten Erinnerung gleichberechtigt thematisiert ist.

Zusammenfassend kann man sagen, dass es keine gemeinsame europäische historische Perzeption und Erinnerung an den Holocaust im Zweiten Weltkrieg gibt, dass sich aber zumindest bereits clusterartige gemeinsame europäische Entwicklungen in dieser Richtung abzeichnen. Ob tatsächlich ein derartig negativ besetzter Leitnarrativ zu einem europäischen werden wird, auch vor dem Hintergrund der globalen Diskussion über den Holocaust, bleibt abzuwarten.

Trotz früher Bemühungen, vor allem des Europarates, in den späten 1950er Jahren, europäisches Bewusstsein auch durch europäische Symbole, durch Europaplätze, durch Europahäuser, durch Europagespräche, wie zum Beispiel in Wien, zu entwickeln, sollte es bis zum 14. Dezember 1973 dauern, ehe die neun Außenminister der Europäischen Gemeinschaft eine gemeinsame Erklärung über die europäische Identität verabschiedeten:[8]

> The Nine European States might be pushed towards disunity by their history and by selfishly defending misjudged interests. But they have overcome their past enmities and have decided that unity is a basic European necessity to ensure the survival of the civilization which they have in common.
> The Nine wish to ensure that the cherished values of their legal, political and moral order are respected, and to preserve the rich variety of their national cultures. Sharing as they do the same attitudes to life, based on a determination to build a society which measures up to the needs of the individual, they are determined to defend the principles of representative democracy, of the rule of law, of social justice - which is the ultimate goal of economic progress - and of respect for human rights. All of these are fundamental elements of the European Identity.

Diese Erklärung war der Versuch der neun EG-Außenminister, einen europäischen Mythos zu konstruieren, und zwar in der Richtung, dass es eine rational bewegte Strategie der Gründungsväter gewesen sei, die bisherigen Feindseligkeiten der Vergangenheit aufzulösen und auf dieser Erkenntnis den europäischen Integrationsprozess als Friedensprozess aufzusetzen. Dabei ausgeklammert wurde aber die Tatsache, dass der europäische Integrationsprozess, aber auch der europäische Identifikationsstrang ganz stark vom Kalten Krieg und von amerikanischen Einflüssen geprägt war, das heißt die Stärkung der westeuropäischen Integration und die Westeinbindung der Bundesrepublik Deutschland war vor allem auch eine Maßnahme gegen den kommunistischen Block und eine mögliche Intervention der Sowjetunion und des Warschauer Paktes.

Nach dem Ende des Kalten Krieges 1989/90 ist dieser künstliche Leitnarrativ völlig zerfallen, vor allem auch, weil die Europäische Union nicht in der Lage war, die Bürgerkriege im ehemaligen Jugoslawien zu verhindern, und sich auch international - entgegen manchen PR-Kampagnen - nicht als Friedensstifter durchsetzen konnte.

Die Erklärung von 1973 war jedenfalls kein Versuch der Europäischen Gemeinschaft, eine starke supranationale Identitätsentwicklung zu forcieren, sondern hatte eher den Zweck, über Annäherungen auf eine stärker gemeinschaftlich orientierte Ebene zu finden, um eine gemeinsame Außenpolitik vor dem Hintergrund des Jom-Kippur-Krieges im Nahen Osten und der ersten Erdölpreiskrise zu finden:

> The Nine intend to play an active role in world affairs and thus to contribute, in accordance with the purposes and principles of the United Nations Charter, to ensuring that international relations have a more just basis.

Trotz der speziellen Bedeutung des Nahen Ostens wird die historische Verantwortung einzelner europäischer Staaten für die koloniale Unterdrückung auf ein euphemistisches kurzes Statement reduziert:

> The Community will implement its undertakings towards the Mediterranean and African countries in order to reinforce its long-standing links with these countries. The Nine intend to preserve their historical links with the countries of the Middle East and to co-operate over the establishment and maintenance of peace, stability and progress in the region.

Eine starke und letztlich auch selbstkritische europäische Identität, die auf einer Evaluierung der Vergangenheit und der Geschichte beruht, muss aber auf einer intensiven Reflexion über Fragen des Kolonialismus und der Entkolonialisierung basieren.[9] Erst allmählich entdecken die nationalen geschichtspolitischen Akteure derartige Auseinandersetzungen, wie Debatten in den letzten Jahren in Frankreich über den Algerien-Krieg oder in Belgien über Kongo, Burundi und Ruanda oder auch in den Niederlanden hinsichtlich Indonesien und Südafrika dokumentieren. Sogar in Deutschland (Stichwort „Deutsch-Südwestafrika"), in einem geringeren Ausmaß in Italien und in Großbritannien werden koloniale Erfahrungen diskutiert, die aber hier nicht weiter im Detail ausgeführt werden können. Ähnlich wie bei der selbstkritischen Auseinandersetzung über Kollaboration und Verantwortungen nationaler Gesellschaften für Holocaust und die Ermordung von Millionen Juden in Europa wird auch allmählich die transnationale Verhandlung über das koloniale Erbe in Bewegung gesetzt.[10]

Vor diesem Hintergrund muss nochmals festgehalten werden, dass weder die 1973er-Erklärung über die Identität noch die späteren Versuche der Europäischen Union wirklich darauf abzielten, eine europäische, ergänzende Identität zu entwickeln. Verglichen mit den USA fehlt der Europäischen Union nicht nur eine supranationale Identitätsstruktur, sondern die Europäische Union ist zusätzlich auch mit dem neuen Phänomen konfrontiert, dass das ursprüngliche, traditionelle Melting-Pot-System, das auch Bindestrich-Identitäten wie in den USA zugelassen hat, nicht mehr funktioniert. Denn neben der Identitätenkonkurrenz zwischen nationaler und europäischer Identität wird noch eine zusätzliche Ebene durch die Identitäten und die Identitätshintergründe von Migranten und Migrantinnen eingezogen, womit die Vielschichtigkeit des Identitätsprozesses und die multiple Struktur des europäischen Identitätsangebots nur noch größer wird.

Der Mangel an Mythologie und die öffentliche Meinung

Der Historiker Wolfgang Schmale von der Universität Wien[11] fürchtet sogar, dass das europäische Experiment am Mangel von Mythologie scheitern könnte. Viele EU-Politiker, wie der ehemalige französische Kommissionspräsident Jacques Delors, stellen fest: „One cannot like a domestic market." Ich würde dazu ergänzen, dass Europa auch einen Mangel an visueller Repräsentation hat und dass es kaum europäische Ikonen gibt, abgesehen von der in manchen Nationalstaaten ungeliebten europäischen Flagge oder der nur in einigen europäischen Staaten verwendeten Währung Euro.

Im Jahre 2003 hat die Europäische Kommission versucht, die Identitätsfrage zusammenzufassen und neu zu bewerten. In einer bisher unveröffentlichten Studie,[12] die auch auf frühere Forschungen zurückgreifen kann, wird festgehalten, dass es kein klares Identitätsmuster gibt und dass der Trend in Richtung multipler, diversifizierter Identitäten noch zugenommen hat. Gleichzeitig ist es für Europäer extrem schwierig, sich emotional positiv nach innen hin mit Europa zu identifizieren, ohne eine massive Außenabgrenzung gegenüber einem Anderen mitzudenken. Erst wenn Fragen in Richtung regionaler oder nationaler Identität gestellt werden, merkt man, dass dahinter eine emotionale Verbundenheit steckt. Die europäische, ergänzende Identitätsschiene ist nach wie vor nicht sehr stark ausgeprägt. Nur wenn es darum geht, sich gegenüber anderen abzugrenzen, beispielsweise gegenüber den USA im letzten Irak-Krieg, wird europäische Identität plötzlich ein Thema.

Wenn man versucht, die Inhalte europäischer Identität festzumachen, wird man feststellen, dass es keinen exklusiven, ausschließlichen europäischen Wert gibt, sondern dass die meisten Werte, die als „europäisch" definiert und verstanden werden, entweder globale Werte sind oder zumindest als „westlich/demokratische Werte" interpretiert werden können. Im Wertecluster gibt es jedoch eine Reihe von sehr starken europäischen Gemeinsamkeiten, darunter eine überdurchschnittlich intensive Ablehnung der Todesstrafe, eine sehr starke Friedenssehnsucht, aber auch Solidarität und ein hohes Interesse an Umweltschutz- und Entwicklungsfragen.

Die Schaffung europäischer Symbole, wie der europäischen Fahne, der europäischen Hymne, des Europatags, eines europäischen Passes und der europäischen Währung, haben keinen klaren Identitätstrend hervorgebracht. Einer von zwei Europäern glaubt überhaupt nicht an die Möglichkeit einer geteilten europäischen Identität.[13] Interessant ist, dass aber hinsichtlich des Alltagslebens die Konsumenten durchaus ihre Gewohnheiten und Lebensstile quer durch Europa angenähert und angepasst, das heißt europäisiert, haben. Obwohl manche von ihnen sich auch gegen Reisen ins europäische Ausland aussprechen, so sprechen doch letzten Endes 53 % bereits eine Fremdsprache und 26 % sogar eine zweite. Auf die Frage nach Identität antworten durchschnittlich 59 % in die Richtung, dass sie sich sehr oder teilweise von Europa angezogen sehen.

Identitäten und Werte im Spiegel von Umfragen

Zahlreiche Umfragen[14] zeigen, dass es der Europäischen Union nicht gelungen ist, eine Strategie zu entwickeln, den laufenden Trend der immer ähnlicher werdenden europäischen nationalen Wertesysteme in Richtung einer europäischen, gemeinsamen Identität zu bündeln und damit synergetisch gemeinsam zu verstärken. Die nationale Identifikation der EU-Bürger ist nach wie vor auf nationaler Ebene festgeschrieben, bei manchen, wie in Österreich, aufgrund einer relativ jungen Identitätskonstruktion seit den 1950er/1960er Jahren, ganz stark und auch ausgrenzend gegenüber den meisten Nachbarstaaten – mit Ausnahme von Deutschland, Schweiz und Ungarn – ausgeprägt. Schon Ende 2004 haben sich nur 47 % der EU-Bürger sowohl als Bürger ihres Landes als auch Europas gesehen und 41 % ausschließlich als Bürger ihres jeweiligen Nationalstaates. 86 % der Interviewten fühlten Stolz bei der Nennung ihrer Heimat, wobei nur 68 % darauf stolz waren, Europäer zu sein. Im Frühjahr 2008[15] war das Image der EU auf einen historischen Tiefpunkt in Österreich gesunken: Nur 28 % der ÖsterreicherInnen schrieben der EU ein „positives Image“ zu, die EU-Mitgliedschaft hingegen wurde von 36 % als „gute Sache“ bezeichnet – bei einem EU-Durchschnitt von 52 % Zustimmung der viertniedrigste Wert, dahinter liegen nur mehr Ungarn, Großbritannien und Lettland.

Hervorzuheben ist, dass vor allem seit Ende der 1990er Jahre, und besonders intensiv seit dem 11. September, die europäische Kultur als eine christliche Kultur wieder in diese Identitätsdebatte hineingebracht wird. So hat beispielsweise eine Gruppe um die ehemaligen deutschen Bundeskanzler Helmut Kohl und Helmut Schmidt im Rahmen der Verfassungsdebatte eine Formel gefunden, nach der Karl der Große als Gründungsvater anzusehen sei und Europa eine „Tochter des Katholizismus und der nordischen Barbaren" sei.[16] Dieser extrem exkludierende Blick auf Europa passt nicht mehr in den kulturellen und sozio-ökonomischen Trend der 1980er/1990er Jahre, vor allem auch vor dem Hintergrund der starken Immigration und der Diversifikation von Identitätstrends in den einzelnen Nationalstaaten.

Ein anderer Ansatz ist jener des deutschen Philosophen Jürgen Habermas, der meint, dass sich doch hinter dieser scheinbar nicht emotionalen Identitätsentwicklung zumindest ein konstitutioneller Patriotismus entwickelt hat, also europäische Identität als Folge einer gemeinsamen europäischen Öffentlichkeit und politischen Kultur, basierend auf den universalen Prinzipien von Demokratie, Menschenrechten und dem Rechtsstaat. Diese Ansicht blendet aber kulturelle Unterschiede aus und scheint doch zu abstrakt und zu sehr an die deutsche Erfahrung nach 1945 in der Bundesrepublik Deutschland angelehnt zu sein, um eine Art emotionale Klammer zu schaffen, spielt jedoch sicherlich bei der Realität der europäischen Integration eine große Rolle. Seit 1999/2000 gibt es den European Value Survey,[17] durchaus zentrale Wertebefragungen, die sowohl in den neuen Mitgliedsstaaten als auch den „alten" und in Kandidatenstaaten wie Bulgarien, Rumänien sowie der Türkei durchgeführt wurden.[18] Die Indikatoren für die Trennung von Staat und Religion bei gleichzeitiger hoher privater, loser Religiosität sind bei den EU-25 klar entwickelt (etwas mehr bei den jüngeren EU-Mitgliedern), in der Türkei hingegen ist die Vermischung von Staat und Religion deutlich höher. Die Akzeptanz von autoritären Entwicklungen („ein starker Führer, der sich nicht um das Parlament und Wahlen kümmern muss") ist bei den EU-25 einheitlich niedrig (24–27 %), deutlich höher in Bulgarien und Rumänien (56,5 %) und der Türkei (66,1 %). Auch der Aktivismus in der Zivilgesellschaft (gemessen über Mitgliedschaft bei Vereinen) ist im EU-Bereich relativ hoch (42–57 %), in der Türkei niedrig bei 8 %; in Rumänien und Bulgarien liegt er bei 21,9 %. Hinsichtlich der Gleichstellung der Frau am Arbeitsmarkt liegen die alten EU-Staaten (70 %) vor den neuen Mitgliedern (61 %), Rumänien/Bulgarien folgen mit 47 %, und die Türkei rangiert bei 34 % Gleichstellungsaussagen. Auch in der Bedeutung des Umweltschutzes vor ökonomischem Wachstum gibt es durchaus eine EU-weite Entwicklung, die in den neuen Mitgliedsstaaten schwächer ausgeprägt, aber bereits gesellschaftlich relevant ist und zumindest für eine Mehrheit zugunsten Umweltschutz vor ökonomischem Wachstum ausreicht.

Ein konstruktivistischer Ansatz[19] glaubt dagegen, dass die Identitätsformierung auch auf intensivem kulturellem Austausch und intensiver Kooperation basiert. Hier meine ich, dass es mittelfristig letzten Endes doch zu einer stärkeren europäischen Bindestrich-Identität, die am ehesten dem eingangs geschilderten Marmorkuchen-Modell entspricht, kommen wird, insbesondere als eine Folge von starker Mobilität - so unter europäischen StudentInnen (Erasmus-Programm und Europäischer Bildungsraum) -, aber auch als eine Folge von Generationsentwicklungen. Dies setzt allerdings voraus, dass es gelingt, die Migrationsdiskussion weg von der nationalen Arena, hin auf eine europäische Arena zu bringen.

In diesem Bereich zeigt sich übrigens, wie Umfragen an Wiener Schulen dokumentieren, dass für Jugendliche mit Migrationshintergrund in dem Konflikt zwischen der Identitätsformation ihrer Eltern und Großeltern und den Identitätskontroversen in ihrer neuen Heimat Europa ein positives Projekt darstellt, also Europa als ein Ausweg im Identitätskonflikt der Migrationsdebatten gesehen wird.[20] Es wird deutlich, dass die Dominanz nationalstaatlicher, gesetzlicher und politischer Rahmenbedingungen einer derartigen Entwicklung eher hinderlich ist.

Während die MigrantInnen und jene mit Migrationshintergrund stärker Europa als eine gemeinsame Projektionsfläche ansehen, sehen die ÖsterreicherInnen mehrheitlich Europa als Gefahr ihrer relativ jungen und erfolgreichen kleinstaatlichen Identitätskonstruktion, die für sie mit einem ausgeprägten wohlfahrtsstaatlichen System verbunden ist. Meiner Ansicht nach hängt eine erfolgreiche Integration europäischer Identifikationsmuster in den sehr engen österreichischen Identitätskanon auch von einer Entemotionalisierung der Migrationsdebatten ab. Was im Mikrokosmos Österreich laborartig abläuft, ist letztlich ein Indikator für die europäische Ebene: Wenn es Europa gelingt, die Migrationsfrage positiv aufzuladen, den Integrationsprozess ohne Assimilationskeule zu intensivieren, das heißt, multiple Identitäten mit einer gemeinsam Rahmenidentität zuzulassen und positiv zu kommunizieren, dann entsteht meiner Meinung nach eine starke gemeinsame Projektionsfläche, um eine europäische Bindestrich-Identität in Verbindung mit besonders ausgeprägten positiven Werten wie Gewaltfreiheit, Frieden und soziale Sicherheit zu ermöglichen.

Anmerkungen

1 Luisa PASSERINI, The Last Identification. Why Some of Us Would Like to Call Ourselves Europeans and What We Mean by This, in: Bo STRATH (Hg.), Europe and the Other and Europe as the Other, Brussels 2000 ([3]2004), 64.

2 Hans-Peter FREY, Karl HAUSSER, Identität. Entwicklungen psychologischer und soziologischer Forschungen, Stuttgart 1987, 4.

3 S. N. EISENSTADT, Bernhard GIESSEN, The Construction of Collective Identity, in: Archives européennes de sociologie 36/1, 74.
4 Ruth WODAK u. a., Zur diskursiven Konstruktion nationaler Identität, Frankfurt am Main 1998, 59.
5 Thomas RISSE, Richard HERRMANN, Marilynn BREWER (Hg.), Transnational Identities. Becoming European in the European Union, Lanham MD 2004, 8.
6 Ebenda, 251.
7 Ebenda.
8 Bulletin of the European Communities 12 (1973).
9 Peo HANSEN, European Integration, European Identity and the Colonial Connection, in: European Journal of Social Theory 5/4, 2002, 483-498.
10 Elazar BARKAN, The Guilt of Nations. Restitution and Negotiating Historical Injustices, Baltimore 2001.
11 Wolfgang SCHMALE, Geschichte Europas, Wien 2000.
12 http://europa.eu.int/comm/dgs/education_culture.
13 European Opinion Research Group, Eurobarometer - Special Edition, The European Union: From Perception to Participation. Background Study for the Project of the Creation of an Events Centre for the European Commission, unpublished (Brussels 2001), 95 ff.
14 http://ec.europa.eu/public_opinion/index_en.htm. Für weitere Details: https://www.eurobarometer-conference.eu/.
15 http://ec.europa.eu/public_opinion/index_en.htm.
16 Vgl. dazu auch die Museumsdebatten zur Historisierung Europas in Aachen und Brüssel, http://joernborchert.twoday.net/topics/Europa/.
17 http://www.europeanvalues.nl/index2.htm.
18 Jürgen GERHARDS, Kulturelle Unterschiede in der Europäischen Union. Ein Vergleich zwischen Mitgliedsländern, Beitrittskandidaten und der Türkei. Unter Mitarbeit von Michael Hölscher. 2., durchges. Aufl. Wiesbaden 2006.
19 http://www.princeton.edu/~amoravcs/library/rotten.pdf, Andrew MORAVCSIK, Is something rotten in the State of Denmark? Constructivism and European Integration, in: Journal of European Public Policy 6.4, Special Issue 1999, 669-681.
20 Christiane HINTERMANN, Geschichtsbewusstsein und Identitätskonstruktionen in der Einwanderungsgesellschaft - eine empirische Analyse unter Jugendlichen in Wien, in: SWS-Rundschau 4/2007, 477-499.

Zerrissenes Europa

Sonja Puntscher Riekmann

Zur Lage der Union

Warum spaltet die Europäische Union ihre Bürger und Bürgerinnen? Die europäische Einheit gehört zu den faszinierendsten politischen Projekten der letzten Jahrhunderte, und doch scheint seit einiger Zeit der allgemeine Enthusiasmus darüber begrenzt, die Skepsis zu wachsen. Negative Bilder bis hin zu Todesmetaphern prägen die Kommentare zu den aktuellen Entwicklungen. Vergessen scheint, dass vor wenigen Jahren der Auftakt zu einem neuen Einheitsmythos, das Schaffen einer Verfassung, in den Bürgern große Erwartungen geweckt hat. Zwei Drittel befürworteten in der Phase des Konvents das Verfassungsprojekt, auch wenn unterschiedliche Vorstellungen damit verknüpft gewesen sein mögen. Doch dann verwehte der „Hauch von Philadelphia" in den negativen Referenden von Frankreich und den Niederlanden und verschwand endgültig im irischen Nein zum Vertrag von Lissabon, der die Verfassung ersetzen sollte. Die britische Zeitschrift *The Economist* griff im Juni 2005 nach der französischen und der niederländischen Ablehnung der Verfassung tief in die Kiste der historischen Symbole und brachte den in der Badewanne ermordeten französischen Revolutionär Marat auf die Titelseite. Wie viele mögen die Anspielung auf den Kampf zwischen Zentralisten und Dezentralisten in der Französischen Revolution wohl verstanden haben? Jedenfalls repräsentierten Marat und seine Mörderin Charlotte Corday die beiden Seiten. Im Juni 2008 nach der irischen Abstimmung über den Vertrag von Lissabon setzte die Zeitschrift die Todesmetaphorik mit einem pfeildurchbohrten Vogel fort und titelte: „Just bury it". Jürgen Habermas brachte zur gleichen Zeit ein Buch mit dem Titel *Ach, Europa* auf den Markt – dem einst berühmten Titel von Hans-Magnus Enzensberger hatte er einen bedeutungsschwangeren Beistrich hinzugefügt. Und während die Regierungen im Europäischen Rat nach mehr oder weniger tauglichen Auswegen aus der Sackgasse suchen, in die sie das irische Nein manövriert hat, entsteht in einigen Mitgliedsstaaten hektische Kreativität zur Potenzierung der Skepsis.

Der polnische Staatspräsident verweigert seine Unterschrift unter den bereits vom Sejim ratifizierten Vertrag, während sein tschechisches Pendant verkündet, das irische Votum sei ein „Sieg der Freiheit und der Vernunft", und im Einklang mit dem Parlament für ein Ende des Ratifikationsverfahrens eintritt. In Österreich unterwirft sich die sozialdemokratische Regierungspartei der *Kronen Zeitung* als Speerspitze der Anti-EU-Kampagne und verlangt eine Volksabstimmung über künftige Änderungen des Vertrags von Lissabon, die aus der Reaktion auf das irische Nein hervorgehen mögen. Dabei erklärt der österreichische Bundeskanzler, die rein parlamentarische Ratifikation des Vertrages sei ein Fehler gewesen, nachdem er zunächst gegen die *Kronen Zeitung* und einige zivilgesellschaftliche Organisationen just diese verteidigt hatte. Der deutsche Bundespräsident will nun den ebenfalls vom Bundestag angenommenen Vertrag erst unterzeichnen, wenn das Bundesverfassungsgericht seine Entscheidung über eine entsprechende Beschwerde getroffen hat. Eine solche ist Pressemeldungen zufolge im Jahre 2008 nicht mehr zu erwarten. Da mag das rasche Urteil eines britischen Höchstgerichts erstaunen, das jüngst eine Klage zur Erwirkung einer Volksabstimmung über den Vertrag ablehnte. Und ebenso erstaunt, dass ein von der dänischen Regierung eingeholtes verfassungsrechtliches Gutachten dieser die Rechtmäßigkeit der Entscheidung, von einem Referendum abzusehen, bescheinigt. Bis zum Juli 2008 haben 21 Mitgliedsstaaten den Vertrag von Lissabon ratifiziert, und mit Ausnahme des tschechischen Präsidenten plädieren die europäischen Regierungen für die Fortsetzung des Prozesses. Doch unklar ist, welche Dynamik der Krise noch innewohnt. Zwar hat Italien nach Widerständen der Lega Nord den Vertrag einstimmig ratifiziert, aber es fehlen bisher tragfähige Vorschläge zur Überwindung des irischen Nein. Höchst unwahrscheinlich erscheinen angesichts dieser Unwägbarkeiten ein Inkrafttreten des Vertrages mit 1. Jänner 2009 und der institutionelle Neuanfang mit den neuen Funktionen eines Europäischen Präsidenten und „Außenministers", der nicht mehr so heißen darf, zeitgleich mit der Wahl des Europäischen Parlaments und einer neuen Kommission, die auch dessen Mehrheiten spiegeln müsste.

Was geschieht in Europa? Wie ernst ist die Krise wirklich? Steht uns der Zerfall des Einigungsprojektes bevor? Warum lehnen ausgerechnet Gründungsstaaten institutionelle Neuerungen ab, die bei allen Unzulänglichkeiten doch einen deutlichen demokratiepolitischen Fortschritt bedeuten würden? Warum Irland, dessen ökonomische Erfolgsstory doch wesentlich von seiner Mitgliedschaft in der Union abhängt? Und warum wollen dann doch alle in der Union verbleiben? Oder sind Austrittsbewegungen nur eine Frage der Zeit, während sich alle in der Ruhe vor dem Sturm wiegen? Oder fehlt es einfach an Leadership, an glaubwürdigem politischem Personal, das der Union eine Richtung zu geben vermag? Persönlichkeiten, die nicht bei jeder Hürde entweder mit Zynismus oder mit Panik reagieren, sondern auf die Fragen der Zeit antworten? Doch was sind die Fragen der Zeit?

Die Fragen der Zeit

Die zentralen Fragen der Zeit sind jene nach der politischen, sozialen, ökonomischen und ökologischen Entwicklung der Union, mithin nach der Zukunft des Wohlfahrtsstaates und der Sicherheit im weiten Sinne dieses Begriffs. Im Grunde sind es die klassischen Fragen seit der Französischen Revolution. Die Antworten gab bisher der Nationalstaat. Er lieferte damit eine der attraktivsten Projektionsflächen für die menschliche Sehnsucht nach Zugehörigkeit. Was immer auch die Kriege der letzten zwei Jahrhunderte dazu beigetragen haben mögen, die Menschen zu Nationen zusammenzuschmieden, die Schaffung von Sozial- und Bildungssystemen und die (oft erst später erfolgte) Errichtung demokratischer Institutionen haben diese Zugehörigkeit zementiert. Es scheint dem Nationalstaat über viele Jahrzehnte mit seinem wachsenden Geflecht an Sicherheitsnetzen gelungen zu sein, darin sogar die Familie und die lokale Gemeinde zu übertrumpfen. Er hat eine neue Verwandtschaft in die Welt gesetzt. Doch in der modernen globalen Konkurrenzsituation stößt er mehr und mehr an die Grenzen seiner Handlungsfähigkeit.

Die Crux der Europäischen Union liegt in ihrem Gründungsmythos als Friedensstifterin durch ein Kooperationsmodell, in dem es den Nationalstaaten nach den Zerstörungen der beiden Weltkriege gelang, sich als Sozialstaaten zu konsolidieren und den ökonomischen Liberalismus, die andere Seite des westlichen Sozialstaates, zunehmend an die supranationale Ebene zu delegieren. Die Union wurde zur Hüterin des Wettbewerbs im Binnenmarkt, dessen Durchsetzung zum permanenten Eingriff in die Statik der nationalen Sozialordnung führt. Die Union erscheint als der Unruheherd, der „revolutionäre Arm" des Liberalismus, dessen Einbettung in eine sozial ausgleichende Ordnung dort endet, wo diese Ordnung Innovation, Produktivitätssteigerungen und Transformation überholter Strukturen im Namen von neuen und effizienteren verhindert. Diese Kompetenz der Union ist Vertragsrecht, das von den Regierungen der Mitgliedsstaaten erdacht und nach den Regeln ihrer nationalen Verfassungen parlamentarisch oder plebiszitär ratifiziert wurde. Einen Auftrag, die Sozialstaatlichkeit transnational neu zu denken und zu konstruieren, hat die Union nicht, auch wenn in den Verträgen von sozialer Kohäsion die Rede ist. Keinesfalls hat sie die Ressourcen, um Umverteilungspolitik in großem Stil zu betreiben. Kurz: Das effektivste Mittel desNationalstaates, Loyalitäten zu sichern, bleibt ihr versagt. Daran wird auch die Sozialagenda vom 2. Juli 2008 nur wenig ändern.

Die Idee der europäischen Einheit erscheint heute vielen als Betrug an ihrer Idee vom guten Leben, wie sie in Konzept und Praxis des Wohlfahrtsstaates real geworden ist. Man hat damit nach innen blickende Bürger und Bürgerinnen „geschaffen", deren Existenz und Entfaltung von der Abgrenzung nach außen abhingen. Diese sind zuerst Staatsbürger und Staatsbürgerinnen, wurden in heimischen Krankenhäusern geboren, in staatlichen Bildungseinrichtungen erzogen und auf nationalen Märkten „ökonomisiert". Die großen Unternehmen waren - ob verstaatlicht oder nicht - großteils so national wie die kleinen und mittleren. International waren die meisten Menschen nur als Touristen. Lange nahmen viele sogar ihre heimische Kost ans Mittelmeer mit, während die Mediterranen gleich am Mittelmeer blieben - angesichts des Wirtschaftswunders konnten sie endlich zu Hause bleiben und mussten nicht mehr auswandern, um zu überleben. Im Laufe der „glorreichen dreißig Jahre" der Nachkriegszeit ging die Süd-Nord-Mobilität in der Europäischen Gemeinschaft kontinuierlich zurück, in den 1980ern waren schließlich alle „zu Hause". Man könnte ohne Übertreibung sagen, das Projekt der diversen Faschismen, Europa in ethnisch-kulturell reine Nationalstaaten zu verwandeln, schien abgeschlossen.

Doch es kam anders. Zunächst kamen die „Anderen" von außen. Sie kamen aus unterschiedlichen Gründen, entweder weil sie gebraucht und geholt wurden oder weil sie politischen und wirtschaftlichen Notlagen entkommen wollten: die Jugoslawen und Türken, die Maghrebiner, die Asiaten und die Schwarzafrikaner. Sie kamen aus den verlorenen Kolonien, die man nun Entwicklungsländer nannte, und aus dem Sowjetimperium, in dem die große Alternative zum liberalen Kapitalismus verwirklicht werden sollte. Die Osteuropäer allerdings benützten auf der Flucht vor der Sowjetdiktatur Westeuropa lange Zeit nur als Sprungbrett ins Reich der Freiheit, das für die meisten Amerika hieß. Erst nach 1989 wanderten sie in die Europäische Union, zuerst als Arbeitssuchende und heute als Bürger der Union.

Der Riss im Eisernen Vorhang wurde zum Riss in der Seele der alten EU-Bürger. Und dieser Riss vertieft sich durch die Wanderung von Migranten aus der ganzen Welt. Dagegen wehrt man sich durch Fremdenfeindlichkeit und wählt entsprechende Parteien, die erklären, dass Europa kein Einwanderungsland sei, trotz Millionen von Migranten, die man in Italien „extracomunitari" nennt. Der Reichtum der alten Europäer ist durch die Öffnung nach Osten und Süden ständig gewachsen, aber das alte Zuhause ist verschwunden, Stück für Stück demontiert in der neuen Rede über Mobilität, Flexibilität, Wettbewerb, Anpassung und lebenslanges Lernen. Tatsächlich bleibt der neue Reichtum für untere Einkommensschichten Statistik, denn das große Versprechen des grenzenlosen Marktes und der gemeinsamen Währung, der neuen wirtschaftlichen Opportunitäten und Arbeitsmöglichkeiten hat sich nicht für alle erfüllt und würde sich oft auch nur erfüllen, wenn man wieder bereit wäre, selber aufzubrechen. Zu Hause scheint alles ins Wanken zu geraten und die sozialen Sicherungssysteme zusammenzuschrumpfen auf Hartz IV. Die schwer erkämpften „services publiques" müssen sich plötzlich an wirtschaftlichen Effizienzkriterien messen lassen, schon der Begriff „Dienstleistungen von allgemeinem Interesse" versprüht immer mehr den Charme der Armenfürsorge.

Der Ort der Politik

Immer diffuser wird der Begriff der politischen Öffentlichkeit. Wo ist der Ort, an dem die Fragen der Zeit behandelt werden? Die Institutionen der Europäischen Union erscheinen den meisten als fern und undurchdringlich. Komplexität ist in diesem Zusammenhang ein viel strapaziertes Wort und Bürgernähe die wohlfeile Floskel, mit der das politische Establishment den Bürger und die Bürgerin zu beschwichtigen versucht. Demokratische Politik beruht jedoch nicht auf der Nähe zum Bürger, denn Nähe ist kein Ersatz für den Status des Bürgers als Souverän und Legitimitätsquelle von Macht. Dass ihm etwas nahe gebracht werden soll, infantilisiert und entmündigt ihn. Nun ist das Konzept vom Bürger als Souverän höchst diffizil und erschöpft sich auch im Mitgliedsstaat meist im Akt der Wahl von Repräsentanten, in Abstimmungen über Gründungsakte wie Verfassungen und deren Änderungen, nur im Ausnahmefall (wie etwa der Schweiz) in Referenden auch zu einzelgesetzgeberischen Maßnahmen oder in manchen Staaten in seltenen Volksbegehren zu großen und umstrittenen politischen Projekten.

Regierungsbildende Wahlen scheinen aber kaum mehr Änderungseffekte zu zeitigen. Die großen Volksparteien (aber auch die kleinen Liberalen und Grünen) sind in ihrem Drang zur Mitte keine Adressaten der Modernisierungsverlierer, die ihr Heil vermehrt an den linken oder rechten Extremen suchen. Die einst großen Volksparteien versuchen ihre Verluste durch große Koalitionen oder wie einst in Österreich oder Polen und jüngst erneut in Italien durch Koalitionen mit den Extremen wettzumachen. Die Mitte jedoch fürchtet weiterhin den Abstieg und treibt daher die Regierungsparteien zur Imitation der Extremen.

Die Regierungen proben täglich den Spagat zwischen europäischer und nationaler Politik, entscheiden in Brüssel und implementieren zu Hause jene Maßnahmen, die in den europäischen Verträgen ihre Grundlage haben und dann mit nationalen Bedingungen in Einklang gebracht werden müssen. Kollidieren die beiden Welten, dann gilt in der Regel der Vorrang der europäischen. Wird die Kollision allzu schmerzhaft, dann greifen die Regierungen zur Strategie der Schuldzuweisung an Europa: Die Sündenböcke heißen Kommission und Europäischer Gerichtshof, aber niemals der Rat. Obwohl dieses Kollegium nationaler Regierungsmitglieder nach wie vor das mächtigste Organ der Union ist, bleibt es auf seltsame Weise immun gegen Kritik. Die meisten Europäer haben nicht die große Fusion nationaler Bürokratien im Blick, wenn vom Brüsseler Moloch die Rede ist, sondern nur die Kommission, die in ihrer problematischen Kleinheit beständig und aussichtslos nach Imagekorrekturen sucht.

Bürger und Bürgerinnen wählen jedoch weder die Kommission noch die Regierungen: Sie wählen Parlamente. Aus diesen gehen Regierungen hervor, von diesen hängen Regierungen in ihrer Existenz und in ihrem Handeln ab. Parlamente sind Gesetzgeber und Kontrollore der Regierungen. Doch wie steht es um dieses Verfassungsprinzip in Europa heute? Die Antwort ist einfach: nicht zum Besten. Welchen Anteil hat die europäische Integration an der Erosion des Prinzips? Einen wichtigen, aber keineswegs exklusiven. Die Zähmung der Parlamente durch die Exekutiven ist nicht neu und erfolgte in manchen Staaten lange vor dem Aufstieg der Union zum neuen Machtfaktor nationaler Politik. Was zum Beispiel in Österreich (aber nicht nur hier) zur informellen Praxis geriet, ist in Frankreich das Ergebnis der V. Republik. Es mutet wie eine Ironie der Geschichte an, dass die französische Verfassungsreform, die heute diskutiert wird, eine Aufwertung des Parlamentarismus vorsieht und der vorliegende Entwurf beiden Kammern das Recht auf eine 50-%ige Gestaltung der eigenen Tagesordnung einräumt. Doch die Politik der Union hat eindeutig die Exekutiven gestärkt und schon aus Gründen des Informationsvorsprungs die Parlamente überall in deren Abhängigkeit getrieben. Einige Parlamente wie das dänische, deutsche oder finnische haben sich mit Erfolg dagegen gewehrt. Das dänische hat es sogar geschafft, die Minister an die Entscheidungen des Europaausschusses zu binden, und damit zugleich sich selbst durch die beständige Beschäftigung mit supranationalen Agenden europäisiert. Hauptausschuss und Unterausschuss des österreichischen Nationalrates haben noch ein großes Stück des Weges in diese Richtung vor sich. In Zeiten der großen Koalition ist der Weg steinig, und es gibt wenig Anlass zu Hoffnung, würde doch eine Emanzipation des Parlaments von der Regierung zumindest in Form einer eigenständigen Reflexion über europäische Politik den Bruch mit einer langen Geschichte der Unterordnung bedeuten. Emanzipation würde vor allem die Beschäftigung mit den hoch komplexen Abläufen europäischer Entscheidungsfindung voraussetzen, Informationsaustausch nicht nur mit der heimischen Administration, sondern auch mit den Abgeordneten anderer Parlamente und nicht zuletzt des Europäischen Parlaments, Absprachen, die der sorgfältigen Vorbereitung und einer autonomen Reflexion bedürften. Dafür gibt es oft keine ausreichenden Ressourcen, aber auch nicht den Willen, solche zu erkämpfen.

Die nationalen Parlamente sind in vielen, wenn auch nicht in allen Mitgliedsstaaten in eine Krise des Selbstverständnisses geraten, die von den Wählern und Wählerinnen zumindest erahnt wird. Die geringe Sympathie, die den Parlamentariern etwa in Österreich entgegengebracht wird, hat auch mit ihrem Bedeutungsverlust durch europäische Politik zu tun. Dies wird von einer Medienkultur gesteigert, in der nur Regierungsmitglieder wirklich zählen oder Akteure auf den Schild gehoben werden, die jene herausfordern und kurzfristige Erfolge feiern können. Die meisten Medien sind fasziniert von Macht und Sensation, nicht von der mühsamen Arbeit der Kompromiss- und Konsensfindung. Auf europäischer Ebene sind nationale Medien in der Regel von beidem überfordert, denn weder gibt es die Persönlichkeit mit der Machtzuschreibung eines nationalen Regierungsoberhaupts, noch taugen die komplexen politischen Prozesse zur Aushandlung von Gesetzen, die heute 27 Staaten befriedigen und durch die Maschinerie von Kommission, Rat und Parlament gebracht werden müssen, zur flotten und sensationsheischenden Berichterstattung. Das Fernsehen versagt dabei in besonderem Maße und wird dadurch zum Medium einer unwirklichen Politik, die sich gebärdet, als gäbe es die vollkommene Autonomie nationaler Gestaltung. Dieser Mangel einer europäischen Öffentlichkeit hat nichts oder nur wenig mit der sprachlichen Vielfalt der Union zu tun, denn niemand behindert die nationalen Medien in Berichterstattung und Kommentar über die supranationalen Entwicklungen in der jeweiligen Landessprache.

Gibt es einen Ausweg? Verfassung und Vertrag von Lissabon hätten einen neuen und aussichtsreichen Anfang gesetzt: Das Europäische Parlament, dieses laut Eurobarometer von den Bürgern und Bürgerinnen am meisten geschätzte, aber auch am meisten verkannte Organ der Union, wäre in den meisten Politikfeldern zum wahren Ko-Gesetzgeber mit dem Rat geworden. Die nationalen Parlamente hätten eine bedeutende Rolle in der Kontrolle der Subsidiarität und der Verhältnismäßigkeit von europäischer Rechtssetzung erhalten, während beiden Mitspracherechte bei Vertragsänderungen zugekommen wären. Die Abgrenzung zwischen europäischen, nationalen und geteilten Kompetenzen wäre in großer Klarheit fixiert worden. Und Mehrheitsentscheidungen, dieser Zankapfel par excellence, wären nicht mehr ausschließlich auf der Grundlage der Stimmengewichtung der Mitgliedsstaaten, sondern auch unter Berücksichtigung von Bevölkerungszahlen zustande gekommen. Das wäre eine bemerkenswerte Stärkung des Demokratieprinzips auf beiden Ebenen der europäischen Politik gewesen und hätte dieser vor allem in der Aufwertung der Parlamente ein Stück Ort zurückgegeben, zu dem die Wähler und Wählerinnen direkten Zugang haben. Ob und wann diese Regelungen in Kraft treten, ist ungewiss. Und Regelungen politischer Zuständigkeiten und Verfahren sagen noch nichts über die Inhalte aus, die darin zur Geltung kommen. Aber der Streit darüber hätte beginnen können.

Der Kampf um das Politische in der Union

Das 21. Jahrhundert wird aber nicht nur das Jahrhundert neuer Themen und Orte der Politik sein, sondern das Jahrhundert, in dem es um die Zukunft des Politischen überhaupt geht. Vor zweieinhalb Jahrtausenden wurde diese besondere Betrachtung sozialer Wirklichkeit und damit eine neue Welt menschlicher Beziehungen in Griechenland erfunden, die zum festen Bestandteil der europäischen Kultur wurde: die Anerkennung von Differenz und die Suche nach Entscheidungen in öffentlicher Auseinandersetzung. Die antike Polis und die römische Republik erlaubten, dass Individuen und Gruppen, die sich als Verschiedene sahen, weil sie Verschiedenes wollten, in öffentlicher Rede und Gegenrede ihre Interessen artikulierten und entweder einander besiegten oder sich zusammentaten, um etwas Neues zu beginnen. Hannah Arendt hat stets auf die Doppeldeutigkeit des griechischen Wortes „archein“ verwiesen, das sowohl „herrschen“ als auch „einen neuen Anfang setzen“ bedeutet. Das Politische zieht seine Existenzberechtigung aus dem Wettbewerb (der besten Ideen, der mächtigsten Interessen et cetera) und aus der Fähigkeit, Entscheidungen über die Zukunft zu treffen, also Macht auszuüben. Damit dies gelingt, bedarf es eines Ortes, an dem der Wettbewerb und die Entscheidung stattfinden können. Beides verlangt nach Öffnung und Schließung: Öffnung, damit sich möglichst viele am Wettbewerb beteiligen, und Schließung, damit am Ende Entscheidung und Umsetzung erfolgen können. Beide Bewegungen müssen stets erneuert werden, damit eine Gemeinschaft flexibel und gestaltungsfähig bleibt. Diese jeder Demokratie innewohnende Dynamik hat sich im Laufe der letzten Jahrzehnte verlangsamt, sie ist aber eine umso stärkere Triebkraft der Wirtschaft und der Technologie geworden.

Auseinandersetzung oder gar Streit um das „gute Leben“ drohen aus der Politik zu verschwinden. Und es verschwindet der Ort, an dem die Frage nach dem Rahmen, den die Politik für die Wirtschaft definieren soll, um potenziell allen ein gutes Leben zu ermöglichen, gestellt werden kann. Damit löst sich aber das Politische selbst auf, Begriffe wie Autonomie und Souveränität werden hohl. Hegemonial ist damit nur mehr der Diskurs der effizienten ökonomischen Rationalität, ohne die weder Wachstum noch Reichtum entstehen, die aber die ewige Frage des cui bono nicht mehr zulässt. Sie ist eine genuin europäische Frage, von deren Beantwortung Sein oder Nicht-Sein der Union abhängt. Die Überwindung des Nationalstaates in der Union, die damit Macht und Verantwortung in der und für die Welt übernehmen kann, hat ihre Voraussetzung in der Frage, wie die Union sich nach innen ordnet, sodass ihre Bürger und Bürgerinnen ihr Loyalität entgegenbringen. Dies haben jene Akteure erkannt, die seit geraumer Zeit über die europäische Sozialunion nachdenken und sie voranzutreiben versuchen. Fort- und Rückschritte sind das Merkmal dieser Diskussion: Hatte der Konvent zur Europäischen Grundrechtecharta in diese noch soziale Rechte eingeschrieben, brachte der Verfassungskonvent keine Neuerungen. Am heftigsten sperrten sich jene Konventsmitglieder, die durch die Europäisierung dieses Politikbereichs am meisten zu verlieren haben: die Gewerkschaften, deren Handeln ganz und gar auf den Nationalstaat ausgerichtet ist und die es bis heute nicht geschafft haben, eine europäische Perspektive zu entwickeln. Erst die negativen Referenden haben die Aufmerksamkeit für die sozialen Sorgen wieder geschärft. Die Sozialagenda der Kommission ist ein Beispiel dafür, was immer ihre Wirkung für reales politisches Handeln sein mag. Es geht nicht nur darum, Rechte in Verträge zu schreiben, sondern vielmehr die Orte zu retten, an denen der Streit um das, was heute unter Bedingungen globaler Marktkonkurrenz soziale Kohäsion und würdevolles Leben überhaupt heißen kann, geführt werden kann. Europäische Demokratie ist die erste Bedingung für den Streit über die Gestaltung einer europäischen Gesellschaftsordnung. Dafür ist der Vertrag von Lissabon ein weiterer Baustein, wenn auch noch lange nicht der Schlussstein.

Altes Europa, buntes Europa?

Rainer Münz

Globale Alterung, europäische Besonderheiten

Wichtigster demografischer Trend in Europa ist die Alterung. In diesem Bereich ist unsere Zukunft gut absehbar:

- Die Zahl der Kinder und Jugendlichen nimmt bereits ab.
- Die Zahl der Einheimischen im Haupterwerbsalter (20–60 Jahre) wird ab circa 2015 abnehmen, falls sich die Einwanderung nach Europa nicht verstärkt.
- Die Zahl der Älteren (60+ Jahre) wächst und wird sich bis 2050 beinahe verdoppeln.
- Als Folge davon erhöht sich das Durchschnittsalter aller EU-Bürger von derzeit 40 Jahren bis 2050 auf etwa 48 Jahre. Das bedeutet: Zur Mitte des 21. Jahrhunderts wird fast die Hälfte aller Europäerinnen und Europäer über 50 Jahre alt sein.

Europa wird zu einer Welt der Älteren. Doch ein Blick über den Tellerrand der EU zeigt uns: Alterung ist ein globaler Trend. Fast überall auf der Welt wächst die Zahl der Menschen über 60. Dabei liegt Europa aufgrund seiner hohen Lebenserwartung - gemeinsam mit Japan - zwar an der Spitze. Doch es lässt sich gut vorhersehen, dass die Zahl der Älteren im Laufe des 21. Jahrhunderts auch in Teilen Asiens, insbesondere in China, noch rascher steigen wird als bei uns. Ganz anders ist die absehbare Entwicklung in uns benachbarten Regionen: in Nordafrika, dem Mittleren Osten und in Zentralasien. Dort wird es auf absehbare Zeit junge und wachsende Bevölkerungen geben.

Neben der wachsenden Zahl älterer Menschen in unserer Gesellschaft gibt es eine zweite klar absehbare Konsequenz aus der skizzierten Bevölkerungsentwicklung: Österreich und die meisten anderen Mitgliedsstaaten der EU stehen vor einer zweiten gemeinsamen Herausforderung: In den Ländern Europas wird die einheimische Bevölkerung im arbeitsfähigen

Alter stagnieren oder abnehmen. Dadurch werden die verfügbaren inländischen Arbeitskräfte zunehmend knapper. Mit der Zeit würde dies die Wirtschaftsleistung und die sozialen Sicherungssysteme beeinträchtigen, die eigentlich gestärkt werden müssten, weil ja zugleich die Zahl der Älteren stark steigt.

Heute leben im Europa der 27 EU-Staaten insgesamt 497 Millionen Menschen. Von ihnen sind 328 Millionen Menschen im erwerbsfähigen Alter – also in der Altersgruppe zwischen 15 und 65 Jahren. 235 Millionen sind tatsächlich erwerbstätig.

Für die Periode bis 2050 ist der Trend ziemlich klar: Ohne Zuwanderung würde die Bevölkerung West- und Mitteleuropas bis 2050 um etwa 65 Millionen Personen abnehmen. Das wären dann immer noch 432 Millionen Einwohner. Wegen der niedrigen Kinderzahlen würde die einheimische Bevölkerung im Erwerbsalter um 95 Millionen Personen schrumpfen. Damit wären nur noch 233 Millionen Menschen im Haupterwerbsalter.

Allerdings sind nicht alle Jugendlichen und Erwachsenen tatsächlich erwerbstätig oder auf Arbeitssuche. Bliebe der Anteil der Erwerbstätigen gleich, dann würde die tatsächliche Erwerbsbevölkerung West- und Mitteleuropas bis 2050 um 72 Millionen auf bloß noch 163 Millionen Menschen schrumpfen. Diese 163 Millionen Menschen müssten dann die weiterhin wachsende ältere Bevölkerung erhalten. Denn in West- und Mitteleuropa wird die Zahl der Älteren (65+ Jahre) bis 2050 um etwa 54 Millionen Personen zunehmen.

Andere Teile Europas sind von einer negativen Entwicklung ihres heimischen Erwerbspotenzials ebenfalls betroffen. In Russland, der Ukraine und Weißrussland wird die Schrumpfung der Erwerbsbevölkerung noch rascher vor sich gehen als in der EU.

Im Gegensatz dazu ist in Nordafrika, im Mittleren Osten, in der Türkei und in Zentralasien in den kommenden 40 Jahren mit Bevölkerungswachstum zu rechnen. Zugleich werden in diesen Nachbarregionen zunehmend mehr Menschen ins erwerbsfähige Alter kommen. Allerdings sind die Beschäftigungsmöglichkeiten in diesen Weltregionen derzeit beschränkt. Viele Jugendliche und junge Erwachsene werden daheim voraussichtlich arbeitslos oder stark unterbeschäftigt bleiben. So wird beispielsweise in Nordafrika und dem Mittleren Osten (ohne Golf-Staaten) die Gruppe der 15- bis 65-Jährigen von heute 195 Millionen Personen bis 2025 auf knapp 290 Millionen Menschen wachsen. 2050 dürfte es 365 Millionen Menschen im erwerbsfähigen Alter geben. In der Türkei und Zentralasien ist ebenfalls mit Zuwächsen zu rechnen.

Die Einwohnerzahl West- und Mitteleuropas wächst derzeit um etwa 2 Millionen pro Jahr. Rund 80 % des Zuwachses erklären sich durch Zuwanderung aus Staaten außerhalb der EU. Im Gegensatz dazu schrumpft die Bevölkerung in mehreren Staaten des West-Balkans und in allen europäischen Nachfolgestaaten der ehemaligen Sowjetunion. In Europa werden zumindest die einheimischen Bevölkerungen tendenziell kleiner. Ausnahmen von diesem Trend sind Irland, Island und einige Länder mit einem hohen moslemischen Bevölkerungsanteil. Dazu gehören Albanien, Mazedonien, der Kosovo. In einer anderen Gruppe von Ländern, namentlich Frankreich und Skandinavien, wird die Zahl der einheimischen Einwohner gleich bleiben – das hat mit der erfolgreicheren Familienpolitik dieser Länder zu tun: In diesen Ländern liegen die durchschnittlichen Kinderzahlen deutlich über jenen Österreichs, Deutschlands, Ungarns sowie Südeuropas. Österreich und seine unmittelbaren Nachbarländer blicken in eine Zukunft, in der die einheimischen Bevölkerungen zurückgehen werden. Dies gilt auch für andere Teile Europas. Russland hat dabei die dramatischste Entwicklung zu erwarten. Heute hat Russland 147 Millionen Einwohner; ohne massive Zuwanderung hätte dieses Land Mitte des 21. Jahrhunderts nur noch etwa 100 Millionen Einwohner.

Durch diese Entwicklung entsteht über kurz oder lang eine Konkurrenzsituation. Denn die Frage, wer in Zukunft die erforderliche Arbeit leistet und wo die Arbeitskräfte herkommen werden, stellt sich für Russland genauso wie für die Tschechische Republik, für Ungarn, Italien, Rumänien, Deutschland oder für Österreich.

Die demografische Entwicklung ist – wie kurz skizziert – gut beschreibbar und auch gut vorherzusehen. Es gibt jedoch, wie die Geschichte der letzten 100 Jahre zeigt, ein begrenztes Potenzial an dramatischen Abweichungen von der erwarteten Entwicklung. Für massive Bevölkerungsrückgänge sorgten in diesem Zeitraum vier völlig unterschiedliche Typen von Ereignissen: Kriege und Genozide, Grippeepidemien und Massenwanderungen. Aus heutiger Sicht hätte auf regionaler und nationaler Ebene auch eine Reaktorkatastrophe, bei der größere Mengen radioaktiven Materials freigesetzt werden, katastrophale Folgen für die betroffene Bevölkerung. Gleiches gilt für tödlich verlaufende Viruserkrankungen, die von Mensch zu Mensch übertragen werden und gegen deren Erreger wir kein Gegenmittel haben. Beispiele dafür wären das Ebola-Virus und der Erreger der Vogelgrippe.

Die demografische Alterung ist kein biologischer Prozess. Lebewesen, also wir selbst, altern biologisch. Aber wir würden auch in einer sich verjüngenden Gesellschaft alt werden. Dabei gilt: In der gesamten Menschheitsgeschichte gab es immer deutlich mehr Junge als Alte. Im 19. Jahrhundert betrug der Anteil der Bevölkerung unter 20 Jahren an der Gesamtbevölkerung fast 50 %. Die über 65-Jährigen waren in der Vergangenheit eine kleine Minderheit. Diese Situation finden wir heute noch in etlichen Entwicklungsländern. Wir hingegen stehen an der Schwelle zu einer Gesellschaft, in der es zum ersten Mal mehr Alte als Junge geben wird. In Europa wird das für den Rest unseres Lebens so bleiben. Es ist heute keine Entwicklung absehbar, die diesen Trend umkehren könnte. Selbst Einwanderer ändern daran nur wenig, weil sie in der Regel als Kinder, Jugendliche oder jüngere Erwachsene zu uns kommen und hier genauso altern wie die Einheimischen.

Demografische Alterung hat zwei Ursachen, die nichts miteinander zu tun haben. Die erste Ursache ist für uns sehr positiv: Wir gehören zur langlebigsten Generation in der Geschichte der Menschheit. Noch keine Generation vor uns hatte eine so hohe Lebenserwartung. Und es kommt noch besser: Ein Ende dieser Entwicklung ist derzeit noch nicht in Sicht. So steigt die Lebenserwartung statistisch weiterhin um etwa zwei bis drei Monate pro Jahr. Nachdem die Säuglings- und Kindersterblichkeit inzwischen sehr gering ist, handelt es sich dabei im Wesentlichen um einen Gewinn an Lebenserwartung jenseits des 50. Lebensjahres.

Insgesamt verdoppelte sich in Europa die Lebenserwartung im 20. Jahrhundert. Noch im späten 19. Jahrhundert gab es ein Sterben in jedem Lebensalter: Viele verstarben als Kinder und Jugendliche, etliche als (aus heutiger Sicht) junge Erwachsene. Man denke dabei an Mozart, Büchner, Schubert oder Heine. Heute können wir davon ausgehen, dass die allermeisten Menschen, die das 5. Lebensjahr erreichen, auch 65 Jahre alt werden, viele sogar 70, 80 oder 90. Für unsere Lebensplanung ist es ganz entscheidend, dass wir nicht mehr täglich mit dem Tod rechnen müssen. Wenn daher heute jemand im Alter von 45 Jahren an Krebs, bei einem Verkehrsunfall oder durch Selbstmord zugrunde geht, erscheint uns das inzwischen als Sterben „vor der Zeit“. Das ist ein historisch sehr junges Phänomen.

Bis ins 19. Jahrhundert gab es in Europa keine sichere Lebenszeit. Die durchschnittliche Lebenserwartung betrug zwar 35 bis 40 Jahre. Doch sie war nur statistisch relevant. Für die Individuen hatte dieser Wert keine große Bedeutung. Denn Sterben war in jedem Lebensalter an der Tagesordnung. Es gehörte zum Alltag, weil bis ins frühe 20. Jahrhundert viele

Infektionskrankheiten tödlich verliefen. In weniger entwickelten Teilen der Welt spielen solche Krankheiten bis heute eine große Rolle. In Europa haben wir infektiöse Erkrankungen inzwischen weitgehend „im Griff". Wir sterben stattdessen an sogenannten Zivilisationskrankheiten. Dazu gehören zum einen Herz-Kreislauf-Erkrankungen, insbesondere Herzinfarkte, zum anderen diverse Formen von Krebs. Es ist uns in den letzten 20 Jahren gelungen, auch diese Krankheiten zurückzudrängen. Ein Herzinfarkt bedeutet heute nicht mehr das Lebensende. Deutlich mehr als die Hälfte aller Betroffenen überleben ihren ersten Herzinfarkt. Auch bei Krebs gibt es bessere Früherkennung und Erfolg versprechende Therapien.

Entsprechend hoch ist unsere Lebenserwartung. In der westlichen Hälfte Europas haben Männer derzeit eine durchschnittliche Lebensspanne von 75 bis 77 Jahren und Frauen eine Spanne von 81 bis 83 Jahren. In Russland und der Ukraine sterben Frauen hingegen um zehn Jahre und Männer um 15 bis 20 Jahre früher als in Österreich oder der Schweiz.

Anstieg der chronisch-degenerativen Erkrankungen

Weil wir auf dem Gebiet von Früherkennung und Behandlung von Zivilisationskrankheiten erfolgreich sind, gehen wir in eine Zukunft, wo andere Krankheiten dominieren werden, zum Beispiel Altersdemenz, Parkinson, Alzheimer, Altersdiabetes, aber auch so unspektakuläre Leiden wie Inkontinenz. Das alles sind Erkrankungen, die zwar unsere Lebensqualität beeinträchtigen, an denen man aber nicht stirbt - zumindest nicht sofort. Die Folge der gewonnenen Jahre ist daher nicht bloß mehr Lebenszeit, sondern auch eine längere Dauer chronisch degenerativer Prozesse.

Im Laufe des 21. Jahrhunderts könnte sich unsere Lebenserwartung um weitere 15 Jahre steigern, wenn wir die Zuwächse der letzten Dekaden - also ein Plus von zwei Monaten pro Jahr - extrapolieren. Jedenfalls bedeutet dies, dass ein Kind, das derzeit in Westeuropa auf die Welt kommt, gute Chancen hat, das 22. Jahrhundert zu erleben.

Da das Sterben „vor der Zeit" selten geworden ist, stellt sich die materielle Absicherung im Alter nicht bloß als gesellschaftliche Aufgabe. Sie ist zugleich für jede und jeden von uns ein individuell bedeutsames Thema. Die statistische Zunahme chronisch-degenerativer Erkrankungen stellt uns zugleich vor die Aufgabe, uns mit dem Thema Pflege intensiv auseinanderzusetzen.

Sinkende Kinderzahlen

Demografische Alterung ist nicht alleine auf die steigende Lebenserwartung zurückzuführen. Sie hat noch eine zweite Ursache: die niedrigen Kinderzahlen. Damit verringert sich das „Gewicht" der Jüngeren.

Die durchschnittliche Kinderzahl liegt in Deutschland und Österreich bei 1,4 Kindern pro Frau. In Westeuropa sind Spanien, Portugal und Griechenland Länder mit noch niedrigeren Kinderzahlen. In Ostmitteleuropa liegen die Kinderzahlen im Baltikum, in Ungarn und Slowenien am tiefsten. Höhere Kinderzahlen gibt es zum einen in Frankreich und Skandinavien, zum anderen in Ländern und Regionen mit größerer muslimischer Bevölkerung. Dies gilt insbesondere für Albanien, den Kosovo, Mazedonien und die Türkei.

Im 19. Jahrhundert hatte die Kinderzahl in Europa noch 4,5 Kinder betragen. Das war nur die Hälfte dessen, was bei der damaligen Lebenserwartung biologisch möglich gewesen wäre. Dies ist ein Hinweis auf historische Formen der Geburtenkontrolle, lange vor der Einführung der Anti-Baby-Pille in den späten 1960er Jahren und der Legalisierung des Schwangerschaftsabbruchs in den 1970er Jahren.

Mitte des 20. Jahrhunderts gab es in den 1950er und 1960er Jahren die letzte große Geburtenwelle: den sogenannten Babyboom der Nachkriegszeit. Seit etwa 1970 liegen unsere Kinderzahlen unterhalb jener Schwelle von zwei Kindern pro Familie. Seither wird die Elterngeneration nicht mehr vollständig durch eine Kindergeneration ersetzt.

Veränderungen der Altersstruktur

Unsere demografische Zukunft ist stark durch Entwicklungen der Vergangenheit bestimmt. Daher lässt sich an demografischen Daten immer auch ein Stück Geschichte ablesen. Der Altersaufbau Europas entsprach vor Ausbruch des Ersten Weltkrieges noch einer „echten" Pyramide. Heute gibt es einen solchen Altersaufbau bloß in manchen Entwicklungsländern. Solche Alterspyramiden entstehen unter anderem dadurch, dass Menschen jeden Alters sterben: überwiegend an Infektionskrankheiten. Sie sind also nicht unbedingt Ausdruck „gesunder" Verhältnisse.

Zu Beginn des 21. Jahrhunderts verdient der Altersaufbau unserer europäischen Gesellschaft den Namen Pyramide nicht mehr. Das Gewicht hat sich von den Jüngeren zu den Älteren verschoben. An der Spitze der Altersstruktur gibt es deutlich mehr alte Frauen als alte Männer. Dies ist nicht allein auf die höhere Lebenserwartung von Frauen im Alter zurückzuführen. Ausschlaggebend sind auch die Spätfolgen des Zweiten Weltkrieges mit der damals viel größeren Zahl an Kriegstoten unter der männlichen Bevölkerung. Für betroffene Länder wie Österreich und Deutschland bedeutet dies übrigens auch: Wir beklagen heute Finanzierungsprobleme bei den Alterspensionen sowie bei der Pflege, obwohl auf Männerseite bei den vor 1928 Geborenen eine halbe Generation fehlt. Hätte es seit dem Ersten Weltkrieg nur Friedenszeiten gegeben, wären heute viel mehr alte Männer am Leben. Somit gäbe es wohl auch mehr Rentnerinnen und Rentner, deren Lebensunterhalt wir aus dem laufenden Beitrags- und Steueraufkommen zu finanzieren hätten.

Weiters zeigt die Altersverteilung zwei „stark besetzte" Gruppen von Jahrgängen: einerseits die um 1940 Geborenen, andererseits die in den späten 1950er und den 1960er Jahren Geborenen. Letztere sind die sogenannten Babyboomer. Bei den Jüngeren dominiert eine schon vom Geburtenrückgang und von der niedrigen Kinderzahl (ihrer Eltern) geprägte Generation.

Solange die Babyboom-Generation Kinder bekam, gab es trotz niedriger Kinderanzahl pro Familie weiterhin viele Geburten. Nun aber sind „schwach besetzte" Jahrgänge ins Elternalter eingerückt. Es ist daher völlig risikolos zu prognostizieren, dass die jährlichen Geburtenzahlen in Europa weiter zurückgehen werden. Auf den Altersaufbau unserer Gesellschaft im 21. Jahrhundert wird sich dies nachhaltig auswirken. Und die Babyboom-Generation – also die stärksten Jahrgänge, die das 20. Jahrhundert hervorgebracht hat – wird quantitativ noch eine ganze Weile dominieren. Damit verbindet sich ein teilweise positiver Ausblick auf die Altersstruktur nach 2050. Wenn dereinst die letzten Mitglieder der Babyboom-Generation verstorben sein werden, ist auch der große Altersschub in unserer Gesellschaft vorbei.

Auswirkungen des Alterungsprozesses auf unser Wirtschaftsleben

Was bedeutet demografische Alterung für die Wirtschaft? Absehbar ist für die meisten Länder Europas jedenfalls ein Mangel an einheimischen Arbeitskräften. Denn es wird in den kommenden Jahrzehnten permanent weniger junge Menschen geben, die aus dem Bildungssystem mit frischem Wissen in das Erwerbsleben übertreten. Zugleich wächst fast unausweichlich die Gruppe der Älteren, die das Erwerbssystem verlassen und in Rente gehen. Das wird in vielen Regionen Europas mit großer Wahrscheinlichkeit zu einem Mangel an qualifizierten Arbeitskräften führen. In einigen Staaten klagen die Unternehmen schon heute über einen Mangel an Fachkräften.

Zugleich bedeutet die skizzierte Dynamik, dass sich die Erneuerung unseres Wissens verlangsamt, soweit es innerhalb unseres staatlich finanzierten Bildungssystems entsteht und weitergegeben wird. Es gibt auch Hinweise darauf, dass demografische Alterung zu einem Sinken der Innovationsbereitschaft oder zumindest des Innovationspotenzials in einer Gesellschaft führt. Schließlich ist klar, dass demografische Alterung die sektorale Nachfrage verschiebt. Alternde Gesellschaften benötigen weniger Kindergärten und Schulen, weniger Snowboards und Diskotheken, aber voraussichtlich mehr Dienstleistungen im Gesundheits- und Pflegebereich.

Klarerweise gibt es Auswirkungen der demografischen Alterung auf den Kapitalmarkt. Relativ unstrittig ist die zu erwartende Veränderung des Spar- und Anlageverhaltens. Denn in einer alternden Gesellschaft ist ein wachsender Teil der Bevölkerung nicht primär am Wertzuwachs des veranlagten Kapitals, sondern an laufenden Renditen interessiert. Oder es muss entspart werden, um die Lücke zwischen staatlich garantierter Pension und gewohntem Lebensstandard zu schließen. Dadurch entsteht ein Interesse an Veranlagungsformen, die stabile Renditen garantieren. Deshalb dürfen wir annehmen, dass in einer alternden Gesellschaft auch das Anlageverhalten konservativer wird.

Zugleich stellt sich die Frage: Was passiert, wenn eine starke Generation – in unserem Fall die Babyboom-Generation – ins Rentenalter kommt und versucht, ihre Assets an eine zahlenmäßig kleinere Generation zu übertragen? Im geschlossenen Finanz- oder Wirtschaftssystem wäre der wahrscheinlichste Fall eine Entwertung dieser Assets. Bei gesunkenem Kapitalwert würde in der nächsten Generation die Verzinsung auch wieder stimmen. Unsere Hoffnung besteht jedoch darin, dass wir im richtigen Zeitraum auch in Schwellenländern investiert sind, solange die Kapitalrenditen dort höher sind, oder dass dortige Kapitalbesitzer ihr Geld auch bei uns veranlagen. Klare Anzeichen dafür liefert die Tatsache, dass sich die Staatsfonds von so unterschiedlichen Schwellenländern wie China, Chile, Dubai oder Russland verstärkt bei europäischen und amerikanischen Firmen einkaufen.

Schließlich hat demografische Alterung erhebliche Auswirkungen auf unsere sozialen Sicherungssysteme. Unter derzeitigen Arbeitsmarktbedingungen bedeutet Alterung, dass es mehr Leistungsbezieher in der Pensions-, Kranken- und Pflegeversicherung, gleichzeitig aber weniger Beitragszahler geben wird. Es könnte auch zu einer zusätzlichen Verteuerung im Gesundheitswesen kommen, weil wir mit den skizzierten chronisch degenerativen Erkrankungen viel länger am Leben bleiben. Zugleich ergibt sich bei konstantem Pensionsalter und gleich bleibendem Beitragssatz ein Anwachsen der impliziten Staatsschuld durch die bereits garantierten Anwartschaften.

Was uns je individuell die Chance eines längeren Lebens eröffnet, bedeutet in Summe immer mehr alte Menschen, die sich ein gesichertes Einkommen sowie eine adäquate Versorgung mit Gütern, Dienstleistungen und öffentlicher Infrastruktur erwarten. Zugleich schrumpft die Zahl der Jüngeren, die dies bereitstellen sollen. Auf diese Entwicklung gibt es eine Reihe von Antworten.

- Verlängerung der Lebensarbeitszeit

Heute gibt es in etlichen Ländern Europas nur wenige Frauen über 55 und kaum Männer über 60, die noch im Berufsleben stehen. Umso länger ist dafür der Ruhestand. Die Lage in Österreich ist dabei typisch für viele andere EU-Länder, insbesondere für Südeuropa und für Ostmitteleuropa. Das österreichische Pensionsantrittsalter liegt im Schnitt bei etwa 58 Jahren; im öffentlichen Dienst sogar noch darunter. Unsere (fernere) Lebenserwartung liegt in diesem Alter bei weiteren 23 Jahren für Männer beziehungsweise weiteren 27 Jahren für Frauen. Da diese Lebenserwartung jedoch weiter steigt, haben Österreicherinnen bei Pensionsantritt im Jahr 2008 im Schnitt noch 31 Jahre und Österreicher noch 27 Jahre Pensionsbezug vor sich. Dies ist beinahe irreversibel, da kaum jemand aus der Pension wieder ins Berufsleben zurückkehrt.

Menschen so früh und für einen so langen Zeitraum aus dem Erwerbsleben ausscheiden zu lassen wird für unsere Gesellschaft künftig zu einem Luxus, den wir ernstlich überdenken sollten. Das setzt eine Abkehr von der derzeitigen Situation voraus, wo die Pensionierung zum frühest möglichen Zeitpunkt nicht bloß Personalkosten einsparen und den Arbeitsmarkt entlasten soll, sondern bei einer großen Mehrheit fester Bestandteil der eigenen Lebensplanung ist. Die hier angesprochene Anhebung des tatsächlichen Pensionsantrittsalters sowie die Gleichstellung von Frauen und Männern beim gesetzlichen Pensionsalter setzen allerdings einen funktionierenden Arbeitsmarkt für Ältere voraus. Davon kann heute keine Rede sein.

Entscheidend für eine Verlängerung unseres Berufslebens ist, dass wir motiviert sind und auch die Möglichkeit bekommen, laufend frisches Wissen zu erwerben. Dies ist die wesentliche Voraussetzung, um beruflich länger produktiv tätig sein zu können.

Wichtig wäre ein Bruch mit der bisherigen Praxis, Belegschaften und Management möglichst zu verjüngen, während ältere Arbeitskräfte in Frühpension geschickt werden oder eine Invaliditätspension in Anspruch nehmen. Auch für jene, die sich jenseits des Gipfels ihrer Leistungsfähigkeit befinden, muss es adäquate Möglichkeiten der Beschäftigung geben. Zu überdenken sind in diesem Zusammenhang alle Formen der Entlohnung, die sich vorrangig am Lebensalter und der Betriebszugehörigkeit orientieren. Denn dies macht ältere Arbeitnehmer automatisch teurer als jüngere – unabhängig davon, ob sie produktiver sind oder nicht.

- Bessere Ausschöpfung des inländischen Potenzials

Höhere Erwerbsquoten sind nicht nur bei den Älteren möglich. Hilfreich wäre es auch, wenn die Jungen ihre Ausbildung zügiger abschließen. Dies würde einen früheren Berufseinstieg ermöglichen. Zugleich sollte noch mehr geschehen, um Frauen nach der Geburt von Kindern rasch wieder ins Berufsleben zu integrieren. Das erfordert familiengerechtere Karriereverläufe und Arbeitszeitmodelle. Und es setzt eine flächendeckende Versorgung mit Kindergärten und Ganztagsschulen voraus.

- Auswahl von Zuwanderern durch pro-aktive Migrationspolitik

Gegen das Schrumpfen der Erwerbsbevölkerung hilft schließlich die Rekrutierung qualifizierter junger Erwachsener aus dem Ausland. Voraussetzung dafür ist eine pro-aktive Politik. Denn fast alle Industriegesellschaften stehen vor ähnlichen demografischen Herausforderungen. Um attraktive Migrantinnen und Migranten entsteht daher ein weltweiter Wettbewerb. Qualifizierte werden es sich in Zukunft aussuchen können, wohin sie gehen. Ob sie sich für die EU beziehungsweise deren Mitgliedsstaaten entscheiden werden, ist höchst unklar. Dies hat vor allem damit zu tun, dass Migrationspolitik und administrative Praxis in den meisten Ländern Europas bislang vor allem auf die Beschränkung oder Abwehr von Migrationsströmen zielten. Wie wir für qualifizierte Migrantinnen und Migranten attraktiv werden könnten, ist uns keineswegs klar.

- Vorsorgen während der Aktiv-Phase oder Konsumverzicht im Alter

Europäische Pensionsreformen der zurückliegenden Jahre gingen fast alle in dieselbe Richtung: Im Prinzip garantiert der Staat den Generationen zukünftiger Rentnerinnen und Rentnern im Verhältnis zu ihrem Aktiveinkommen eine geringere Pension, falls sie so früh wie jetzt aus dem Berufsleben ausscheiden. Wegen der steigenden Lebenserwartung wird diese Pension aber immer länger ausbezahlt. Rentenanstiege werden in etlichen Ländern durch Inflationsausgleich statt durch Bindung an die Löhne reduziert. Einige Länder führten einen demografischen Korrekturfaktor ein, der den Anstieg der Lebenserwartung berücksichtigt. All dies würde in letzter Konsequenz auf einen Konsumverzicht im Alter hinauslaufen. Die Alternative dazu ist ebenfalls klar und wird in etlichen Staaten auch steuerlich gefördert, in anderen sogar gesetzlich vorgeschrieben: Eine wachsende Zahl von Angehörigen der Aktivgeneration sichert sich im Rahmen betrieblicher oder privater Vorsorge ab. Neben die umlagefinanzierte tritt dadurch eine kapitalgedeckte Alterssicherung.

In der Praxis bedeutet das die Verlagerung von Teilen des Risikos vom steuerfinanzierten Staat und von der beitragsfinanzierten Pensionsversicherung zum Kapitalmarkt und zu den privaten Haushalten. Deren zukünftiger Lebensstandard wird etwas weniger von der Höhe besteuerbarer Lohnsummen oder Vermögenswerte und stärker von der Entwicklung der Aktien- und Anleihemärkte abhängen, auf denen ihr betrieblich oder privat angespartes Kapital veranlagt ist.

Politisches Dilemma

Die Diagnose ist klar: Unsere Gesellschaft altert. Zugleich ist absehbar, dass die Zahl der Einheimischen im Alter zwischen 20 und 60 Jahren schrumpfen wird. Klar ist auch, was angesichts dieser Entwicklungen möglich wäre: im Lebenslauf länger arbeiten; mehr Zuwanderer ins Land bringen; die Pensionen all jener reduzieren, die zukünftig vor dem 65. Lebensjahr ausscheiden; stärker auf betriebliche oder private Vorsorge setzen. Die genannten Lösungen schließen einander nicht aus, führen aber zu ganz unterschiedlichen Ergebnissen. Höhere laufende Beiträge für kapitalgedeckte Formen der Altersvorsorge bedeuten weniger Konsum der Aktiven; geringere Pensionen beschneiden den Lebensstandard der Älteren. Die Strategie der Vollerwerbsgesellschaft zielt auf mehr Berufstätigkeit von Müttern und „jungen Alten“ zwischen 55 und 67 Jahren. Permanente Zuwanderung führt zu einer ethnisch und religiös viel „bunteren“ Gesellschaft. Hinzu kommt ein politisches Dilemma: Die genannten Auswege sind nicht sonderlich populär. Die meisten unserer Zeitgenossen halten angesichts einer alternden Gesellschaft alle hier skizzierten Alternativen - höheres Pensionsalter, geringere staatlich garantierte Pensionen, mehr private Vorsorge, höhere Zuwanderung - nicht für einen Teil der Lösung, sondern eher für einen Teil des Problems.

Urbane Strömungen

Rudolf Kohoutek

„Die gelebte Stadt ist das letzte Bild für Gesellschaft, das wir haben", wenn man davon ausgeht, dass die globalisierten Medien eher ortlose beziehungsweise austauschbare Bilder und eine fragmentierte Wahrnehmung der Gesellschaft produzieren: „Die gebaute Örtlichkeit [...] ist heute die vielleicht wichtigste Ressource für die Selbstwahrnehmung der Gesellschaft und das Festhalten von Geschichte innerhalb austauschbar gewordener Lebensverhältnisse und a-historischer Umgebungen."[1]

Die Auseinandersetzung um die Entwicklung der Stadt ist ein Teil von Kultur, innerhalb derer immer neu bestimmt werden kann, was als fix genommen wird und was zur Variation freigegeben wird.[2] In der Wertschätzung wie in der Kritik von städtischen Strukturen und städtebaulichen Formationen ermöglicht es der Kulturbegriff, wahlweise die Präferenz für die Tradition oder die Präferenz für die Moderne als Veränderung zum Ausdruck zu bringen.

In jeder Stadtpolitik äußert sich unvermeidlich die

> Simultaneität [...] zweier Regime: eines Wachstums- und eines Integrationsregimes, oder besser: von „Wachstums- und Integrationskoalitionen", die aus verschiedenen Akteuren gebildet werden, aber sich auch stark überschneiden.[3]

Wenn die Stadt ein Konglomerat von Diskursen und Bildern, von Baulichkeiten und Praktiken, von Kommunikationen und individuellen Erfahrungen ist, so besteht Stadtpolitik demgegenüber aus einer vergleichsweise geordneten Agenda von ausdifferenzierten Themen und Ressorts. Die Schwierigkeit von Stadtpolitik besteht allerdings darin, dass sie es mit einer Vielzahl eigengesetzlicher Funktionssysteme und Zumutungen einer globalisierten Welt zu tun hat, die sich vor Ort überlagern und deren Determinanten zum Teil weit entfernt von lokalen Handlungsfeldern liegen: globales Investment, Klimawandel, Migration, Arbeitslosigkeit, Fremdenfeindlichkeit, alte und neue Armut, Kriminalität et cetera.

Was die traditionelle Entgegensetzung von Stadt und Land betrifft, folgen die meisten empirischen Beschreibungen dem Muster schwindender Bedeutung und wachsender Anpassung. Übereinstimmung besteht darin, dass Stadt und Land keine dichotomen Begriffe mehr darstellen. Vielmehr ist von einem Kontinuum auszugehen, innerhalb dessen sich die Lebensweisen angleichen. Wenn sich allerdings, wie aus einer rezenten Umfrage hervorgeht,[4] 97 % der ÖsterreicherInnen einen Garten wünschen, 48 % sogar einen großen, und 81 % der Befragten von einem allein stehenden Einfamilienhaus mit Terrasse träumen, so drückt dies entweder die nicht unbekannte demoskopische Schizophrenie aus oder kann als Indiz dafür gelten, dass die viel beschworene Verstädterung jedenfalls in den Hinterzimmern des Phantasmas noch nicht angekommen ist. Henri Lefèbvre ist schon vor bald vierzig Jahren von der Hypothese einer „vollständigen Verstädterung der Gesellschaft" ausgegangen und hat darunter über das bebaute Gelände der Stadt hinaus die „Gesamtheit der Erscheinungen" verstanden, „welche die Dominanz der Stadt über das Land manifestieren".[5]

Inzwischen ist die postindustrielle, postfordistische Stadt eine Selbstverständlichkeit geworden. In der Phase der Explosion der alten Städte in die Region, des Bedeutungsverlusts und der Ausdünnung der sogenannten „Kernstädte" gegenüber regionalen Achsen und Subzentren wurde vielfach das „Ende der Stadt" proklamiert und später in einer Fehleinschätzung in Bezug auf die räumlichen Wirkungen von Informatisierung, Digitalisierung und Globalisierung vertieft beziehungsweise erweitert.

Tatsächlich haben die Kernzonen in einer „Renaissance der Stadt" wieder zentrale Bedeutung zurückgewonnen, auch wenn weiterhin von einer Gleichzeitigkeit zentrifugaler und zentripedaler Kräfte auszugehen ist.

Als Gründe für den Bedeutungsgewinn der Städte gibt die Stadt- beziehungsweise die Regionalforschung die neuen Anforderungen der Wissensökonomie, die Nähe von Wohnen und Arbeiten in neuen Arbeits- und Lebensformen und neue dichte Vernetzungen über Dienstleistungen, Szenen, Kulturproduktion und Freizeit an.

Die suburbanen Wohnformen haben unter anderem durch die Doppelerwerbstätigkeit von Mann und Frau, verlängerte Arbeitszeiten, wachsende Desynchronisation der Zeit innerhalb von Lebensgemeinschaften und die Lebensformen der Jugendlichen viel von ihrer Attraktivität verloren. Umgekehrt entwickeln sich in der „Zwischenstadt" neue Betriebe, Shopping Malls und Entertainment Center, sodass der freiwillig-unfreiwillige Zwang zur Mobilität erhalten bleibt. Diese findet infolge des mangelnden Ausbaus oder gar Rückbaus im öffentlichen Verkehr (wie der Schließung von „Nebenbahnen") weiterhin mit dem Privatauto statt: zu zunehmend hohen

Kosten für Transport und Infrastruktur sowie mit einer katastrophalen ökologischen Bilanz.

Insgesamt bilden Stadt und Land ein Kontinuum: „Städte lassen sich heute nur als stadtregionale Verflechtungszusammenhänge mit vielfältig sich überlagernden Netzstrukturen und Raum-Zeit-Konfigurationen sinnvoll analysieren und zukunftsorientiert gestalten."[6]

Auch auf größeren Ebenen haben sich die dezentralisierenden räumlichen Wirkungen von Informatisierung, Digitalisierung und Globalisierung nicht in erwarteter Form bestätigt: Dies gilt sowohl für die geballten Netzwerk-Knoten, die entgegen aller Dezentralisierungsprognosen als „Global Cities" und Zentralregionen weiter wachsen, als auch im regionalen Maßstab: Kontextgebundenes Wissen und enge soziale, kulturelle und räumliche Vernetzungen in den Kernstädten gehen mit den Effekten von E-Mail, Internet und Mobiltelefon Hand in Hand, wenn sie nicht sogar davon verstärkt werden.

Die Attraktivität der großen Städte führt im Übrigen frühere Paradigmen ad absurdum: Das Wachstum der Megalopolen der Dritten Welt von Mexico City, Rio, São Paulo über Lagos bis nach Indien, Indonesien und China widerspricht jenen Theorien, denen zufolge Städte ihre Attraktivität einbüßen würden, sobald es dort keine Arbeit mehr gibt. Diese Form von „Über-Urbanisierung" hat sich von Wachstum, Industrialisierung und Entwicklung insgesamt gelöst und über eine Milliarde SlumbewohnerInnen weltweit produziert.

Globalisierung als ökonomischer, technologischer, sozialer und kultureller Prozess findet überall statt, nicht nur in den „Global Cities", vielmehr ebenso in kleineren Städten wie auf dem Land. Dabei führen Städte wie Regionen einen fast verzweifelten Kampf um die Attraktivität ihrer Standorte für Betriebsansiedlungen des internationalen Kapitals und damit um Folgeinvestitionen und Arbeitsplätze, um Touristen und um qualifizierte Arbeitskräfte, wo sie als Bedingung für internationales Investment fehlen.

Die schon der traditionellen Stadt inhärente Doppelbewegung von Tradition und Bewahrung auf der einen Seite und von radikaler Modernisierung auf der anderen Seite setzt sich fort im Spagat zwischen der Schaffung von global relevanten Standortbedingungen und einem Branding, das auf lokale Unterschiede, historisch gewachsene Qualitäten und sogenannte weiche Standortfaktoren setzt. Kultur und stadträumliche Qualitäten werden zur Voraussetzung für Wirtschaftswachstum, und Zuwanderung wird zum trojanischen Pferd, das mit der erwünschten Zunahme und Verjüngung der Bevölkerung und mit dem notwendigen Küchenpersonal der Globalisierung Xenophobie und die gesellschaftlichen Kosten der Integration importiert.

Sinkenden kommunalen Budgets stehen zahllose alte und neue Aufgaben gegenüber, deren Erfolg nicht ohne Weiteres gesichert ist: neue Ausbildungs-, Kultur- und Freizeiteinrichtungen, Events, Festivals und Großveranstaltungen. Im neuen Hunger nach Luft, Licht und Kontakten sind die Schanigärten und Punschstände noch das geringste Problem kommunaler Governance.

Der öffentliche Raum - Straßen, Plätze, Parks, aber auch öffentliche Indoor-Angebote - bekommt einen neuen Stellenwert. Die Kritik an der tendenziellen Privatisierung ehemals öffentlicher Räume ist bekannt: Bahnhöfe - ehemals Zonen vielfältiger Öffentlichkeiten - verkommen zu Annexen von Shoppingflächen und Büroimmobilien, ähnlich wie die Flughäfen oder das Umfeld großer Sportanlagen. Von urbanem Leben entleerte große Teile der Stadt stehen der kommerziellen und touristischen Verdichtung von Zentralzonen gegenüber, mit der Folge, dass Stadtzentren sich zu einem Amalgam von Museum und Shopping Mall ausbilden.

Dabei geht es nicht bloß um die zum Kauf dargebotenen Waren, vielmehr um einen generalisierten Konsum von Bildern. Schon in den 1950er Jahren ist für Guy Debord,[7] Theoretiker der Situationisten, das „Bild die ultimative Form des Warenfetischismus" geworden. „Dies ist der Ausgangspunkt für die Theorie der sogenannten ‚Gesellschaft des Spektakels', in der der frühere ‚Reichtum der Nationen' nun als eine ‚immense Anhäufung von Bildern' erscheint."

Wenn der Junk Space der Shopping Malls als Prinzip einmal vollständig auf die traditionellen Stadträume übergegriffen hat, „wird uns am Ende kaum etwas anderes übrig bleiben, als Shopping zu machen" (Sze Tsung Leong).[8] Dazu gehört auch, dass die StadtbewohnerInnen schon seit geraumer Zeit und immer stärker das Muster eines „inneren Tourismus" praktizieren, der auch bei lokaler Kultur, Gastronomie und Shopping immer mehr nach „Führern" vorgeht.

Die daraus erwachsende elitäre Sorge um eine kultiviertere Urbanität führt dann zu überraschenden Formulierungen: Werner Sewing schreibt, „dass in Europa - im Gegensatz zu Amerika - nicht so sehr die Privatisierung des öffentlichen Raums und die Ausgrenzung von Randgruppen in Urban Entertainment Centers ein Problem ist, sondern das zunehmende Überangebot an Öffentlichkeit für die Massen". Und der prominente Architekt Kees Christiaanse sekundiert: „Dadurch zieht sich die Elite zurück - sogar aus der Züricher Bahnhofstraße", und man könnte ergänzen: auch aus Kärntner Straße, Graben, Champs Élysees oder Oxford Street, alles ehemals gehobene

Adressen. „Nicht nur die Privatisierung des öffentlichen Raums gefährdet die Urbanität, sondern auch die Homogenisierung des Konsumverhaltens der Masse.“[9] Offensichtlich ist also der Kommerz der eigentliche Antrieb der Urbanität geworden, mit Ausnahme der Jüngeren, die stärker als je zuvor die öffentlichen und halböffentlichen Räume zum Herumhängen und Anbandeln nutzen, sowie der Kinder, Alten, MassentouristInnen und MigrantInnen, die Bänke, Plätze und Parks in Zonen ohne Konsumzwang bevölkern und einander dabei wechselseitig stören.

Der in unseren Breiten überwiegend (noch) friedliche öffentliche Raum der Stadt könnte allerdings in Bedrängnis kommen durch eine Reihe von Entwicklungen: Klimawandel, Kriminalität und zunehmende Allergien und Soziophobien aller Art. „Die Hitzerekorde 2003 waren keine Ausnahme, solche Sommer werden zur Regel“, erklärt Klaus Radunsky vom Umweltbundesamt“,[10] und es könnte künftig an 70 oder mehr Tagen im Jahr mit über 30 Grad zu rechnen sein. Angesichts von Klimaerwärmung, Zunahme von Stürmen und ungewöhnlichen Regengüssen – aber auch infolge der „Verwöhnungen“ des shoppenden Individuums – wird es vielleicht darum gehen, die Städte für die Zukunft wetterfest zu machen. Städtisches Leben ist inzwischen ein ganzes System von zivilisatorischen Vergünstigungen, die als Verwöhnungen in Form von energiefressenden Autos, Haushaltsgeräten, Luxusmaschinen untereinander verbunden sind. Daran haben sich nicht nur die Eliten, sondern in bescheidenerem Umfang auch die „Massen“ gewöhnt, sodass es politisch schwer fallen wird, hier eine biblische Umkehr zu bewirken, die – sollte sie über den Preis gesteuert werden – naturgemäß wie immer die Ärmeren treffen würde.

Polarisierungen der Stadträume erfolgen im Gefälle der belebten, aufgewerteten Konsumzonen, Tourismuszentren und Büro- wie Wohnstandorte der wohlhabendsten Bevölkerungsgruppen einerseits, der „unterentwickelten Zonen“ des Wohnens und Arbeitens mit einer höheren Konzentration von Armut, „Ausländern“, alten Menschen andererseits. Wenn man innerhalb aller dieser neuen Themen, Probleme und Initiativen innerhalb der Städte nach einem gemeinsamen Bezugspunkt sucht, so ist es – neben den Motiven der Verursachung: Globalisierung, ökonomische Umstrukturierungen des Raumes mit allen ihren Folgewirkungen et cetera – die subjektive, individuelle wie kollektive Wahrnehmung dieser Veränderungen im Erleben, in Gefühlsreaktionen, Einstellungen, Hoffnungen und Ängsten, einschließlich der entsprechenden Reaktions- und Verarbeitungsformen.

Die steigende Emotionalität von relevanten Teilen der Bevölkerung gegenüber Verschmutzung, ausländischen Jugendlichen, Bettlern und den Gerüchen von Imbissbuden signalisiert zunehmende „urbane Allergien“.

Dies betrifft auch den Lärm im Stadtraum - auch wenn er nicht vom Verkehr, sondern „nur" von spielenden Kindern und Jugendlichen herrührt. Viele Auseinandersetzungen um die Form der Stadt sind - nicht anders als in Kunst und Kultur - ein Beharren auf Gewohntem und eine Pflege von Vorurteilen.[11] Probleme der „Neuen Armut", der „Integration", der Ökologie, der Standortkonkurrenz, der Finanzknappheit der Kommunen, des Gender Mainstreaming, der Kriminalität und Sicherheit könnten bis auf Weiteres Fragen nach den ästhetischen, visuellen, kulturellen Qualitäten der Stadt in den Hintergrund rücken.

Sicherheit wird nach dem Verkehrswesen als zweitwichtigster Infrastrukturfaktor für die Wettbewerbsfähigkeit der Stadt betrachtet. Organisiertes Verbrechen ist - noch deutlich vor Terrorismus - das größte Problem. Städte suchen nach einem proaktiveren Sicherheitskonzept. Offene Wohnviertel sind weiter für die meisten Befragten das Modell, aber auch „Gated Communities" spielen eine Rolle. Die Überwachung des öffentlichen Raums ist wichtiger als der Schutz der Privatsphäre.[12]

In Großbritannien sind inzwischen alle Städte mit mehr als 100.000 Einwohnern mit Videoüberwachungssystemen ausgestattet, in Summe sind das schätzungsweise 200.000 bis 400.000 Kameras in den öffentlichen Räumen. Dazu kommen ebenso viele Kameras in privaten Wirtschafts- und öffentlichen Dienstleistungseinrichtungen. Eine ähnliche Entwicklung scheint auch in unseren Breiten kaum mehr zu verhindern zu sein.

Bekannt sind die Nachtaufnahmen der Erde von Satelliten aus: ein faszinierendes kollektives Menschheitsbild, das die Konzentration des Reichtums der Welt in den hellen Zonen und Bändern der großen Städte und Regionen zeigt und damit zugleich die klimatisch-ökologischen Krisenherde nachzeichnet.

Zu einem beträchtlichen Teil sind die Städte die Verursacher (Helga Fassbinder nennt sie die „Übeltäter"): Die heute zuweilen als Lösungsansatz ausgegebene Parole ihrer weiteren „Verdichtung" reicht gegenüber den anstehenden Problemen in keiner Weise aus. Städte spielen die Hauptrolle bei der Strahlungswärme, bei der CO_2-Abgabe; Städte können das Wasser (und damit die Feuchtigkeit) nicht zurückhalten, um es in die lokale wie globale Atmosphäre rückzuführen, et cetera. Umgekehrt konnte in biologischen Studien gezeigt werden, dass etwa die Biodiversität in den Städten inzwischen größer ist als auf dem Land.

Die zentrale Schlussfolgerung lautet, dass der alte Gegensatz von Stadt und Land - beziehungsweise von Stadt und Natur - überholt ist. Helga Fassbinder hält es für zentral, die Stadt nicht als Gegensatz von Natur zu denken und praktisch zu konzipieren, vielmehr die Städte als eine spezifische Seite von Natur zu denken. Menschen stehen ökologisch und klimatisch nicht den Tieren und Pflanzen „gegenüber", sie stehen auf derselben Seite.[13]

Das wird einen anderen Städtebau erfordern: urban und ökologisch, partizipativ und unterstützend; ein ökologischer und energieeffizienter neuer Städtebau muss rasch über das isolierte Modell „Passivhaus" hinaus erweitert werden, da viele Anforderungen und Vorteile sich nicht in der isolierten Einheit „Gebäude" realisieren lassen.

Systemtypisch werden indessen erste Maßnahmen gegen den Klimawandel als Wärmedämmung beziehungsweise energieeffizientes Bauen in Form von Passivhäusern und energetischer Sanierung so instrumentiert, dass sie umgehend eine Fülle neuer Märkte, eiligst erforschter und entwickelter Produktfamilien und Dienstleistungen hervorbringen, die verbindlich gemacht und gefördert werden. Damit ist aber nicht einmal eines der Felder abgedeckt, die schon vor 14 Jahren aktuell waren:

> Die ökologische Stadt ist noch ein Mythos. Jeder glaubt daran und niemand handelt dementsprechend. Kreislaufwirtschaft, low energy, Durchmischung der Funktionen und die Stadt der kurzen Wege – die Sachverhalte und Erkenntnisse hinter diesen Schlagwörtern sind längst bekannt und bewiesen, nur die entsprechenden legistischen und staatlichen Rahmenbedingungen dafür fehlen nach wie vor.[14]

Entscheidende Effekte gegen die Erwärmung durch die bisherigen Bauweisen sowie gegen das Ausmaß der Versiegelung des Bodens, des CO_2-Ausstoßes und des „wahren" Energieverbrauchs lassen sich nur wesentlich ganzheitlicher erzielen, nicht mit isolierten Gebäuden und nicht ohne Eingriffe in die auf dem Auto basierende Mobilität.[15]

Sobald der Klimawandel – wenn noch nicht in der gesamten Komplexität seiner Ursachen, aber in seiner schlichten Empirie – sichtbar geworden ist, wird ein rasches und heute noch kaum vorstellbares radikales Umdenken in Raumplanung, Landschaftspflege und Städtebau unausweichlich werden. Städte mit ihrem hohen Versiegelungsgrad des Bodens und ihrer gewaltigen Abgabe von Wärme beziehungsweise CO_2 erfordern neue bauliche Strukturen: durchgängig begrünte und gemeinschaftlich nutzbare Dächer, teilweise begrünte Fassaden, anders konfigurierte öffentliche Räume für den Aufenthalt bei Hitze, Kälte, Wind, abrupten Niederschlägen et cetera.

Was den großen gründerzeitlichen Bestand an Gebäuden betrifft, so ist die Frage zu stellen, ob die angedachte Zerstörung der historischen Fassaden und Bauteile durch Ankleben von Dämmplatten beziehungsweise der Abbruch der Gründerzeitstadt des 19. Jahrhunderts und der Ersatz/Neubau durch zumeist sehr reduzierte Gebäudestrukturen in Betonfertigteilen, mit niedrigen Raumhöhen, ohne jede Flexibilität der Nutzbarkeit in einer ökologisch-energetischen und ästhetisch-funktionell-urbanen Gesamtrechnung einen Gewinn darstellen würde. Gegen eine solche Abbruchsanierung spricht auch, dass die vielfältigen Anteile von „grauer Energie", die Attraktivität der gründerzeitlichen Baustrukturen und ihre Eignung für die kleinteilige Struktur der New Economies und insgesamt das Gedächtnis der Stadt negiert werden. Wie schon die Neubauten der letzten dreißig oder vierzig Jahre in den dicht bebauten Stadtgebieten gezeigt haben, haben diese nicht einmal ein Drittel der Haltbarkeit und nachhaltigen Qualität der um hundert Jahre älteren Gründerzeitstruktur.

Die Interessengegensätze zwischen Grundeigentümern, die keine funktionale, biografische und emotionale Bindung an „ihre Häuser" mehr haben, wie dies bei international agierenden Immobilien-Investmentfonds der Fall ist, der Bauwirtschaft, die an einer optimalen, wenn nicht maximalen Auftragslage interessiert ist, ArchitektInnen, die „neue Architektur" umsetzen wollen, Nutzergruppen, die in größere Raumstrukturen in innerstädtischen Lagen investieren wollen, und einer urbanistisch, ästhetisch und ökologisch argumentierenden Fraktion der „Stadterhalter" können nur stadtpolitisch entschieden werden.

Das Konzept der unternehmerischen Stadt,[16] bei dem „Wachstumspolitik auf Kosten der sozialen Aufgaben und mit Ignoranz gegenüber den Fragmentierungs- und Marginalisierungsprozessen" betrieben wird, hat sich in Europa bisher nicht durchgesetzt. Annäherungsversuche, erzwungen durch kommunale Budgetknappheit und legitimiert mit Städtewettbewerb, gibt es aber immer wieder.

Die Rolle der Kommunen als großzügige Dienstleistungsunternehmen für ihre Bürger steht bei sinkenden kommunalen Einnahmen und fraglichem Wachstum an Arbeitsplätzen auf dem Spiel.

Mit dem Verkauf von kommunalem Eigentum, der Auslagerung kommunaler Funktionen in eigene Unternehmen – außerhalb der Agenda des Gemeinderats – et cetera wurde eine Tendenz der Privatisierung öffentlicher Aufgaben aus finanziellen Gründen – zum Teil freiwillig, zum Teil auch mutwillig – in die Wege geleitet.

Als neue Aufgaben werden die sogenannten weichen Standortfaktoren wichtiger: soziale und kulturelle Aspekte der Lebensqualität, die Bewahrung bestehender und die Animation neuer soziokultureller Milieus. Stadtentwicklungsplanung wird „kulturalisiert" und hat plötzlich „mit dem Intimbereich der Gesellschaft zu tun: mit Milieus, Denkweisen, Kommunikationsstrukturen, normativen Orientierungen, Lebensqualität".[17]

Die Rolle der Planung könnte man [nunmehr] mit Nikolas Rose als therapeutisch-pädagogische beschreiben: Ihre Aufgabe ist es, die einzelnen Individuen und Orte auf ihre besonderen Eigenschaften hinzuweisen und sie über die Eingliederung in Gemeinschaften, soziale Nahräume oder Regionen zu stärken und zu aktivieren. Verschiedenen Lebensstilen und Milieus soll zu ihrem Recht verholfen werden, gleichzeitig werden diese aber auch vereinfacht, ökonomisch nutzbar gemacht und in einem stabilen Rahmen verortet.[18]

Rose beschreibt mit seinem Konzept des „Regierens durch Community" eine spezifisch neoliberale Gouvernementalität, für die der nationale Raum kein Bezugspunkt mehr ist, sondern die an dessen Stelle Quartiere, Städte und Regionen als Ausgangspunkte planerischer Intervention stellt. Die damit verbundene Differenzierung des Raumes ist komplexer als jene der alten Zonenplanungen; sie basiert nicht mehr auf einem einfachen gesellschaftlichen Schichtenmodell und planlichen Festlegungen, sondern sie arbeitet mit sozialem Kapital, gesellschaftlicher Aufmerksamkeit und der Eigendynamik kommunikativer Prozesse. Die Wende hin zu einer kommunikativen Planung ist ambivalent: Es geht dabei um die Berücksichtigung und Anerkennung bestehender sozialer Räume, aber auch um die Herstellung aktiver Orte, die sich im regionalen und globalen Wettbewerb behaupten können. Dieser Wettbewerb bestimmt die heutige räumliche Struktur, und er wird nicht nur von Marktgesetzen, sondern auch von Politik und Planung maßgeblich bestimmt.[19]

Das neue normative Modell würde eine intensive Beteiligung der Bewohner beinhalten, die Mobilisierung zivilgesellschaftlicher Kräfte in den Stadtvierteln – zugleich sträuben sich die Stadtverwaltungen aber noch gegen diese neuen Kräfte und fördern sie nur innerhalb enger Grenzen.

Die Integration von Zuwanderern ist unter veränderten Arbeitsmärkten und schwachen kommunalen Budgets zunehmend schwieriger geworden beziehungsweise mündet in bornierte Anpassungsforderungen gegenüber Migranten.

Die Integration der gesamten Stadt und die Koexistenz von sozialer und ethnischer Heterogenität auf engem Raum ist nicht nur eine moralische Forderung von „Gutmenschen", sondern auch eine Voraussetzung dafür, dass die sich bietenden Chancen eines neuen ökonomischen Wachstums auch ergriffen werden können. Kulturelle Vielfalt ist daher nicht nur zu akzeptieren, sondern auch auf allen Ebenen zu fördern – und dazu gehört auch die Bildung von ethnisch segregierten Gebieten in verschiedenen Teilen der Stadt. Die Anerkennung der multikulturellen Realität ist ein Gebot urbaner Kultur und ökonomischer Entwicklung. Angesichts dieser Entwicklungen sind Vorstellungen von sozialer Integration in eine homogene Kultur überholt. Integration kann in modernen sozial und funktional differenzierten Gesellschaften nur als ausgehaltene kulturelle Differenz gedacht werden.[20]

Dies läuft auf die Vorstellung einer „offenen Stadt" hinaus, die für Detlev Ipsen keine Struktur und kein System ist, sondern entweder eine Konfiguration oder ein Projekt:

> Die Beziehung zwischen der dominanten Kultur und den Minoritätskulturen kann mehr oder weniger liberal sein. Dies allein ist jedoch lediglich eine notwendige, aber keine hinreichende Bedingung für eine offene Stadt. Ich schlage stattdessen die Hypothese vor, dass das entscheidende Kriterium für die Offenheit einer Stadt die Entwicklung einer dritten Kultur ist, die alle Partikularkulturen einschließlich der dominanten transzendiert.[21]

Ipsen schlägt vor, diese Kultur „Metakultur" zu nennen:

> Ihr wesentliches Kennzeichen ist, dass sie auf allen Partikularkulturen aufbaut und sich zugleich von jeder unterscheidet. Sie enthält, mit anderen Worten, Elemente der verschiedenen Partikularkulturen, die sich aus dem Kontext ihrer jeweiligen Herkunft lösen und mit anderen Elementen anderer Kulturen eine neue Konfiguration eingehen.[22]

Gelungene Beispiele solcher Räume der Metakultur sind in Wien: Donauinsel, Alte Donau, Prater, Heurige, aber auch Wienzeile/Naschmarkt oder die Mariahilfer Straße mit einer Überlagerung unterschiedlicher Szenen ohne scharfe Abgrenzungen und Ausschlüsse. Ähnliche Integrations- und Identitätsleistungen weisen zahlreiche Orte und Raumfiguren in den meisten österreichischen Städten auf.

Insgesamt haben die österreichischen Städte und Gemeinden immer noch ein so großes Potenzial an traditionellen Qualitäten und eine politisch gesteuerte Entwicklungsdynamik, dass sie - ohne Einbruch externer Katastrophen - lebenswert und zukunftsfähig bleiben werden. Ohne Zweifel entsprechen sie durchgängig dem Typus der „europäischen Stadt", wie ihn Walter Siebel beschrieben hat: „Präsenz von Geschichte im Stadtbild", „kompakte Stadt", eine „Stadtkultur, die nach wie vor als Versprechen der Emanzipation" gelten kann, „Stadt als Ort einer urbanen Lebensweise: gekennzeichnet durch Öffentlichkeit und marktförmige soziale Beziehungen", sowie eine „regulierte Stadt, das heißt Stadt als politisches Subjekt, das die räumliche Struktur und physische Entwicklung kontrolliert und plant".[23]

Erschwerend ist allerdings die mangelhafte Finanzausstattung der mittleren und größeren Städte, die im österreichischen Finanzausgleich gravierend benachteiligt werden. Wiederum wurden für 2008 bis 2013 die Vorschläge und Forderungen des Städtebundes negiert: ein international fast durchwegs üblicher, stärker aufgabenorientierter Finanzausgleich, die

Ausstattung der Gemeinden mit einer aufkommensstärkeren Grundsteuer, als es die auf historischen Einheitswerten fußende heutige Grundsteuer ist, sowie eine Entflechtung des „Transferchaos“ zwischen Bund, Ländern und Gemeinden.[24]

Österreich ist im Übrigen bald das einzige europäische Land, das infolge der spezifischen föderalen Raumordnung kein Ministerium für Raumplanung, Städtebau, Wohnungswesen et cetera hat; damit gibt es so gut wie keine nationale Stadt- und Raumforschung, die dementsprechend auch auf den Universitäten relativ schwach positioniert ist. Konkret wirkt sich dies in einer Schwäche gemeindeübergreifender regionaler Raumplanung sowie in vielen anderen Materien - etwa des Bau- und Planungsrechts - aus. Als politische Aufgaben bleibt eine ganze Reihe instrumenteller Reformen, vermehrter und qualifizierter Evaluierungen und überhaupt erst ein breiterer fachlich-interner wie öffentlicher Diskurs zu Planung und Städtebau, der in Österreich im Vergleich zu den meisten europäischen Metropolen äußerst beschränkt ist.

Anmerkungen

1 Dieter HOFFMANN-AXTHELM, Die dritte Stadt. Bausteine eines neuen Gründungsvertrags, Frankfurt am Main 1993, 35.
2 Dirk BAECKER, Wozu Kultur?, Berlin 2000, 159.
3 Hartmut HÄUSSERMANN, Dieter LÄPPLE, Walter SIEBEL, Stadtpolitik, Frankfurt am Main 2008, 360.
4 Österreichisches Gallup-Institut im Auftrag von Raiffeisen Immobilien Vermittlung (RIV), Mai/Juni 2008.
5 Henri LEFÈBVRE, Die Revolution der Städte, München 1972, 8 f.
6 HÄUSSERMANN, LÄPPLE, SIEBEL, Stadtpolitik, 364.
7 Guy DEBORD, La société du spectacle, Paris 1967.
8 Frederic JAMESON, Reading Junkspace, in: Archplus, Zeitschrift für Architektur und Städtebau, Heft 175, Aachen 2005, 77.
9 Hochparterre Nr. 4, Zürich 2005.
10 Marijana MILJKOVIC in: Der Standard, 27. Juni 2007.
11 BAECKER, Wozu Kultur?, 165.
12 Siemens AG/Corporate Communications (CC) (Hg.), Megacities und ihre Herausforderungen. Die Perspektive der Städte. Ein Forschungsprojekt von GlobeScan und MRC McLean Hazel. Mit Unterstützung der Siemens AG (ohne Jahr).
13 Helga FASSBINDER, Zur ästhetischen Transformation des Urbanen in Zeiten des Klimawandels. Gastvortrag bei den 5. Wiener Wohnbautagen, Oktober 2007.
14 Dietmar STEINER, Welche Lebensräume, in: Franz VRANITZKY (Hg.), Themen der Zeit I, Wien 1994, 270.

15 Siehe dazu den Überblick: Rudolf KOHOUTEK, Gottfried PIRHOFER, Nutzungsvielfalt, Energieeffizienz und Gestaltung, Wiener Wohnbauforschung, 2007.

16 Zum Konzept der „unternehmerischen Stadt“: David HARVEY, From managerialism to entrepreneurialism. The transformation in urban governance in late capitalism, in: Geografiska Annales, B, vol. 71, no. I, 1989, 3–18. Oder: Bob JESSOP, The Entrepreneurial City. Re-Imaging Localities. Redesigning Economic Governance, or Restructuring Capital?, in: Nick JEWSON, Susanne MAC GREGOR (Hg.), Transforming Cities. Contested Governance and new Spatial Divisions. London 1997, 28–41.

17 HÄUSSERMANN, LÄPPLE, SIEBEL, Stadtpolitik, 251.

18 Christa KAMLEITHNER, Planung und Liberalismus, in: dérive, Heft 31, April-Juni 2008, 9.

19 Ebenda.

20 HÄUSSERMANN, LÄPPLE, SIEBEL, Stadtpolitik, 373.

21 Detlev IPSEN, Die sozialräumlichen Bedingungen der offenen Stadt, in: Dirk MATEJOVSKI (Hg.), Metropolen. Laboratorien der Moderne, Frankfurt am Main 2000, 254.

22 Ebenda.

23 Hartmut HÄUSSERMANN, Die ideale Kommune. Warum wir uns daran erinnern sollten, wie großartig die europäischen Städte sind, in: Kulturaustausch 3/2006; http://cms.ifa.de/publikationen/zeitschrift-fuer-kulturaustausch/archiv/kulturaustausch-2006/die-zukunft-der-stadt/huermann/.

24 Wirtschaft und Gesellschaft, 33. Jg., Heft 4, Wien 2007 (http://www.arbeiterkammer.at/pictures/d18/WuG2007_4.pdf).

Weltpolitik

Globalisierung, Weltinnenpolitik und das Dilemma der Demokratie

Wolfgang Petritsch

Economic globalisation has outpaced the globalisation of politics and mind-sets. Greater interdependence increases the need for coordinated action, but we still lack the institutional frameworks to do this effectively and democratically.

Joseph Stiglitz

Diese Worte des amerikanischen Nobelpreisträgers bringen das Thema meines Beitrages auf den Punkt: Wer, fragen sich heute immer mehr Menschen, kann angesichts der Gleichzeitigkeit von krisenhaften Erscheinungen auf den globalen Märkten von Finanzkapital, Energiequellen und anderen knapper werdenden natürlichen Ressourcen, der Gefährdung des Ökosystems durch Klimawandel, wer, in der Tat, kann die scheinbar aus den Fugen geratene Welt samt den fortbestehenden Konflikten - vom Nahen Osten über den Irak und Afghanistan bis Afrika - einhegen?

Die Neue Unübersichtlichkeit

Die einzig verbliebene Supermacht USA hat unter ihrem Präsidenten George W. Bush allzu lange auf eine militärisch unterfutterte „go-it-alone"-Strategie gesetzt, die Resultate sind bekannt. Im EU-Klub der 27 greift - und das eben nicht nur in Österreich - eine Renationalisierung um sich, ein bedenklicher Rückzug auf das je eigene gesellschaftliche Biotop. Mauern aller Art wollen errichtet werden: gegen die institutionelle und geografische Konsolidierung Europas ebenso wie gegen die Folgen der Globalisierung wie die Abwanderung von Arbeitsplätzen etwa durch „Offshoring" im IKT-Bereich und bei Unternehmensdienstleistungen und dem Zustrom von Migranten - also eigentlich gegen alles, was „von draußen" kommt. Peter Sloterdijk thematisiert den „Weltinnenraum des Kapitals" und meint damit die privilegierte Gruppe der Globalisierungsgewinner. Dem „Friedensprojekt Europa" scheint angesichts der tatsächlich atemberaubenden Globalisierung der Mut zu einem reflektierten Weitermachen abhanden gekommen zu sein, die historisch bewiesenen Vorteile werden negiert. Das Verfassungsdilemma des Lissabon-Vertrages überdeckt die eigentliche Ursache der europäischen Malaise, und das ist der offensichtliche Mangel an politischem Führungswillen zum Weiterbau der Wirtschafts- in eine Sozial- und politische Union. Europa wird zwar von außen als Global Player wahrgenommen, allein die notwendigen inneren Reformen sind auf Zeit blockiert: Die EU präsentiert sich als globaler Machtfaktor wider Willen.

Derweilen startet Russland durch – befeuert von steigenden Öl- und Gaspreisen – und fordert selbstbewusst seinen Platz in der Welt zurück. Vor allem aber hat sich China innerhalb von wenigen Jahrzehnten zum ökonomischen Treibhaus emporgearbeitet. Ein pragmatischer Kommunismus gepaart mit konfuzianischer Bestimmung lässt viele internationale Beobachter den deplorablen Zustand von sozialen Standards und Menschenrechten im Land der Mitte vergessen. Ökonomisch liberal reimt sich auf politisch autoritär – fragwürdige Aussichten auf eine gerechtere Welt.

Indien, trotz beeindruckender sozialer Probleme der Welt größte Demokratie, gehört neben dem ebenfalls demokratischen Brasilien zu den weiteren Gewinnern der Globalisierung. Diese und noch andere Staaten der südlichen Hemisphäre haben von der Öffnung des Weltmarktes, den verbesserten Produktions- und geöffneten Exportmöglichkeiten – und geringeren Sozialstandards – zweifellos profitiert. Der forcierte Run auf Rohstoffe wie Erdöl, Metalle, aber auch Weizen, Reis und andere Grundnahrungsmittel ist die logische Folge. Innerhalb weniger Jahre wurden Hunderte Millionen Menschen – vorzüglich im bevölkerungsreichen Asien – aus Armut und Hunger gehoben. Allein in Indien können sich heute zusätzliche 300 Millionen Menschen eine zweite Mahlzeit pro Tag leisten. Millionen Chinesen verzehren nunmehr regelmäßig und in größeren Mengen Schweinefleisch; die Tierzucht erfordert ein Vielfaches an Getreidefutter und Anbauflächen. Die Folgen für die landwirtschaftliche Produktion sind nachvollziehbar, wiewohl der Schluss, allein der gestiegene Bedarf sei schuld am gegenwärtigen Problem, nicht stimmt.

Dennoch wird die Kontroverse um genetisch modifizierte Pflanzen (und Tiere) zur Bekämpfung des steigenden Lebensmittelbedarfs Politik wie Ethik noch lange Zeit beschäftigen.

Afrika südlich der Sahara, vor wenigen Jahrzehnten wirtschaftlich noch gleichauf mit Asien, ist der eigentliche Verlierer dieses globalen Rennens. Der entkolonialisierte „Schwarze Kontinent“, von willkürlich gezogenen Grenzen behindert, zwar rohstoffreich, jedoch von – oft vom Norden gestützten – korrupten politischen Eliten beherrscht, dieses Afrika steht für

Hunger, Krankheiten, fragile Staatlichkeit. Afrika ist daher auch die größte globale Herausforderung. Regierungen, UNO-Agenturen und global agierende Stiftungen wie die Rockefeller oder die Gates Foundation haben dies erkannt und konzentrieren dort ihre Bemühungen.

Was aber sind die Ursachen dieses alarmierenden Zustandes? Und, vor allem, wie ist die in kurzer Folge akut gewordene Dreifachkrise Food - Fuel - Finance zu bewältigen?

Hier soll der Frage nachgegangen werden, wie die nationalen Regierungen, zwischenstaatlichen Agenturen, die Spezialorganisationen der Vereinten Nationen und die internationalen Finanzinstitutionen bisher darauf reagiert haben und wie deren Management, Koordination und Lenkung, die sogenannte Gouvernanz, um den aktuellen Begriff zu verwenden, aufgestellt werden müssen.

Daraus ergeben sich weitere Fragen: Ist die gegenwärtige Architektur internationaler Organisationen die adäquate Plattform zur Lösung der Probleme unserer Zeit? Benötigen wir neue Institutionen, etwa zur Regulierung der globalen Finanzströme oder zur Eindämmung der Treibhausgase? Besitzt der UNO-Sicherheitsrat mit seinen fünf Vetomächten (P5) USA, Russland, China, Großbritannien, Frankreich noch die nötige globale Legitimation? Kann Terrorismus militärisch „besiegt" werden, ist der amerikanisch inspirierte „War on Terror" die adäquate Strategie zur Erreichung besserer Lebensumstände? Wie sind die internationalen Finanzinstitutionen Weltbankgruppe und Internationaler Währungsfonds auf die neuen ökonomischen Gegebenheiten vorbereitet? Wie kann der WTO-gesteuerte Freihandel nachhaltig und fair gestaltet werden? Was sind die Folgen des abermals gescheiterten Abschlusses der bereits sieben Jahre andauernden Doha-Entwicklungsrunde?

Und vor allem: Wie kann die Schere zwischen Arm und Reich - die weltweit wachsende Ungleichheit - verringert werden? Schließlich: Ist eine gerechtere Welt unter den Bedingungen der Globalisierung denn überhaupt möglich?

Diese Auswahl von Fragen benennt die ungeheure Komplexität unseres Planeten; naturgemäß kann es darauf keine einfachen Antworten geben - das aktuelle Erklärungsdilemma ist dafür Beweis genug.

Manche sehen die Ursachen der rasanten Verteuerung von Erdöl und Nahrungsmitteln im imperfekten, das heißt durch nationalen Protektionismus gekennzeichneten, Weltmarkt. Sie rufen nach der Vollendung des globalen Wirtschaftsliberalismus. Andere wiederum, und es werden immer mehr, beschwören die Rückkehr des Staates als Schutz vor ausufernden Preisen und zunehmenden existenziellen Bedrohungen. EU-Sicherheitspolitiker haben der Liste konventioneller Bedrohungen die gegenwärtigen krisenhaften

Erscheinungen hinzugefügt. Die „Food Riots“ in einigen besonders hart betroffenen Entwicklungsländern können auch als Menetekel zukünftiger Hungersnöte gedeutet werden. In Haiti etwa, dem Vorhof Amerikas, gab es bei der Revolte im April 2008 fünf Tote, die Regierung musste demissionieren. Dramatischer noch: Unter Hinweis auf die weltweite demografische Entwicklung wird bereits Malthus beschworen.

Spekulanten haben auf die Krisen am raschesten reagiert und ziehen für einige wenige Investoren enormen Nutzen aus der Volatilität der Märkte. Spekulationen auf den Terminbörsen sind die Triebkräfte des Rohstoffpreisanstieges, behauptet der Wirtschaftsforscher Stephan Schulmeister: Seit Anfang 2005 sind die Transaktionen auf den Rohstoffmärkten – trotz stetig steigender Produktion etwa im Lebensmittelsektor und trotz der in den letzten Jahren sogar geringer als langfristig projektiert ausgefallenen Nachfrage nach Erdöl – um das Dreifache gestiegen. Rohstoffmärkte, so Schulmeister, werden immer mehr zu Vermögensmärkten.

Nur wenige Tage vor Beginn des G8-Gipfels in Japan wurden die Ergebnisse einer Weltbank-Studie inoffiziell bekannt, wonach ganze 75 % des registrierten Preisanstieges auf Biotreibstoffanbau und Spekulation zurückzuführen seien.

Daher wird die Forderung nach besserer und vor allem effizienterer Zusammenarbeit zwischen den Nationalstaaten, supranationalen, regionalen und globalen Organisationen immer öfter und lauter erhoben. Dazu gehört die Gründung neuer Strukturen – etwa zur Regulierung und Besteuerung der globalen Finanzströme. Euro-Enthusiasten, auch die gibt es noch, verweisen auf die EU als mögliches Modell künftiger globaler Kooperation, effizienter Steuerung und demokratischer Kontrolle.

Weitblickende sprechen gar von der Dringlichkeit einer global organisierten fairen Verteilung der dramatisch geringer werdenden öffentlichen Güter – Erde, Wasser, Nahrung, Bodenschätze – und mahnen angesichts der ökologischen Entwicklung zu einer gründlichen Überholung des globalisierten westlichen Lebensstils.

Dass diese zum Teil durchaus widersprüchlichen Einschätzungen vorzüglich aus dem entwickelten Nordwesten des Planeten kommen, macht die Dinge nicht einfacher, sind doch die Quellen der Krise ebendort zu lokalisieren. Ohne Übertreibung kann man sagen, dass der augenblickliche Diskurs an eine Kakophonie der betroffenen Verursacher erinnert. Weltsozialforum und die linken Regierungen in Lateinamerika, von Brasiliens Lula bis zur Europa-affinen sozialdemokratischen Präsidentin Chiles, betreiben ein globalisierungskritisches Gegenprojekt und treffen sich mit fortschrittlichen europäischen Positionen.

Für Schuldzuweisungen sei freilich die Zeit bereits zu knapp geworden, es müsse umgehend gehandelt werden, heißt es im anschwellenden Diskant aus Wissenschaft, Medien und dem aufgeklärten politischen Eck.

Bereits ein kurzer Blick auf diese „Neue Unübersichtlichkeit" zeigt, dass die Ratlosigkeit der Herrschenden selten zuvor so offen zutage getreten ist. Mehr noch: Die aktuelle Häufung der Krisen überfordert ganz offensichtlich das hergebrachte internationale System, welches auf den Nationalstaat als Hauptakteur auf der Weltbühne abstellt. Dieser aber verliert dramatisch an Handlungsraum. Wohl gibt es die Vereinten Nationen für die Aufrechterhaltung der kollektiven Sicherheit; sind Weltbank und Währungsfonds für die Finanzierung der wirtschaftlichen Entwicklung der Transitions- und Entwicklungsländer zuständig. Eine lange Reihe von Spezialorganisationen – von der Welthandelsorganisation (WTO) über die Organisation für wirtschaftliche Entwicklung und Zusammenarbeit (OECD) bis zur Weltgesundheitsorganisation (WHO) und der Internationalen Arbeitsorganisation (ILO) – kümmern sich um Regeln für den freien Handel, geben Empfehlungen zur Effizienzsteigerung unserer Volkswirtschaften, bekämpfen Pandemien und überwachen die Einhaltung von Mindeststandards in der Arbeitswelt. Die Bank für Internationalen Zahlungsausgleich (BIZ), ein Klub der Zentralbanker, widmet sich abseits des Rampenlichts im schweizerischen Basel der Analyse und Weiterentwicklung der internationalen Finanzmarktstabilität.

Dennoch fällt auf, dass diese neue Weltordnung so ganz eigentlich ohne transparente Ordnungsmacht daherkommt. Die internationalen Organisationen, allesamt nach 1945 entstanden, sind, so scheint's, an die Grenzen ihrer Leistungsfähigkeit gelangt. Gerade die jüngsten Innovationsschübe – nehmen wir Internet und Finanzmarktinnovationen – machen die Grenzen globaler Steuerung, Standardsetzung und Kontrolle mit den konventionellen Mitteln der bürokratisch verfassten Institutionen deutlich: Das weltumspannende System des Internet, die heute am raschesten wachsende Infrastrukturtechnologie, wird nicht etwa von der International Telecommunications Union (ITU) verwaltet, sondern von einem aus obskuren Anfängen gewachsenen und im kalifornischen Silicon Valley domizilierten „private sector technical coordinator", der ICANN oder „Internet Corporation for Assigned Names and Numbers". Ich kann hier nicht näher auf den mehr als eigenartigen Widerspruch eingehen, dass dieser privatrechtliche Koordinator des weltweiten Netzes vertraglich an das US-Handelsministerium gebunden ist; ein Faktum, das mittels internationaler Initiativen (durch das vom UN-Weltinformationsgipfel 2006 ins Leben gerufene Internet Governance Forum als neue Form der „Multi-Stakeholder"-Beteiligung) aufgelöst werden soll. Die Europäer, aber nicht nur sie, haben das enorme wirtschaftliche und politische und nicht zuletzt gesellschaftliche Potenzial des Internet eben erst spät erkannt. Das Janusgesicht der Hypermoderne, die globale „digital divide“ etwa wirft Afrika noch weiter zurück, deren Überwindung - siehe Indien - schafft jedoch neue Arbeitsplätze. Darauf verweist in gewohnt optimistischer Manier der amerikanische Kolumnist Thomas Friedman in seinem Bestseller *The World is Flat*, der die Auswirkungen der Informationsrevolution auf die Bewohner des globalisierten Planeten journalistisch eingängig beschreibt.

Am Beispiel Internet - in seiner dreifachen Ausprägung als postindustrielles Werkzeug, als eigener Wirtschaftszweig und gesellschaftspolitischer „Equalizer“ - lässt sich aber auch aufs Eindrücklichste demonstrieren, dass die alte Weltordnung mit einem von den Siegern des Zweiten Weltkrieges dominierten UN-Sicherheitsrat und den vom Westen beherrschten Bretton Woods Institutionen seit dem Ende des Kalten Krieges und dem Terroranschlag von 9/11 auf dem besten Weg ist, obsolet zu werden.

Über die globale Machtergreifung der Finanzmärkte wurde bereits viel geschrieben. Deshalb nur einige wenige Zahlen: Allein zwischen 2004 und 2007 ist das Transaktionsvolumen auf den traditionellen Devisenmärkten um 71 % und auf den Derivatmärkten um 74 % angestiegen, wie die Bank für Internationalen Zahlungsausgleich (BIZ) berichtet. Täglich wechseln dort Finanzsummen im Ausmaß von 3,2 Billionen Dollar, bei den Derivatmärkten sogar 4,2 Billionen Dollar, den Besitzer.

Die Erfahrungen der jüngsten Finanzkrise haben gezeigt, dass der Drang zum schnellen Gewinn oft größer ist als die Fähigkeit zur Risikoeinschätzung. Geringes Wissen gepaart mit verantwortungsloser Kreditvergabe und mangelhafter Regulierung hat in den USA zu einem virtuellen Stillstand der Geldmärkte geführt. „The party is over“, und wie so oft muss die öffentliche Hand, der Staat - in Hochzeiten der Gewinnmaximierung als Quelle allen Übels vernadert - einspringen, um das Überleben der Kathedralen des Kapitals zu sichern.

„Bail-out“ für Freddie Mac und Fannie Mae, Rettungsaktion für das Bankhaus Bear Stearns - es bedarf veritabler Existenzkrisen, um den Nutzen sinnvoller Regulierung zu erkennen. Ohne zu zynisch zu werden, kann darin auch die Chance auf sinnvolle Reformen liegen. Denn die Auswirkungen der Finanzkrise auf die Realwirtschaft - auf die Einkommen jener arbeitenden Menschen, die mit ihren Steuern die Rettungsaktionen finanzieren, doch morgen womöglich arbeitslos sind -, diese Auswirkungen sind in ihrer vollen Breite und Tiefe heute noch nicht absehbar. Der freundliche Irrglaube, dass die Gewinne auf den Finanzmärkten irgendwann auf der bilanzierten Haben-Seite aufscheinen müssen, ist damit wohl widerlegt.

Exkurs: Erklärungsmodelle der postmodernen Welt - das Netz als Symbol und Wirklichkeit

Seit dem neoliberalen Paradigmenwechsel in den 80er Jahren des vorigen Jahrhunderts - dessen markanteste Metapher der vieldeutige Begriff Globalisierung ist - hat die Suche nach Welterklärungsmodellen einen neuen Impetus erfahren. Inwiefern aber kann uns Wissenschaft überhaupt weiterhelfen bei der Suche nach praktikablen Modellen globaler Steuerung oder Gouvernanz? Wie kann es gelingen, in einer Welt zunehmender Polarisierung zwischen allgemeiner Beschleunigung und den Beharrungswünschen vieler allgemein akzeptierte Regelmechanismen zu etablieren, die Fortschritt und Legitimation des Erreichten unter einen Hut zu bringen vermögen?

Angesichts der sich auflösenden Nachkriegsparadigmen haben die Theoretiker der Postmoderne wie etwa François Lyotard in den 1980er Jahren die „Grands Récits" für überwunden erklärt. Seit den 1990er Jahren fragen nun Wissenschaftler und Publizisten wie der deutsche Soziologe und Erfinder des Begriffes „Zweite Moderne", Ulrich Beck, ob es sich beim Begriff Globalisierung „um den noch verpuppten Anfangsgedanken einer neuen großen Erzählung vom Transnationalen" handelt.

Für die wissenschaftliche Gesellschaftskritik Becks, für Jürgen Habermas und Niklas Luhmann oder auch für den Briten Anthony Giddens stellt sich heute vordringlich die Frage nach Regierbarkeit und Demokratie jenseits des Nationalstaates. Die Entterritorialisierung - ein weiterer soziologischer Neologismus - der Entscheidungshierarchien bringt ein Auseinanderklaffen des geografischen und sozialen Umfelds mit sich. Nach Beck führt die „regelverändernde Weltinnenpolitik" zur „Entgrenzung von Ökonomie, Politik und Gesellschaft". Die imaginäre Gemeinschaft der Nation - jenes fragwürdige Erfolgsmodell des 20. Jahrhunderts - überlappt sich gleichsam mit Phänomenen der universellen Gemeinschaft. Der traditionelle Rechte- und Pflichtenkanon des modernen Staates wird solcherart in seiner Ausschließlichkeit sukzessive eingeschränkt, Souveränitätspartikel werden auf die supranationale Ebene der EU beziehungsweise auf die globale der internationalen Organisationen transferiert. Wie Beck befasst sich auch Habermas mit der sich auflösenden Verbindung von Demokratie und Nationalstaat; einer notwendigen Entkoppelung, folgt man Habermas, da nur auf diese Weise Demokratie im Kontext multikultureller Sphären vorstellbar wird.

In weiterer Folge widmet sich Beck dem Gestaltwandel des Politischen im globalen Zeitalter und gelangt zur Einsicht, dass nicht länger das Schachspiel mit seinen hierarchisch angeordneten Figuren das globale Machtgefüge symbolisiert, sondern das Go-Spiel, auf dessen Brett die Ränder und

Ecken ebenso entscheidend sind wie das Zentrum, die Verbindungslinien oft wichtiger als die Felder.

Etwa zur selben Zeit brachten die Autoren Antonio Negri und Michael Hardt *Empire* auf den Markt, ein Werk von nahezu 500 Seiten, dessen erklärtes Ziel es ist, das Funktionieren unserer Welt zu verstehen, und zwar der gesamten Welt, nicht bloß ihrer Elemente oder ihrer Subsysteme. *Empire* ist in gewisser Weise die Rückkehr zur „Großen Erzählung“ vor dem Epochenbruch. Die beiden Autoren, der italienische Linksextremist Negri und der amerikanische Literaturprofessor Hardt, benennen die Figur des Netzwerkes als die neue soziale Morphe unserer Gesellschaften. Kommunikation, heißt es bei Negri/Hardt, sei nicht nur ein Ausdruck der Globalisierung, sie organisiere deren Lauf. Was sie „Empire“ nennen, sei die neue Herrschaftslogik, die in das Vakuum des Niedergangs der Souveränität von Nationalstaaten vordringt. Und diese globale Souveränität namens „Empire“ stellen sie sich als ein dezentrales und deterritoriales Gebilde vor, ein Herrschaftsapparat, der den globalen Raum in seiner Gesamtheit aufnimmt. Nationalstaaten, die „alten Orte der Macht“, haben die zentrale Kontrolle verloren, das „Empire“ – jene grundlegend neue Herrschaftsform – verfügt über keine zentrale Kontrolle, bezieht aber gerade daraus seine Wirkkraft. Bleibt freilich hinzuzufügen, dass wir derzeit eine destruktive Form dieser Koexistenz erleben; Jacques Attali verwendet dafür in seinem jüngsten Buch den Begriff „Hyperempire“.

Es fällt auf, dass im Gegensatz zu den europäischen Meisterdenkern deren amerikanische Kollegen mit Visionen und wagemutigen Interpretationen sparsamer umgehen und im Großen und Ganzen einer Verbesserung der bestehenden Weltordnung das Wort reden. Jeffrey Sachs versprüht wie gewohnt Optimismus, wenn er erklärt, Armut, Klimawandel, die ökologische Zerstörung des Planeten könnten heute noch relativ preisgünstig eingedämmt werden. Paul Kennedy hebt die enormen Leistungen der UNO in den Bereichen Soziales, Humanitäres und Ökologie hervor. Für ihn sind die Vereinten Nationen sogar *The Parliament of Man*, so der Titel seines Werkes. Der neoklassische Harvard-Ökonom Dani Rodrik kritisiert gleichermaßen Globalisierer und Antiglobalisierer und legt ein erstaunlich deutliches Bekenntnis zur Rolle und Funktion des Staates ab: „I remain a believer in the ability of governments to do good and change their societies for the better.“ Das zentrale Dilemma der Globalisierung sieht Rodrik in der Spannung zwischen global verfassten Märkten und nationalstaatlich organisierten Institutionen. Wie bei den anderen Autoren – auch Paul Krugmans *New York Times*-Kommentare oder Robert Reichs *Superkapitalismus* machen da keine Ausnahme – fallen bei Rodrik die Vorschläge zur demokratisch legitimierten Steuerung des globalen Systems eher kursorisch aus.

Ein gewichtiges Werk verdient besondere Aufmerksamkeit: Das auf Englisch geschriebene Opus magnum des österreichischen Diplomaten und Politologen Thomas Nowotny *Strawberries in Winter. On Global Trends and Global Governance* unternimmt nichts weniger als den Versuch, jene Fragen zu beantworten, die auch im Zentrum meiner Ausführungen stehen, nämlich wie das komplexe Netz der sich verdichtenden globalen Interdependenzen zusammengehalten - gesteuert, regiert - werden kann - und von wem. Zweifellos wird die Frage, was letztlich die Welt des 21. Jahrhunderts im Innersten zusammenhält, zur Überlebensfrage schlechthin.

Ich habe mich in diesem Exkurs auf einige wenige Literaturhinweise beschränkt, und zwar auf solche, die ich interessant gefunden habe und die originelle Anregungen dafür liefern, wie wir unsere veränderte Welt in dieser ihrer Veränderung besser erfassen, sie womöglich auch mit einer neuen Begrifflichkeit exakter beschreiben und zum Wohl seiner Bewohner verändern können.

Aber auch heute noch gilt, was Karl Marx vor gut 160 Jahren formuliert hat: „Die Philosophen haben die Welt nur verschieden interpretiert, es kömmt aber darauf an, sie zu verändern."

Reform als Paradigma - die Pragmatik der Veränderung

Wenden wir uns daher dem Veränderbaren oder genauer den jetzt und heute notwendigen Reformen zu. Um es gleich vorweg zu sagen: Ich sehe durchaus die Vorteile von ausführlichen und nicht unmittelbar praktisch anwendbaren Theoriediskursen. Die anhaltende intellektuelle Kurzatmigkeit der politischen Eliten, zumal in Fragen des zur Ideologie verkommenen Fetisch Marktfundamentalismus, dieses bereitwillig akzeptierte Tabu, ist verhängnisvoll; da scheint manchen der kritische Kompass vollends abhanden gekommen zu sein. Mir geht es um das enorme Potenzial des Veränderbaren jenseits vorgeschützter Sachzwänge. Gesellschaft ist auch im Zeitalter der Globalisierung politisch gestaltbar - und das trotz gewaltiger Veränderungen der Rahmenbedingungen.

Der konfliktreiche Siegeszug des Nationalstaates westlicher Prägung, befördert durch die Westfälische Ordnung, beruhte bekanntlich auf den drei Prinzipien Territorium, Souveränität, Legalität. Seit der Gründung der Vereinten Nationen und der internationalen Finanzinstitutionen (IFIs), seitdem diverse internationale und regionale Verhandlungsprozesse in Gang gekommen sind – etwa das „General Agreement on Tariffs and Trade" (GATT, seit 1996 WTO) für den Freihandel oder die „Conference for Security and Cooperation in Europe" (CSCE, seit 2000 OSCE) zur Schaffung eines kooperativen Raumes zwischen Wladiwostok und Vancouver –, seit jenen Nachkriegsjahrzehnten ist eine merkliche Verschiebung im Beziehungsdreieck Staat–Souveränität–Legalität eingetreten.

Die Aufweichung dieser Prinzipien durch global oder regional verhandelte Abkommen und Verträge mündete 2005 in das von den Staats- und Regierungschefs vor den Vereinten Nationen angenommene Konzept der „Responsibility to Protect" oder Schutzverantwortung. Damit wurde als Reaktion auf Krisen wie jene in Afrika, am Balkan oder in Afghanistan die nicht immer unproblematische Entscheidung zur humanitären Intervention bei massiven Verletzungen der Menschenrechte – Verbrechen gegen die Menschlichkeit, Genozid oder Völkermord – formell angenommen. Diese Preisgabe staatlicher Souveränität zugunsten global gültiger Grundwerte wird bei konkreten Anlässen – denken wir an die kürzlich erfolgte Anklage des sudanesischen Präsidenten Omar Hassan al-Bashir durch den Internationalen Strafgerichtshof (ICC – „International Criminal Court") in Den Haag – immer noch kontroversiell diskutiert. Gleichzeitig sind wir aber Zeugen eines Prozesses, der in Richtung eingeschränkter Souveränität bei gleichzeitiger Übernahme globaler Mitverantwortung weist. Diese Entwicklung erfolgt für manche zu langsam, für andere wiederum zu rasch. Der häufig an Selbstblockierung leidende UNO-Sicherheitsrat ist gleichsam Ort dieser anhaltenden Kontroverse. Darfur ist ebenso Beispiel wie die Millionen Toten im vergessenen Bürgerkrieg in der Demokratischen Republik Kongo, dem vormaligen Zaire.

Der Sudan, Kongo, Afghanistan, Irak sind nur die herausragenden Fälle einer langen Reihe von Staaten, deren Existenz von Zerfall und Bürgerkrieg bedroht ist – auch dies Ausdruck einer Krise des Staates unter dem Druck der Globalisierung. Die Bezeichnung „Failed State" fasst jene Staaten zusammen, die aus unterschiedlichen Gründen ihrer eigentlichen Aufgabe, nämlich dem Schutz ihrer Bürger (Human Security), nicht nachkommen. Die Zahl dieser Staaten hat in den vergangenen Jahren eher zu- denn abgenommen; die von solchen Entwicklungen ausgehenden Gefahren für die globale Sicherheit und Stabilität sind evident: Menschenrechtsverletzungen aller Art, wirtschaftlicher Niedergang und Fluchtbewegungen, Korruption, organisierte Kriminalität, Drogenhandel und Terrorismus. Die Logik der Krisenökonomie führt geradewegs in die Auflösung aller zivilisatorischen Strukturen; Somalia ist bloß das eklatanteste Beispiel einer derartigen Entwicklung hin zu gewaltsamer Sprengung jedweden staatlichen Gefüges.

Die Folgen ausufernder Anarchie und Gesetzlosigkeit, die Zunahme der Bedrohungsszenarien, wurden in den vergangenen Jahren in bahnbrechenden Studien der Vereinten Nationen eindrücklich dargestellt und Wege zu deren Überwindung aufgezeigt. Diese Arbeiten wichtiger Persönlichkeiten aus Politik und Wissenschaft wurden zur Grundlage des Reformprozesses der Vereinten Nationen in der Ära Kofi Annan. Gerade dem felderfahrenen Afrikaner Annan, der am Balkan ebenso sein Lehrgeld zahlen musste wie im Irak, ging es während seiner Amtszeit um die „One UN", das heißt um den Aufbau einer wirksameren Weltorganisation. Vom ursprünglichen ambitionierten Ansatz ist - bedauerlicherweise - recht wenig übrig geblieben. Zwei Neuerungen sind jedoch erwähnenswert: Da ist einmal die Umwandlung der diskreditierten Menschenrechtskommission in den Menschenrechtsrat („Human Rights Council") in Genf und - in Ansätzen - die Reorganisation der friedenserhaltenden Einsätze der Vereinten Nationen. Dabei soll mit der sogenannten „Peacebuilding Commission" im New Yorker Hauptquartier der Vereinten Nationen das Handeln der zahlreichen Akteure (Geberländer, Truppensteller, internationale Finanzinstitutionen, Regionalorganisationen) beim Wiederaufbau politischer und wirtschaftlicher Strukturen nach einem Konflikt auf Basis gemeinsam erarbeiteter Strategien besser koordiniert und zur Mobilisierung der notwendigen Ressourcen beigetragen werden. Der Übergang vom Einsatz der auf circa 100.000 Blauhelme angewachsenen und derzeit an 18 Krisenorten eingesetzten multinationalen Friedenstruppen in die Phase der längerfristigen Konsolidierungs- und Entwicklungsarbeit soll so besser gelingen. Die Zusammenarbeit mit dem immer dichter werdenden Netz an regionalen Organisationen gewinnt in Folge Vorrang. Denn - auch das ist eine Lehre aus den zahlreichen asymmetrischen Konflikten und Bürgerkriegen - politische Probleme sollen nach Möglichkeit in der Region und von den Betroffenen selbst gelöst werden (Prinzip des „Ownership"). Auf dem am schwersten betroffenen Kontinent Afrika kommt der Afrikanischen Union (AU) - logistisch unterstützt und finanziert von UNO beziehungsweise EU - immer größere Bedeutung zu.

Gerade die enger werdende Kooperation zwischen Europa und Afrika - etwa beim Friedenseinsatz im Tschad - illustriert die Dialektik von globalen und lokalen Fragen. Bereits der Jugoslawienkonflikt hatte gezeigt, dass Probleme, die nicht vor Ort gelöst werden, sozusagen zu uns emigrieren. Dies gilt umso dringlicher für die regionalen Konflikte in Afrika, die fortgesetzte Unterentwicklung und ökonomisch bedingte Migrationsströme verursachen.

Die Erkenntnis der zunehmenden Interdependenz im Zeitalter der Globalisierung muss entschiedener in die Gestaltung eines menschlichen Zusammenlebens einfließen und umgehend in innovative Strategien und notwendige institutionelle Lösungen umgesetzt werden. Die EU hat daher in ihrer Sicherheitsstrategie vom Dezember 2003 „Ein sicheres Europa in einer besseren Welt" den Begriff „efficient multilateralism" eingeführt, mit dem erklärten Ziel, die Struktur und Ergebnisqualität der internationalen Organisationen – zumal der UNO – deutlich zu verbessern. Ein Ziel, das vom transatlantischen Partner USA nicht wirklich unterstützt wird; im Gegenteil, der aggressive amerikanische Unilateralismus der ersten Bush-jun.-Administration, die verfehlte Suche nach militärischen Lösungen in Afghanistan und Irak, die einseitige Parteinahme im Nahostkonflikt, aber auch der hinhaltende Widerstand in Klima- und Energiefragen haben zu einer bedenklichen Schwächung des multilateralen Systems geführt.

Gleichsam im Schatten von Finanzmarktkrise, Verteuerung von Benzin und Nahrungsmitteln, Klimawandel sind die traditionellen Sicherheitsthemen Abrüstung und Rüstungskontrolle, die Proliferation von Massenvernichtungswaffen aus den Schlagzeilen der Weltpresse verschwunden. Gelegentlich taucht das Thema wieder auf, wie im Zusammenhang mit dem kontroversen Aufbau eines amerikanischen Raketenabwehrgürtels quer durch Osteuropa oder wenn der Iran – wie im Juli 2008 – seine Langstreckenraketen abfeuert.

In seinem Jahresbericht 2008 vermerkt das renommierte Stockholmer Friedensforschungsinstitut SIPRI steigende Militärausgaben seit etwa Mitte der 1990er Jahre. Die zu Ende des Kalten Krieges in Aussicht gestellte Friedensdividende wird spätestens seit 1998 wieder verstärkt in Rüstung investiert; die Folge ist eine Zunahme um 45 % im Jahrzehnt 1998–2007. Fast die Hälfte der Ausgaben von insgesamt bereits 1.400 Milliarden Dollar entfällt auf die USA, die größten prozentuellen Zuwächse aber sind in den Krisengebieten Afrikas, Asiens und des Mittleren Ostens zu verzeichnen. Statistisch entfallen auf jeden Erdbewohner 200 Dollar pro Jahr an Rüstungsausgaben. Mit einem Zehntel dieser Summe, also 20 Dollar pro Kopf, könnte bis 2015 im Rahmen der UN-Millenniumsentwicklungsziele die weltweite absolute Armut halbiert werden.

Auch Europa trägt das Seine zur Ankurbelung des Rüstungswettlaufes bei, indem sich die Nuklearmächte Frankreich und Großbritannien weigern, die im Atomsperrvertrag (NPT – „Treaty on the Non-Proliferation of Nuclear Weapons") eingegangenen Verpflichtungen zu erfüllen. Die Genfer Abrüstungskonferenz (CD – „Conference on Disarmament") ist seit zehn Jahren paralysiert, die in Wien domizilierte UNO-Atomteststopp-Organisation

(CTBTO – „Comprehensive Test Ban Treaty Organisation") hat seit 1995 einen bloß provisorischen Status.

Der ehemalige Generaldirektor der Internationalen Atomenergiebehörde (IAEA – „International Atomic Energy Agency") in Wien, der Schwede Hans Blix, hat 2006 in einem Bericht über die *Weapons of Terror* jene Schritte beschrieben, die die internationale Gemeinschaft zu setzen hätte, um die atomaren, biologischen und chemischen Massenvernichtungswaffen ein für allemal zu eliminieren. Es ist nicht übertrieben, wenn wir heute, zwei Jahre später, feststellen müssen, dass nichts davon umgesetzt worden ist. Im Gegenteil, die Verbreitung der Nuklearwaffen schreitet zügig voran, eine Koalition der Verhinderer eint Europäer, Amerikaner, Russen, Chinesen, die mit den aufstrebenden Atommächten Indien, Pakistan, Israel, Nordkorea, Iran de facto gemeinsame Sache machen.

Das während des Kalten Krieges sorgsam aufgebaute System der gegenseitigen Rüstungsbeschränkung – zur Stabilisierung des fragilen Gleichgewichts des Schreckens – zwischen der damaligen Sowjetunion und den USA wird seit wenigen Jahren sukzessive demontiert. Die Pläne zur Erweiterung der NATO bis vor die Haustür Moskaus (Ukraine, Georgien) schaffen ein Klima neuen Misstrauens zwischen den einstigen ideologischen Kontrahenten. Die Auswirkungen sind etwa am Balkan spürbar, wo sich Russland ein neues wirtschaftliches Standbein schafft und die politische Konsolidierung der Region durch die Verweigerung der Zustimmung zur Unabhängigkeit Kosovos behindert. Manche Ost-West-Töne gemahnen sogar an die Zeit des Kalten Krieges und verheißen für die Zukunft des europäischen Einigungsprojektes nichts Gutes.

Wege aus dem Labyrinth

Wenn die herrschenden Kalamitäten tatsächlich auch ein Problem des globalen Ausgleichs zwischen den konkurrierenden Interessen sind, dann muss die Frage gestellt werden, wie dieser Planet vor dem Hintergrund der ausgreifenden Globalisierung effizient gesteuert werden kann. Es fiele leicht, ein perfektes Reißbrettmodell zu skizzieren; das aber hätte sicherlich keinen Realitätsbezug.

Wenn Politik in der Tat das sprichwörtliche „Bohren in harten Brettern" ist, dann muss wohl vom Gegebenen ausgegangen werden. Das aber heißt, die Wirklichkeit der zahllosen internationalen Agenturen und Institutionen, deren tatsächliche Zusammenarbeit und Konkurrenz, die überlappenden Zuständigkeiten, das Ungleichgewicht der Einfluss- und Mitbestimmungsmöglichkeiten zum Ausgangspunkt eines umfassenden Reformentwurfes zu wählen. Es ist in gewisser Weise die *Neuvermessung der Welt*, deren Ziel es sein muss, die Verteilung von Ressourcen, Gewinnen und Macht fairer zu regeln. Dabei gehe ich davon aus, dass es heute und wohl auf absehbare Zeit keinen globalen Demos, keine Weltbürgerschaft gibt. Daher kann es nur - nur! - darum gehen, in welchem Ausmaß globale Gouvernanz besser legitimiert werden kann.

Jede Reform muss vier markante Phänomene berücksichtigen:

- Beschleunigung als Phänomen der Veränderung - die „Zweite Moderne" Becks - und die damit verbundene Erhöhung der subjektiven Faktoren Orientierungslosigkeit und Unsicherheit mit den gesellschaftspolitischen Folgen wie Starkult und Populismus;
- die zunehmende Vernetzung der Welt - digital, real, virtuell - und ihre gesellschaftspolitischen Folgen;
- die Entortung oder Deterritorialisierung von Produktion und Entscheidung (Finanzmärkte produzieren nichts außer Gewinnen oder Verlusten; trotz Subsidiarität wird ein Großteil der für den EU-Bürger relevanten Regeln in Brüssel formuliert und viele Entscheidungen betreffen auch Nichtmitglieder jenseits der EU-Grenzen);
- die Pluralisierung der Akteure: Nationalstaaten - zumal in Europa, egal ob EU-Mitglieder oder nicht, wie die Schweiz und Norwegen - haben dramatisch an Eigenständigkeit und Entscheidungssouveränität eingebüßt. Die Multilateralen UNO, Weltbank, Währungsfonds verlieren in Teilbereichen ihr Monopol, etwa bei der Bekämpfung von HIV/AIDS oder der konditionalisierten Entwicklungsfinanzierung. Ad-hoc-Gruppierungen - Nahostquartett, Balkan-Kontaktgruppe, Six-Party-Talks zu Nordkorea, E3-plus-3-Gespräche mit dem Iran; G8, G5, G20, G77 - gewinnen rasch an Bedeutung. Zivilgesellschaftliche Initiativen besetzen heute wichtige Themen wie den Kampf gegen HIV/AIDS, gut dotierte Privatstiftungen übernehmen Aufgaben im Gesundheits- und Bildungsbereich Afrikas, etwa die Bill & Melinda Gates Foundation. Internationale NGOs und „Public Policy Groups", wie Amnesty International, Human Rights Watch, Greenpeace, Médecins sans Frontières, sind als Lobbys und Akteure heute glaubwürdiger - und oft auch effizienter - als die etablierten Strukturen. Das weltweite Verbot von Antipersonenminen oder das kürzlich ausgehandelte Abkommen gegen den Einsatz von Streumunition wären ohne Kampagne der International Campaign to Ban Landmines (ICBL) der Friedensnobelpreisträgerin Jody Williams und der Cluster Munitions Coalition (CMC) nicht zustande gekommen. Zivilgesellschaftliche Grup-

pierungen üben damit einen steigenden Einfluss auf global relevante Entscheidungen aus. Eine grosso modo positive Entwicklung, die freilich Fragen nach der Legitimation dieser selbst ernannten Akteure aufwirft.

Entortung, Vernetzung und Pluralisierung der globalen Entscheidungs- und Steuerungsmechanismen, die neuen Formen der globalen Gouvernanz, stellen vor dem Hintergrund eines immer rascher rotierenden Globus die größten Herausforderungen an eine künftige Weltordnung. Die bestehenden formellen und informellen Strukturen müssen daher – als Mindesterfordernis – umgehend an die neuen globalen Gegebenheiten angepasst werden. Dies muss – und das ist der zweite Punkt – unter Beachtung der nötigen Transparenz und regionalen Ausgewogenheit erfolgen, um Akzeptanz und Legitimität zu gewinnen. Schwierig wird es schon bei der Frage nach der demokratischen Begründbarkeit globaler Entscheidungen. Alles deutet darauf hin, dass sich das traditionelle Demokratiemodell bis zur regionalen, im Falle der EU (Europäisches Parlament) bis zur supranationalen Ebene als funktionsfähig erweisen kann. Darüber hinaus muss wohl auf absehbare Zeit – bis zur (unwahrscheinlichen) Schaffung eines globalen Demos – mit dem Konzept des Multilateralismus das Auslangen gefunden werden.

Es ist daher nur konsequent, dass die Vereinten Nationen in ihrem *World Economic and Social Survey 2008* eine Hinwendung zu robusten multilateralen Prinzipien und zu einer besseren Regulierung der Marktkräfte eingemahnt haben. Im Vergleich zum Jahrzehnt zwischen 1970 und 1980 hat die gesamtwirtschaftliche Volatilität zwar weltweit abgenommen, dennoch hat die wirtschaftliche Unsicherheit zugenommen. Globalisierung, Deregulierung, steigende soziale Ungleichheit werden dafür verantwortlich gemacht. Die Autoren der Studie fordern daher einen globalen „New Deal", der die Zunahme der wirtschaftlichen Instabilität durch einen entsprechenden sozialen Schutz abfedern soll.

Welche sind nun die Institutionen, die solches zustande bringen könnten, und wie könnte eine Reorganisation aussehen?

Es ist wohl kein Zufall, dass der derzeit wichtigste globale Mechanismus erst 30 Jahre nach den Vereinten Nationen – und das bloß auf informeller Basis – entstanden ist. Als Reaktion auf den ersten Ölschock haben sich 1976 die führenden westlichen Industriestaaten USA, Kanada, Japan, Deutschland, Großbritannien, Frankreich, Italien zur Gruppe der Sieben (G7) zusammengefunden und treffen einander seither einmal jährlich unter wechselndem Vorsitz. Russland hatte ursprünglich als Gast teilgenommen, ehe es fixes Mitglied dieses globalen „Steering Board" wurde. Lässt man die Gipfelthemen der vergangenen Jahre Revue passieren, so fällt zweierlei auf: Zum einen zeigt die Auswahl der Themen den reaktiven Charakter der Treffen. Die Tagesordnungen beweisen weder Kohärenz, noch umfassen sie alle aktuell relevanten Themen. So findet sich beispielsweise Klimawandel erstmals 2005 auf der G8-Agenda und dann wieder 2007 und 2008. Nur Afrika zieht sich wie ein roter Faden durch die Beratungen des Klubs.

Zum zweiten fehlte bis zum Vorjahr ein organisiertes Follow-up, sieht man von Routineaktivitäten von Weltbank und IMF ab. Erst auf dem Gipfel im deutschen Heiligendamm wurde die OECD beauftragt, bis zum italienischen Vorsitz 2009 als Plattform für einen strukturierten Dialog zwischen den G8-Staaten und Brasilien, China, Indien, Mexiko und Südafrika über Investition, Forschung und Innovation, Entwicklungsperspektiven für Afrika und Energieeffizienz zu dienen.

Vor allem aber sind die Acht schon lange nicht mehr repräsentativ für die veränderten wirtschaftlichen Verhältnisse; ebenso tragen diese Länder selbst in steigendem Maße zu Klimawandel und Ressourcenknappheit bei. Eine Lösung dieser und anderer Probleme ist nur gemeinsam möglich. Daher werden seit kurzem die großen Schwellenländer China, Indien, Brasilien, Südafrika, Mexiko oder die großen Staaten Afrikas zu den globalen Gipfeltreffen eingeladen. Die Aufnahme der Schwellenländer würde ein multilaterales Forum schaffen – nennen wir es „Leadership 20“ (L20) –, das die große Mehrheit der Weltbevölkerung, des Welthandels, der Reichen und Armen auf Augenhöhe zusammenbringt. Die OECD – deren Erweiterungsstrategie in dieselbe Richtung zielt (Chile, Estland, Israel, Russland, Slowenien sind Beitrittskandidaten; mit Brasilien, China, Indien, Indonesien, Südafrika laufen vertiefte Beziehungen) – könnte sich als Hub und Sekretariat anbieten, zur effizienteren Koordination und Nachbearbeitung der anstehenden Themen und als Clearingstelle im notwendigen Verhältnis zu den Finanzinstitutionen.

Während die Weltbankgruppe in ihrer reduzierten Relevanz immer noch entwicklungspolitische Aufgaben zu erfüllen hat, ist die Rolle des Internationalen Währungsfonds (IWF) nicht mehr gesichert. Überlegungen Richtung Umbau in ein Instrument zur Regulierung der internationalen Finanzflüsse scheinen bislang noch unausgereift. Dass es eine solche Stelle geben muss, dafür sind Sub-prime-Krise und Finanzmarktturbulenzen Beweis genug. Beiden ist jedoch eigen, dass eine Anpassung der Stimmrechtsgewichtung an die neuen ökonomischen Realitäten dringend erforderlich ist. So ist heute etwa China im Executive Board des IWF mit nur 3,6 %, Russland mit 2,69 %, Indien mit 1,89 % und Brasilien mit 1,38 % der Gesamtstimmen vertreten, während der von Belgien und Österreich angeführten, insgesamt zehn Staaten umfassenden Stimmrechtsgruppe ein Gewicht von 5,14 % zukommt.

Die Einsicht der Notwendigkeit – wenngleich noch nicht die Absicht – einer Anpassung scheint vorhanden zu sein.

Die globale Verschiebung der Gravitationszentren internationaler Wirtschaftsmacht lässt sich auch an den zunehmend in Erscheinung tretenden Sovereign Wealth Funds (SWFs) ablesen. Mit verwalteten Vermögenswerten von mehr als 2,5 Billionen US-Dollar sind SWFs gewichtiger als Hedgefonds und Private-Equity-Firmen zusammengenommen – und einige Ökonomen sehen eine Vervierfachung dieser Zahlen in den kommenden fünf bis zehn Jahren. Vier der größten SWFs werden aus Gewinnen aus Bodenschätzen, meist Erdöl, gespeist, die anderen aus überschüssigen Devisenreserven oder Budgetüberschüssen. Der Preisanstieg der Rohstoffe hat zu einem Vermögensfluss von den Industriestaaten zu den Besitzern des schwarzen Golds geführt und damit SWFs aus Abu Dhabi, Kuwait und Russland zu zentralen Akteuren auf den internationalen Finanzmärkten gemacht. Im Rahmen der Re-Kapitalisierungswelle nach den Verlusten aus der gegenwärtigen Finanzkrise waren SWFs für Finanzgiganten wie Citigroup, UBS oder Merill Lynch willkommene Geldgeber.

Spielen Staaten also doch wieder eine stärkere Rolle in der internationalen Wirtschaft? Nur bedingt, denn das Agieren von SWFs wird von der internationalen Gemeinschaft nur dann als nicht problematisch erachtet, wenn diese ausschließlich in nicht-hoheitlicher Funktion handeln – quasi als weiterer privater Investor mit rein kommerziellen Interessen. Die gesamte Debatte über SWFs ist getrieben von der Angst, dass SWFs als Instrument staatlich-politischer Interessen missbraucht werden könnten. Deshalb die Forderung nach mehr Transparenz über die Gouvernanz-Strukturen. Deshalb die Schutzmaßnahmen der Empfängerländer vor ungewollter ökonomischer Einflussnahme in Bereichen der nationalen Sicherheit und der Infrastruktur. Deshalb die Forderung, SWFs sollten von den eigenen Regierungen nicht mit bevorzugender Regulierung bedacht werden.

SWFs stehen nicht für eine neue Verstaatlichung der internationalen Finanzmärkte, sondern sind Ausdruck des Zusammenwirkens bestehender Eigentumsstrukturen (Rohstoffe sind meist in staatlichem Eigentum) und hoheitlicher Funktionen (Devisenreserven und Budgetüberschüsse werden vom Staat verwaltet) einerseits und Preis- und Wirtschaftsentwicklungen andererseits.

Heißt dies, dass Staaten im Zusammenhang mit SWFs überhaupt keine Verantwortung zukommt? Dies wäre ein Trugschluss. Staaten können als Eigentümer von SWFs in ihrer Investitionspolitik nach Kriterien vorgehen, die politischen Wertvorstellungen gerecht werden. So gelten etwa für den norwegischen „Pension Fund Global“ neuerdings strikte ethische Kriterien, die nur Investitionen zulassen, die weder Menschenrechtsverletzungen noch korrupte Praktiken oder umweltschädigende Produktion fördern.

Im Bereich der kollektiven Sicherheit sind die Probleme um nichts geringer, aber womöglich noch schwieriger zu lösen. Hier bewegen wir uns auf dem Gebiet der machtpolitischen Symbolik. Denn die ständige Mitgliedschaft (P5) im UNO-Sicherheitsrat verschafft Respekt und Anerkennung. Als P5 ist man sozusagen gleicher als die anderen Mitglieder der Völkerfamilie. Zudem zeichnet die P5 aus, dass sie allesamt zum Klub der Atommächte gehören. Der Sieg im Zweiten Weltkrieg liegt schon weit zurück, die Welt hat sich seither fundamental verändert. Reformversuche zur Anpassung des Sicherheitsrates, jenem höchsten politischen Entscheidungsgremium im System der Vereinten Nationen, an diese Veränderungen sind bislang allesamt gescheitert. Ohne Japan, Indien, Deutschland, ohne permanente afrikanische und südamerikanische Präsenz im Sicherheitsrat droht auf Sicht ein weitgehender Verlust der Entscheidungslegitimation. Der vernünftige Vorschlag eines gemeinsamen europäischen Sitzes – wie man ihn dann auch für Afrika und Lateinamerika fordern könnte – wird wohl noch länger unrealisiert bleiben. Dass das Veto-Privileg der fünf Ständigen geändert gehört, liegt angesichts der bewiesenen Paralyse des Sicherheitsrates auf der Hand und wäre ein wichtiger erster Schritt, die im Vergleich zu anderen aufstrebenden Mächten ungerechtfertigte Position der P5 zu adaptieren.

Als Instrument des Krisenmanagements hat sich in den vergangenen Jahren die Bildung von informellen Gruppen durchgesetzt, den bereits erwähnten Single-Issue-Formationen – im Atomstreit mit dem Iran beziehungsweise Nordkorea, für den Balkan oder den Nahen Osten –, die in der Regel die regional betroffenen Staaten, USA, EU und die UNO zusammenbringen.

Die Einbeziehung der Zivilgesellschaft, zumal von Frauengruppen, wäre ein weiterer Schritt in Richtung Soft-Power-Mediation.

In zunehmendem Maße schalten sich Staaten wie Norwegen, Schweiz, Südafrika, Persönlichkeiten wie Kofi Annan oder religiöse Vereinigungen wie Sant'Egidio als Vermittler ein. Die Beispiele reichen von Sri Lanka über Simbabwe bis Kenia. Diese agieren in der Regel in Absprache mit den Vereinten Nationen und den Konfliktparteien, werden als Vermittler jedoch nur dann akzeptiert, wenn sie glaubwürdig keine Eigeninteressen vertreten. NGOs sind auch als Akteure in sogenannten Track-Two-Verfahren tätig, wenn es darum geht, Verhandlungslösungen auf der Beraterebene der betroffenen Parteien unter Ausschluss der Öffentlichkeit und der Medien vorzubereiten.

Allein diese wenigen Beispiele zeigen, dass sowohl horizontale wie vertikale Vernetzung das Um und Auf besserer Kooperation ist. Daran gilt es zu arbeiten, dafür sollten etwa EU-Mitglieder mittlerer Größe wie Österreich in allen internationalen und regionalen Foren eintreten - und vor allem sich in die Umsetzung aktiv einbringen.

Denn eines darf nicht passieren, dass nämlich die effizientere Gouvernanz zur Bildung einer Art von globalem Direktorat führt. Dazu wären die G8 in der heutigen Verfassung zwar noch nicht in der Lage, angesichts des enttäuschenden Ergebnisses des Hokkaido-Toyako-Gipfels vom Juni 2008. Die OECD-Beratergruppe des internationalen Gewerkschaftsbundes (TUAC) hat denn auch das G8-Resultat angesichts der Klimakrise als zu unverbindlich und klar ungenügend bezeichnet.

Demokratische Kontrolle auf globaler Ebene scheint in der Tat die schwierigste Herausforderung unserer Zeit zu sein. Und dies nicht allein aufgrund des Fehlens eines Demos oder Weltbürgertums, das den Namen auch verdient. Daher gilt es, die vorhandenen - offenbar unzureichenden - Einrichtungen zu reformieren. Die Interparlamentarische Union (IPU) fasst alle Parlamente der Welt, also auch die nicht wirklich demokratisch legitimierten, zusammen. Trotzdem wäre sie ein geeignetes Instrument; die notwendigen Anpassungen an die geänderten Gegebenheiten des 21. Jahrhunderts fehlen jedoch. Ebenso zähle ich die verschiedenen parlamentarischen Versammlungen zum demokratischen Potenzial, etwa in OSZE, NATO. Freilich können sich die genannten Einrichtungen nicht mit dem bereits erwähnten Europäischen Parlament vergleichen, das ich für das zeitgemäße Modell regionaler demokratischer Mitwirkung der Bürger halte. Die Bildung eines europäischen Demos - was immer man darunter im Einzelnen verstehen mag - wird neben der Volksvertretung eine bewusst transnational denkende Zivilgesellschaft benötigen.

Inhaltlich müssten sich die Volksvertretungen für eine Kodifizierung des allgemeinen Anspruches auf Gerechtigkeit, Abrüstung, Nachhaltigkeit und den „Common Public Goods" - Sicherheit, Umwelt, Wasser, Luft - einsetzen. Eine globale Kultur des Kompromisses und des Friedens ist dann keine Utopie mehr - wenn man sie nur will ...

Und Österreich? Ein Postskriptum

Was hat das alles mit den österreichischen Themen der Zeit zu tun, die zuweilen wie von einem anderen Planeten anmuten? Vor allem aber, was kann Österreich, was können Regierung, Parlament, Zivilgesellschaft, was kann der einzelne Bürger dazu beitragen, dass die erwähnten Herausforderungen bewältigt werden?

Zunächst steht fest, dass die wichtigste Mitentscheidungsebene für das EU-Mitglied Österreich in Brüssel liegt. Rat, Kommission, Parlament, Ausschuss der Regionen, aber auch politische Parteien, Gewerkschaften (beide haben sich, im Gegensatz zu Wirtschafts- und Industrielobbys, trotz ihres europäischen Zusammenschlusses noch nicht wirklich europäisiert), wissenschaftliche und Policy Think Tanks sind die heute und morgen entscheidenden Foren, die es zu nützen gilt; mit und in denen unsere Bedürfnisse – ja, auch Wertvorstellungen – abgehandelt werden. Es ist ein bedauerliches Versäumnis, dass es seit dem Beitritt Österreichs zur Europäischen Union im Jahr 1995 nicht gelungen ist, diese Union in unser Denken und Fühlen sozusagen zu integrieren. Immer noch – und das zum Nachteil Österreichs – ist Brüssel Ausland (etymologisch mit Elend verwandt). Der konstruierte Gegensatz „wir zu Hause" und „die da draußen" beherrscht immer noch die öffentliche Diskussion; Briefe an Herausgeber von antieuropäisch getrimmten Boulevardblättern verstärken bloß diese verquere Sicht der Bürger. Daher benötigen wir umgehend ein Umstiegsszenario, eine nationale Anstrengung zur Aneignung Europas. Wann, wenn nicht jetzt, ist für eine europäische Neuorientierung Österreichs der beste Zeitpunkt gegeben?

Dann wird es auch gelingen, die österreichischen Vorstellungen in den hier besprochenen Fragen bei unseren europäischen Partnern wirksamer rüberzubringen. Es muss uns gelingen, eine bessere themenspezifische Vernetzung zu etablieren und Zweckbündnisse, Sachkoalitionen, Partnerschaften zu bilden (was ist eigentlich mit der Regionalen Partnerschaft los?) zu jenen Themen, die uns ein besonderes Anliegen sind. Daher weg von der Politik des moralischen Zeigefingers à la grenznahe AKWs, hin zu einer breiten, auch kontroversiellen Diskussion über regional organisierte Energiepolitik. Beispiel Klimawandel: Es ist wohl nicht anzunehmen, dass wir Österreicher als einzige Europäer gar so umweltfreundlich sind (im Übrigen sind wir vom Kyoto-Ziel weiter entfernt denn je). Daher gibt es auch zu diesem Thema mehr Partner in Europa, als viele meinen. „Ja, natürlich" darf nicht nur der gelungene Slogan einer Supermarktkette bleiben.

Ich möchte daher abschließend auf drei in Österreich wichtige Politikbereiche zu sprechen kommen, wo ich akuten Handlungsbedarf sehe.

Will Österreich seine atomfreie Energiepolitik fortsetzen, so wird sich die neue Regierung rasch darauf verständigen müssen, wie sie sich angesichts der weltweiten Renaissance der Atomenergie positioniert. Die Fortsetzung des bisherigen Kurses – über die anderen schimpfen – wird nicht gehen. Hier gilt es eben, Verbündete zu suchen, Alternativen aufzuzeigen und sie im eigenen Land forciert umzusetzen. So soll hier bloß in Parenthese empfohlen werden, das Problem Biodiesel in Österreich selbst einer vorbildhaften

Lösung zuzuführen, um damit den nötigen Impetus für eine europäische, womöglich globale Neupositionierung im Spannungsfeld von naturnaher Agrarpolitik und notwendiger alternativer Energieerzeugung zu geben.

Der zweite Bereich betrifft die genmanipulierte Pflanzenzucht und hängt eng mit dem oben Gesagten zusammen. Die für viele überraschend aufgetretene globale Nahrungsmittelkrise, die auch Österreich große Preissteigerungen beschert, hat den Ruf nach einer neuen Agrarrevolution laut werden lassen. Gleich in einem könnte dann – so hört man immer öfter – auch der Energiehunger der Welt gestillt werden: Biodiesel aus genmanipuliertem Getreide, das solcherart im Überfluss erzeugt werden könnte. Die hohen Weltmarktpreise von Getreide und Reis, Exportverbote und andere Notmaßnahmen legen – so die Argumentation des agroindustriellen Sektors – eine Enttabuisierung des Themas Genmanipulation im Agrar- und Nahrungsmittelbereich dringend nahe. Auch hier gilt: Wie wird sich Österreich in Europa positionieren, wer sind die möglichen Partner, wie kann Information, Aufklärung und kritisches Umweltbewusstsein in Europa und darüber hinaus gefördert werden? Einfache Antworten auf kurzfristige Herausforderungen gibt es bekanntlich nicht. Denn die Versorgung mit Lebensmitteln betrifft auch und vor allem die Hunderte Millionen Unterernährte und Hungernde in den Ländern des Südens; da scheint der Kurzschluss des „Genetical Engineering" verheißungsvoll. Aufs Engste damit verbunden ist die Frage, wie Europa seine Entwicklungshilfe positioniert. Österreich wäre daher gut beraten, agrar- und entwicklungspolitische Antworten und Alternativen in Brüssel einzubringen.

Schließlich drittens die Kernfrage unserer österreichischen Identität, die aktive Neutralitätspolitik. Die politisch mutige Entscheidung zur Entsendung von österreichischen Soldaten im Rahmen der EU-Mission in den Tschad hat zu einem kurzen Aufflackern der Diskussion geführt, wie weit denn unsere Solidarität reichen solle. Gehört Afrika denn überhaupt noch dazu, was können wir denn dort zur Befriedung beitragen? Ich meine, dass es sich hier um eine höchst aktuelle Frage handelt, da sie geradewegs zur breiteren Thematik Europa als Friedensprojekt führt. Wenn dieser Slogan auch heute noch Gültigkeit besitzen soll, dann muss sich Österreich aktiver um dessen Umsetzung im Rahmen der Europäischen Sicherheits- und Verteidigungspolitik (ESVP) kümmern. Die Gefahr, dass manche europäische Partner eine Art Mini-Kopie der USA anstreben, ist nicht von der Hand zu weisen. Die unsensible Bezeichnung Battle Groups verspricht nichts Gutes. Was dieses „Neue Europa" doch in erster Linie von den historischen Vorläufern abhebt, ist der mühsame Versuch, durch breit verhandelte verbindliche Regeln und Standards das Zusammenleben von bereits einer halben Milliarde Menschen halbwegs gerecht - und ohne Waffengewalt - zu organisieren. Diese unendlich mühsame und frustrierende Aufgabe wird außerhalb Europas womöglich positiver gesehen als von den betroffenen Bürgern der Union selbst. Über ein halbes Jahrhundert Frieden ist woanders bloßes Wunschdenken. Dieses Herangehen - erzielt durch die Soft Power der unentwegten Kompromisssuche - muss sich auch im Aufbau der europäischen Friedens- und Sicherheitspolitik durchsetzen. Das auch könnte der genuine europäische Beitrag zur Schaffung einer gerechteren Welt sein.

Und: Europa wird sich allein aufgrund seiner bewährten, wenngleich kostenintensiven Sozialmodelle - die es unter allen Umständen zu erhalten gilt - keine Militärausgaben in amerikanischer Höhe leisten wollen. Das aber muss jetzt und heute ausgesprochen werden und ist besonders für Österreich wichtig. Nur in einem den neuen Herausforderungen der Zeit entsprechenden defensiven und Frieden schaffenden europäischen militärischen Verband kann sich Österreichs bewährte solidarische Neutralität wiederfinden.

Als Nachsatz sei an dieser Stelle die längst überfällige Bundesstaatsreform erwähnt, die nicht nur eine Neuordnung der Entscheidungsebenen EU-Bund-Länder-Bezirke-Gemeinden bringen, sondern auch den Startschuss zur Anpassung der Ressortstrukturen und des monokratischen Systems der österreichischen Hoheitsverwaltung geben muss. Die Einführung effizienterer Arbeitsmethoden, wie sie in anderen Staaten, übrigens auch ansatzweise in der EU-Kommission, bereits seit längerem praktiziert werden, wäre das Mindeste. Dann auch wären die seit Jahren einfallslos betriebenen öffentlich geführten Budgeteinsparungsdebatten sinn- und wirkungsvoller. Freilich: Mit der Änderung der Bezeichnungen der Ministerien allein ist es nicht getan. Der durch den europäischen Einigungsprozess womöglich noch wichtiger gewordene öffentliche Dienst - Minister sind aufgrund der schwierigen technischen Details oftmals bloße Vollstrecker der zwischen Kommission und der heimischen Verwaltung ausgehandelten Ergebnisse - muss transparenter gestaltet und einer wirksameren parlamentarischen Kontrolle unterworfen werden. Ein guter Anfang wäre die Einbeziehung des Außenpolitischen Ausschusses in den Ernennungsprozess der Botschafter.

Ich habe abschließend versucht, beispielhaft einige Auswirkungen der in diesem Beitrag angesprochenen Themen auf Österreich zu skizzieren. Es kann nicht mehr sein als eine Anregung zur politischen Reform.

Wenn ich eingangs Stiglitz zitiert habe, so ist nach den Ausführungen zu den Themen Globalisierung - Demokratie - Handlungseffizienz eines klar: Die Forderungen des Nobelpreisträgers werden uns noch lange beschäftigen.

Jacques ATTALI, Une brève histoire de l'avenir, Paris 2006.
Ulrich BECK, Macht und Gegenmacht im globalen Zeitalter. Neue weltpolitische Ökonomie, Frankfurt am Main 2002.
Ulrich BECK, Politik der Globalisierung, Frankfurt am Main 1998.
Ulrich BECK, Perspektiven der Weltgesellschaft, Frankfurt am Main 1998.
Robert COOPER, The Breakting of Nations. Order and Chaos in the Twenty-first Century, New York 2003.
Jared DIAMOND, Collapse. How Societies Choose to Fail or Succeed, New York 2005.
Louis EMMERIJ, Richard JOLLY, Thomas G. WEISS, Der Zeit voraus? Vereinte Nationen. Ideen und globale Herausforderungen, Blonay 2003.
Anthony GIDDENS, Die Zukunft des globalen Kapitalismus, Frankfurt am Main 2001.
Anthony GIDDENS, Europe in the Global Age, London 2006.
Jürgen HABERMAS, Strukturwandel der Öffentlichkeit. Untersuchungen zu einer Kategorie der bürgerlichen Gesellschaft, Frankfurt am Main 2001.
Jürgen HABERMAS, Theorie des kommunikativen Handelns, 2 Bände, Frankfurt am Main 1981.
Michael HARDT, Antonio NEGRI, Empire, Cambridge 2001.
David HELD, Soziale Demokratie im globalen Zeitalter, Frankfurt am Main 2007.
Paul KENNEDY, The Parliament of Man. The Past, Present, and Future of the United Nations, New York 2006.
Parag KHANNA, The Second World: Empires and Influence in the New Global Order, New York 2007.
Bjørn LOMBORG, Global Crises, Global Solutions, Cambridge 2004.
Niklas LUHMANN, Die Moral der Gesellschaft, Frankfurt am Main 2008.
Robert MISIK, Mythos Weltmarkt. Vom Elend des Neoliberalismus, Berlin 1997.
Thomas NOWOTNY, Strawberries in Winter. On Global Trends and Global Governance, Frankfurt am Main 2004.
Joseph NYE, The Powers to Lead: Soft, Hard and Smart, Oxford 2008.
OECD, Governance in the 21st Century. Future Studies, Paris 2001.
Wolfgang PETRITSCH, Globaler Handel und Entwicklung - WTO und UNCTAD; in: Irene FREUDENSCHUSS-REICHL, Kurt BAYER (Hg.), Entwicklungspolitik und Entwicklungszusammenarbeit, Wien 2008.

Wolfgang PETRITSCH, Sovereignty, State Failure and Humanitarian Intervention. The International Community in the Post-Yugoslav Space; in: CROSSROADS Macedonian Foreign Policy Journal, Skopje 3/2008.
Wolfgang PETRITSCH, New World Order Reloaded? Oder: Die neue Rollenverteilung im internationalen Konfliktmanagement; in: Die Union, Vierteljahreszeitschrift für Integrationsfragen, Wien 2/2003.
Robert REICH, Supercapitalisme. Le choc entre le système économique emergent et la democratie, Paris 2008.
Dani RODRIK, One Economics, Many Recipes. Globalization, Institutions, and Economic Growth, Princeton 2007.
Jeffrey D. SACHS, Common Wealth. Economics for a Crowded Planet, New York 2008.
Joseph STIGLITZ, Die Schatten der Globalisierung, Berlin 2002.
Weapons of Terror. Freeing the World of Nuclear, Biological and Chemical Arms. Report by the Weapons of Mass Destruction Commission, Stockholm 2006.
Martin WOLF, Why Globalization Works, New Haven-London 2004.
Fareed ZAKARIA, The Future of Freedom. Illiberal Democracy at Home and Abroad, New York 2004.
Slavoj ŽIŽEK, Die Tücke des Subjekts, Frankfurt am Main 2001.

Websites

OECD: http://www.oecd.org/home/.
IWF: http://www.imf.org/external/index.htm.
G8: http://en.wikipedia.org/wiki/G8.
WTO: http://www.wto.org/.
UN World Economic and Social Survey: http://www.un.org/esa/policy/wess/wess2008files/wess08/wess2008.pdf.
Council on Foreign Relations: http://www.cfr.org/publication/9903/sovereignty_and_globalisation.html.
Rat der Europäischen Union: http://consilium.europa.eu/uedocs/cmsUpload/031208ESSIIDE.pdf.
Commission on Growth and Development: http://www.growthcommission.org/index.php?option=com_content&task=view&id=94&Itemid=167.

Von guter Tat zu globaler Gerechtigkeit? Über Entwicklungszusammenarbeit und Entwicklungspolitik

Irene Freudenschuss-Reichl

I.

Die letzten Jahre haben das Spannungsfeld, das zwischen Entwicklungszusammenarbeit und Entwicklungspolitik wohl immer bestanden hat, besonders deutlich gemacht. Die Auswirkungen des Klimawandels auf Länder der Dritten Welt, der ungebremst weiter kletternde Ölpreis, zuletzt der drastische Anstieg der Nahrungsmittelpreise und die damit verbundene Aushöhlung mühsam gewonnener Ernährungssicherheit haben immer wieder die Frage aufgeworfen, ob es angesichts dieser strukturellen Gegebenheiten nicht verlorene Liebesmüh sei, Entwicklungszusammenarbeit zu betreiben; Entwicklungszusammenarbeit, die ja doch nichts weiter sein könne als ein Tropfen auf den heißen Stein der Armut und Ausgrenzung.

Dieser Artikel erkundet das Spannungsfeld zwischen Entwicklungszusammenarbeit und Entwicklungspolitik.

II.

Entwicklungszusammenarbeit in Österreich hat eine eindeutig karitative Genese und auch heute immer noch eine stark karitative Prägung. In den späten 50er und frühen 60er Jahren des 20. Jahrhunderts tauchte das Argument - stark propagiert von der katholischen Kirche - im öffentlichen Diskurs auf, dass Österreich, das im Rahmen des Marshallplans so viel an Hilfe empfangen hat, auch den Problemen der Armen in der Welt gegenüber aufgeschlossen sein müsse.

Kirchliche Organisationen machen auch heute noch einen Gutteil der NRO-Landschaft aus, die sich mit Entwicklungszusammenarbeit beschäftigt. Zahlreiche Österreicherinnen und Österreicher unterstützen über ihre Pfarren Hilfsprojekte in der Dritten Welt, oft entstehen direkte Kontakte zwischen Spendern und Hilfsempfängern. Erfolgreiche Kampagnen, wie die von „Nachbar in Not“ oder die großzügigen Spendenleistungen im Gefolge des Tsunamis im Dezember 2004, zeigen, dass das karitative Empfinden der österreichischen Bevölkerung nach wie vor stark ausgeprägt ist.

Die bestehende Struktur der offiziellen österreichischen Entwicklungshilfe (ODA – Official Development Assistance) zementiert ihren karitativen Charakter ein. Die – als technische Hilfe – gestaltbare Entwicklungszusammenarbeit, die beim Außenministerium und seit 2004 bei der ADA budgetiert wird, verfügt seit dem Jahr 2000 über nur leicht angestiegene Mittel (der Prozentsatz der gestaltbaren technischen Hilfe an der Gesamt-ODA Österreichs liegt zwischen 4 % und 15 %; in absoluten Zahlen handelt es sich um Beträge zwischen 67 (2003) und 96 (2006) Millionen Euro).

Dieses Geld speist derzeit rund 800 Projekte und Programme der Entwicklungszusammenarbeit. Daraus ergibt sich eine rechnerische Projekt-Größe im Durchschnitt von unter 100.000 Euro. Viele der Projekte werden von österreichischen NROs konzipiert und durchgeführt. Die Kleinteiligkeit der EZA-Projekte und die starke Rolle österreichischer NROs als Durchführungsorganisationen perpetuieren den karitativen Ansatz, der unter anderem durch den Aufbau von zwischenmenschlichen Beziehungen zwischen Spendern und Hilfsempfängern charakterisiert ist. Derartige Interventionen haben oft die Lebensbedingungen eng umgrenzter Zielgruppen dauerhaft zum Besseren beeinflusst. Gleichzeitig haben kleinteilige Projekte der beschriebenen Art aber hohe Transaktionskosten (für Geber- und Partnerland) und sind nicht geeignet, die Entwicklungsprozesse in den Partnerländern spürbar zu beeinflussen.

Die österreichische Entwicklungszusammenarbeit bemüht sich daher zunehmend, direkt Programme der Partnerländer zu unterstützen beziehungsweise Budgethilfe zu leisten.

III.

Im internationalen Rahmen blickt die Entwicklungszusammenarbeit – die in organisierter Form ihren Ausgang in etwa mit dem Ende des Zweiten Weltkrieges nahm – auf rund 60 Jahre an Erfahrung zurück. In dieser Zeit wechselten die Rezepte, die versucht wurden, um Armut, Hunger und Krankheit in den Entwicklungsländern zu überwinden, häufig und grundlegend.

Der Stein der Weisen wurde bis heute nicht gefunden. Erfolge waren vor allem in den Bereichen allgemeine Lebenserwartung, Kinder- und Müttersterblichkeit und -morbidität und Alphabetisierung zu verzeichnen.

Gleichzeitig exportierte die Entwicklungszusammenarbeit einen westlichen Lebensstil und die im Westen vorherrschende Form der Marktwirtschaft. Dies brachte unter anderem erhöhten Konsum, verstärkten Individualverkehr, klimamäßig und sozial unangepasste Bauweisen sowie Zersiedelung. Traditionelles Wissen und Handeln, traditionelle Strukturen und Prozesse wurden überlagert, manchmal unwiederbringlich zerstört.

Wie schwierig es sich für gesamte Volkswirtschaften gestaltet, den Anschluss an die reichen Wirtschaften zu finden, wird durch die Tatsache illustriert, dass sich bis heute erst drei Länder aus der Gruppe der am wenigsten entwickelten Länder (Least Developed Countries, LDCs) hinausarbeiten konnten. Diese Länder sind Botswana (klein, mit beträchtlichen Diamantenvorkommen), Kap Verde (klein, mit großem Potenzial als Schiffsumschlagplatz und für Tourismus) und Bhutan (klein, mit dem Potenzial von Strom aus Wasserkraft, der sich nach Indien um gute Devisen verkaufen lässt). Die Liste der LDCs umfasst aber 50 Länder, deren Per-capita-Einkommen unter US-Dollar 750 liegt und die nach zwei entwicklungspolitisch aussagekräftigen Indices besonders schlecht abschneiden.

Die internationalen Leitsterne der Entwicklungszusammenarbeit sind seit dem Beginn des neuen Jahrtausends die Millenniumsentwicklungsziele, die im Jahr 2000 verabschiedet wurden (siehe Annex). Sie verpflichten die Partnerländer, in deren primärer Verantwortung das Erreichen der Ziele liegt, und die internationale Gemeinschaft, die unterstützend tätig werden soll, bis zum Jahr 2015 signifikante Fortschritte bei der Armutsbekämpfung zu machen.

Ich bin der Auffassung, dass die Millenniumsziele den karitativen Charakter der Entwicklungszusammenarbeit betonen und die strukturellen Herausforderungen nicht ernst genug nehmen. Die Millenniumsziele sind im Wesentlichen soziale Ziele: Eliminierung der ganz extremen Armut, Bekämpfung des chronischen Hungers, Verbesserungen bei Gesundheit und Bildung. Viele dieser Ziele wurden von den großen UN-Konferenzen der 90er Jahre festgelegt, wie dem Weltsozialgipfel 1995 in Kopenhagen. Freilich erfolgten die Festlegungen ohne Budgetzuweisungen; und eine Budgetzuweisung hat auch die Millenniumserklärung nicht geleistet.

Mit den Millenniumszielen ist wohl das WAS der Entwicklungszusammenarbeit festgelegt, nicht aber das WIE. Die Entwicklungsländern fordern höhere Ressourcentransfers, die die entwickelten Länder weder leisten können noch wollen. Die Industriestaaten verweisen auf die Notwendigkeit, die nationalen Budgetprozesse in die Pflicht zu nehmen, was häufig an der Schwäche der Staaten, insbesondere in Afrika südlich der Sahara, scheitert.

Die Millenniumserklärung – und damit auch die Millenniumsziele – blieb in einer Reihe von wichtigen Bereichen hinter dem mühsam erkämpften Konsens der Konferenzen der 90er Jahre zurück, zum Beispiel im Bereich der Frauenrechte, wo sowohl die Internationale Konferenz über Bevölkerung und Entwicklung (Kairo 1994) als auch die 4. Weltfrauenkonferenz (Peking 1995) progressivere Beschlüsse – etwa hinsichtlich sexueller und reproduktiver Gesundheit und Rechte – erzielt hatten.

Die Millenniumserklärung lässt aber auch so wichtige Bereiche wie Energie und Infrastruktur insgesamt außer Acht. Zunehmend setzt sich in der internationalen Gemeinschaft das Verständnis durch, dass Zugang zu leistbaren und ökologisch verträglichen Energiedienstleistungen – den derzeit rund 2 Milliarden Menschen nicht haben – eine unerlässliche Vorbedingung für wirtschaftliche Entwicklung darstellt. Ähnliche Bedeutung kommt länderübergreifender Infrastruktur im Wasser und ICT-Bereich zu. Ohne wirtschaftlichen Aufschwung ist Armutsbekämpfung von Transferleistungen aus dem Norden abhängig und somit nicht nachhaltig. Wirtschaftlicher Aufschwung muss vor allem vom Privatsektor angetrieben werden; die Millenniumsziele lassen die Rolle des Privatsektors völlig außer Acht.

Die Bedeutung von Transport-Infrastruktur ist gerade in Afrika südlich der Sahara von eminenter Bedeutung: zum einen für die vielen Binnenländer, die derzeit mit ihren Waren und Gütern Meereshäfen nur schwer und kostspielig erreichen; zum anderen auch für die regionale Integration, die von der EU derzeit als eine der Vorbedingungen für die Integration in die Weltwirtschaft gesehen wird. Ohne Integration auf regionaler und später globaler Ebene ist ein Aufholen der marginalisierten Volkswirtschaften Afrikas derzeit nicht vorstellbar. Die Kontroversen um die derzeit (mit Verspätung) in Verhandlung stehenden Economic Partnership Agreements (EPAs) zeigen die unterschiedlichen Perspektiven auf. Viele NROs im Norden und so manche Regierung der AKP-Staaten (Gruppe der afrikanischen, karibischen und pazifischen Staaten) verweisen auf die negativen Auswirkungen, die die von den EPAs angestrebte intensivierte Marktöffnung der Entwicklungsländer haben würde. Die EU hingegen und an vorderster Linie ihr Chefverhandler Kommissar Mandelson argumentieren, dass das alte Regime unter dem Cotonou-Vertrag (und dessen Vorläufern Lomé 1 bis 3) auch nicht die Lösung darstellt, da sich unter ihm der Anteil Afrikas am Welthandel reduziert statt erhöht hatte und es außerdem WTO-widrig geworden sei.

Die internationale Gemeinschaft hat sich verpflichtet, die Partnerländer bei der Erreichung der Millenniumsziele zu unterstützen. Dazu soll ein „Compact“ entstehen, der erhöhte Beiträge in Form von ODA, aber auch Reformen im Handels-, Investitions- und Schuldenregime umfasst.

Um dem Millennium-Compact zu entsprechen, sagten die Geberländer bei der Internationalen Konferenz über die Finanzierung von Entwicklung (Monterrey 2002) zu, ihre ODA-Leistungen signifikant zu erhöhen. Die EU ging mit gutem Beispiel voran und verpflichtete sich durch einen Beschluss des Europäischen Rates im Juni 2005, dass jedes der alten EU-15-Mitgliedsländer bis zum Jahr 2010 zumindest 0,51 % des Bruttonationaleinkommens an ODA leisten würde; die zehn neuen EU-Mitgliedsstaaten, die erst Entwicklungszusammenarbeitsstrukturen aufbauen mussten, übernahmen eine prozentuell kleinere, aber doch bedeutende Selbstverpflichtung.

Im Zusammenhang mit dieser in Aussicht genommenen signifikanten Erhöhung der ODA-Ströme intensivierten sich die Bemühungen, Entwicklungszusammenarbeit effizienter zu gestalten. Diese Bemühungen kulminierten in der Erklärung von Paris vom März 2005, mit der sich die Geber verpflichteten,

- die Entwicklungszusammenarbeit stärker an den Prioritäten der Partnerländer auszurichten („alignment") und den Partnerländern die Steuerung ihres eigenen Entwicklungsprozesses zu überlassen („ownership");
- sich untereinander besser hinsichtlich der Prozeduren, Berichte und Formalerfordernisse abzustimmen („harmonization");
- in der Planung, weniger auf Inputs als auf Resultate abzuzielen („result orientation");
- Verantwortung gemeinsam mit den Partnerländern für das Gelingen der Zusammenarbeit zu übernehmen („shared responsibility") und
- die Resultate gemeinsam zu überprüfen („joint monitoring and evaluation").

Durch die Pariser Erklärung wurde eine neue Spezialisierung im Arbeitsfeld der Entwicklungshelfer eröffnet, die mittlerweile zu reger Konsulententätigkeit und einer Vielzahl von regionalen und globalen Meetings geführt hat. Durch die bilateralen Aktivitäten angestachelt, haben auch die Vereinten Nationen begonnen, ihre Aktivitäten in einem bestimmten Partnerland besser zu koordinieren und unter dem Slogan „One UN" – mit einem gemeinsamen Arbeitsprogramm, einem gemeinsamen Hauptquartier, dem Resident Coordinator als gemeinsamem Vertreter und manchmal sogar mit einem gemeinsamen Budget – geeinter nach außen aufzutreten.

Alle erwähnten Anstrengungen, um die Transaktionskosten von Entwicklungszusammenarbeit zu senken und mehr der ODA tatsächlich in den Partnerländern und entsprechend der jeweiligen nationalen Entwicklungsprioritäten zum Einsatz zu bringen, sind meiner Meinung nach höchst nötig und nützlich. Dennoch möchte ich davor warnen, die Erhöhung der Effizienz von Entwicklungszusammenarbeit überzubewerten. Worum es letztlich gehen muss, ist Entwicklungseffektivität, und hier steht die internationale Gemeinschaft nach wie vor erst am Anfang ihrer Bestrebungen.

IV.

Entwicklungseffektivität bedeutet für mich die Umsetzung von Entwicklungspolitiken, die effektiv Armut und Ausgrenzung überwinden. Wie aber findet diese Art von Entwicklungspolitik statt, wo wird um sie gerungen?

Auf Ebene der einzelnen Entwicklungsländer ist wohl der Prozess der nationalen Armutsbekämpfungsstrategien entscheidend. Die Budgets der Partnerländer müssen Vorkehrungen für die Finanzierung der nationalen Armutsbekämpfungsstrategien treffen. In vielen Entwicklungsländern ist die Steuerbasis sehr klein und die öffentliche Administration sehr schwach. In einem Land wie Uganda stammen derzeit etwa 40 % des Budgetvolumens aus Gebermitteln.

Es war die Initiative der Weltbank, von den Entwicklungsländern als Voraussetzung für großzügige Entschuldungen im Rahmen der HIPC-Initiative (HIPC – Heavily Indebted Poor Countries) nationale Armutsbekämpfungsstrategien einzufordern und dafür bestimmte Formalerfordernisse festzulegen. 41 Länder haben sich bis Mitte 2007 für die Entschuldung qualifiziert, 22 hatten zu diesem Zeitpunkt den Prozess bereits durchlaufen. Der Gesamtumfang der Entschuldungen liegt bei rund 64 Milliarden US-Dollar.

Die HIPC-Initiative ist ohne Zweifel ein Versuch, durch internationale Zusammenarbeit effektive Entwicklungspolitik zu machen. Wo findet sonst noch internationale Entwicklungspolitik statt?

Die Konferenz über Internationale Entwicklungsfinanzierung in Monterrey 2002 betonte neben der Mobilisierung von heimischen Ressourcen die Bedeutung von ausländischen Direktinvestitionen, internationalem Handel, technischer und Finanzhilfe, Schuldenpolitik und entwickungspolitischer Kohärenz. Ein kurzer Rundblick zeigt mehr Problembereiche als Erfolgsgeschichten auf:

- Die Doha-Runde der WTO, die als „Entwicklungsrunde“ explizit den Anliegen der Entwicklungsländer Rechnung hätte tragen sollen, liegt in Agonie oder – je nach Betrachtungsweise – im Wachkoma.
- Die Bestrebungen der EU, mit den AKP-Partnern Wirtschaftspartnerschaftsabkommen (EPAs) zu schließen, kommen nur schleppend voran. Von den fünf Regionalgruppen wurde bisher lediglich mit der Karibischen

Gruppe eine umfassende Einigung erzielt (Unterzeichnung im Oktober 2008 in Barbados).

- Investitionen strömen weiterhin vor allem dorthin, wo es Rohstoffvorkommen gibt. Trotz Bemühungen von Organisationen wie der Extraction Industries Transparency Initiative ist noch lange nicht gesichert, dass der Abbau von Naturgütern auch zu einem Entwicklungsschub für das jeweilige Land führt, an dem breite Bevölkerungsschichten Anteil haben und der zur Armutsreduzierung beiträgt.
- Die internationalen Agrarregimes - in denen die hohen Subventionen der europäischen und amerikanischen Landwirtschaft ein wichtiger Faktor sind - schwächen den Landwirtschaftssektor in vielen Entwicklungsländern.
- Die Globalisierung hat eine hohe Mobilität von Kapital mit sich gebracht, der Mobilität der Arbeitskräfte schieben nationale Immigrationsregimes jedoch nach wie vor mächtige Riegel vor.

Die EU betont - unter dem Schlagwort „Politikkohärenz" - zunehmend, dass es unerlässlich ist, entwicklungspolitische Zielsetzungen auch in Politikbereichen zu verfolgen, die außerhalb der klassischen Entwicklungszusammenarbeit liegen. Zwölf Bereiche wurden in diesem Zusamenhang konkret benannt: Handel, Umwelt, Klimawandel, Sicherheit, Landwirtschaft, Fischerei, soziale Dimension, Beschäftigung und menschenwürdige Arbeit, Migration, Forschung, Informationsgesellschaft, Verkehr und Energie.

In Österreich ist das Gebot der Politikkohärenz im EZA-Gesetz verankert, die Durchführung obliegt jedoch jedem einzelnen Ministerium im eigenen Wirkungsbereich; das für die Entwicklungszusammenarbeit und -politik explizit zuständige Außenministerium kann lediglich durch interministerielle Konsultation auf größere Politikkohärenz hinarbeiten.

Wie entscheidend es wäre, Politikkohärenz effektiver zu praktizieren, haben zwei Phänomene der letzten Jahre besonders deutlich gemacht: die globale Energiesituation mit unablässig steigenden Preisen für fossile Brennstoffe und das Ende billiger Nahrungsmittel. Ich möchte keine Kassandra sein, aber es ist absehbar, dass sich im Wasserbereich in Kürze ähnliche Interessenkonflikte manifestieren werden.

V.

Lebensmittelpreise sind nach Angaben der FAO vom März 2007 bis März 2008 durchschnittlich um 57 % gestiegen; bei Reis liegt die Steigerung sogar bei 75 %, bei Weizen bei 120 %.

Diese Steigerung hat strukturelle und konjunkturelle Gründe. Strukturelle Gründe sind vor allem

- die drastisch gestiegene Nachfrage aus den sich rasch entwickelnden BRIC-Staaten (Brasilien, Russland, Indien, China), die ihren Konsum dem der Industriestaaten angleichen;
- die jahrzehntelange Vernachlässigung von Investitionen im Agrarsektor, inklusive in Agrarwissenschaften, durch Partnerländer, OECD-Länder und internationale Organisationen sowie
- die internationale Agrarpolitik.

An konjunkturellen Gründen sind Dürren in Australien, Kalifornien, Ukraine sowie der praktisch völlige Ausfall von Simbabwe, als ehemaligem Brotkorb des südlichen Afrika, aufgrund der politischen Situation zu nennen. Spekulation wird als ein gewichtiger Faktor gesehen.

Die Auswirkungen auf Entwicklungsländer sind unterschiedlich; in manchen Ländern können sie positiv sein und die landwirtschaftliche Produktion ankurbeln beziehungsweise wieder wettbewerbsfähig machen. In anderen Ländern haben sie bereits zu Hungerrevolten geführt und schüren soziale Spannungen.

Festzuhalten ist, dass die gegenwärtige Nahrungsmittelkrise ein Verteilungs- und kein Produktionsproblem ist. Es gäbe weltweit genug Nahrungsmittel für alle Menschen, die Verteilung über den Markt funktioniert jedoch nicht, da die reicheren Konsumenten die ärmeren vom Markt verdrängen. Wenn man von einem oder zwei Dollar am Tag leben muss und rund 80 % des verfügbaren Einkommens für Nahrung ausgibt, ist eine Preissteigerung von 70 % für Grundnahrungsmittel einfach nicht zu verkraften. Rund 2 Milliarden Menschen sind weltweit immer noch in der Kategorie jener, die mit zwei Dollar am Tag das Auslangen finden müssen. Der gewaltige Wohlstandsanstieg, den die Globalisierung der Welt insgesamt gebracht hat, hat diese 2 Milliarden Menschen nicht erreicht.

So wichtig eine kurzfristige Aufstockung von Nahrungsmittelhilfe sowie kurzfristige Spenden für Länder, in denen die Verteuerung sozial destabilisierend wirkt, sind, so muss auf die strukturelle Natur der Krise jedenfalls mit strukturellen Maßnahmen geantwortet werden. Die Beschlüsse des Europäischen Rates vom 19. und 20. Juni 2008 gehen in diese Richtung.

Die österreichische Entwicklungszusammenarbeit hat einen traditionellen Schwerpunkt im Bereich ländliche Entwicklung und Ernährungssicherheit. Wir fördern kleinbäuerliche Betriebe, mit besonderer Berücksichtigung von Frauen, tragen zu einer Verbesserung und Diversifizierung der Produktion insbesondere in der Subsistenzlandwirtschaft bei, arbeiten an rechtlichen

Aspekten der Landfrage und suchen den Zugang zu Information und Märkten zu verbessern. Die aktuelle Entwicklung bestätigt uns in unserer Überzeugung, dass dieser Zugang wichtig und richtig ist. Angesichts der mächtigen strukturellen Störfaktoren - internationale Handels-, Agrar- und Forschungspolitik -ist allerdings der Wirkungsgrad dieser Maßnahmen der Entwicklungszusammenarbeit sehr begrenzt.

VI.

Auch im Energiebereich werden derzeit die Armen vom Energiemarkt verdrängt, und zwar sowohl ganze Nationen - etwa kleine Inselstaaten, die praktisch zu 100 % von Energieimporten in Form von fossilen Brennstoffen abhängen - als auch die ärmeren Bevölkerungsschichten in Entwicklungsländern.

Der Zusammenhang zwischen Armut insgesamt und Energiearmut im Besonderen ist mittlerweile allgemein anerkannt. Der Weltgipfel über Nachhaltige Entwicklung von Johannesburg 2002 stellte fest, dass die Erreichung der Millenniumsziele nicht möglich sein wird, wenn nicht auch der Zugang zu modernen Energiedienstleistungen wesentlich verbessert wird. Rund 2,5 Milliarden Menschen haben zu Beginn des 21. Jahrhunderts keinen Zugang zu modernen Energiedienstleistungen und sind für Kochen und Beleuchtung auf Brennholz (meistens Äste), Tierexkremente und Kerosin angewiesen. Die Hemmnisse für den Entwicklungsprozess, die Gesundheitsgefährdung durch die Rauchentwicklung im Wohnraum und die Umweltbeeinträchtigung durch das wahllose Abholzen von Bäumen sind beträchtlich.

Elektrifizierung im ländlichen Raum liegt in Afrika bei 6 %. Ein Anschluss an die Industriegesellschaft - von der Wissensgesellschaft, in der der Westen längst lebt, ganz zu schweigen - ist unter diesen Umständen ausgeschlossen. Die Diskrepanz im Pro-Kopf-Verbrauch von Energie ist ein guter Gradmesser für globale Gefälle im Allgemeinen.

Die afrikanischen Staaten, die als Gruppe am stärksten von Energiearmut betroffen sind, haben in den letzten Jahren große Anstrengungen unternommen, um die Energieversorgung ihrer Bevölkerungen zu verbessern. Von Bedeutung sind insbesondere die regionalen Powerpools, die - über die engere energiewirtschaftliche Rolle hinaus - einen wichtigen Faktor der Regionalintegration darstellen.

In den großen afrikanischen Regionen ist die Situation recht unterschiedlich. Die Regionalorganisation ECOWAS hat vor einigen Jahren, in enger Zusammenarbeit mit dem Entwicklungsprogramm der Vereinten Nationen, ein Whitepaper über die Verbesserung des Zugangs zu grundlegenden Energiedienstleistungen im ländlichen Raum verabschiedet, an dessen Umsetzung auch die österreichische Entwicklungszusammenarbeit beteiligt ist. Ein Energie-Effizienz-Programm für die Westafrikanische Union ist in Ausarbeitung. Ein regionales Energiezentrum soll, auch mit Hilfe der UNIDO und der österreichischen Entwicklungszusammenarbeit, die Staaten der Region in energiepolitischen Belangen unterstützen. In der Region der SADC-Staaten im südlichen Afrika (Southern African Development Community) fehlt dagegen noch jede gemeinsame regionale Energiestrategie. Das SADC-Sekretariat verfügt über einen einzigen Experten, der für Infrastruktur, inklusive Energieangelegenheiten, zuständig ist. Die Generaldirektion für Entwicklungszusammenarbeit der Europäischen Kommission hat die integrative Kraft von länderübergreifenden Infrastrukturen erkannt und mit der sogenannten Infrastruktur-Initiative (und dem beigeordneten Trustfund) eine Möglichkeit der Förderung von Investitionsprojekten in den Bereichen Energie, Wasser, Transport und Telekommunikation geschaffen.

Die neue Energiepolitik der EU rückt naturgemäß das Interesse der EU-Mitgliedsstaaten in den Vordergrund, ihren Energiebedarf sicher zu decken. In der Außendimension dieser neuen Energiepolitik wird der Hauptakzent folgerichtig auf die Sicherung der Energieversorgung für die EU gelegt.

Angesichts der weiter ansteigenden Nachfrage aus der EU, anderen Industriestaaten und den neuen Großverbrauchern China und Indien wird der Energiemarkt, solange er nach den allgemeinen Marktregeln funktioniert, die Marktteilnehmer, die sich unablässig kletternde Energiepreise nicht (mehr) leisten können, einfach ausscheiden, wenn es genügend andere Abnehmer gibt, die zahlen. Die Entwicklungschancen des afrikanischen Kontinents hängen somit zu einem nicht geringen Teil von der zukünftigen Gestaltung der weltweiten Energiesysteme ab.

Eine der stärksten Auswirkungen des unnachhaltigen Umgangs mit Energie ist der Klimawandel, der nach Meinung vieler namhafter Wissenschaftler bereits eingesetzt hat. Soll der Anstieg der Durchschnittstemperaturen bis zum Jahre 2050 auf unter 2 Grad Celsius gehalten werden, wie es die derzeitige EU-Klimapolitik fordert, so müssten die weltweiten CO_2-Emissionen weit unter die 1990er-Marke sinken. Dies erscheint vielen Wissenschaftlern als praktisch unmöglich. Der für die Weltbank erstellte Stern-Report warnt davor, dass Nicht-Handeln in Klimaangelegenheiten langfristig jedenfalls teurer komme als Handeln. Er beziffert die Kosten für angemessene Maßnahmen zur Stabilisierung des globalen Weltklimas auf rund 1 % des Bruttoinlandprodukts.

Ohne Mitigationspolitik abzuschreiben – die Anstrengungen zu einem Folgeabkommen zu dem 2012 auslaufenden Kyoto-Protokoll laufen ja auf Hochtouren –, stellt sich die Welt bereits zunehmend darauf ein, mit den Folgen des Klimawandels zu leben, sich zu adaptieren.

In Ländern wie Österreich werden Gletscher und Berglandschaften und der Massenskitourismus betroffen sein, Wetter- und Niederschlagsmuster werden sich ändern. Die Hauptauswirkungen des Klimawandels werden aber wiederum in den ärmsten Ländern am gravierendsten zu spüren sein, ironischerweise in jenen Ländern, die – aufgrund ihrer vorindustriellen Wirtschaftsstrukturen und des geringen Pro-Kopf-Energieverbrauchs – am wenigsten zur Akkumulierung von Treibhausgasen in der Atmosphäre beigetragen haben. Der Human-Development-Bericht 2007 beziffert die Kosten, um die derzeitige Entwicklungszusammenarbeit „klimasicher" zu machen, auf 44 Milliarden US-Dollar pro Jahr bis 2015. Für die Adaptierung von ganzen Volkswirtschaften an den Klimawandel werden noch viel größere Beträge nötig sein.

Die internationale Zusammenarbeit zur Stabilisierung des globalen Weltklimas ist ein gutes Beispiel für relativ neue Ziele, die in aktive Konkurrenz zu den „alten" Zielen der Entwicklungszusammenarbeit treten. Es geht um die ausreichende Bereitstellung von globalen öffentlichen Gütern, wie eben die Stabilität des Weltklimas, oder auch um Schutz vor ansteckenden Krankheiten (wie die Vogelgrippe) oder funktionierende Rechtssysteme (organisiertes Verbrechen operiert global und nützt als Basis Länder oder Regionen, in denen die Rechtsstaatlichkeit schwach ist). Da es derzeit kaum separate Finanzierungsquellen für globale öffentliche Güter gibt, wird deren Bereitstellung zunehmend aus ODA finanziert werden. Wenn die Summen, die derzeit in die Bekämpfung des Terrorismus gesteckt werden, ein Hinweis sind, dann wird die Entwicklungszusammenarbeit auch in Zukunft sehr um ausreichende Finanzierung für ihre genuinen Zielsetzungen kämpfen müssen

VII.

Internationale Entwicklungszusammenarbeit basiert auf einer optimistischen Wachstumsideologie. Armut soll überwunden werden, indem Wirtschaftswachstum gefördert wird – durch Aufbau von Infrastrukturen, Investitionen in Ausbildung und Gesundheit der Bevölkerung sowie die Ankurbelung des Privatsektors. Wir wissen freilich, dass die Welt – mit Ausnahme der Sonnenenergie, die uns vom Weltraum aus erreicht – ein geschlossenes

System ist, in dem alle Güter finit sind. Wachstum ohne Grenzen ist daher - und dies ist keine neue Erkenntnis - nicht möglich. Die demografische Entwicklung - nach konservativen Schätzungen der Vereinten Nationen wird die Weltbevölkerung im Jahr 2050 mindestens 9 Milliarden Menschen betragen, und die gegenüber heute zusätzlichen 3 Milliarden Menschen werden vor allem in der sogenannten Dritten Welt leben - erfordert mit Dringlichkeit, dass wir uns dieser Tatsache stellen.

Gerade das starke Wachstum der Volkswirtschaften in Indien und China und einigen anderen Schwellenländern bringt die Energie- und Nahrungsmittelmärkte so unter Druck, wie wir es derzeit erleben. Sowohl was fossile Brennstoffe als auch was Nahrungsmittel angeht, sind die Preise nicht durch eine Knappheit des Angebots gekennzeichnet. Die unterschiedliche Zahlungsfähigkeit der Marktteilnehmer führt jedoch zu Verdrängungen aus dem Markt, was bedeutet, dass die Entwicklungschancen ganzer Länder und die Ernährungssicherheit weiter Bevölkerungsschichten in direkter Korrelation zu den Produktions- und Konsumweisen der Reichen dieser Welt stehen. Fossile Brennstoffe, Nahrungsmittel und Wasser stehen in engen systemischen Zusammenhängen miteinander. Auch Biotreibstoffe können nicht das Allheilmittel sein. Die Vorläufer für Biotreibstoffe wachsen auf Ackerland, das oft auch für die Nahrungsmittelproduktion genützt werden könnte, und brauchen Wasser. Es wird also zunehmend um Abwägungen der Nachfrage nach Energie, Wasser und Nahrung gehen, die miteinander in Einklang gebracht werden muss. Der Marktmechanismus allein scheint nicht in der Lage zu sein, Entscheidungen herbeizuführen, die sozial ausgewogen und ökologisch verträglich sind.

Die größten Herausforderungen der nächsten 50 Jahre werden Fragen der Ressourcenverteilung sein. Entwicklungszusammenarbeit wird weiterhin ein Gebot der Mitmenschlichkeit und des wohlverstandenen Eigeninteresses sein, solange Hunderte Millionen Menschen in extremer Armut leben; sie wird jedoch - wenn sie weitgehend karitativ bleibt - wenig beitragen können, die Herausforderungen der Verteilungsgerechtigkeit effektiv zu bewältigen. Eine Entwicklungspolitik, die sich einer gerechten globalen Weltordnung verpflichtet weiß und nachhaltige Entwicklung für alle zu verwirklichen sucht, wäre dringlicher denn je.

Ziel 1: Beseitigung der extremen Armut und des Hungers
Zielvorgabe 1: Den Anteil der Menschen halbieren, deren Einkommen weniger als 1 Dollar pro Tag beträgt
Zielvorgabe 2: Den Anteil der Menschen halbieren, die Hunger leiden
Ziel 2: Verwirklichung der allgemeinen Primärschulbildung
Zielvorgabe 3: Sicherstellen, dass alle Buben und Mädchen eine Primärschulbildung vollständig abschließen können
Ziel 3: Förderung der Gleichheit der Geschlechter und Ermächtigung der Frauen
Zielvorgabe 4: Das Geschlechtergefälle in der Primär- und Sekundärschulbildung beseitigen, vorzugsweise bis 2005, und auf allen Bildungsebenen bis spätestens 2015.
Ziel 4: Senkung der Kindersterblichkeit
Zielvorgabe 5: Die Sterblichkeitsrate von Kindern unter fünf Jahren um zwei Drittel senken.
Ziel 5: Verbesserung der Gesundheit von Müttern
Zielvorgabe 6: Die Müttersterblichkeitsrate noch vor 2015 um drei Viertel senken.
Ziel 6: Bekämpfung von HIV/AIDS, Malaria und anderen Krankheiten
Zielvorgabe 7: Die Ausbreitung von HIV/AIDS zum Stillstand bringen und allmählich umkehren.
Zielvorgabe 8: Die Ausbreitung von Malaria und anderen schweren Krankheiten zum Stillstand bringen und allmählich umkehren.
Ziel 7: Sicherung der ökologischen Nachhaltigkeit
Zielvorgabe 9: Die Grundsätze der nachhaltigen Entwicklung in die Politik und Programme jedes einzelnen Staates einbeziehen und den Verlust von Umweltressourcen beseitigen.
Zielvorgabe 10: Den Anteil der Menschen um die Hälfte senken, die keinen nachhaltigen Zugang zu sauberem Trinkwasser haben.
Zielvorgabe 11: Bis 2020 eine erhebliche Verbesserung der Lebensbedingungen von mindestens 100 Millionen Slumbewohnern herbeiführen.
Ziel 8: Aufbau einer weltweiten Entwicklungspartnerschaft
Zielvorgabe 12: Ein offenes, regelgestütztes, berechenbares und nicht diskriminierendes Handels- und Finanzsystem weiterentwickeln. Dies umfasst die Verpflichtung auf eine gute Regierungs- und Verwaltungsführung, die Entwicklung und Armutsreduzierung sowohl auf nationaler als auch auf internationaler Ebene.

Zielvorgabe 13: Den besonderen Bedürfnissen der am wenigsten entwickelten Länder Rechnung tragen. Dies umfasst einen zoll- und quotenfreien Zugang für Exportgüter dieser Länder, ein verstärktes Schuldenerleichterungsprogramm für die hoch verschuldeten armen Länder und die Streichung der bilateralen öffentlichen Schulden sowie die Gewährung großzügiger öffentlicher Entwicklungshilfe für Länder, die zur Armutsminderung entschlossen sind.

Zielvorgabe 14: Den besonderen Bedürfnissen der Binnen- und kleinen Inselentwicklungsländer Rechnung tragen.

Zielvorgabe 15: Die Schuldenprobleme der Entwicklungsländer durch Maßnahmen auf nationaler und internationaler Ebene umfassend angehen und so die Schulden langfristig tragbar werden lassen.

Zielvorgabe 16: In Zusammenarbeit mit den Entwicklungsländern Strategien zur Beschaffung menschwürdiger und produktiver Arbeit für junge Menschen erarbeiten und umsetzen.

Zielvorgabe 17: In Zusammenarbeit mit den Pharmaunternehmen erschwingliche unentbehrliche Medikamente in den Entwicklungsländern verfügbar machen.

Zielvorgabe 18: In Zusammenarbeit mit dem Privatsektor dafür sorgen, dass die Vorteile der neuen Technologien – insbesondere der Informations- und Kommunikationstechnologien – genutzt werden können.

Österreichische Außenpolitik vor neuen Aufgaben

Eva Nowotny

We are at a moment, when the international system is in a period of change like we have not seen for several hundred years.

Henry Kissinger

Die Feststellung, dass sich in den letzten 20 Jahren nahezu alle Parameter der österreichischen Außenpolitik grundlegend geändert haben, ist zwar ein Gemeinplatz, aber dennoch wahr. Der Zusammenbruch der bipolaren Weltordnung, die die zweite Hälfte des 20. Jahrhunderts bestimmt hat, der unipolare, auf militärische Vormachtstellung gegründete Machtanspruch der USA, die Erweiterung der Europäischen Union, ihr Anwachsen in Mitgliederzahl und internationaler Bedeutung sowie die österreichische Mitgliedschaft in der EU, sie alle zwingen uns dazu, die Situation Österreichs, unsere Interessen und unsere Rolle in der Welt zu überdenken, neu zu bewerten und sie dort den neuen Gegebenheiten anzupassen, wo dies notwendig ist. Geändert haben sich allerdings nicht nur die äußeren Rahmenbedingungen, gemäß derer die österreichische Außenpolitik definiert und gestaltet wird, sondern auch deren Formen, Abläufe und vor allem auch deren Akteure.

Als ich 1973 in das Außenministerium eintrat, war das erste Stück, das man mir als Pflichtlektüre vorlegte, der sogenannte „Runderlass über die Formen der schriftlichen Aktenerledigung", eine Zusammenfassung der Regeln, die den schriftlichen Verkehr innerhalb des Ministeriums, zwischen dem Ministerium und Vertretungsbehörden sowie zwischen den einzelnen Regierungsstellen bestimmten. Davon ist heute nicht mehr viel übrig geblieben. Der elegant formulierte politische Bericht mit tiefschürfenden Betrachtungen über Niveau und Natur der bilateralen Beziehungen gehört ebenso der Vergangenheit an wie die Bandakopie, die Wachsmatrize oder der Lochstreifen des Telex und musste der inhaltlich präzisen und knapp formulierten E-Mail-Nachricht weichen. Zusätzlich zu den Nationalstaaten, die traditionell Außenpolitik und internationale Entwicklungen getragen haben, sind zahlreiche neue Akteure auf den Plan getreten: Transnationale

Unternehmen sowie transnational agierende Nichtregierungsorganisationen verfolgen internationale politische Agenden und sind damit relevante Spieler geworden, ebenso wie die zahlen- und bedeutungsmäßig wachsenden internationalen Organisationen. Auch innerhalb der Nationalstaaten kann der Anspruch der Außenministerien, allein für die Gestaltung der internationalen Beziehungen verantwortlich zu sein, nicht mehr aufrechterhalten werden. Nahezu alle Regierungsstellen, aber auch Länder, Städte und Gemeinden sind international vernetzt, ebenso wie Interessenvertretungen und andere Organisationen, und nehmen durch diese Vernetzung aktiv teil an den Außenbeziehungen des Landes.

Es sind gerade die ständig wachsende Vernetzung aller maßgeblichen Akteure, die Schnelligkeit internationaler Kommunikation, die niedrigen „Transaktionskosten", die das wesentliche Merkmal der globalisierten Welt ausmachen - einer Welt, die dabei ist, zu einem großen Wirtschaftsraum zusammenzuwachsen, in der ein Ereignis in einem entfernten Staat Erschütterungen in anderen Erdteilen auslösen kann, in der die internationalen Grenzen, die so lange Charakteristikum der Souveränität waren, in mehr als einem Sinn porös geworden sind. Diese neuen Gegebenheiten verlangen auch ein Umdenken, eine Neudefinition des Begriffes der nationalen Souveränität. Lag traditionell die Betonung auf Autonomie, auf der vermeintlichen Freiheit, unabhängig von äußeren Einflussnahmen selbstständig entscheiden zu können, so geht es in einer neuen Definition des Konzepts der Souveränität vor allem um die Fähigkeit, dort teilzunehmen und dabei zu sein, wo für das eigene Land relevante Entscheidungen getroffen werden, und an den transgouvernementalen Netzwerken jeder Art mitzuwirken. In diesem Sinne ist auch das Pochen auf eine unipolare Vormachtstellung der USA lediglich im strikt militärischen Sinn noch von Bedeutung. In allen anderen Bereichen hat, wie der Präsident des New Yorker Council of Foreign Relations, Richard Haass, vor kurzem in einem Artikel in *Foreign Affairs* ausgeführt hat, der Übergang zu einer non-polaren Welt bereits stattgefunden. Dies ist nicht nur eine Konsequenz aus dem Aufstieg zahlreicher anderer Staaten und Organisationen oder ein Ergebnis von Schwächen oder Fehlentscheidungen der amerikanischen Politik. Es ist auch eine unvermeidbare Konsequenz der Globalisierung und der internationalen Vernetzung. Die Globalisierung hat das Volumen, die Geschwindigkeit und die Bedeutung von grenzüberschreitenden Kontakten in nahezu jedem Bereich der internationalen Beziehungen verstärkt - von Nachrichten und Information über Umweltbelastungen, Waren, Reisenden bis zu Viren, Waffen oder Drogen. Viele dieser grenzüberschreitenden Kontakte finden außerhalb der Kontrolle der Regierungen statt, oft sogar ohne ihr Wissen und ohne ihr Zutun. Damit findet eine quasi natürliche Schwächung der staatlichen Gewalt statt und eine Stärkung des Handlungsspielraums und der internationalen Handlungsfähigkeit von nichtstaatlichen Akteuren.

Komplexe vernetzte und interdependente Systeme sind allerdings auch verletzlich und unfallträchtig. Sie brauchen, um reibungslos zu funktionieren, Steuerung und Wachsamkeit, und darin liegt zunehmend die Hauptaufgabe, die Hauptverantwortung aller Akteure im internationalen System.

Die letzten 60 Jahre haben Österreich Frieden und Wohlstand gebracht. In der zwar gefährlichen und spannungsreichen, aber doch auch statischen Atmosphäre des Kalten Krieges ist es Österreich gelungen, für sich eine international nützliche und anerkannte und im Inland identitätsstiftende Funktion zu besetzen – die immerwährende Neutralität und aktive Neutralitätspolitik an der Schnittstelle der zwei großen Paktsysteme, Plattform und Drehscheibe für Verhandlungen und mannigfaltige Kontakte zwischen West und Ost. Österreich hat diese Funktion im Rahmen einer Weltordnung aufbauen können, die von Demokratie, der Achtung der Menschenrechte, der Ablehnung von Krieg und Gewalt, der wachsenden weltweiten Zusammenarbeit bei der Bewältigung gemeinsamer Probleme und der immer dichter werdenden gegenseitigen Abhängigkeit der Staaten bestimmt war. Immerhin wurde der Helsinki-Prozess, die Konferenz für Sicherheit und Zusammenarbeit in Europa, bereits 1975, nach jahrelangen vorbereitenden Verhandlungen, eingeleitet.

In der eingangs geschilderten neuen Situation sind diese Pfeiler der bisherigen internationalen Ordnung geschwächt. Sie wieder tragfähiger zu machen muss Kernanliegen der österreichischen Außenpolitik auch im 21. Jahrhundert sein – geleitet von der Überzeugung, dass die Welt nicht mehr bestimmt wird vom Machtanspruch von Großmächten, die einander tatsächlich oder potenziell feindlich gegenüberstehen, sondern vom Ausmaß, in dem es gelingt, die immer engeren gegenseitigen Abhängigkeiten politisch und im Sinne einer für alle positiven Entwicklung zu gestalten. Voraussetzung dafür ist, dass sich in der österreichischen Bevölkerung das Bewusstsein verankert, ihr Schicksal und die immer stärker werdende internationale Vernetzung aktiv mitgestalten zu können, an einer Weltordnung mitwirken zu können, in der ihre existenziellen Interessen gewährleistet sind und von der man profitiert. Es wäre sinnlos, kontraproduktiv und irreführend, der Bevölkerung vorzugaukeln, Österreich von den von außen herandrängenden Änderungen abschotten zu können, und Ängstlichkeit zur Leitmaxime der Außenpolitik zu erheben. Außenpolitik muss vielmehr von Gestaltungswillen, Gestaltungsfreude und dem Bewusstsein geprägt sein, dass es nicht nur moralisch, sondern auch in unserem ureigenen Interesse ist, an der Schaffung einer menschengerechten und zukunftsoffenen Weltordnung mitzuwirken.

Daraus leiten sich in logischer Konsequenz einige Handlungsaufträge ab, von denen angesichts der gebotenen Kürze nur einige wenige als Fallbeispiele näher erläutert werden können.

An erster Stelle muss hier wohl die aktive Mitarbeit Österreichs an der Stärkung der internationalen Organisationen stehen, nicht nur im Interesse des UNO-Sitzes Wien, sondern vor allem, weil letztlich die internationalen Organisationen die neue Weltordnung entwickeln, tragen und absichern. Mit dem Ende des Kalten Krieges haben die Vereinten Nationen aufgehört, Spielwiese für die Inszenierung des Ost-West-Konfliktes zu sein und Bühne für die Bestrebungen der sogenannten „Dritten Welt", sich gegenüber den beiden mächtigen Kontrahenten zu profilieren. Das hat zunächst Anlass zu euphorischer Hoffnung gegeben, dann aber in der ernüchternden Erkenntnis geendet, dass nunmehr die Gefahr besteht, dass die multilaterale Diplomatie und ihr Herzstück, die Vereinten Nationen, gegenüber einem neu entflammten Machtstreben von Großmächten ins Hintertreffen geraten. Der Welt droht damit ein Rückfall ins 19. Jahrhundert.

In den mehr als 50 Jahren seiner Mitgliedschaft in den Vereinten Nationen hat Österreich immer wieder gewisse Themen besetzt, an denen konsequent weitergearbeitet werden sollte. So tragen zum Beispiel viele grundlegende internationale Konventionen und Akte des Völkerrechts österreichische Handschrift, wurden von österreichischen Diplomaten entworfen, geschrieben und verhandelt. Dieser Beitrag zur Entwicklung des Völkerrechts ist nicht nur eine Leistung im Sinne der Stärkung eines internationalen Ordnungssystems, sondern hat Österreich viel Anerkennung und Respekt in der Völkergemeinschaft gebracht, ebenso wie unser konsequentes Eintreten für die Menschenrechte, für Freiheit, Abrüstung und internationalen Dialog, für das Recht auf ein Leben in Würde, sozialer und wirtschaftlicher Sicherheit und in einer lebenswerten Umwelt. Zu all diesen Themen hat sich Österreich immer wieder in positiver Art und Weise eingebracht. Sie müssen auch in Zukunft Arbeitsauftrag sein und bleiben.

Ebenso liegt es im Interesse Österreichs, sich in die notwendigen strukturellen Reformen der Vereinten Nationen engagiert einzubringen, die Position und das moralische Gewicht des Generalsekretärs stark zu halten und an einer Reform des Sicherheitsrats mitzuwirken, die den geänderten Kräftekonstellationen des 21. Jahrhunderts Rechnung trägt.

Aber nicht nur die internationalen Veränderungen haben Umfeld und Handlungsspielraum der österreichischen Außenpolitik grundsätzlich beeinflusst, sondern vor allem und in noch viel höherem Maße die Mitgliedschaft

Österreichs in der Europäischen Union. Außen- und Innenpolitik mischen sich in Bereichen der Politik, die zu EU-internen Angelegenheiten mit starker Souveränitätsübertragung geworden sind.

Für Österreich stellen sich vordringlich drei Aufgaben: Erstens, und das ist wohl das dringendste Gebot der Stunde, muss in der österreichischen Bevölkerung das Bewusstsein gestärkt werden, integraler Teil Europas zu sein. Es ist ein schweres Versäumnis, wenn nicht ein Versagen der österreichischen Politik, dass sie es nicht verstanden hat, die Begeisterung der Beitrittsentscheidung auch für den Alltag in der Europäischen Union zu konsolidieren; dass sie es zugelassen hat, dass in einem Land mit jahrhundertelanger supranationaler Geschichte kleingeistiger und engstirniger Nationalismus und Populismus an Raum gewinnt; dass in dem Land, das materiell und immateriell am meisten von der Mitgliedschaft und den Entwicklungen der letzten Jahre profitiert hat, die Zustimmungsraten auf einen bedauerlichen Tiefpunkt absacken. Die Schuldzuweisungen an die EU sind zu oberflächlich und leichtfertig. Sicherlich ist die EU nicht perfekt, sicherlich ist vieles verbesserungswürdig, und einfachere und transparentere Entscheidungsfindung sowie mehr Bürgernähe, wie im Lissabonner Vertrag bereits festgelegt, sind notwendig. Das Meiste an dieser fatalen Situation ist jedoch hausgemacht und hat seine Wurzeln in mangelhafter Öffentlichkeitsarbeit und in einer unzulänglichen Erklärung der Abläufe. Nur allzu oft und nur allzu leicht wurde eine Art gegnerschaftliches Verhältnis zwischen Österreich und der EU herbeigeredet („Wir setzen uns durch", „Wir kämpfen für österreichische Interessen"). Nur allzu oft wurden Vertragsverletzungsverfahren bewusst in Kauf genommen. Nur allzu oft wurde „vergessen", die österreichische Öffentlichkeit darüber zu informieren, dass letztlich jede Entscheidung in Brüssel auch mit österreichischer Zustimmung oder zumindest Mitwirkung zustande gekommen ist. Ein radikales Umdenken und eine grundlegende Änderung der österreichischen Politik innerhalb der Europäischen Union sind dringend geboten, da andernfalls eine konstruktive und positive Mitarbeit in der Union nicht mehr möglich sein wird.

Zweitens wird es notwendig sein, Österreich auch für die Arbeit innerhalb der EU neu zu positionieren. Es ist selbstverständlich legitim, eigene Interessen zu wahren, nationale Anliegen in die Union einzubringen und nach Möglichkeit auch durchzusetzen, aber die Mitarbeit darf sich nicht darin erschöpfen. Es gibt eine breite Palette von Themen auf der Tagesordnung der EU, außerhalb von Verkehrspolitik, Universitätszugang und Nuklearenergie, und meiner Meinung nach ist es im zentralen Interesse Österreichs, sich zu allen anstehenden Fragen im Sinne einer Vertiefung der europäischen Integration und eines immer intensiver werdenden Zusammenwachsens der europäischen Staaten einzubringen.

Drittens haben sich nicht nur die Beziehungen zu den anderen EU-Staaten intensiviert, sondern auch zu den vielen Staaten, die nicht EU-Mitglieder sind. Als Staat mittlerer Größe, als ein Staat, der besonders stark unter den Folgen der früheren europäischen Zwistigkeiten gelitten hat, als besonders wohlhabender Staat mit weltweiten wirtschaftlichen und politischen Interessen muss Österreich an einem starken und politisch – wirtschaftspolitisch und sozialpolitisch – handlungsfähigen Europa gelegen sein. Die Mitgliedschaft Österreichs in der Europäischen Union ist der bei weitem wichtigste Parameter der Außenpolitik und bietet Österreich die Möglichkeit, in Bereichen und Regionen aktiv zu werden, wo solche Möglichkeiten einst nicht oder nur eingeschränkt bestanden hatten. So hat zum Beispiel die erfolgreiche Abwicklung des EU-Lateinamerika-Gipfels während der österreichischen EU-Präsidentschaft 2006 sowohl die politischen Kontakte zu den lateinamerikanischen Staaten intensiviert als auch viele interessante Perspektiven für wirtschaftliches Engagement in dieser Region eröffnet. Diese Möglichkeiten, dieser größere Aktionsrahmen, der sich durch unsere Mitgliedschaft in der Europäischen Union eröffnet hat, wurden nicht immer ausreichend genutzt. In zwei Bereichen vor allem, die traditionell immer im Zentrum der österreichischen Außen- und Sicherheitspolitik gestanden sind, liegt ein stärkeres Engagement im unmittelbaren Interesse Österreichs – in der Politik gegenüber den Staaten im östlichen und südöstlichen Europa sowie im strategischen Verhältnis zu den Staaten im Mittleren Osten.

Die grundlegenden Veränderungen in seiner unmittelbaren und etwas weiteren Nachbarschaft hatten für Österreich überwiegend stark positive Folgen: kulturelle, wirtschaftliche, politische und sicherheitspolitische. Es ist hauptsächlich das Verdienst der Europäischen Union und der Perspektive einer Mitgliedschaft in der Union, die eine friedliche und erfolgreiche Entwicklung der Region ermöglicht hat. Im positiven Bild gibt es jedoch auch Lücken, und einige der Probleme, die sich aus dem Zerfall Jugoslawiens ergeben haben, sind nach wie vor nicht bewältigt. Österreich ist von allen Entwicklungen in dieser Region unmittelbar und direkt betroffen und gefordert, in seiner Außenpolitik einen signifikanten Beitrag zur Stabilisierung der Region zu leisten. Von zentraler Bedeutung sind dabei vor allem die Fortsetzung der Bemühungen um eine rasche Klärung des endgültigen Status von Kosovo und der rechtlichen Unsicherheiten, die sich aus der einseitigen Unabhängigkeitserklärung ergeben haben; die aktive Unterstützung aller europäisch gesinnten demokratischen Kräfte in Serbien; die Förderung der intra-regionalen Zusammenarbeit aller Staaten dieser krisengeschüttelten Region; und vor allem das Festhalten an der Option für einen künftigen Beitritt aller Staaten des südöstlichen Europas zur Europäischen Union.

Eine Stabilisierung des Mittleren Ostens und Ruhigstellung der Region wird ohne eine Deeskalation im palästinensisch-israelischen Konflikt nicht zu erreichen sein. An einer vollständigen Lösung haben sich mächtige Staaten und führende Politiker bislang vergeblich versucht, und eine solche Lösung ist mit dem Wahlsieg der Hamas-Bewegung überhaupt in ferne Zukunft gerückt. Demokratien können die Hamas nicht als Verhandlungspartner akzeptieren, solange diese das Existenzrecht Israels nicht anerkennt und dem Terror nicht abschwört. Durch seine Geschichte hat Österreich eine besondere Verpflichtung, auf diesen Bedingungen zu bestehen. Aber andererseits ist abzusehen, dass ohne die Fortführung der Unterstützung durch die EU die administrativen und schwachen politischen Strukturen in den palästinensischen Gebieten vom endgültigen Zusammenbruch bedroht sind. Die daraus entstehende Anarchie wäre sowohl für Israel wie auch für Europa wahrscheinlich noch bedrohlicher als ein Hamas-Regime. In dieser Situation muss Kompromissen und pragmatischen Maßnahmen der Vorzug vor einer Suche nach einer völligen und umfassenden Beseitigung des Konfliktes gegeben werden. Da in der Region die Stellung der USA geschwächt ist und auch die innenpolitischen Zwänge den Handlungsspielraum der USA einengen, liegt es hauptsächlich an der Europäischen Union, sich um solche Kompromisse zu bemühen, und Österreich sollte diese Bemühungen nicht bloß unterstützen, sondern vorantreiben.

Es wäre aber selbst bei einem völligen Verschwinden des israelisch-palästinensischen Konfliktes nicht zu erwarten, dass sich der Mittlere Osten rasch zu einer friedlichen, aufstrebenden und demokratischen Region entwickelt. Europa hat hier zwei Optionen: Es kann sich gegenüber dieser Region abschotten, oder es kann die Berührungsflächen verbreitern und die Kontakte vermehren. Die erste Option verschärft auf Dauer die Probleme, ohne sie zu lösen. Anknüpfend an die Visionen und politischen Grundsätze von Bruno Kreisky sollte Europa vielmehr alles versuchen, um die zweite Option mit Leben zu erfüllen. In diesem Zusammenhang kommt auch der Weiterführung des interkulturellen Dialogs mit dem Islam und islamischen Würdenträgern in Europa eine ganz besondere Bedeutung zu.

Die internationale Ordnung nach dem Zweiten Weltkrieg wurde im Wesentlichen von den USA geschaffen. Sie wird nunmehr vor allem von den USA und Europa gemeinsam getragen. Weder die USA noch Europa alleine können sie für die Zukunft sichern und den Ansprüchen der Zukunft entsprechend fortentwickeln. Europa benötigt Amerika und Amerika benötigt Europa. So gesehen sind sie nicht Konkurrenten, zwei antagonistische Machtpole. Sie sind wechselseitig unverzichtbare Partner. Darauf haben beide Seiten Bedacht zu nehmen. Das verlangt aber auch, dass man Meinungsunterschiede und Unterschiede in der Politik toleriert, ohne daraus eine grundsätzliche Gefährdung der Partnerschaft abzuleiten. Im transatlantischen Verhältnis betrifft das insbesondere die Einstellung zum Einsatz von militärischer Gewalt im Allgemeinen und zum Krieg im Irak im Besonderen. Viele der europäischen Vorbehalte gegen diese militärische Intervention haben sich durch die katastrophalen Entwicklungen der letzten Jahre bewahrheitet. Schadenfreude jener, die diesen Krieg schon immer abgelehnt hatten, ist jedoch nicht angezeigt. Alle und vor allem Europäer, schon alleine durch die geografische Nähe, müssen daran interessiert sein, die allseits entstandenen Schäden und zusätzlichen Bedrohungen zu minimieren und den Weg in eine bessere Zukunft aufzuzeigen. Vor allem muss es aber im transatlantischen Verhältnis und in der Zusammenarbeit mit den USA darum gehen, sich auf die Bewältigung der Aufgaben zu konzentrieren, die sich der Welt insgesamt stellen – Sicherung der internationalen Ordnung, Sicherung des Freihandels und Maßnahmen zur Abwehr von Finanzkrisen, Schutz der Menschenrechte, gemeinsame Maßnahmen gegen internationale Kriminalität und die neuen Bedrohungsformen. Die politischen Strukturen, die in den letzten Jahren im transatlantischen Verhältnis aufgebaut wurden, bieten eine ausreichende Basis für die Arbeit an gemeinsamen Projekten. Österreich hat sich hier verstärkt einzubringen.

Österreich hatte durch lange Jahre einen diplomatischen Apparat, der hinsichtlich seiner Effizienz den Vergleich mit diplomatischen Diensten in etwa gleich großen europäischen Staaten nicht scheuen musste. In den letzten Jahren haben sich aber die Aufgaben quantitativ ausgeweitet und inhaltlich aufgefächert. Man hat versucht, dieser Entwicklung durch leichte Veränderungen in diesem Apparat Rechnung zu tragen. Größere grundlegende Reformen, die das Außenministerium an die neuen Anforderungen strukturell und institutionell anpassen würden, hat es aber nicht gegeben. Vor allem ist die budgetäre Dotierung, gemessen in Prozenten des Gesamtbudgets, nach wie vor dürftig. Durch die Personalkürzungen mussten einige Vertretungsbehörden geschlossen werden, und an vielen wurde Personal abgezogen. In vielen Sachbereichen können wir nicht länger mitreden oder mitbestimmen. Daraus erwachsen Österreich gravierende politische und wirtschaftliche Nachteile. Ein stärkeres Profil in der österreichischen Außenpolitik wird sich daher ohne eine bessere budgetäre und personelle Dotierung des bis ans Äußerste angespannten außenpolitischen Apparates nicht bewerkstelligen lassen. Im Gegenzug sind sicherlich auch weitere Einsparungen durch Auslagerung verschiedener Hilfsdienste und Rückstellung von reinen Prestigeprojekten wie auch durch den vermehrten Einsatz von „roving ambassadors“ durchaus möglich.

Darüber hinaus verlangen die neuen Aufgaben, vor denen die österreichische Außenpolitik steht, auch nach weiteren innovativen Maßnahmen, wie zum Beispiel: verstärkte Schulung; gründlichere, strukturierte Vorbereitung auf neue Posten und Aufgaben; gesichertes Wissensmanagement durch detailliertes „de-briefing“; Verflachung der Hierarchien; Beschleunigung des Informationsflusses und der Entscheidungsprozesse; Intensivierung der Zusammenarbeit mit anderen Ressorts, die ebenfalls international aktiv sind; Verbreiterung der Zusammenarbeit mit dem österreichischen Parlament, mit Interessenvertretungen und nachhaltigeres Bemühen um die Aufmerksamkeit der österreichischen Medien; verstärkte personelle Präsenz in der Europäischen Kommission und in internationalen Organisationen (auch durch Praktikanten und zeitweilig abgestellte Mitarbeiter) sowie Austausch von diplomatischem Personal mit anderen europäischen Außenämtern; Verbreiterung der Entscheidungsbasis durch Heranziehung von Experten, durch gezielte Nutzung internationaler Datenbanken und Forschungsinstitute und durch Förderung der einschlägigen Forschung auch in Österreich; gezielte Vorbereitung auf und Mitarbeit an der Entwicklung eines europäischen diplomatischen Dienstes.

Abschließend sei noch auf den wachsenden Handlungsbedarf zugunsten österreichischer Staatsbürger in Krisen- und anderen Notsituationen hingewiesen, wodurch dem konsularischen Dienst besondere Bedeutung zukommt. Ebenso muss angesichts der verschiedenen Visabetrugsfälle wie auch angesichts des immer stärker werdenden Migrationsdrucks der Aufrechterhaltung eines geordneten, gut funktionierenden und gut ausgestatteten konsularischen Apparates besonderes Augenmerk geschenkt werden.

Gesellschaft

Kinder-Lebenswelten

Ernst Berger

Kinder werden in Österreich – sofern sie nicht als zahlungskräftige Konsumenten angesprochen werden – vorwiegend als Bestandteil von Familien, der Elternfamilie, definiert. Ihre eigenständigen Interessen, deren Befriedigung in hohem Maße über gesellschaftliche Strukturen gesteuert wird, geraten oft ins Hintertreffen. Kinder werden nicht als handlungsmächtige Subjekte des politischen Geschehens wahrgenommen, da ihnen das Wahlrecht und die Möglichkeit des Lobbying fehlen.

Wenngleich in den letzten zwei Jahrzehnten merkbare Änderungen im Bewusstsein und in der gesellschaftlichen Realität stattgefunden haben – markante Kennzeichen sind die Senkung der Großjährigkeit auf das 18. Lebensjahr und die Senkung des Wahlalters auf das 16. Lebensjahr –, sind auch weiterhin sowohl die gesellschaftlich organisierten Rahmenbedingungen als auch die individuellen Einstellungen und Haltungen viel zu wenig an Bedürfnissen junger Menschen orientiert. Kinder und Jugendliche stoßen daher vielerorts an Grenzen, die ihre Entwicklungsmöglichkeiten beeinträchtigen. Wir orten hier eine wesentliche Quelle der oft beklagten Jugendprobleme, die sich dort verstärken, wo materielle und soziale Not hinzukommt. Es besteht daher ein dringlicher Bedarf nach Veränderung.

Die UN-Kinderrechtskonvention (KRK) 1989 hat Kindern und Jugendlichen Bürgerrechte zuerkannt, die für Erwachsene bereits seit langer Zeit selbstverständlich waren. Das ist die Voraussetzung für die Emanzipation der Kinder von familiären Anhängseln und Objekten behördlicher Verfügungen zu Rechtssubjekten und Trägern individueller Menschenrechte. Österreich ist Vertragsstaat der Kinderrechtskonvention – sie ist 1992 für Österreich in Kraft getreten. Auf völkerrechtlicher Ebene ist gewährleistet, dass österreichische Gesetze der Konvention entsprechen müssen. Die Konvention formuliert fünf Grundprinzipien: Überleben, Entwicklung, Schutz, Zugang zu Ressourcen und Partizipation. Die unmittelbare Anwendung durch österreichische Gerichte und Behörden ist allerdings durch einen „Erfüllungsvorbehalt", den Österreich bei der Ratifizierung angemeldet hat, derzeit ausgeschlossen. Eine

Verankerung der KRK in der Verfassung wird seit Jahren von jenen Kräften gefordert, die „Lobbying für Kinder“ betreiben, steht aber nach wie vor aus. Die Schaffung einer bundesweiten, weisungsunabhängigen Kinder- und Jugendanwaltschaft könnte zu einer Stärkung der gesellschaftlichen Position junger Menschen beitragen. Zu ihren Aufgaben sollte es unter anderem gehören, einen regelmäßigen (zum Beispiel zweijährlichen) „Bericht zur Lage junger Menschen in Österreich“ dem Parlament vorzulegen, der auf der Grundlage eines entsprechenden Monitoring aller relevanter Lebensbereiche junger Menschen erstellt wird. Der derzeitige ministerielle „Jugendbericht“ wird diesem Bild nicht gerecht.

Ökonomische Aspekte

Kinder stellen in der Gruppe der von Armut betroffenen oder gefährdeten ÖsterreicherInnen eine relevante Teilgruppe dar: 14 % der männlichen und 16 % der weiblichen unter 20-Jährigen sind armutsgefährdet, ein im Vergleich zur Gesamtgefährdung (12 %) erhöhtes Risiko. Knapp 30 % der 1,3 Millionen armutsgefährdeten und akut armen Österreicherinnen und Österreicher sind Kinder und Jugendliche unter 20 Jahren. Die Gründe für die Armutsgefährdung von jungen Menschen sind vielfältig: alleinerziehende Elternteile, Einkommensausfälle nach Trennung und Scheidung, größere Kinderzahl und jüngere Kinder – dies alles stellt, neben anderen Faktoren, ein spezifisches Armutsrisiko dar, das durch reduzierte Möglichkeiten der Berufstätigkeit (Mangel an Kinderbetreuung) bedingt ist. Kinder, die unter Armutsbedingungen aufwachsen, sind mit mannigfaltigen Risiken ihrer sozialen und gesundheitlichen Entwicklung konfrontiert. Maßnahmen der Gegensteuerung fallen in den Bereich der gesamtgesellschaftlichen Verantwortung und reichen von Konzepten der Grundsicherung für Familien (Grundeinkommen) zu ausreichender Verfügbarkeit von Kinderbetreuungsplätzen und anderen sozialen und ökonomischen Maßnahmen.

Ein weiteres Grundproblem besteht darin, dass Kinder als Menschen mit geringeren Bedürfnissen gesehen werden. Dies wird unter anderem aus der Konstruktion der EU-Skalen zur Berechnung des Nettoäquivalenzeinkommens der Haushalte deutlich, das der ersten Person ein Gewicht von 1,0 und den weiteren Personen über 14 Jahren Gewichte von 0,5 zumisst. Jüngeren Kindern unter 15 Jahren wird ein Gewicht von 0,3 (statt wie früher 0,5) zugeordnet mit dem Argument, dass jüngere Kinder einen geringeren ökonomischen Bedarf hätten als ältere Kinder und Erwachsene. Diese Sichtweise beruht wohl auf dem traditionellen Bild des Kindes als

„kleinem Erwachsenen" und auf der Tatsache, dass die Bedürfnisse der Kinder aufgrund ihrer Abhängigkeit leichter steuerbar sind. Diese Sichtweise trägt und zementiert die Stellung des Kindes als schwächstes Glied der Familie und muss überwunden werden! In der Wirtschaftsforschung und Wirtschaftsplanung ist auf eine adäquate Gewichtung von Kindern bei der Standardisierung von Haushaltseinkommen zu achten.

Unter der Voraussetzung des Selbstverfügungsrechtes sollten Kinder ein eigenständiges Grundeinkommen erhalten. Dazu gehören Transferzahlungen, die nicht vom wirtschaftlichen, beruflichen oder sozialen Status der Eltern abhängen und allen Kindern gleichermaßen gewährt werden.

Politik

Das umfassendste der aktuellen politischen Themen für Kinder (und Jugendliche) ist die Forderung nach der Aufnahme der UN-Kinderrechtskonvention in die österreichische Bundesverfassung. Auch wenn es mit einer Verfassungsbestimmung nicht unmittelbar gelingt, materielles Recht zu schaffen, werden auf diese Weise Rechtsprinzipien formuliert, die einen wesentlichen Beitrag zur Bewusstseinsbildung leisten können.

Die zentralen Punkte allgemeiner Rechte sind:
- das Recht auf Anerkennung als Rechtspersönlichkeit;
- das Recht auf Schutz der persönlichen Identität;
- das Recht auf den Schutz der Privatsphäre;
- das Recht auf Schutz vor jedweder Form von Diskriminierung;
- das Recht, die verfassungsgesetzlich gewährleisteten Rechte selbstständig auszuüben und selbst oder im Wege angemessener Vertretung durch die Eltern, andere gesetzliche Vertreter und geeignete Einrichtungen durchzusetzen;
- das Recht auf Partizipation in allen sie betreffenden Angelegenheiten, einschließlich des Rechts, sich zu informieren, die Meinung frei zu äußern und diese dem Alter und der Entwicklung angemessen berücksichtigt zu finden.

Das Recht auf Partizipation hat durch die Senkung des Wahlalters auf 16 Jahre einen wesentlichen Anstoß erhalten – dadurch werden junge Menschen zu Subjekten politischen Handelns und als „StimmbürgerInnen" auch zu einer relevanten Zielgruppe der politischen Entscheidungsträger. Das Modell der „Partizipation" reicht aber weiter: Es geht um Beteiligung und Mitbestimmung bei jenen gesellschaftlichen Prozessen, die die Lebenswelten junger Menschen betreffen. Die jungen Menschen, unabhängig von ihren Fähigkeiten und Fertigkeiten, ihrer sozialen, ethnischen und religiösen Herkunft, werden dabei als ExpertInnen für ihr Lebensumfeld anerkannt. Zugangsberechtigt sind alle Kinder und Jugendlichen ohne Einschränkungen; Kinder- und Jugendpartizipation ist selbstbestimmtes und demokratisches Handeln. Kompetente Begleitpersonen stehen beratend und unterstützend zur Seite und helfen bei der Umsetzung. Es ist Aufgabe der öffentlichen Institutionen, für die Verfügbarkeit der – bei Bedarf auch fachlich kompetenten – Begleitpersonen zu sorgen. Auf diese Weise kann eine „ZuschauerInnendemokratie" – unter Einbeziehung junger Menschen – weiterentwickelt werden zu einer demokratischen Gesellschaft.

Lebensbereich Familie

Die Stellung des Kindes als Teil der Familie ist durch vielfältige, zum Teil widersprüchliche Einflüsse bestimmt. Ökonomische Bedingungen der Familie und die Tatsache der vollständigen ökonomischen Abhängigkeit der Kinder stellen unter diesen Faktoren zweifellos die wichtigsten dar. Der rasche Wandel der Familienstrukturen hat mannigfaltige Auswirkungen auf die Lebenssituation von Kindern. Haltungen und Einstellungen sind eine weitere Ebene, auf der in den letzten Jahrzehnten zweifellos Veränderungen zum Positiven stattgefunden haben. Als markanter Baustein dieser Veränderungen im Bewusstsein soll das Gewaltverbot in der Erziehung herausgegriffen werden. Vor fast 20 Jahren (1989) wurde das Gewaltverbot in der Erziehung auf Initiative des Kinderarztes Hans Czermak in das ABGB aufgenommen: „Die Anwendung von Gewalt und die Zufügung körperlichen und seelischen Leides sind unzulässig". Dieser Absatz ist Teil des § 146a, in dem festgehalten ist, dass das minderjährige Kind die Anordnungen der Eltern zu befolgen hat und die Eltern bei deren Durchsetzung auf die Persönlichkeit des Kindes Bedacht zu nehmen haben. Österreich war – hinter Schweden – ein europäischer Vorreiter bei der Formulierung des Gewaltverbotes. Die Evaluationsstudien, die seither durchgeführt wurden, zeigen, dass ein solches Gesetz, dem von seinen Gegnern ursprünglich die Durchsetzbarkeit abgesprochen wurde, durchaus geeignet ist, sukzessive zu Änderungen des Bewusstseins und damit auch der Lebensrealität beizutragen – die Häufigkeit von Gewalterfahrung nimmt deutlich ab. Allerdings ist auch festzuhalten, dass ein „harter Kern" von circa 15 % der Bevölkerung sich weiterhin zur Anwendung von Gewalt in der Erziehung bekennt.

In der öffentlichen Diskussion bildet sich dieser Themenkreis meist unter dem Titel „Kinder brauchen Grenzen“ ab. Nun ist es zweifellos richtig, dass Kinder Richtlinien brauchen, an denen sie sich in ihrer psychischen und sozialen Entwicklung orientieren können, und dass diese Richtlinien vor allem von den erwachsenen Mitgliedern der Gesellschaft – zu einem großen Teil von den Eltern – kommen müssen. Es spiegelt aber eher den aktuellen gesellschaftlichen Mainstream wider, wenn diese notwendigen Orientierungen als „notwendige Grenzen“ apostrophiert werden. Diese Darstellungsweise wird ja als Abgrenzung gegen den angeblich „grenzenlosen pädagogischen Liberalismus“ der 1970er Jahre verwendet. Dass der nicht so groß und grenzenlos war, zeigen die oben angeführten Tatsachen: Das Gewaltverbot in der Erziehung wurde erst 1989 kodifiziert, und immer noch gibt es eine nennenswerte Zahl Erwachsener, die sich zur Gewaltausübung bekennen. Der reale Kern, der sich in dieser Diskussion widerspiegelt, könnte etwa so formuliert werden: In einer Epoche tiefgreifender Wandlungen des sozialen Gefüges einer Gesellschaft, die mit der wachsenden Forderung nach Flexibilität und Mobilität einhergeht, verlieren „ewige“ Werte – auch in der Pädagogik – ihre Gültigkeit; die Eltern und auch die professionellen PädagogInnen haben damit weniger selbstverständliche und allgemeingültige Grundlagen, auf die sie ihre Erziehungshaltungen stützen können; dies wird vielfach als „Orientierungslosigkeit“ wahrgenommen.

Einrichtungen zur Kinderbetreuung sind die Nahtstelle zwischen dem Lebensbereich „Familie“ und den professionellen (zum Beispiel Kindergärten) oder semiprofessionellen (zum Beispiel Tagesmütter) Strukturen der sekundären Sozialisation. Diese Strukturen sind in Österreich seit mehr als 30 Jahren ein Zankapfel politischer Diskussion, die vor allem durch die Dominanz eines konservativen Familienbildes geprägt wird. Erst kürzlich ist ein Versuch, bundesweit zu einem nennenswerten Ausbau des Angebotes außerfamiliärer Betreuung zu gelangen, an diesem Familienbild gescheitert. Aus fachlicher (pädagogischer – psychologischer – kinderpsychiatrischer) Perspektive kann ein Zweifel an der Sinnhaftigkeit solcher Angebote nicht mehr begründet werden. Qualitätsvolle Betreuung mit ausreichender personeller Ausstattung ist für die kindliche Entwicklung nicht schädlich, sondern nützlich. Dienste der Kinderbetreuung sind primär als Dienste für Kinder und nicht primär für Eltern zu gestalten; diese Forderung hat inhaltliche und strukturelle Konsequenzen. Bei der Verfügbarkeit von Tagesbetreuungsangeboten in den ersten beiden Lebensjahren liegt Österreich weit unter dem europäischen Durchschnitt – hier ist ein Ausbau dringend nötig. Ab dem dritten Lebensjahr müsste es bundesweit einen Rechtsanspruch auf einen kostenlosen – auf Wunsch ganztägigen – Kindergartenplatz geben. Gerade bei der Diskussion um Kinderbetreuungseinrichtungen ist es notwendig, die suggestive Kraft des Terminus „Wahlmöglichkeit" zu entzaubern: Kinderbetreuung ist nicht mit technischen Versorgungsleistungen wie Stromlieferung oder Telefonanschluss zu vergleichen. Gefragt sind beständige, zuverlässige und qualitätsvolle Angebote.

Kindergesundheit

Wenn von Kindergesundheit die Rede ist, denken wir meist an die körperliche Gesundheit und verlieren die Definition der WHO, die vor fast 60 Jahren verfasst wurde, aus dem Blick: Gesundheit ist ein Zustand völligen körperlichen, seelischen und sozialen Wohlbefindens und nicht nur das Freisein von Krankheit und Gebrechen (WHO 1948). Schon in dieser Formulierung wurde der Gesundheitsbegriff über den traditionellen Rahmen hinaus erweitert und als komplexes Problem auf mehreren Ebenen (bio – psycho – sozial) definiert. Das Konzept der Salutogenese (Antonovsky 1997) stellt eine zusätzliche Erweiterung dar, die deutlich macht, dass „Gesundheit" nicht als Zustand betrachtet werden kann, sondern als Prozess zu sehen ist, in dem belastende Faktoren einerseits und schützende Faktoren andererseits auf allen drei Ebenen lebenslang wirksam sind. Wenn wir vor diesem Hintergrund versuchen, die Frage zu beantworten, was die Forderung nach dem Recht der Kinder auf Gesundheit am Anfang des 21. Jahrhunderts in reichen Industrieländern im Allgemeinen und in Österreich im Besonderen bedeuten kann, so finden wir – teilweise überraschende – Antworten in einem aktuellen Bericht der UNICEF,[1] der 21 reiche Länder in zahlreichen Details vergleicht:

- In Österreich sind 13,3 % der Kinder von relativer Armut betroffen. Diese Zahl ist insofern relevant, als Armut einer der wesentlichsten Faktoren der Gesundheitsbeeinträchtigung ist, weil sie zu einer Bündelung von Risiken führt: ungünstige Ernährung, schlechte Wohnbedingungen, schlechtere Ausbildung, schlechterer Zugang zu den Einrichtungen des Gesundheitswesens et cetera. Da die Einkommensunterschiede in den letzten Jahren ständig wachsen, müssen wir diesen Umstand ernst nehmen.
- Bei der Summation der Gesundheitsdaten liegt Österreich im unteren Drittel.
- Die Kennzahl der Kindersterblichkeit für Österreich (4,5 Todesfälle im 1. Lebensjahr per 1000 Lebendgeburten) liegt im Mittelfeld.
- Die Impfrate im 2. Lebensjahr liegt in Österreich mit 83 % am untersten Ende der OECD-Skala.

- Die Häufigkeit von Todesfällen durch Unfälle oder Verletzungen liegt bei 15 je 100.000 und damit deutlich über dem Durchschnitt.[2]

Die Hilfsangebote für Kinder mit psychischen Schwierigkeiten und Krankheiten sind in Österreich noch immer absolut unzureichend: Ein eigener Facharzt für Kinder- und Jugendpsychiatrie, wie er in den meisten Ländern Europas seit langem existiert, wurde erst 2007 geschaffen, und die von den Bundesländern einzurichtenden ambulanten und stationären Behandlungsangebote (kinderpsychiatrische und psychotherapeutische) sind im Österreichischen Strukturplan Gesundheit auf die lange Bank geschoben worden.

Somit müssen wir feststellen, dass die Chancengleichheit, von der die WHO spricht, noch keineswegs realisiert ist und Österreich im internationalen Vergleich nicht gut abschneidet. Wenn wir das Recht auf Gesundheit ernst nehmen, ist es eine gesellschaftliche Aufgabe, diesen Gefahren gegenzusteuern. Dies muss in erster Linie durch primäre Prävention geschehen: Die Lebensbedingungen junger Menschen müssen so gestaltet werden, dass sie eine stabile Zukunftsperspektive (Ausbildung, Arbeit ...) vorfinden, in kritischen Lebensperioden ausreichend Unterstützung und Hilfe (in der Peergroup und in professionellen Systemen) erhalten und nicht den Ausweg des Substanzmissbrauchs und der Sucht wählen müssen. Die moderne Sozialmedizin betont die Bedeutung des „sozialen Kapitals“: der Verankerung in sozialen Beziehungen, der subjektiven Empfindung von Vertrauen und Sicherheit, der aktiven Beteiligung an sozialen Aktivitäten. Es gehört zu den Pflichten einer wohlhabenden Gesellschaft, die Chancengleichheit herzustellen und für die - körperliche und seelische - Gesundheit von Kindern zu sorgen.

Jugendwohlfahrt

Die Jugendwohlfahrt - in Österreich auf der Grundlage eines Bundes-Rahmengesetzes föderalistisch organisiert - ist ein gesellschaftliches System, das sekundär-kompensatorische Aufgaben im Falle des Versagens primärer Strukturen (Familie et cetera) zu erfüllen hat, um adäquate Voraussetzungen für die Entwicklung von Kindern und Jugendlichen zu schaffen. Je mehr die zwischenmenschlichen Beziehungen Belastungen durch Veränderungen und Störungen des sozialen Gefüges ausgesetzt sind, desto größer wird die Nachfrage nach kompensatorischen Angeboten. Angriffe auf den Sozialstaat gefährden die helfenden Strukturen in besonderem Maße. Das System der

Jugendwohlfahrt wurde in den letzten Jahrzehnten weiterentwickelt: Aus einem System, das vorwiegend der sozialen Kontrolle und der materiellen Absicherung auf niedrigem Niveau diente, wurde – allerdings mit relevanten regionalen Unterschieden – ein System, das Hilfe und Unterstützung – materielle und psychosoziale – ins Zentrum stellt. Störungen intrafamiliärer Beziehungsstrukturen (Erziehungsnotstand, Gewalt in der Familie et cetera) werden durch verschiedene Unterstützungs- und Hilfsmaßnahmen („Hilfen zur Erziehung" – Beratung, Mediation et cetera) kompensiert. Dort, wo diese Hilfen nicht zum Erfolg führen, werden die Erziehungsaufgaben durch öffentlich finanzierte Einrichtungen (meist Wohngemeinschaften anstatt der traditionellen Erziehungsheime) übernommen. Diese Entwicklung wurde in den letzten Jahren durch drei Tendenzen in Frage gestellt:

- Störungen familiärer Beziehungsstrukturen (mit und ohne materielle Not) werden als selbstverschuldete Notlagen verstanden und der individuellen Lösung überlassen.
- Die Rolle staatlicher Einrichtungen wird in vermehrtem Maße als ordnungspolitische Aufgabe (law and order) verstanden – Hilfe tritt gegenüber Kontrolle und Strafe in den Hintergrund.
- Maßnahmen der Hilfe und Unterstützung werden der Selbsthilfe (Schlagwort „Bürgergesellschaft") überantwortet.

Demgegenüber ist auf der gesellschaftlichen Verantwortung für kompensatorische Hilfen zu insistieren: Dort, wo soziale oder individuelle Bedingungen zur Benachteiligung, Gefährdung oder Hilflosigkeit von jungen Menschen führen, müssen gesellschaftliche Institutionen dafür sorgen, dass altersadäquate Hilfsangebote zur Verfügung stehen und leicht zugänglich sind. Diese Hilfen dürfen nicht individueller oder karitativer Initiative überlassen werden. Sie müssen sich auf ressourcenorientierte Strukturen der Jugendwohlfahrt stützen. Die aktuelle Diskussion zur Novellierung des Jugendwohlfahrtsgesetzes könnte dazu eine Chance bieten. Es geht um die Festschreibung von Aus- und Fortbildungsstandards für die MitarbeiterInnen, um verbindliche (sozialwissenschaftlich begründete) Methoden der Berechnung des Personalbedarfs, um eine qualitätsorientierte Modellierung der Nahtstellen zu Nachbarbereichen (Schule, Kinder- und Jugendpsychiatrie ...) et cetera.

Kindergärten werden als subsidiäre außerfamiliäre Betreuungseinrichtungen und nicht als Bildungseinrichtungen betrachtet und damit in Konzeption und Verwaltung von den Bildungseinrichtungen abgekoppelt. In dieser Diskussion werden häufig zwei Bilder strapaziert: die vorschulische Betreuung als Raum für kindliches Spiel und die Schule als leistungsorientierte Bildungsstätte, die dem Wissenserwerb dient. Diese Bilder sind in der gesellschaftlichen Diskussion, nicht aber in der kindlichen Entwicklung als Gegensätze zu verstehen. Der Gegensatz der Bilder wird durch das Diktum „Mit der Schule beginnt der Ernst des Lebens" deutlich.

Blicken wir auf die kindliche Entwicklung, so zeigt sich, dass auch im Schulalter „spielerisches" Lernen und Entdecken eine der effektivsten Lernformen ist und dass im Vorschulalter „Lernspiele" eine höchst motivierende Beschäftigung sind. Die Qualität der Pädagogik, definiert durch die didaktische Kompetenz der PädagogInnen und die Verhältniszahl von SchülerInnen und PädagogInnen, entscheidet darüber, ob Kinder das Lernen als fremdbestimmten Vorgang erleben oder als lustvolles Erkennen der Welt. Die Dichotomie zwischen Kindergarten und Volksschule erklärt sich also keineswegs aus den Gesetzmäßigkeiten kindlicher Entwicklung, sondern aus der gesellschaftlichen Organisationsform der Institutionen. Für die Entwicklung der Kinder und ihre Lernmöglichkeiten wäre es viel besser, den Übergang weniger „hart" zu gestalten, in der Grundschule mehr Möglichkeiten der spielerischen und forschenden Aneignung von Welt zu etablieren und den Kindergarten als Bildungseinrichtung zu definieren, ohne den vermeintlichen „Ernst des Lebens" dorthin zu verlagern.

Die Diskussion um schulische Bildung bewegt sich seit mehreren Jahrzehnten um das - bisher unerreichte - Ziel einer gemeinsamen Schule der 6- bis 15- (oder 16-)Jährigen. Das österreichische Schulsystem ist nach wie vor durch das Faktum der geringen horizontalen Durchlässigkeit des Schulsystems geprägt, beruht auf vertikaler Gliederung und ist auf frühe - sozial determinierte - Selektion orientiert. Dieses System stammt in seiner Grundstruktur aus dem 19. Jahrhundert und hat mittlerweile musealen Wert. Es gehört zu den exorbitanten und fragwürdigen Leistungen der bürgerlichen Kräfte dieses Landes, dieses System für das dritte Jahrtausend konserviert zu haben. Seine Überwindung ist eine dringende politische Aufgabe. Ein weiteres Grundelement österreichischer Schule ist die Fiktion von der „homogenen Jahrgangsklasse": 25 (oder auch 30) Kinder gleichen Alters lernen aufgrund gleicher Voraussetzungen nach gleichen Strategien. Dieser Prämisse liegen zwei Annahmen zugrunde: Alle Kinder einer Altersstufe gleichen sich weitgehend in ihrer vorschulischen Entwicklung und können von einem Unterricht profitieren, der sich auf eine fiktive „Durchschnittskompetenz“ bezieht. Beide Annahmen sind falsch. Die Antwort, die unser Schulsystem schon seit vielen Jahrzehnten dieser Fehleinschätzung gegenüberstellt, war und ist die „äußere Differenzierung“ - die Gliederung in verschiedene Schultypen und damit die Aussonderung jener, die von diesem fiktiven Durchschnitt allzu weit abweichen. Dort, wo innerhalb dieser Strukturen über Individualisierung nachgedacht wurde und die Entwicklung der letzten 15 Jahre zumindest im Bereich der Grundschule die Möglichkeiten flexibler Gestaltung (Projektunterricht, offene Schuleingangsphase, verbale Beurteilung et cetera) wesentlich vergrößert hat, stießen diese Reformbemühungen stets an enge Grenzen, weil die verfügbaren didaktischen Konzepte und auch die strukturellen Bedingungen für eine konsequente Umsetzung nicht ausreichen, die Leistungsbeurteilung dem Konzept der Durchschnittsnorm folgt und sich pädagogische „Gerechtigkeit“ stets auf diesen Durchschnittswert bezieht. Die Antworten auf diese strukturelle und inhaltliche Krise des Schulsystems muss auf beiden Ebenen - der strukturellen und der inhaltlichen - formuliert werden: ein gemeinsamer Bildungsweg aller Kinder, der nahtlos vom Vorschulalter in die Schule und bis zum Ende der Schulpflicht führt; diese Schule bedarf der inneren Differenzierung im Modell der heterogenen Lerngruppen. Diese Vision könnte folgendermaßen aussehen: In einer Lerngruppe (die „Klasse“ wäre dann auch keine Jahrgangsklasse mehr) säßen Kinder etwa gleichen Alters, die der Mischung dieser Altersgruppe in einem bestimmten Wohngebiet entsprechen - solche, die sich bisher schnell entwickelt haben (einschließlich jener, die noch schneller als andere waren), solche, die mit deutscher Muttersprache aufgewachsen sind, gemeinsam mit jenen, die sich bisher langsam entwickelt haben, in der vorschulischen Phase wenig Wissen erwerben konnten, die (deutsche) Sprache weniger gut beherrschen, einschließlich der Kinder mit Behinderungen und so weiter. Dort, wo Schulklassen auch heute schon eine große Heterogenität aufweisen, wird diese Heterogenität als störend wahrgenommen, weil die Bedingungen auf Seiten der Schule dem nicht entsprechen. Aufgabe der Schule ist es, pädagogische Antworten auf diese Heterogenität, die der Lebenswirklichkeit entspricht, zu geben. Damit wandelt sich die Perspektive, und wir müssen - mit Georg Feuser - anders fragen: Die Frage ist nicht, ob ein Kind schulfähig ist, sondern ob eine Schule kindfähig ist. Das heißt, ob eine Schule die Voraussetzungen besitzt, allen Kindern einer heterogenen Gruppe die Möglichkeit zu bieten, ihren jeweiligen individuellen Voraussetzungen und Bedürfnissen entsprechend auf ihrem individuellen Niveau gemeinsam mit den anderen Kindern der Gruppe lernen zu können.

Migration, Integration

Migration ist ein Grundelement der heutigen europäischen Gesellschaften, das auch Kinder betrifft - als Teil von Familien oder auch als „unbegleitete minderjährige Flüchtlinge (UMFs)". Die Kinderrechtskonvention statuiert das unbedingte Recht der UMFs auf Betreuung durch die Jugendwohlfahrtsbehörde, die aber allzu oft aus Kostengründen den Weg der Vermeidung der Übernahme der Obsorge geht. Dies wäre aber die notwendige Voraussetzung für den Schutz und die Integration der Kinder. Dort, wo eine behördliche Altersfeststellung die Grundlage der Anspruchsberechtigung auf altersgerechte Behandlung darstellt, soll die „Bedürfnisdiagnostik" im Rahmen der psychosozialen Altersbestimmung[3] gegenüber aufwendigen und meist wenig verlässlichen körperlichen Untersuchungen im Vordergrund stehen.

Mit diesem Umstand eng verwoben ist das Problem des Kinderhandels („child trafficking") und der Ausbeutung von Kinderarbeit in unterschiedlichster Form (Prostitution, Produktion von kinderpornografischen Darstellungen und andere Formen sexueller Ausbeutung, Ausbeutung durch Zwang zu Kleinkriminalität, Straßenbettelei und Taschendiebstahl). Kinder sind aufgrund ihrer Abhängigkeit und ihres Erfahrungsmangels gegenüber verschiedensten Formen der Ausbeutung besonders anfällig. Die Ausbeutung durch Eltern oder nahe Verwandte macht die Bekämpfung der Ausbeutung besonders schwierig. Auf diese Probleme mit restriktiven gesetzlichen und administrativen Regelungen zu antworten ist eine unzureichende und in vielen Fällen auch die falsche Antwort. Der Schutz der Kinder ist als unbedingte, von den Behörden für Sicherheit und für Jugendwohlfahrt kooperativ zu lösende Aufgabe zu definieren.

Freizeit, Kultur, Lebensräume

Die kulturellen Angebote für Kinder haben in den letzten 15 Jahren zumindest in den städtischen Ballungsgebieten deutlich zugenommen. Dies geht aber mit der Tendenz parallel, alle Formen von Freizeitangeboten kommerziellen Bedingungen zu unterwerfen, was eine beträchtliche soziale Selektion zur Folge hat. Eine zentrale Aufgabe politischer Gestaltung in diesem Bereich ist es, auf die Verfügbarkeit nicht kommerzieller Freizeitangebote zu achten. Auch die Sicherung von frei zugänglichen Lebensräumen, die keinem vorgegebenen Zweck dienen, ist eine wichtige Aufgabe im kommunalen Bereich, da die Entwicklung in urban geprägten Industriegesellschaften die Lebensräume der Menschen in wachsendem

Maße der Logik der wirtschaftlichen Nutzung unterworfen hat und Räume, die keinem unmittelbaren „Nutzen" dienen, verloren gegangen sind. Diese Entwicklung beeinträchtigt die Entstehung informeller sozialer Kontakte, die insbesondere für sozialen Zusammenhalt und psychische Gesundheit von Kindern bedeutsam sind.

Anmerkungen

Dieser Aufsatz entstand unter Verwendung des Textes „Kinder - Jugend" von Helmut Wintersberger und Ernst Berger, nachzulesen auf der Website des Volksbegehrens „Sozialstaat Österreich", www.sozialstaat.at/argumente/kinder.shtml.

1 An overview of child well-being in rich countries, UNICEF Innocenti Research Center, Florenz 2007.
2 Die Unfallswahrscheinlichkeit ist höher bei Armut, niedrigem Bildungsgrad der Mütter, ungünstigen Wohnbedingungen, schwachen Familienbindungen etc.
3 Ernst BERGER, Max FRIEDRICH, Marihan KAYA, Psychosocial Age Assessment, in: Resource Book for Law Enforcement Officers in Good Practices in Combating Child Trafficking. Intern. Org. for Migration, Wien 2006.

Bewegte Jugend
Was bewegt die Jugend - was kann die Jugend bewegen - was bewegt sich für die Jugend?

Laura Rudas

Was ist unter dem Begriff „Jugend" zu verstehen?

Üblicherweise wird der Begriff „Jugend" an dem Alter festgemacht. Sie beginnt mit der Pubertät (durchschnittlich ab dem 12. Lebensjahr) und dauert bis zum Abschluss einer Berufsausbildung, wobei dieser in einer beträchtlichen zeitlichen Bandbreite liegen kann. Aber sind die Anliegen und Probleme 12-jähriger SchülerInnen mit denen 18-jähriger Lehrlinge oder 25-jähriger StudentInnen wirklich vergleichbar?

Welche Gemeinsamkeiten gibt es zwischen Jugendlichen mit unterschiedlichem sozialem Hintergrund? Ist die Situation urban lebender Jugendlicher mit der von Jugendlichen aus dem ländlichen Raum vergleichbar?

Der Versuch, das Denken, Fühlen und Verhalten von Kindern und Jugendlichen im Sinne eines einheitlichen Musters als „die Jugend" beziehungsweise als „die heutige Jugend" zusammenzufassen, ist kein Phänomen der Jetztzeit. Die Konstruktion von „Generationen" ist offensichtlich ein Bedürfnis. Besonders häufig werden vermutete oder tatsächliche Veränderungen gegenüber der jeweiligen Elterngeneration - meist auch von dieser selbst - zur Abgrenzung einer Generationsidentität herangezogen.

Jugend in Österreich

Am 1. Jänner 2008 lebten in Österreich 1,75 Millionen Menschen im Alter zwischen 12 und 28 Jahren. Das entspricht etwa einem Fünftel (21 %) der Gesamtbevölkerung.[1] Betrachtet man die Gruppe der 15- bis 24-Jährigen, sind es immer noch rund 15 %. Von dieser Gruppe sind etwa 15 % nicht in Österreich geboren beziehungsweise haben nicht Deutsch als Muttersprache.

Die Ergebnisse der PISA-Studien zeigen, dass Österreichs Schulsystem bei hohen Kosten nur im Mittelfeld der verglichenen Länder liegt. Die gemessenen Kompetenzen entsprechen etwa dem europäischen Durchschnitt, weisen jedoch eine überdurchschnittliche Streuung auf. Die Risikogruppen sind größer, die Gruppe der sogenannten SpitzenschülerInnen ist kleiner, und die Ergebnisse klaffen stärker auseinander als bei den SchülerInnen der in der Studie führenden Länder. Im europäischen Durchschnitt liegt die Korrelation von Leistung und familiärer Herkunft.[2]

Mehrfach sind Versuche, das Schulsystem nach zeitgemäßen pädagogischen Erkenntnissen zu reformieren – solche Versuche reichen bis zu 140 Jahre zurück –, jeweils an konservativen Haltungen gescheitert. Bestehende Bildungsziele können vielfach als anachronistisch bezeichnet werden. Die Institutionen des österreichischen Bildungssystems verstehen sich nicht als Dienstleistungsbetrieb der und für die Gesellschaft. Sie betonen vielmehr eine Selektionsaufgabe; der Auftrag, Bildung, Wissen, Fähigkeiten und Fertigkeiten zu vermitteln, tritt demgegenüber in den Hintergrund.

Betrachtet man Input (Kosten) und Output (gemessen an erreichten Kompetenzen) und ergänzt diese beiden Faktoren noch um die Zeit beziehungsweise Lebensjahre, die Jugendliche der Schulzeit widmen, so wird eine konservative Beharrungstendenz, die selbst Schaden für die eigenen Kinder in Kauf zu nehmen bereit ist, besonders unverständlich.

Das österreichische Schulsystem ist ein wesentlicher Faktor für die Aufrechterhaltung von sozialen Unterschieden und für die geringe soziale Mobilität. Die schulische Selektion der erst Zehnjährigen und damit ihre „Vorprogrammierung“ für höherwertige oder niedrigerwertige Bildungswege tragen deutlich schichtspezifische Züge. Aber nicht nur der Eintritt, sondern auch das Durchhaltevermögen in höherwertigen Bildungseinrichtungen ist stark an die soziale Herkunft gekoppelt. Wo elterliche Unterstützung mangels eigener Ausbildung oder mangels finanzieller Möglichkeiten, Nachhilfeleistungen zu kaufen, fehlt, kommen fast nur Jugendliche mit stark ausgeprägter visueller Merkfähigkeit zu höherwertigen Bildungsabschlüssen. Willkürlich eingebaute, anachronistische Hürden wie zum Beispiel Latein als Studienvoraussetzung verengen die Zugangsmöglichkeiten zu Universitäten stark auf ein traditionelles Bildungsbürgertum.

Was vielen Jugendlichen fehlt, ist das Wecken und/oder Erkennen und/oder Fördern von Interessen und Begabungen. Aber gerade das wäre eine der wichtigsten Aufgaben für die Schule, damit Jugendlichen der richtige Start in eine Berufslaufbahn oder den geeigneten weiteren Bildungsweg ermöglicht wird. Klassische Freizeitgebiete wie Sport, bildnerische Kunst oder Musik werden oft nicht motivierend näher gebracht, stattdessen wird ihnen durch ein „verschulendes" Angebot jede Attraktivität für die Zukunft genommen.

Arbeitsmarkt für Jugendliche

Junge Menschen bewerten in ihrer unmittelbaren Arbeitswelt beziehungsweise in ihrer jeweiligen Schulsituation ihre Situation sehr realistisch. Sie fühlen sich durch das österreichische Bildungssystem nicht ausreichend auf die Anforderungen der Arbeitswelt vorbereitet.[3] Hier trifft sich die Einschätzung - vor allem Jugendlicher, die bereits in der Arbeitswelt stehen - durchaus mit der der Wirtschaft. Spricht man mit Personalentwicklern aus Unternehmen, geht es diesen dabei nicht so sehr um fachspezifische Ausbildung, sondern um generelle Fähigkeiten und Fertigkeiten, die im realen Berufsleben gefragt sind. Die praxisferne Ausbildung spiegelt sich auch in der überproportional hohen Arbeitslosenquote für Jugendliche wider.

Die Ungleichwertigkeit von Bildungsabschlüssen und die mangelnde Durchlässigkeit des Bildungssystems bedingen massive Chancenungleichheit am Arbeitsmarkt.

„Höhere Bildung bedeutet eine höhere Partizipation am Arbeitsmarkt, ein geringeres Risiko der Arbeitslosigkeit und damit zusammenhängend bessere Einkommenschancen und niedrigere Armutsgefährdung."[4] Die Bildungsexpansion der 1960er und 1970er Jahre, die naturgemäß viele Vorteile hatte, hat den Nachteil gebracht, dass Bildungsabschlüsse insgesamt, besonders aber niedrige Abschlüsse - also Pflichtschulabschlüsse - gravierend an Wert verloren haben. Ein bloßer Pflichtschulabschluss bedeutet ein hohes Risiko der Arbeitslosigkeit und eine höhere Armutsgefährdung.[5] Auch unterschiedliche Bildungsrenditen am Arbeitsmarkt sind deutlich ausgeprägt. Laut Statistik Austria erhalten Männer für jedes zusätzliche Ausbildungsjahr einen um 7,7 % höheren Stundenlohn.[6] Personen mit ausschließlichem Pflichtschulabschluss liegen mit ihrem Einkommen rund 13 % unter dem Meridian (errechneter Mittelwert), AkademikerInnen 33 % über dem Meridian.[7]

Die Situation und die Zukunftsaussichten Jugendlicher auf dem Arbeitsmarkt hängen in hohem und in einem noch steigenden Ausmaß von dem erreichten Bildungsabschluss ab. Die Beibehaltung und Betonung der Ungleichwertigkeit von Bildungsabschlüssen derselben Schulstufe dienen vor allem dem Wettbewerbsvorteil und den ökonomischen Interessen der bildungsnahen sozialen Schichten auf dem Arbeitsmarkt.

Die Entwicklungen im Rahmen der Globalisierung verschlechtern die Chancen für österreichische Jugendliche auf dem Arbeitsmarkt zusätzlich. Der Verdrängungsprozess durch Länder mit niedrigeren Erwartungen in Bezug auf Löhne, geringeren sozialen Leistungen und mit geringerer sozialer Sicherheit ist wesentlich härter als der, den die Eltern der heute Jungen kannten. Industrie und Wirtschaft haben die neuen ökonomischen Chancen rasch und effizient genutzt, den Arbeitnehmern ist dies weit weniger gut gelungen. Die Schere zwischen Jugendlichen mit guten Zukunftschancen und jenen, die berechtigte Zukunftsängste haben, öffnet sich immer weiter. Das Grundbedürfnis, ein selbstbestimmtes Leben führen zu können und selbst gewählte Bildungswege und Berufslaufbahnen einzuschlagen, wird zunehmend weniger beachtet.

Unkontrollierter Wettbewerb droht die Zeit der Kindheit zu verkürzen

Unter der Annahme, dadurch die Wettbewerbsfähigkeit der Jugendlichen zu verbessern, wird der möglichst frühe Beginn von „Schulung" diskutiert. Das aber würde zur Verkürzung jener Zeit führen, die als „Kindheit" zur Entwicklung einer eigenen Persönlichkeit zur Verfügung stehen sollte. Die jeweils altersangemessenen Entwicklungsschritte werden beschleunigt und verlieren zunehmend den ihnen zustehenden Schutz. Fehlt die Möglichkeit zur altersgerechten Entwicklung, zu der auch freies Spielen und Entfalten gehört, werden gerade jene Leistungsfähigkeit und Leistungsmotivation eingeschränkt, die als Begründung für den frühen Schulungsbeginn angeführt werden.

Jugendkultur und Jugendszenen

Jugendliche wollen ihre Freizeit vor allem mit Gleichaltrigen verbringen. Kommunikation, Musik und Medien spielen die wichtigsten Rollen.

Die Pluralisierung der Lebensstile in unserer Gesellschaft hat auch vor der Jugendkultur und den Jugendszenen nicht haltgemacht. Jugendszenen sind ein wichtiges soziales Netz, das durch die gebotenen Identifikationsmöglichkeiten, durch die Freunde und durch Gruppenbildung wichtige Hilfen beim Erwachsenwerden leistet.

Die Jugendkultur ist zurzeit stärker als in der Vergangenheit differenziert. Dies ist einerseits auf die um Dimensionen gewachsene mediale Durchdringung, andererseits auch auf die Kommerzialisierung zurückzuführen

– Jugendkultur ist ein Profit versprechender Markt geworden. Positive Effekte dieser Entwicklung sind, dass „für jeden etwas" angeboten wird und dass die Teilnahme an mehreren jugendkulturellen Trends möglich geworden ist. Einstieg in und Ausstieg aus Jugendszenen ist niederschwellig, und – besonders wichtig – die soziale Herkunft spielt innerhalb von Szenen eine eher untergeordnete Rolle. Die Auswahl der Szenen hängt aber sehr wohl auch von den materiellen Möglichkeiten ab, die Jugendliche zur Verfügung haben. Die Accessoires der Szenenzugehörigkeit verursachen unterschiedlich hohe Kosten (Snowboard versus Hip-Hop).[8]

Wesentliche Schwerpunkte von Jugendszenen liegen bei Musik, bei Sport und Spiel. Auch sogenannte Protestgruppen gibt es nach wie vor – von vornehmlich unpolitischen bis zu NDP-affinen Subgruppen, Punks mit einem starken anarchischen Zug, gesellschaftliche Normen und Autoritäten in Frage stellend, und die von den Punks abgespaltenen, „düsteren" Gothics.

Musik spielt für fast jede dieser Jugendszenen eine wichtige Rolle, mit einem jeweils spezifischen Musikgeschmack. Ein spezifisches Styling erleichtert die Zuordnung und Identifikation. Gewaltbereit sind nur ganz wenige Subgruppen. Die Gewaltbereitschaft ist unter Jugendlichen nicht stärker ausgebildet als unter Erwachsenen. Allerdings fällt ein in Hemd und Krawatte seine Familie prügelnder Akademiker weniger auf als ein auf der Straße prügelnder Skinhead. Nicht nur Gewalt, auch ihre Ablehnung ist bei Jugendlichen wie bei Erwachsenen etwa gleich stark verbreitet.

Jugendszenen und Jugendkultur sind für die gesellschaftliche Entwicklung wichtig. Nur wenn Bestehendes in Frage gestellt wird, ist gesellschaftliche Weiterentwicklung möglich, und nur wer kreativ ist, wird Neues schaffen können. Die Teilnahme an Jugendkulturen bedeutet aber auch ausprobieren und erfahren – kreativ sein ist in einer Leistungsgesellschaft nicht leicht. Der Leistungsdruck der Gesellschaft macht auch vor der Freizeitkultur Jugendlicher nicht halt und verlangt mehr als nur Dresscode und Musik.

Jugend und Politik

Im Kontrast zur Elterngeneration gilt die Bevölkerungsgruppe der heute Unter-35-Jährigen als politik- und staatsverdrossen.

Wie kommt es dazu? Und wodurch kann Interesse an Politik geweckt werden?

Politikverständnis beginnt mit der Wahrnehmung und Einordnung politisch relevanter eigener Situationen. Das kann bereits im Kindergarten oder in der Volksschule sein, wenn Kindern unterschiedliche Herkunft, unterschiedliche

Sprache, unterschiedliche Behandlung durch Erwachsene bewusst wird. Sind Kinder in der Lage, ihre Wahrnehmungen zu artikulieren und mit Hilfe von anderen (Eltern, Geschwistern, LehrerInnen) einzuordnen, erwächst Politikverständnis.

Ob sich aber aus einem entstandenen Politikverständnis Engagement oder Politikverdrossenheit entwickelt, hängt sehr stark davon ab, ob und wie weit Kinder, Jugendliche und jugendliche Erwachsene Gestaltungsmöglichkeiten in ihrem unmittelbaren Umfeld sehen und nützen können.

Wenn Widerspruch und Protest in der Familie oder in der Schule konsequent sanktioniert und Handlungsansprüche unterbunden werden, dann wird auch ein perfekt vorgetragenes Unterrichtsfach „Politische Bildung“, selbst wenn mit kleinen „Demokratieübungen“ verbrämt, nicht verhindern, dass Jugendliche „politikverdrossen“ werden. Es verhält sich nämlich mit der Politik und Demokratie genauso wie mit allem anderen, was man unter „Erziehung“ subsumiert. Nur was selbst erlebt und was vorgelebt wird, wird langfristige Spuren im menschlichen Verhalten zeigen.

Mitbestimmung bereits für Vor- und Volksschulkinder ist zwar in vielen Familien – dank fortschrittlicher Erziehungsstile – nicht mehr ganz ungewöhnlich, in Kindergärten und Volksschulen aber noch kaum erkennbar. In der Sekundarausbildung gibt es Klassen- und Schulsprecher. Häufig wird allerdings „unliebsamen“ (aufmüpfigen) SchülerInnen von einer Kandidatur dringend abgeraten, werden die gewählten SprecherInnen seitens der Schule so sehr mit administrativen Aufgaben belastet, dass sie auf eine Wiederkandidatur verzichten. Respekt vor ihrem Amt fehlt oft, und Schutzbestimmungen für das Amt sind nicht vorgesehen. Die Ausübung der Funktion einer gewählten Interessenvertretung ist daher kaum möglich.

Steigen Jugendliche bereits mit 15 Jahren in das Berufsleben ein, wird es vielfach nicht besser. Nur wo Arbeitnehmervertretungen wirklich gut funktionieren, haben auch die gewählten Jugendvertrauenspersonen eine Chance, mit Hilfe ihrer BetriebsratskollegInnen Interessen wirksam zu vertreten.

Oft ist gegenwärtig zu hören, dass der Staat sich „nicht um alles kümmern könne“. Wenn junge Menschen das ständig hören, ist es nicht verwunderlich, dass sie sich ihrerseits weniger um den Staat kümmern wollen. Nur wenn Politik als Mittel zur Durchsetzung von Interessen erlebbar bleibt, kann dauerhaftes Politikinteresse erwartet werden.

Viele Entscheidungen, die bislang in den einzelnen Staaten, also in „spürbarer“ Nähe der BürgerInnen, getroffen worden sind, wurden zu internationalen Gremien verlagert. So wichtig der europäische Integrationsprozess auch ist – auf die dringliche Frage der „Spürbarkeit“ und der erlebten

Beeinflussbarkeit von Entscheidungen sind die geeigneten Antworten noch nicht gefunden worden. Politik muss ohne Gebrauchsanleitung verstanden werden. Sie muss einfach, spürbar und klar sein. Junge Menschen müssen politische Parteien voneinander unterscheiden können, auch ohne dafür ein eigenes Schulfach installiert zu bekommen. Politik darf die Menschen nicht täuschen. Unerfüllte – weil von der Politik nicht erfüllbare – Erwartungen führen zu Enttäuschungen. Politik muss sagen, was sie beeinflussen kann und was eben nicht.

Jugend und Partizipation

Wie bei allen Menschen beginnt auch bei Kindern und Jugendlichen das Interesse an Abläufen mit der eigenen Betroffenheit. Nahrung interessiert den, der Hunger hat, Spielzeug den, der spielen möchte. Nur wer lernt, eigene Wünsche und Interessen zu vertreten und durchzusetzen, lernt die Grundmuster von Politik. Die vielgescholtene, weil meist missverstandene antiautoritäre Erziehung hat hierbei einiges weiterbewegt. Leider haben sich ihre Prinzipien aber nur in Teilbereichen bürgerlicher Milieus verbreitet und – zumindest in Österreich – den Weg in die Bildungsinstitutionen nicht gefunden. Doch gerade in Bildungsinstitutionen kann und sollte man lernen, wie man Interessen artikuliert und vertritt, welche Spielregeln es innerhalb von Gruppen gibt und dass der eigene Alltag nicht nur fremdbestimmt, sondern auch selbstgestaltet sein kann. Konflikte austragen, Kompromisse finden und verstehen – das muss jeder selbst erleben, um zu verstehen, was sich in der „Politik“ abspielt. Wer solche Vorgänge nur durch die Medien beschrieben kennen lernt, wird auch seine Meinung auf jene der jeweiligen Medien beschränken.

Wenn wir es verabsäumen, die Standpunkte von Kindern und Jugendlichen in ihrem familiären, ihrem schulischen und ihrem beruflichen Umfeld ernst nehmen zu und sie lange vor Erreichen des Wahlalters an den sie betreffenden Entscheidungen teilhaben zu lassen, werden „Politik“ und „Staat“ für sie abstrakte Begriffe bleiben, die nichts mit ihnen zu tun haben. Die Wirtschaft hat das längst erkannt und nimmt Jugendliche zumindest als Konsumenten ernst.

Ist Neoliberalismus cool?

Fast als „bieder" erleben viele Angehörige der seinerzeitigen 68er-Generation die Jugend der frühen 2000er Jahre. Tatsächlich gibt es zurzeit weniger Demos, und Familie sowie längere Partnerschaften werden von den Jugendlichen als sehr wichtig erachtet. Im Zeitalter der Beschleunigung ist Sehnsucht nach Geborgenheit besonders verständlich.

Weder McJobs noch steigende Lebenshaltungskosten, noch die Aussicht, nach längerer Zeit erstmals wieder eine Generation ohne gesicherte Altersvorsorge zu sein, vermitteln ein Geborgenheitsgefühl. Und auch der Arbeitsmarkt toleriert keine „unkonventionellen" Stellensuchende.

Sind jetzt also Zeiten der Politisierung oder der Entpolitisierung?

Diese Frage lässt sich auch anders formulieren: Wie kann man über die wachsende Armutsgefahr in einem der reichsten Länder der Erde diskutieren, ohne über Verteilungsfragen zu reden?

Wie können Reallohnverluste bei massiv steigenden Gewinnen anders als politisch erklärt werden?

Wir wissen, dass stilles, duldsam-ergebenes Teilnehmen am Konsum keine Antworten gibt und keine Lösungen liefert. Wir wissen, dass die Anbieter „einfacher" Lösungen von rechts außen eine hohe Anziehungskraft entfalten können. Die Forderung nach einem Rückzug der Politik aus möglichst vielen Lebensbereichen ist selbst eine zutiefst politische Forderung. Weniger Staat, mehr was? Weniger Staat, mehr Konzerne ist wohl nicht gemeint.

Es ist Aufgabe der demokratischen Parteien und der Gewerkschaften in Europa sicherzustellen, dass die unbestrittenen Chancen des Vereinigungsprozesses nicht mit einer Verschlechterung der Rechte der europäischen ArbeitnehmerInnen erkauft werden.

Zukunft

Es ist oft schwer auszumachen, ob das angebliche Politikdesinteresse der jungen Menschen eine besorgte Warnung oder eine Wunschvorstellung ist. Handlungsauftrag besteht in jedem Fall.

Nichts deutet darauf hin, dass jungen Menschen die Bedingungen, unter denen sie selbst künftig leben werden, egal sind. Also müssen sie in die Gestaltung dieser Bedingungen eingebunden sein. Zukunft bedeutet Chancen, und diese müssen gerecht verteilt sein. Bei politischen Auseinandersetzungen geht es immer auch um Werte. Werte haben für junge Menschen eine hohe und noch weiter wachsende Bedeutung. Gerechtigkeit und Verlässlichkeit liegen im Spitzenfeld jugendlicher Werteskalen. Das ist eine gute Nachricht und lässt aktiv optimistische Positionen den resignativ pessimistischen Haltungen gegenüberstellen.

Eine Generation, die sich nicht einreden lässt, dass Gerechtigkeit und soziale Sicherheit reine individuelle Privatangelegenheiten sind, wird eher motiviert sein, in die Zukunftsgestaltung einzugreifen.

Der europäische Vereinigungsprozess wird mehr als bisher darauf achten müssen, dass die nationalen Staaten Zuständigkeiten für die soziale Sicherheit nicht verlagern, bevor aussreichend wirksame Nachfolgestrukturen gesichert sind.

Ebenso sind die Mitbestimmungsmechanismen zu sehen. Gesicherte demokratische Mitbestimmungsrechte sind nicht von der Größe einer Gemeinschaft abhängig. So wie es keine „naturgesetzliche" Politikverdrossenheit unter Jugendlichen, sondern einen Handlungsauftrag zu ihrer Mitbeteiligung gibt, so gibt es auch keine unvermeidliche zukunftsängstliche Europaverdrossenheit, sondern den Handlungsauftrag, die sozialen Fragen viel mehr als bisher aufzugreifen. Die Europäische Union wird von jungen Menschen nicht mehr in Frage gestellt. Sie wird aber durchaus kritisch gesehen und als unbeeinflussbar und unberechenbar erlebt. Junge Menschen wollen sich im internationalen Austausch bewähren - aber welches Rüstzeug erhalten sie in ihrer Ausbildung für diesen Weg?

Eine aktiv gestaltete Zukunft ist das Ziel - nicht eine, die sich einfach ereignet oder nur den Interessen einiger weniger dient. Wenn junge Menschen auf allen Ebenen eingebunden und mitbeteiligt werden, dann werden sie unsere Zukunft aktiv und erfolgreich gestalten.

Anmerkungen

1 Statistik Austria, http://www.statistik.at/web_de/statistiken/bevoelkerung/bevoelkerungsstruktur/bevoelkerung_nach_alter_geschlecht/index.html.
2 Claudia SCHREINER (Hg.), Pisa 2006. Internationaler Vergleich von Schülerleistungen. Erste Ergebnisse, Graz 2007.
3 Siehe Studie Jugendliche und Arbeitsmarkt, Österreichisches Institut für Jugendforschung, 2005.
4 Statistik Austria 2008, Bildung in Zahlen 2006/07, 78.
5 Statistik Austria, EU-SILC 2005, 2008, 80f.
6 Mikrozensus, Lohnsteuerdaten Berechnung IHS, 2008, 93.
7 Statistik Austria, Einkommen, Armut und Lebensbedingungen - Ergebnisse aus EU-SILC2005, 2008, 80.
8 Beate GROSSEGGER, Bernhard HEINZELMAIER, Jugendkultur-Guide, Wien 2002.

Brauchen wir mehr an Bildung, weil wir uns in Richtung einer „Wissensgesellschaft“ bewegen?

Monika Kircher-Kohl

Wohlhabende, wirtschaftlich hoch entwickelte Volkswirtschaften wie Österreich werden in ihrer Nachhaltigkeit nur durch Innovation profitieren können, Innovation im Sinne interdisziplinärer Weiterentwicklung, aufbauend auf Wissen, Qualifikation, Bildung der Bürgerinnen und Bürger. Nicht der ausschließlich technische Innovationsbegriff ist hier gefordert, sondern auch soziale Innovationsprozesse, neue Formen des Zusammenlebens und -arbeitens.

Der volkswirtschaftlich messbare Anteil betrifft einerseits die „Input-Größen“, das heißt, wie viel wird für Forschung und Entwicklung, Bildung, innovative Infrastruktur ausgegeben. Dabei sollten Ausgaben in Bildung als „Investition“ klassifiziert werden, da sie – zielgerichtet eingesetzt – zu den volkswirtschaftlich wirksamsten Investitionen zählen.

In zahlreichen Präsentationen des Österreichischen Wirtschaftsforschungsinstituts (WIFO) wurde auf diese Korrelation hingewiesen:

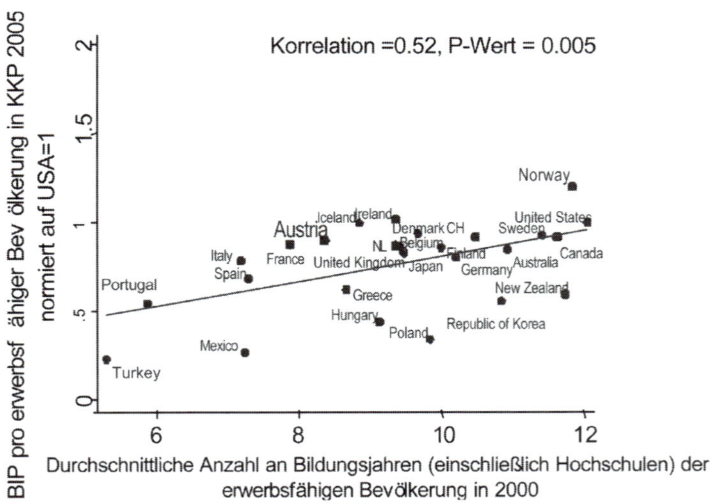

Abb. 1: Ausstattung an Humankapital und BIP pro Kopf

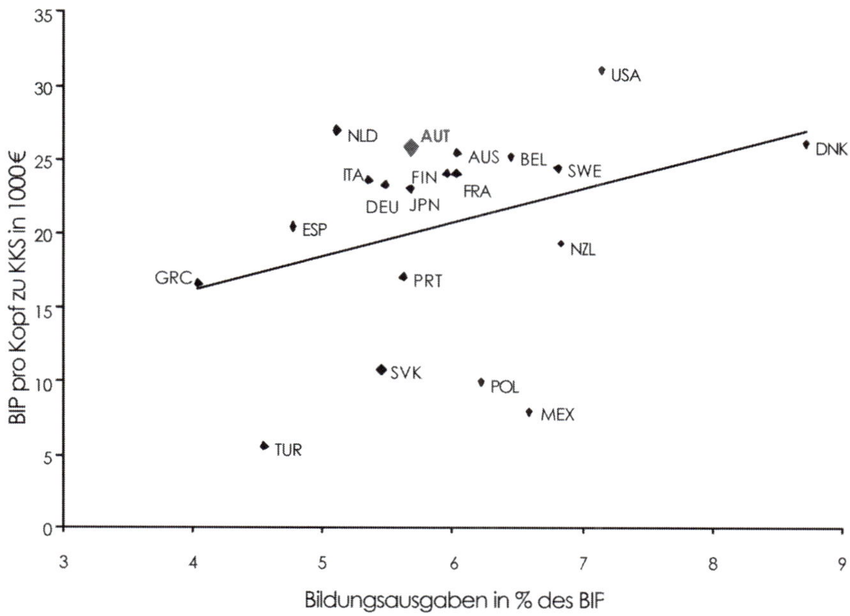

Abb. 2: Bildungsausgaben pro Kopf

Ebenso deutlich wird der Aspekt des Zukunftscharakters von Investitionen in Innovation und Bildung beim Regionsbarometer von Christian Helmenstein. Die Zukunftsfähigkeit von 63 europäischen Regionen wird dabei nach geclusterten Indikatoren bewertet, allein die Gewichtung der Themenbereiche Humankapital, Innovationspotenzial, Integration und Sozialkapital zeigen, wie wichtig menschliches Know-how und kollektives Sozialverhalten für zukünftiges Wirtschaften von Experten gesehen wird.

Im Einzelfall noch spannender stellt sich die Simulation dar, welche Indikatoren zum Beispiel eine Region wie Kärnten um zehn Plätze im Ranking nach vorne bringen würde - in diesem Fall besonders die Erhöhung der Frauenerwerbsquote.

Als zweites Indiz, dass Investitionen in Forschung und Entwicklung und Bildung volkswirtschaftliches Gebot der Stunde sind, kann die mehrjährige Entwicklung des nötigen Bildungsgrades für die deutschen Arbeitsplätze herangezogen werden: Im Durchschnitt entwickeln sich 6–7 % aller verfügbaren Arbeitsplätze in Deutschland jährlich um einen Ausbildungsgrad höher.

Es wird in einer hoch entwickelten Volkswirtschaft daher immer schwieriger, Arbeitsplätze für Menschen ohne formale Qualifikation zu halten, beziehungsweise es entsteht ein Dienstleistungssektor im Niedriglohnbereich, der den effizienten, hoch entwickelten industriellen Sparten zuarbeitet.

Indikator	Proxy-Variable	Kat.
Humankapital	Lebenslanges Lernen – Beteiligung von 25-64jährigen an Aus- und Weiterbildungsmaßnahmen	R
Humankapital	Höchster erreichter Bildungsgrad in % der Gesamtbevölkerung – Sekundärabschlüsse	R
Humankapital	Höchster erreichter Bildungsgrad in % der Gesamtbevölkerung – Tertiärabschlüsse	R
Humankapital	Erwerbsquote (für vordefinierte Alter) in %	R
Humankapital	Frauenerwerbsquote (für vordefinierte Alter) in %	R
Innovationspotenzial	Beschäftigung in der Mid- und High-Tech-Sachgüterproduktion (in % der Erwerbspersonen)	R
Innovationspotenzial	Beschäftigung in High-Tech-Dienstleistungen (in % der Erwerbspersonen)	R
Innovationspotenzial	Humanressourcen in Wissenschaft und Technologie	R
Innovationspotenzial	Humanressourcen in Wissenschaft und Technologie in Ausbildung befindlich	R
Innovationspotenzial	Ausgaben für Forschung & Entwicklung in % des regionalen BIP	R
Innovationspotenzial	Patentanmeldungen pro 1.000 Einwohner	R
Integration	Erreichbarkeitspotenzial (Infrastrukturverfügbarkeit und Fahrzeitdistanzen)	R
Integration	Offenheitsgrad ([regionale] Export- und Importquoten)	A
Integration	Straßenbenützungsgebühren für LKW pro Kilometer	A
Sozialkapital	Haltung zur Globalisierung	A
Sozialkapital	Entrepreneurship	A
Personalkosten	Löhne und Gehälter im Produzierenden Bereich	R
Personalkosten	Löhne und Gehälter im Dienstleistungssektor	R
Energiekosten	Strompreise (für Industriekunden)	A
Kapitalkosten	Büromieten pro Quadratmeter (für vordefinierte Lagen)	A
Regulierung	Gründungsdauer in Tagen	A
Steuerbelastung	Durchschnittlicher effektiver Körperschaftsteuersatz in %	A

A ~ Aggregativfaktor, R ~ Regionalfaktor.
Regionalfaktoren sind solche Faktoren, die regionenspezifisch ausgeprägt sind.

Abb. 3: Hölderichsmühle-Ranking Indikatorenauswahl

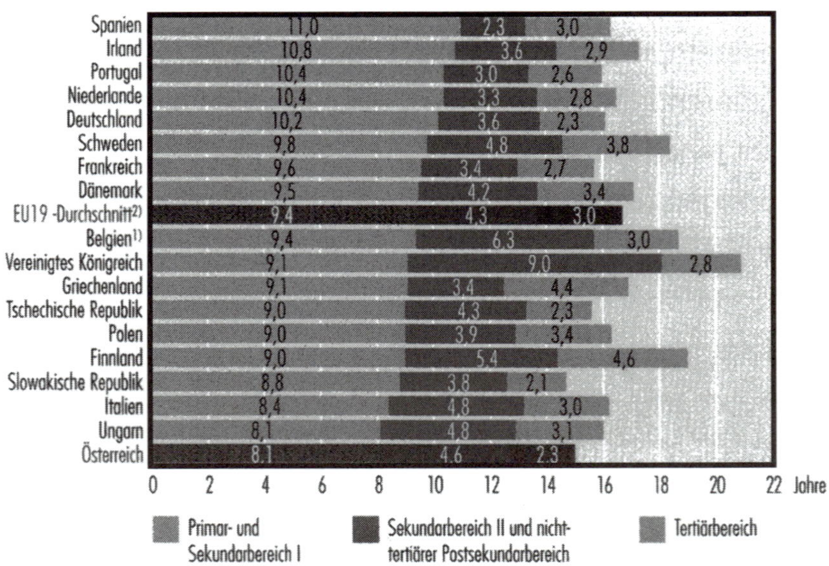

1) Deutschsprachiger Teil nicht inkludiert. – 2) Für Luxemburg kein Wert.

Abb. 4: Verweildauer im Bildungssystem im internationalen Vergleich

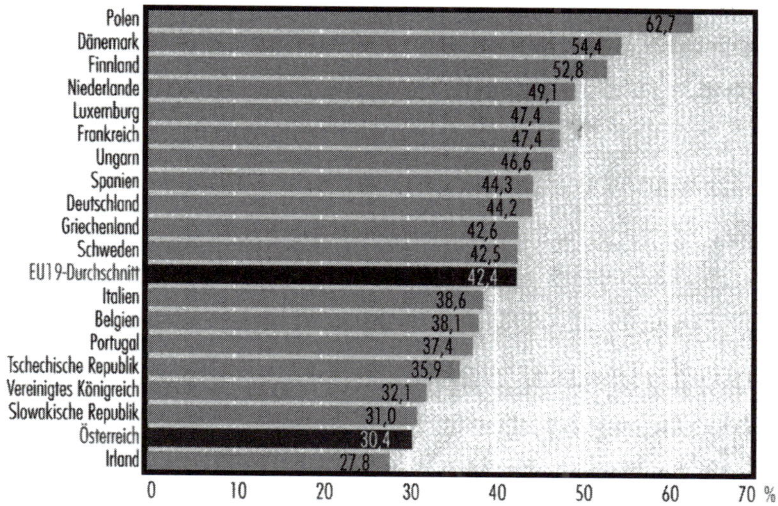

Abb. 5: Anteil der 20- bis 24-Jährigen in Ausbildung im internationalen Vergleich

Im Jahr 2005 betrug die durchschnittliche Verweildauer im Bildungssystem in Österreich 15,0 Jahre. Lediglich 30,4 % der österreichischen Bevölkerung im Alter von 20 bis 24 Jahren waren noch in Ausbildung.

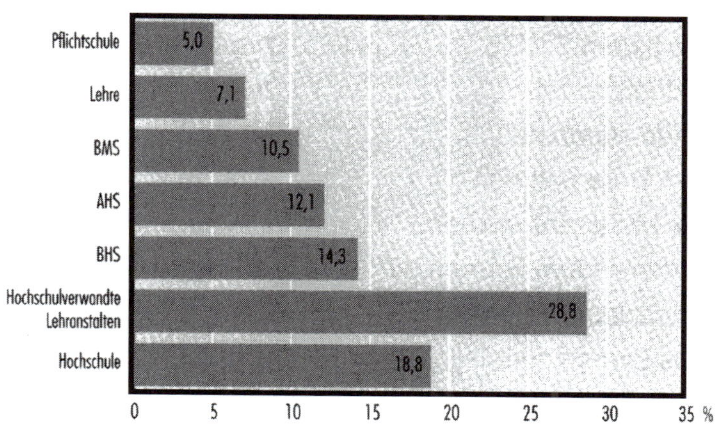

Abb. 6: Teilnahme an Kursen und Schulungen in den letzten vier Wochen nach Bildnugsniveau

Zusätzlich sollte berücksichtigt werden, wie rasch sich zukünftig Kenntnisse und Wissen erneuern werden, das heißt, welche Bedeutung der Weiterbildung zukommen wird, um den Anschluss an die Beschäftigbarkeit nicht zu verlieren. Die tatsächliche Inanspruchnahme von Weiterbildung korreliert jedoch deutlich mit den Jahren der Erstausbildung; je länger und befriedigender diese, umso höher der Prozentsatz an Weiterbildungsbeteiligung und umgekehrt.

Im Jahr 2006 haben 5,1 % der Bevölkerung mit bloßer Pflichtschulausbildung an Kursen und Schulungen teilgenommen. Auf akademischem Niveau sind es vier- bis sechsmal so viele.

Neben dem Problem mangelnder „Employability" entsteht ein sozialgesellschaftliches Gap: Bildung wird für Teile der Bevölkerung trotz Schulpflicht für alle und freiem Universitätszugang noch weniger als heute als Möglichkeit zur Teilhabe an einer demokratischen Gesellschaft, als Befähigung zu deren Mitgestaltung erlebt werden.

Lernen lernen und leben lernen

Nicht die „Ökonomisierung von Bildung" ist meines Erachtens das Problem der Zukunft, sondern die mangelnde Anbindung des Bildungssystems an die realen Lebensumstände: Mit weltweit einer der höchsten Ausgaben-

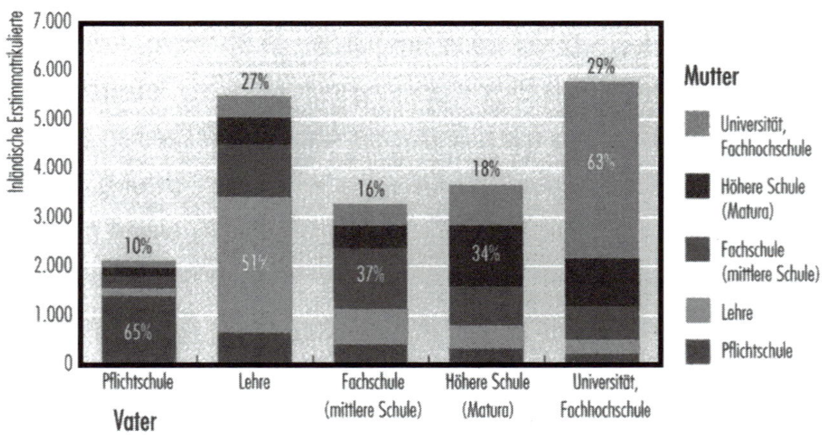

Abb. 7: Soziale Herkunft der inländischen Studierenden an österreichischen Universitäten

quote pro SchülerIn in Österreich schaffen wir es nicht, die kommenden Generationen auf ein „lebensbeglückendes Lernen“ vorzubereiten, das jede Begabung und jedes Talent wertschätzt und jede Neigung unterstützt. Im Gegenteil dazu wird Bildung im Österreich des 21. Jahrhunderts immer noch vererbt.

29 % der österreichischen Erstimmatrikulierten haben einen Akademiker zum Vater. Davon ist bei 63 % auch die Mutter Akademikerin. Nur bei 10 % hingegen hat der Vater ausschließlich Pflichtschulabschluss. (Vgl. Abbildung auf Seite 222.)

Kinder bildungsferner Eltern und von MigrantInnen werden ausselektiert, und hoch intelligente, hoch begabte Jugendliche zerbrechen an den derzeitigen Schulstrukturen oder absolvieren mit Bravour und zerbrechen danach mangels Sozialkompetenz und realen Erfahrungen während der Ausbildung an simplen Alltagsherausforderungen.

Wenn „Recht auf Bildung“ für alle jungen ÖsterreicherInnen über den Gesetzesstatus hinaus gültig werden soll, erfordert dies eine andere Sicht von Schule und einen Unterricht, der den Erwerb von Grundkompetenzen wie Lesen, Schreiben, Denken sicherstellt, darüber hinaus jedoch die Persönlichkeit des Kindes/Jugendlichen ins Zentrum rückt und die sozialen Lernprozesse unter Gleichaltrigen ermöglicht und unterstützt.

Dies wäre eine Absage an ein – heute noch unserem selektiven Schulsystem zugrunde liegendes – ständestaatliches Denken, das an frühere elitäre Bildungsdefinitionen nahtlos anschließt.

Wie aktuell diese Polarität ist, zeigt Konrad Liessmanns Buch *Theorie der Unbildung*.[1] Darin zitiert er Friedrich Nietzsche: „Ich für meinen Teil kenne nur einen wahren Gegensatz, Anstalten der Bildung und Anstalten der Lebensnot: Zu der zweiten Gattung gehören alle vorhandenen, von der ersten aber rede ich.“ Stätten der Bildung waren für Nietzsche der „Gegensatz“ zu Anstalten der Lebensnot. Orte, die nicht von den Dürftigkeiten und Bedürftigkeiten des Lebens geprägt sind, Orte der Freiheit deshalb, weil diejenigen, die sich dort als Lehrende und Lernende befinden, frei sind vom Zwang zur Nützlichkeit, zur Praxisrelevanz, zur Lebensnähe, zur Aktualität – mit einem Wort: Es waren die Orte der Muße. Eine Schule, die aufgehört hat, ein Ort der Muße, der Konzentration, der Kontemplation zu sein, hat aufgehört, eine Schule zu sein. Sie ist eine Stätte der Lebensnot geworden. Und in dieser dominieren dann die Projekte und Praktika, die Erfahrungen und Vernetzungen, die Exkursionen und Ausflüge. Zeit zum Denken gibt es nicht.

Viele Elemente unseres heutigen Schulsystems stammen aus der Zeit Kaiserin Maria Theresias beziehungsweise sogar deutlich davor. Sie entstammen – Stichwort Fächerkanon – mittelalterlichen Universitätsdisziplinen oder sind angelehnt an die militär-disziplinarische Verwaltbarkeit großer Kontrollräume, wie sie in der k.u.k. Monarchie bestanden.

Formales „Funktionieren" im Kontext einer überbordenden, kontrollierenden Bürokratie scheint auch heute im Vordergrund der „Schulverwaltung" zu stehen. Ohne Rücksicht auf geänderte gesellschaftliche Rahmenbedingungen und pädagogische Erkenntnisse, ohne Rücksicht auf den Lern- und Lebensrhythmus von Kindern und deren Familien hat hier ein in sich geschlossenes Schulsystem überlebt: weil wir alle darin sozialisiert wurden und uns unter „Schule" nichts anderes vorstellen können; und weil die komplizierte Überverwaltung jeden Reformansatz spätestens nach dem Stadium „Schulversuch" ins Leere laufen lässt.

Zusätzlich erschwert wurde Veränderung über viele Jahrzehnte durch den Passus der nötigen Zwei-Drittel-Mehrheit im Parlament und des gesetzlich verankerten Parteienproporzes.

Jede umfangreichere, in ihrer Radikalität dem 21. Jahrhundert entsprechende Schulreform verlangt daher ein deutliches Verschlanken der Strukturen, klare Zuständigkeiten und einen bewusst geschaffenen Rahmen für die Autonomie der einzelnen Schule im Sinne einer Kultur der Verantwortung.[2] Eine strukturelle Klärung im Rahmen des Staatsreform-Prozesses, des Finanzausgleichs und die Vereinheitlichung des Lehrerdienstrechtes stellen zwar Herausforderungen an die Verhandlungskunst dar, würden aber neue finanzielle Freiräume schaffen und verantwortliche, motivierte Arbeit der BildungsexpertInnen ermöglichen.

In der vergleichenden Literatur zu den Governance-Systemen werden die Zahl der Entscheidungsebenen und die Verteilung der Zuständigkeiten als Kriterien für die Zuordnung der Governance-Systeme herangezogen. Bei der Zahl der Entscheidungsebenen gehört Österreich zusammen mit fünf viel größeren Ländern zur Minderheit mit vier Ebenen. Es ist jedoch nicht nur die Zahl der Ebenen erhöht, auch die Verteilung der Zuständigkeiten auf die Ebenen ist in Österreich besonders komplex. Während die meisten Länder einer von drei ausgeprägten Kombinationen der Governance-Modelle zugeordnet werden können (Schwerpunkt auf Schule und lokaler Community: „local empowerment"; Schwerpunkt auf Schule und intermediärer regionaler Ebene: „dezentralisierte Bürokratie"; Schwerpunkt auf Schule und zentraler Ebene: „school empowerment"), gehört Österreich mit nur zwei anderen Ländern zu einer vierten gemischt-komplexen Struktur, wobei das österreichische System mit der etwa gleichen Verteilung der Entscheidungsschwerpunkte auf alle vier Ebenen einzigartig ist, da es über keinen Schwerpunkt verfügt (alle Ebenen sind zuständig, und keine ist besonders zuständig). Eine wesentliche Folge dieser hybrid-bürokratischen Struktur besteht darin, dass dieses System die Vorteile der Bürokratie (Steuerbarkeit) bricht und die Nachteile (Schwerfälligkeit, komplexe Entscheidungen) vervielfacht.[3]

Eine wesentliche Veränderung, die bereits seit den 1970er Jahren in den meisten Ländern vor sich geht, besteht in der Vergrößerung der Entscheidungsmöglichkeiten der Schulen bei der Ressourcenverwendung (EURYDICE 2001). Von 18 Ländern haben nur drei Länder bis zur Jahrtausendwende keine Veränderung zu verzeichnen. Am häufigsten wurden die Betriebsausgaben dezentralisiert (sieben Länder). In den Niederlanden wurde ab der Mitte der 1980er Jahre sukzessive über einen Zeitraum von etwa zehn Jahren dezentralisiert; oft ist eine schrittweise Dezentralisierung von zuerst Betriebs- und dann Personalausgaben in den frühen 1980er Jahren zu verzeichnen, in UK wurde Ende der 1980er Jahre auf beiden Dimensionen gleichzeitig dezentralisiert. Zuletzt haben die nordischen Länder die Möglichkeit geschaffen, Kompetenzen an die Schulen zu delegieren. Österreich ist sowohl im Zeitverlauf als auch in der Intensität der Dezentralisierung ein ganz deutlicher Nachzügler.

Um die Größenordnung der Mittel darzustellen, die eine mutige Reform freimachen könnte für den eigentlichen Bildungszweck, sei wiederum auf das IHS verwiesen: Österreichs Schulen weisen im internationalen Vergleich sehr hohe unproduktive Zusatzkosten auf, insbesondere zu erwähnen sind die hohen „Personalbewirtschaftungskosten". Diese müssten im internationalen Vergleich je nach Schulstufe um 12 bis 16 % der gesamten Schulausgaben gekürzt werden, was nur für die Primarstufe und untere Sekundarstufe einer Summe von jährlich 650 Millionen Euro entspricht.[4]

Eine verbesserte Ressourcenplanung im Sinne professioneller Bildungsarbeit wird jedoch derzeit von den wesentlichsten Interessengruppen nicht thematisiert beziehungsweise trotz Vorliegens entsprechender Rechnungshofberichte negiert. Durch die Dominanz der Interessenvertretungen (Lehrergewerkschaft) und die starke Politisierung durch die Parteien auf allen Ebenen der Schulbürokratie, das Fehlen akzeptierter, international vergleichbarer Bildungsforschung und die schwache Rolle der Schüler und Eltern als HauptadressatInnen erfolgt vielmehr reflexartig die Forderung nach immer mehr Ressourcen für dasselbe, sich selbst überverwaltende System.

Auch wenn ein gesamtheitlicher Reformdialog fehlt, der wesentlich mehr lokale Verantwortung, Freiräume, aber auch deutlich mehr Budget für die Schulen bedeuten würde, muss doch festgehalten werden, dass einzelne Schritte während der letzten Monate zumindest diskutiert, zum Teil auch umgesetzt wurden: Zuständigkeit des Bundes für alle LehrerInnen, Vereinheitlichung der Ausbildung aller PädagogInnen, Einführung von Bildungsstandards, zentrale Matura. Viele dieser Punkte befinden sich als Empfehlungen im ersten und zweiten Zwischenbericht der ExpertInnenkommission „Zukunft der Schule",[5] ebenso ein neuer klarer Autonomierahmen für die Modellregionen der Neuen Mittelschule – im Auftrag der Frau Bundesministerin Dr. Claudia Schmied.

Ziel jeder Verschlankung von Schulverwaltung und der Klärung von Zuständigkeiten und Kompetenzen ist neben der finanziellen Umschichtung öffentlicher Mittel natürlich die zeitgemäße Professionalisierung des Unterrichts. Engagierte PädagogInnen und DirektorInnen sollen nicht trotz, sondern wegen des Systems der Schulverwaltung erfolgreich arbeiten können.

Dies schließt selbstverständlich Zielvereinbarungen, Messungen von Effizienzkriterien, leistungsorientierte Finanzierung und Entlohnung genauso mit ein wie qualitative Ziele im Sinne einer Selbstevaluierung anhand von spezifischen regionalen oder frei gewählten Schwerpunkten (zum Beispiel Theater als sozialer Lernprozess, Integration, Mehrsprachigkeit ...).

Mir scheint die Überwindung der Überverwaltung unseres Schulsystems deshalb ein zentraler Punkt zu sein, weil nur so der Befreiungsschlag gelingen kann, dass sich die ÖsterreicherInnen überhaupt eine andere Schule vorstellen können, die sich an der Persönlichkeit des Kindes/Jugendlichen orientiert und den jungen Menschen Mut macht, ihre eigene Zukunft zu gestalten.

Nicht durch Fokussieren auf die Defizite junger Menschen, durch Zensuren und Klassenwiederholungen, durch frühkindliches Konkurrenzverhalten werden wir selbstbewusste DemokratInnen erziehen, die sich zukünftig gemeinsam den politischen, gesellschaftlichen und wirtschaftlichen Herausforderungen stellen. Der Anspruch und sicher auch das Erfolgsrezept zahlreicher europäischer, aber auch asiatischer Länder ist heute, durch Vorrang für Bildung im Sinne von Menschenbildung und durch stärkere Einbeziehung der ökonomischen Realitäten eine starke, gestaltungswillige junge Generation zu heranzuziehen!

Ein in sich kompaktes Konzept dieser „Schule der Zukunft" wollte die Industriellenvereinigung mit ihrem Dossier „Zukunft der Bildung – Schule 2020" vorlegen.[6] Als für den Gestehungsprozess dieses Konzepts wesentlich

Mitverantwortliche weiß ich, wie schwierig es immer wieder war, nicht in die Falle des „geht nicht, undenkbar“ zu tappen, sondern während des Prozesses mit circa 150 beteiligten ExpertInnen und UnternehmerInnen konsequent an einer Vision zu arbeiten – basierend auf heute erkennbaren Fakten, daher eine Vision, die umsetzbar ist.

Obwohl seit Erarbeitung der „Schule 2020“ nun schon fast zwei Jahre vergangen sind, könnte ich heute jeden Satz wieder so formulieren – mehr noch, durch die erfreulicherweise breit und großteils qualitätsvoll geführten Diskussionen wurden zahlreiche Anregungen mit zusätzlichem Inhalt und Gewicht versehen.

„Eine innovative Gesellschaft verlangt immer mehr Innovationslernen statt Imitationslernen.“ Brigitte Ederer, Siemens AG Österreich)

„Eine gebildete Gesellschaft ist flexibler und weniger anfällig für Radikalismen. Wir müssen daher Augenmerk nicht nur auf Ausbildung, sondern vor allem auf Bildung im grundlegenden Sinn legen.“ (Georg Kapsch, Kapsch AG)

„Schule muss Spaß machen – nur dann kann sie für die Entwicklung unserer Zukunft erfolgreich sein.“ (Klaus Stochl, Böhringer-Ingelheim Austria GmbH)

„Wir brauchen einen umfassenden, modernen und ‚radikalen‘ Denkansatz bei der Bildungsreform – Detailbereinigung reicht nicht aus.“ (Wolfgang Eder, voestalpine AG)

„Wir fordern ein Bildungssystem, das mit den neuen Herausforderungen der Gesellschaft Schritt halten kann und in dem unsere Kinder gemäß ihrer Eignung und Neigung die schulische und berufliche Laufbahn wählen können.“ (Fritz Zumtobel, Zumtobel AG)[7]

Viele dieser Ansätze und Postulate könnten aus reformpädagogischen Konzepten verschiedenster Ausprägung stammen, denen ebenso wie dem Konzept der Industriellenvereinigung gemeinsam ist:

- die Orientierung am Kind/Jugendlichen,
- das Prinzip der Selbsttätigkeit, Kreativität und Produktivität,
- der „pädagogische Bezug“ im Sinne einer persönlichen Zuwendung des Erwachsenen zum/zur Schüler/in.

So würde sich zum Beispiel der Ansatz von Peter Petersen mit seinem „Jena-Plan“ der 1920er Jahre nahtlos in die heutige Schuldiskussion einfügen. Petersen baute mit seinen pädagogischen Ideen auf dem Prinzip Friedrich Fröbels auf, der „die innige Verbindung, die Einigung der Schule mit dem Leben“ forderte. Nach Petersen soll die Schulgemeinde „mitten im Volksleben ihres Standortes stehen und ein Schulgemeindeleben entwickeln". Schule ist somit in seiner Vorstellung in erster Linie Gemeindeschule, das heißt Gemeinschaftsschule, die einer ganzen Gemeinde, der Allgemeinheit gehört, an der alle Bürger teilhaben und für die alle verantwortlich sind. Seine Arbeit in Hamburg (Lichtwark-Schule) hatte zum Ziel, junge Menschen auf die selbstbestimmte und verantwortliche Partizipation an der Demokratisierung des gesellschaftlichen Lebens vorzubereiten, wohl auch, um den immer stärker werdenden faschistischen Strömungen den geistigen Boden zu entziehen.

Peter Petersen leitet seine Erziehungsidee mit einer Frage ein: „Wie soll die Erziehungsgemeinschaft beschaffen sein, in der und durch die ein Mensch seine Individualität zur Persönlichkeit vollenden kann?" Erziehung vollzieht sich nach Petersen in und durch die Gemeinschaft. Das Individuum bringt sich mit all seinen Fähigkeiten und Kenntnissen absichtslos in die echte Gemeinschaft ein und erfährt so seine Sinnerfüllung: Das Individuum wird zur Persönlichkeit durch Leben in der Gemeinschaft.[8]

Was sind nun die wesentlichsten inhaltlichen Determinanten, die die pädagogische Qualität einer „neuen Schule" ausmachen? Ich möchte an dieser Stelle nochmals auf das Konzept der Industriellenvereinigung „Schule 2020" sowie auf den ersten und zweiten Zwischenbericht der ExpertInnenkommission verweisen, mit deren Inhalten ich mich vollkommen identifiziere, und hier nur kurz zusammenfassen, worin sich eine „Schule 2020" als zeitgemäßer Ort des Voneinander- und Miteinander-Lernens qualifizieren könnte:

Pädagogik

Um nicht die punktuellen Defizite der SchülerInnen als Maßstab ihres Fortkommens heranzuziehen, bedarf es einer wertschätzenden Pädagogik, die sich darin ausdrückt, dass jedes Kind an seine individuelle Leistungshöchstgrenze herangeführt werden soll.

Eine gute Schule ist somit eine, die sicherstellt, dass alle Kinder gewisse Grundkompetenzen erlangen (Lesefähigkeit, Grundrechnungsarten, Umgang mit neuen Medien). Darauf aufbauend haben Kinder die Sicherheit und die Unterstützung, ihre Talente und spezifischen Begabungen zu entwickeln und auch gegenseitig im Sinne des „peer learnings" weiterzugeben. Dabei können und werden durchaus das Lerntempo und das erreichte Ergebnis je nach inhaltlichem Bereich unterschiedlich sein. Die interdisziplinären Themenfelder sind nicht isoliert voneinander und im Stunden- sowie Lehrertakt zerstückelt, es geht darum, Zusammenhänge zu erkennen. Damit entsteht auch eine neue Verantwortungskultur nicht nur der LehrerInnen, sondern auch der SchülerInnen füreinander sowie durch die Praxisnähe auch für die Gesellschaft. Der Skepsis bis Ablehnung junger Menschen gegenüber Naturwissenschaften und Technik sollte begegnet werden, indem die Forscherfreude eines Kindes belohnt wird und Eingang in den Unterricht findet. So wird etwa durch Anwendungen von Physik und Chemie im Alltag besonders Mädchen das Vorurteil genommen, sie seien nicht geeignet für naturwissenschaftliche Ausbildung, ebenso gilt dies für Burschen im sprachlichen Bereich.

Der soziale Aspekt des Voneinander-Lernens bindet hoch begabte Jugendliche anders ein, indem er ihnen Verantwortung überträgt, ohne das Thema Begabungsförderung als Mittel für weitere Selektion zu missbrauchen.

Als „dritter Pädagoge" fungiert der Raum, die Architektur - im Sinne eines lernfördernden Ambientes und eines kindergerechten Arbeitsplatzes sind die Vorgaben bei Schulum- und -neubauten zu überarbeiten.

Die stärkere Individualisierung des Unterrichts stellt auch das derzeitige Notensystem teilweise in Frage - speziell in den niedrigeren Klassen wäre eine andere, verbale, nachvollziehbare und motivierende Rückmeldung vorzuziehen, die den individuellen Lernfortschritt beinhaltet. In höheren Klassen sollte Feed-back-Kultur erprobt werden, die eine Basis für Selbstbewertung, Gerechtigkeitsempfinden und spätere positive Fehlerkultur einschließt, das heißt konkret auch Feedback an die Lehrenden. Aber auch die Schule selbst als lernende Organisation stellt sich der Evaluierung am Weg zu den selbst gesteckten Zielen.

Organisation der Schule

Neben der äußeren Organisation der Schule, die durch wenige, aber klare bundeseinheitliche Standards bestimmt wird, ist ein klar umrissener Autonomierahmen Voraussetzung für Verantwortlichkeit auf lokaler Ebene.

Die (Landes-)Bildungsdirektionen sind der Ansprechpartner für ein professionelles lokales Schulmanagement. Dieses ist entsprechend gut ausgewählt, aus- und weitergebildet und wird administrativ unterstützt durch die entsprechenden Strukturen an der Schule. Auswahl, Incentivierung, Fortbildung, aber auch Trennung von LehrerInnen gehört zu dieser Autonomie wie Budgethoheit in vereinbartem Rahmen und Freiheit bei pädagogischen Schwerpunkten und außerschulischen Veranstaltungen. Ein Schulentwicklungsplan stellt die Zielvorgaben sicher, und (Selbst-)Evaluierung misst die Fortschritte beziehungsweise stellt sicher, dass sich die lokalen Schulteams selbstkritisch mit den Fortschritten auseinandersetzen.

Unterstützt werden sie dabei durch „schoolboards“ mit wesentlichen Entscheidungsträgern der Gemeinde/Region sowie durch professionelle, punktuell eingesetzte ExpertInnen (muttersprachlicher Unterricht, Kunst, PsychologInnen et cetera).

Die PädagogInnen als „ArchitektInnen der Zukunft“ werden sorgfältig ausgewählt, indem sie ihre Eignung in einer Studieneingangsphase vor sich selbst und vor ihren Lehrenden unter Beweis stellen und überprüfen. Die Ausbildung aller PädagogInnen ist auf Universitätsniveau vereinheitlicht. Dass PädagogInnen mit dem Alter des Kindes aufsteigend eingestuft werden, was Ausbildung, Bezahlung und damit gesellschaftlichen Status betrifft – von der Kindergartenpädagogin über die Volksschullehrerin zum Lehrer in der Sekundarstufe –, widerspricht jeder zeitgemäßen Pädagogik. Insbesondere was die Weiterbildung betrifft, müsste besonderes Augenmerk auf Praxisnähe und zeitgemäßen Wissensstand der LehrerInnen gelegt werden, schulen sie doch Kinder und Jugendliche, die dieses Wissen erst Jahre später anwenden werden, und vor allem sind sie doch die ersten Vorbilder in Richtung „life long learning“ für junge Menschen. Bei diesem Thema ist selbstverständlich auch die Wirtschaft und Industrie gefordert und sollte unterstützend tätig sein durch LehrerInnenpraktika ebenso wie durch Öffnung ihrer eigenen Weiterbildungsaktivitäten.

In einer Generation, die zum Teil ohne Väter aufwächst, ist letztlich auch die Frage nach mehr Männern im Lehrberuf, besonders in den unteren Klassen, zu stellen. Dies würde einerseits durch einheitliche Ausbildung und ein einheitliches Lehrerdienstrecht automatisch erfolgen, andererseits wären gezielte Maßnahmen in der Ausbildung der PädagogInnen zu geschlechtergerechtem Unterrichten nötig.

Eine zeitgemäße, ausverhandelte Arbeitsteilung zwischen Eltern, Schule und Gesellschaft sollte dazu führen, falsche Erwartungen abzuklären und nicht in gegenseitige Schuldzuweisungen münden zu lassen, die letztlich vor allem auf dem Rücken der Kinder und Jugendlichen ausgetragen werden.

Schule kann und soll keine Ersatzfamilie werden, muss aber geänderte gesellschaftliche Rahmenbedingungen zur Kenntnis nehmen und darauf reagieren: Dies betrifft die hohe Anzahl von AlleinerzieherInnen ebenso wie die große Anzahl von Ein-Kind-Familien. In beiden Fällen bekommt sozialer Rückhalt in der Gruppe, soziales Lernen von und mit Gleichaltrigen sowie ein flächendeckendes, qualitätsvolles Ganztagsangebot enorme Bedeutung. Jedoch nicht primär unter dem „Versorgungsgesichtspunkt“ – vor allem auch in den Ferienzeiten –, sondern auch im Sinne einer Pädagogik, die 25 Kinder nicht anonym im Drei- bis Vier-Stunden-Takt abfertigt, sondern als Gruppe wachsen lässt. Kultur als unverzichtbarer Lernbestandteil, Theater als Möglichkeit, sich selbst in verschiedenen Rollen kennen zu lernen, oder Sport als gemeinsame Erfahrung für Teamgeist, aber auch um Natur zu erfahren und mit dem eigenen Körper umzugehen, sind ohne ganztägigen Unterricht schwer möglich.

Ein großer Vorteil wäre auch ein späterer Unterrichtsbeginn in der Früh (nach einer freiwilligen „Aufwärmstunde"?), der den meisten Kindern einen besseren Start in den Tag ermöglichen würde.

Das prinzipielle Abdecken sämtlicher Einzelarbeiten der SchülerInnen inklusive Förderangebots würde natürlich auch die familiären Hausübungskriege und Nachhilfeschlachten ad absurdum führen.

Umgekehrt hieße Verantwortung für die Schule durch Eltern und Gemeinde, dass LehrerInnen personell und durch zusätzliche Ressourcen von ExpertInnen Entlastung erfahren für unbewältigbare Stresssituationen oder fachliche Spezialanforderungen.

Sehr deutlich wird die Überforderung sowohl der Eltern als auch der Schule jetziger Prägung am Beispiel der Bildungsberatung und Berufsorientierung. Während wir grundsätzlich immer noch davon ausgehen, dass alle Eltern das Beste für ihr Kind tun, widerlegen sämtliche Jugendstudien diese These. So argumentiert auch Klaus Hurrelmann, Sozialforscher an der Universität Bielefeld und Leiter der jüngsten Shell-Jugend-Studie. Er ist der Meinung, dass wir Eltern heute die absolute Schlüsselrolle bei der Erziehung zubilligen, im Vertrauen darauf, dass sie alles richtig machen. Das funktioniere aber nur bei einem Drittel der Eltern. Nur diese haben die notwendige erzieherische Kompetenz und Bildung sowie auch die wirtschaftliche Basis. Ein weiteres Drittel wurschtelt sich irgendwie durch.

Und dann gibt es das untere Drittel. Wenn ich in diese Familien hineinschaue, sträuben sich mir die Nackenhaare. Die großen Potenziale der Kinder werden leichtfertig verschüttet. Viele Eltern etwa stehen noch immer zu der Aussage: Eine ordentliche Tracht Prügel zur rechten Zeit kann nicht schaden. Die Forschung zeigt, dass dies falsch ist, weil es Kinder entwürdigt. Hinzu kommt oft eine schlechte gesundheitliche Situation: falsche Ernährung, falsche Tageseinteilung, mangelnde Hygiene. Viele Dinge, von denen wir dachten, wir hätten sie längst überwunden, kommen wieder. Es gibt eine Vielzahl regelrecht verwahrloster Familien. Deren Probleme kriegen wir nicht mehr allein durch Freiwilligkeit in den Griff. Es werden heute leider mehr Kinder von jenen Eltern in die Welt gesetzt, die nicht genügend reflektieren, was es bedeutet, ein Kind zu bekommen. Sie investieren wenig in den Nachwuchs, weil sie die Folgen nicht bedacht haben. Und die, die viel investieren könnten, entscheiden sich oft gegen Kinder – das wirkt sich auf Dauer auf die Bildungsressourcen eines ganzen Landes aus.[9]

Aber auch LehrerInnen, die keinen Bezug zur heutigen, geschweige denn zukünftigen Berufswelt haben und nie eine betriebliche Praxis erlebten, sondern Werbung für den Weiterbestand und somit die Schüleranzahl der eigenen „Anstalt" machen (müssen), tragen Mitverantwortung an der hohen Zahl der LehrabbrecherInnen und Drop-outs an den österreichischen Schulen. Allein die Beseitigung dieses Vakuums im Sinne korrekter Arbeitsteilung würde viel persönliches Leid verhindern, Scheitern ersparen, aber auch die Vergeudung wertvoller Ressourcen vermeiden.

Frühförderung

„Starting strong", die OECD-Initiative zur frühkindlichen Förderung, hat auch Österreich (als letztes Land) unterzeichnet. Die Arbeit in den Kindergärten ist auch längst als pädagogisch wertvoll und weit über den Betreuungscharakter durch „die Tante" hinausgehend anerkannt. Dennoch wird einer qualitätsvollen gesamtösterreichischen Frühförderung für alle Kinder nach Mindeststandards aller Einrichtungen zu wenig Beachtung geschenkt. Unsere Diskussionen über Studiengebühren und die selektive Schule der 10- bis 14-Jährigen thematisiert zu Recht den Unfug sozialer Auslese im Bildungssystem – aber wer macht sich im eigentlichen Skandal zum Anwalt/zur Anwältin der Kinder, wenn hoch begabte und geförderte 5-Jährige, die bei Schuleintritt bereits Lesen und Schreiben können, aber soziale Integrationsprobleme mit Gleichaltrigen haben, auf Kinder treffen, die ihre Muttersprache nicht beherrschen, somit auch keine Chance haben, korrektes Deutsch zu lernen, aber die Stars am Fußballplatz sind?

Spielerisches, soziales Lernen einerseits und muttersprachliche Förderung in zumindest Türkisch, Serbokroatisch, Bosnisch und Englisch sollte sich das reiche Österreich für alle Kinder leisten und allen Familien gratis anbieten, ab dem vierten Lebensjahr durchaus auch verpflichtend, jedoch sicher nicht im Sinne einer früheren Schulpflicht mit dem heutigen System!

In Zukunft wird in Österreichs ersten Klassen jedes dritte Kind nicht Deutsch als Muttersprache haben, in Wien jedes zweite Kind: Diese Realität sollten wir dringend zur Kenntnis nehmen, ebenso wie die der zahlreichen Einzelkinder, die in Erwachsenenwelten aufwachsen als kleine Erwachsene.

Der Bildungsgrad von MigrantInnen in Österreich sollte uns aufrütteln und wird eines der Themen sein, das über unsere Zukunft entscheiden wird.

Während zuwandernde EU-Staatsangehörige öfter einen Hochschulabschluss haben als ÖsterreicherInnen, hat der Großteil der ausländischen Staatsangehörigen aus Drittstaaten nur einen Pflichtschulabschluss.

Mehr als die Hälfte jener Menschen, die in Österreich geboren und noch nicht eingebürgert sind, also ein Teil der zweiten Generation, hat nur die Pflichtschule absolviert und keine weiterführende Ausbildung.[10]

„Bildung ist Entwicklung und damit Chance für jede Person, aber auch für den Wirtschaftsstandort als Gesamtes – Bildung führt somit zu persönlichem Glück, sozialem Wohlstand und sichert damit die Demokratie!“[11] Dieses persönliche Credo wird leider untermauert durch den statistischen Zusammenhang zwischen Bildung und Armut: Im Jahr 2005 waren 19,8 % der Personen mit bloßer Pflichtschulausbildung armutsgefährdet.

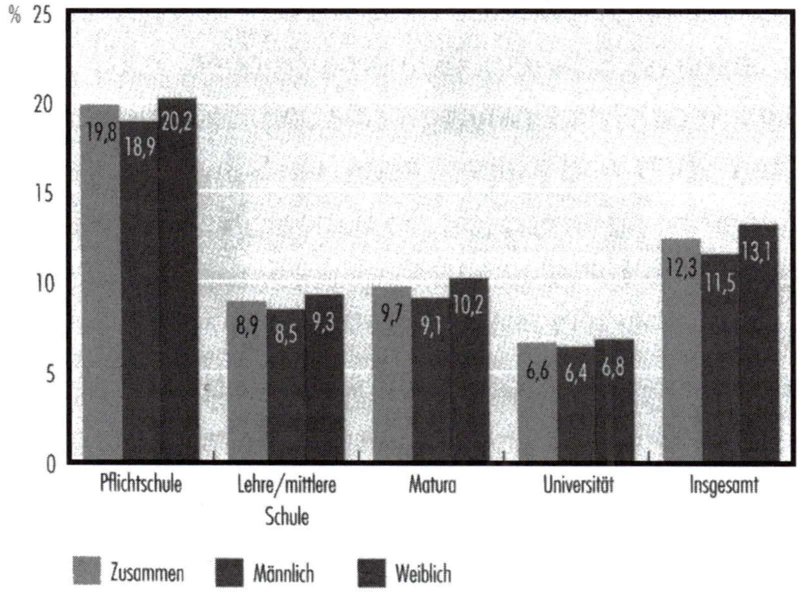

Abb. 8: Armutsgefährdung und Bildungsniveau

Wir sind daher als DemokratInnen, Sozialverantwortliche und Wirtschaftstreibende aufgerufen zu einer Bildungsallianz für Österreich!

Anmerkungen

1 Konrad Paul LIESSMANN, Theorie der Unbildung, Wien 2006.
2 Bereits unter Bundesminister Rudolf Scholten entstand die Studie von Gerhard FRIEDRICH, Autonomie der Schule – Ein Organisationsentwicklungskonzept, Innsbruck-Wien 1993 (Reihe „Bildungsforschung des BMUK“, Band 3).
3 Vgl. dazu Lorenz LASSNIGG u. a., Ökonomische Bewertung des österreichischen Bildungswesens, Studie im Auftrag des BMUKK, Wien 2007; http://www.equi.at/dateien/ihs_oekbew.pdf.
4 Ebenda, 51.
5 ExpertInnenkommission „Zukunft der Schule“, Erster und Zweiter Zwischenbericht, Wien 2007 bzw. 2008.
6 Industriellenvereinigung (Hg.), Zukunft der Bildung – Schule 2020, Wien 2006.
7 Zitate aus ebenda.
8 Harald EICHELBERGER, Freiheit für die Kinder – Freiheit für die Schule, Innsbruck-Wien 2008.
9 Andreas SALCHER, Der talentierte Schüler und seine Feinde, Salzburg 2008.
10 Industriellenvereinigung (Hg.), Gemeinsame Lebensräume schaffen, Wien 2007.
11 Monika Kircher-Kohl (Infineon Technologies), in: Industriellenvereinigung (Hg.), Zukunft der Bildung – Schule 2020, Wien 2006.

Quellennachweis der Abbildungen

Abb. 1: OECD Economic Outlook, www.sourceoecd.org; Robert J. Barro/Jong-Wha Lee: International Data on Educational Attainment. Updates and Implications, CID Working Paper No. 42, April 2000

Abb. 2:WIFO

Abb. 3: Dr. Christian Helmenstein, Chef-Volkswirt der Industriellenvereinigung

Abb. 4: OECD, Education at a Glance 2007 (Berichtsjahr 2005).

Abb. 5: Ebenda.

Abb. 6: STATISTIK AUSTRIA, Mikrozensus 2006. Bevölkerung ab 15 Jahren, in Privathaushalten ohne Präsenz- und Zivildiener.

Abb. 7: STATISTIK AUSTRIA, Hochschulstatistik 2006/07.

Abb. 8: STATISTIK AUSTRIA, EU-SILC 2005.

Gesundheit durch Prävention
Teresa Wagner, Christine Scholten

Gesundheit ist der größte Reichtum.
Deutsches Sprichwort
Der Gesunde weiß nicht, wie reich er ist.
Deutsches Sprichwort
Die Gesundheit zu erhalten: Nicht bis zur Sättigung essen, sich vor Anstrengungen nicht scheuen!
Hippokrates von Kós

Die Wichtigkeit des Themas Gesundheit ist nicht nur Inhalt von vielen Sprichwörtern. Gesund sein möchte jeder. Leider wird derzeit das Thema Gesundheit eher im Zusammenhang mit Sparen, Kürzen und Rationalisieren abgehandelt.

Steigende Gesundheitskosten - werden wir immer kränker? Ist es zwangsläufig so, dass, wenn wir gesund immer älter werden wollen, die Kosten im gleichen Maß mitwachsen werden? Kann man auch gesund alt werden ohne viele Medikamente, Krankenhausaufenthalte oder Operationen?

Dieses Gesundheitskapitel beschäftigt sich mit Rauchen, Alkoholkonsum, Übergewicht/Ernährung und Bildung. Alle vier Faktoren haben einen hohen Einfluss auf unsere Gesundheit und unser Gesundheitsverhalten. Sie sind zum Teil sehr gesundheitsschädlich und durchaus sehr häufig in der Gesellschaft verbreitet.

Alle vier Faktoren haben letztendlich etwas mit Vorbeugung - Prävention im besten Sinne - zu tun. Gesundheit ist kein überraschend auftretendes Ereignis, sondern wird von uns jeden Tag als Gesellschaft insgesamt und ganz persönlich beeinflusst. Durch die Behandlung bereits aufgetretener Erkrankungen kann die Medizin heute schon sehr viel für die Wiederherstellung von Gesundheit tun. Das hat aber durchaus einen hohen Preis. Die Prävention zahlreicher Erkrankungen ist möglich, die Fakten dazu liegen auf dem Tisch. Für die Umsetzung bedarf es aber dringend koordinierter politischer - gesundheitspolitischer - Maßnahmen!

Sie sind zwischen 45 und 79 Jahren alt, Nichtraucher, bewegen sich 30 Minuten am Tag (inklusive Stiegen steigen et cetera), trinken weniger als ein viertel Liter Wein (Frauen ein achtel Liter) pro Tag und essen mehrfach am Tag Obst und Gemüse?

Herzlichen Glückwunsch, Sie haben die Chance, 14 Jahre länger zu leben als ein Raucher ohne tägliche Bewegung, der mehr als ein viertel Liter Wein täglich trinkt und Gemüse und Obst meidet.

Die wissenschaftlichen Daten, die zeigen, dass die Lifestylefaktoren Rauchen, Alkohol, Übergewicht einen entscheidenden Einfluss auf unsere Gesundheit und unsere Lebenserwartung haben, sind umfassend und allgemein akzeptiert. Dass diese drei Faktoren vielen Österreichern und Österreicherinnen jedes Jahr das Leben kosten und der Volkswirtschaft - uns allen - sehr viel Geld, ist nicht so allgemein bekannt:

Oder wussten Sie schon,

- dass Rauchen pro Jahr 8.900 Österreichern und Österreicherinnen das Leben kostet und der österreichischen Volkswirtschaft an Folgekosten 500 Millionen Euro pro Jahr?
- dass Alkohol 8.000 Österreichern und Österreicherinnen das Leben kostet und der österreichischen Volkswirtschaft an Folgekosten etwa 2.000 Millionen Euro pro Jahr?
- dass mehr als 40 % der Österreicher und Österreicherinnen übergewichtig oder fettleibig sind und die Adipositas assoziierten direkten Gesundheitskosten für das Jahr 2004 227,7 bis 1.138,5 Millionen Euro (0,1 bis 0,5 % des BIP) ausmachten?
- dass Bildung ein entscheidender Faktor bei Rauchen, Übergewicht und Früherkennungsverhalten ist und so eine erhöhte Lebenserwartung bewirkt: Männer und Frauen mit Universitätsabschluss rauchen weniger, sind seltener übergewichtig, nehmen häufiger an Früherkennungsuntersuchungen teil und haben eine höhere Lebenserwartung als Männer und Frauen mit Pflichtschulabschluss.

Die Kosten für diese drei Faktoren belaufen sich pro Jahr auf zumindest 17.000 Menschenleben und 3.000 Millionen Euro.

Die Umsetzung in ein Gesundheitskonzept, welches diese Faktoren in ihrer Tragweite sowohl für die persönliche Gesundheit - Lebenserwartung - als auch als bedeutende Kostenfaktoren für unser Gesundheitssystem wahrnimmt, ist dringend notwendig:

1. Gesundheit in Österreich - für ein gesundes, gutes und langes Leben

In der Verfassung der Weltgesundheitsorganisation (WHO) vom 22. Juli 1946 lautet die Definition von Gesundheit: „Gesundheit ist ein Zustand vollkommenen körperlichen, geistigen und sozialen Wohlbefindens und nicht die bloße Abwesenheit von Krankheit oder Gebrechen."

In der österreichischen Gesellschaft mit einer gesetzlich verpflichtenden Kranken- und Unfallversicherung seit 1887/1888, welche 98,7 % der Bevölkerung abdeckt, würde diese Definition dem Ziel eines gesunden, guten und langen Lebens für alle BewohnerInnen entsprechen.

Im Jahr 1997 hat die WHO die Gesundheitssysteme ihrer 191 Mitgliedsstaaten untersucht (WHO, World Health Report 2000). Nach dieser Untersuchung hat das österreichische Gesundheitssystem Platz 9 belegt (Platz 1: Frankreich, Platz 2: Italien; Deutschland 25, USA 37).

Für den einzelnen Bürger, die einzelne Bürgerin sind die Leistungen des österreichischen Gesundheitswesens sehr positiv: Die durchschnittliche Lebenserwartung ist seit 1990 von 76 Jahren auf 79,5 Jahre gestiegen (Männer: 72,5 auf 76,5 Jahre, Frauen: 79,1 auf 82,2 Jahre). Die Lebenserwartung in Österreich liegt über dem Durchschnitt der EU und der 15 Länder, die vor Mai 2004 EU-Mitglieder waren.

Die altersstandardisierte Sterberate sank von 1990 bis 2004 von 8,1 auf 6,2 pro 1000 EinwohnerInnen (wobei ein Rückgang bei nahezu allen Krankheitsarten zu beobachten war). Sie lag 2004 unter dem Durchschnitt der 15 EU-Mitglieder vor Mai 2004, insbesondere wegen einer geringeren Sterblichkeit an Krebserkrankungen. Allerdings lag die Sterblichkeit wegen Suiziden und alkoholbezogenen Erkrankungen trotz erheblichen Rückgangs noch überdurchschnittlich hoch.

Trotz dieser sehr beachtlichen Leistungen des österreichischen Gesundheitssystems wird in der Tagespolitik der Themenkomplex Gesundheit nur im Zusammenhang mit Kostenexplosion, Einsparungspotenzialen und Effizienzsteigerung gesehen:

2. *Gesundheitsausgaben in Österreich*

Die Verlängerung der Lebenserwartung und der Rückgang der Sterberate in den letzten Jahren sind eine sehr erfreuliche Entwicklung. Es wäre aber trügerisch, daraus zu schließen, dass die ÖsterreicherInnen gesünder seien beziehungsweise gesünder lebten und nun ohne Erkrankungen gesund alt würden.

Im Gegenteil, die wichtigsten Faktoren unseres Lebensstils, die unsere Gesundheit bis ins hohe Alter beeinflussen, nämlich Rauchen, Alkoholkonsum und Übergewicht/Ernährung, haben sich eher zum Schlechteren hin entwickelt.

Dies bedeutet, dass die Verbesserung der Gesundheit durch eine Intensivierung der ärztlichen, medikamentösen und stationären Behandlung erkauft wurde. Das bedeutet selbstverständlich auch, dass die Gesundheitsausgaben gestiegen sind und ohne aktive Beeinflussung der Lebensstilfaktoren Rauchen, Alkoholkonsum und Übergewicht/Ernährung auch weiter steigen werden.

Gesundheitsausgaben Österreich 2000-2007

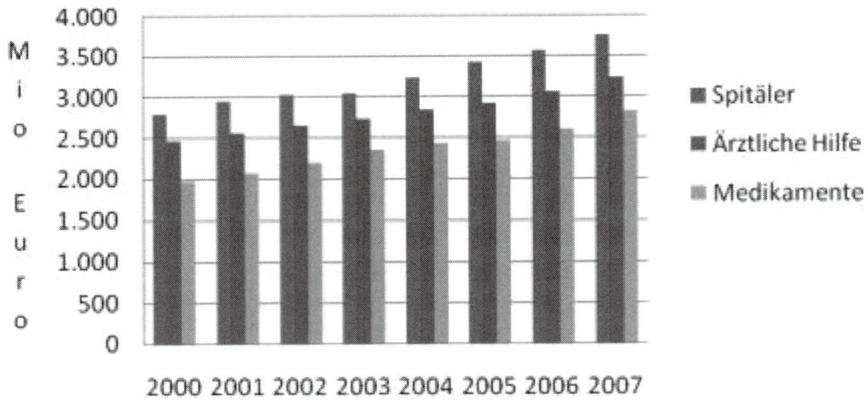

Tägliche Raucher in Österreich > 15 Jahre 1972 bis 2006 in %

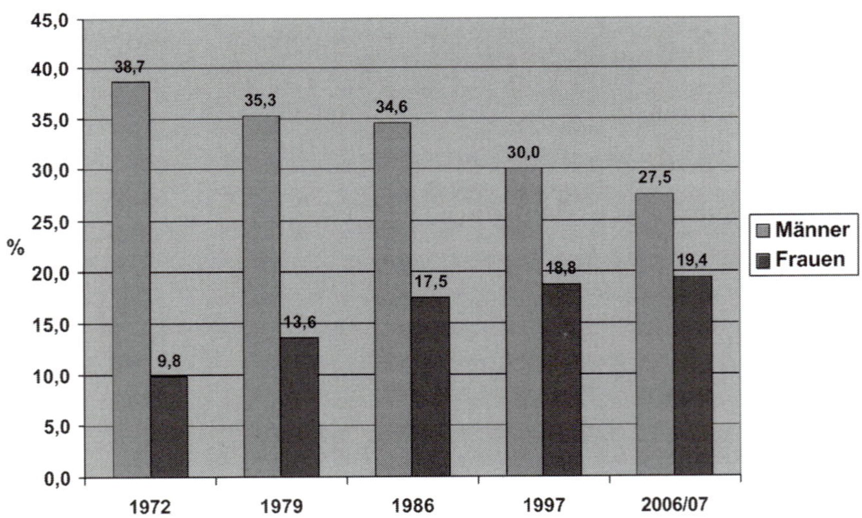

3.1. Rauchen

Täglich rauchen in Österreich 19,4 % aller Frauen und 27,5 % aller Männer, die älter als 15 Jahre sind. Es rauchen rund 1,6 Millionen Österreicher und Österreicherinnen und damit fast ein Viertel (23 %). Den größten Anteil an täglich Rauchenden gibt es bei den jungen Erwachsenen zwischen 20 und 24 Jahren:

3.1.1. Die Droge Nikotin

Reines Nikotin (ohne Tabak) ist nach aktuellem Wissensstand beim Menschen weder krebserregend noch für andere tabakassoziierte Erkrankungen verantwortlich.

Allerdings ist Nikotin jene Substanz, die zur körperlichen Abhängigkeit führt. Das Suchtpotenzial ist mit Heroin vergleichbar, die psychostimulierende Wirkung ähnelt jener von Kokain oder Amphetamin. Nikotin benötigt von der Lunge sieben Sekunden, um ins Gehirn zu gelangen. Über den Blutkreislauf - wie bei Heroin - werden 14 Sekunden benötigt. 50 bis 80 % der Raucher werden binnen mehrerer Wochen bis Monate mehr oder weniger stark abhängig (NIDA, Research Monograph 17 (12.1977), S. 15 f.).

3.1.2. Gesundheitsschädliche Auswirkungen des Rauchens

- Auf den Tabakkonsum sind etwa 85 % der Lungenkrebserkrankungen und 75 % der Todesfälle wegen chronisch obstruktiver Atemwegserkrankungen COPD (Bronchitis und Emphysem) zurückzuführen.
- Rauchen ist ein wichtiger Risikofaktor für Herz- und Gefäßerkrankungen. Das Risiko, an einer Herzkranzgefäßerkrankung zu erkranken, verdoppelt sich bereits für leichte RaucherInnen. Starke RaucherInnen mit einem täglichen Konsum von mehr als 45 Zigaretten haben bereits das elffache Risiko. Es besteht eine klare Dosis-Wirkungsbeziehung zwischen der Höhe des Risikos, der Zahl der täglich gerauchten Zigaretten und der Dauer des Rauchens. Für das Gefäßrisiko stellt schon das tägliche Rauchen von ein bis drei Zigaretten eine, wenn auch kleine, so doch messbare Erhöhung des Risikos dar.

Rauchen erhöht das Karzinomrisiko nicht nur für Karzinome der Atemwege, sondern über die Stoffwechselprodukte des Nikotins auch für Karzinome anderer Organe: Die Gesamtsterblichkeit aller Krebsfälle ist bei Rauchern doppelt so hoch wie bei Nichtrauchern. Raucher haben ein erhöhtes Risiko für ein Zweitkarzinom.

Rauchen ist verantwortlich für
- vier Fünftel der Todesfälle beim Ösophaguskarzinom und für drei Viertel der Todesfälle beim Krebs der Mundhöhle und des Larynx;
- ein zweifach erhöhtes Risiko beim Pankreaskarzinom;
- ein immerhin um 50 % erhöhtes Risiko beim Blasen- und Nierenkarzinom;
- etwa ein Drittel der Cervixkarzinome;
- 14 % der Leukämiefälle.

In der Schwangerschaft erhöht Rauchen das Risiko von Fehl- und Frühgeburten und wirkt sich negativ auf die Entwicklung des Kindes aus. Während der Stillzeit reduziert Rauchen die Menge der Muttermilch, Nikotin wird vom Säugling über die Milch aufgenommen. Beim Passivrauchen werden ähnlich schädliche Schadstoffe und Gifte aufgenommen. Die Erkrankungen entsprechen daher im Wesentlichen jenen, die durch das Aktivrauchen verursacht werden.

3.1.3. Lungenkrebs und Rauchen

Häufigkeit von Lungenkrebs in Österreich 1983-2004

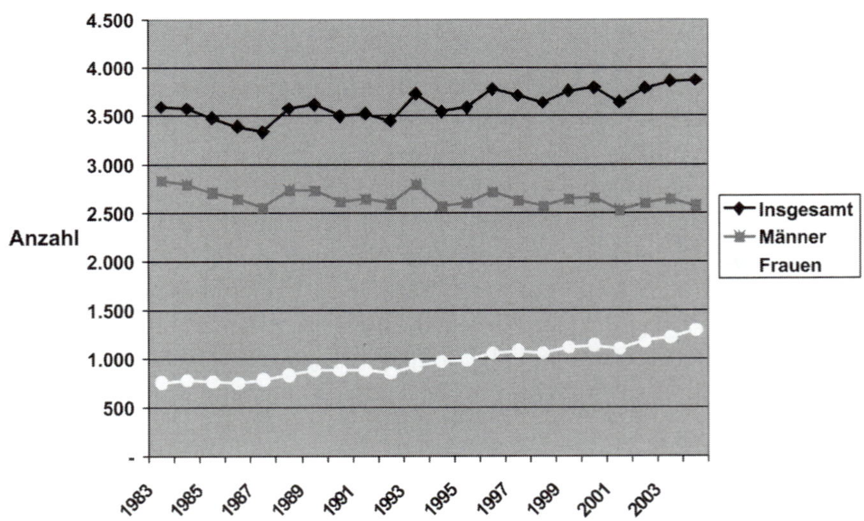

3.1.4. Todesfälle bedingt durch Rauchen in Österreich

Im Jahr 2000 sind 77.000 ÖsterreicherInnen gestorben. Bei 8.900 ÖsterreicherInnen (6.300 Männer und 2.600 Frauen) - das sind 11,6 % aller Todesfälle - wurde im Jahr 2000 der Tod durch Rauchen (auch Passivrauchen) verursacht.

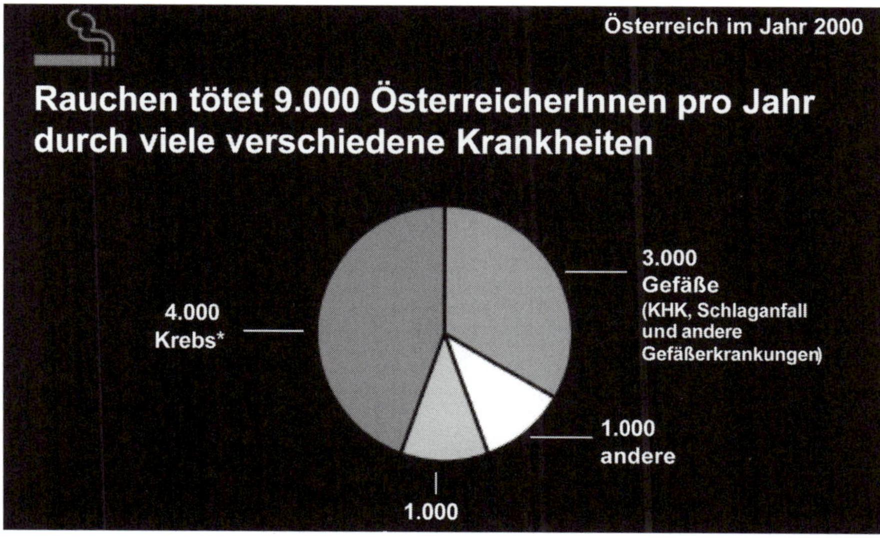

Verlorene Lebensjahre nach Altersgruppe bedingt durch Rauchen

	Todesfälle bedingt durch Rauchen / alle Todesfälle 2000		
Altersgruppe (Jahre)	Männer	Frauen	Verlorene Lebensjahre pro Todesfall bedingt durch Rauchen
0–34	– / 1.400	– / 600	–
35–69	3.100 / 12.000	700 / 6.300	23 Jahre
70+	3.200 / 22.000	1.800 / 35.000	8 Jahre
Alle	6.300 / 35.000	2.600 / 42.000	15 Jahre

3.1.5. Kosten durch Rauchen in Österreich

Im Jahr 2003 betrugen die Kosten für Tabakrauchen in Österreich 511,4 Millionen Euro.

Volkswirtschaftliche Bilanz des Tabakrauchens in Österreich

	Beträge pro Jahr in Mio. Euro
Fiskalischer Nutzen	
Tabaksteuer	1.087,3
Alters- abzgl. Witwenpensionen	45,1
Gesamt	1.132,4
Kosten	
Arbeitsausfall	1.433,9
Gesundheitsausgaben	53,7
Invaliditätspensionen	39,9
Krankengeld	9,0
Pflegegeld	26,2
Hypothetische Kompensationszahlungen an Passivraucher	81,0
Gesamt	1.643,7
Gesamtkosten pro Jahr	*511,4*
davon aufgrund von Passivrauchen	118,6

- Annuisierte Kosten pro Jahr: 511,4 Millionen Euro oder 0,23 % des BIP in 2003;
- davon aufgrund von Passivrauchexposition: 118,6 Millionen Euro. Diese Schätzung stellt die untere Grenze der Kosten dar.

3.1.6. Was haben Rauchertote mit Verkehrstoten gemeinsam?

Im Jahr 1972 betrug die Anzahl von Menschen, die als Autofahrer, Motorradfahrer, Motorfahrradfahrer, Fahrradfahrer oder Fußgänger im Verkehr getötet wurden, in Österreich noch 2.948. Durch das Einführen von staatlichen Einschränkungen wie der Gurtpflicht, Promillegrenzen, Helmpflicht, sichereren Autos und ähnlichen Maßnahmen konnte diese Zahl bis zum Jahr 2007 auf 691 Menschen gesenkt werden.

Rauchen ist dem Fahren ohne Gurt oder Helm, betrunken Autofahren oder mit einem Auto ohne Bremse nicht unähnlich.

Alle diese Dinge sind lebensgefährlich für den, der es tut, und seine Umgebung. Das Verbot, ohne Gurt oder Helm oder betrunken zu fahren, rettet jährlich Hunderten von Menschen das Leben.

Ein Nikotinverbot würde Tausenden von ÖsterreicherInnen jährlich das Leben retten. Zusätzlich müssten der Staat und seine Bürger (= Steuerzahler) um 500 Millionen Euro weniger für Folgekosten des Rauchens aufwenden.

Folgende Maßnahmen wurden von der WHO 2008 im Rahmen einer weltweiten Anti-Rauchen-Kampagne vorgestellt, die mit 500 Millionen US-Dollar durch Bürgermeister Michael Bloomberg von New York City und Bill Gates finanziert wird:

- drastische Anhebung der Tabaksteuer,
- generelles Rauchverbot in der Öffentlichkeit (Arbeitsplatz, Restaurants, Straßen, Verkehrsmittel et cetera),
- Anti-Rauchen-Werbung mit Prominenten als Vorbildern,
- Nikotinsubstitution (Pflaster, Kaugummi et cetera) und Entzugstherapie per Krankenschein.

Das Ziel ist ein generelles Rauchverbot; die Zukunft soll eine rauchfreie Gesellschaft sein.

Nachsatz: In Kalifornien wurde mit Anti-Rauchen-Gesetzen 1988 (Rauchverbot am Arbeitsplatz et cetera) begonnen. 2004 betrug der Anteil an Rauchern in der Bevölkerung nur noch 15,4 %. Bereits im Zeitraum 1990 bis 1999 fiel die Lungenkrebssterblichkeit in Kalifornien um 19 %! Dies ist umso wichtiger, als im selben Zeitraum die Lungenkrebssterblichkeit in anderen Bundesstaaten der USA ohne strikte Anti-Rauchen-Gesetzgebung angestiegen ist.

„California's youth are choosing tobacco-free lifestyles because smoking is no longer seen as a social norm in this state and is no longer tolerated in public places", sagte die staatliche Gesundheitsdirektorin Sandra Shewry. „We have smoke-free restaurants, shopping malls, schools, playgrounds, parks and beaches. We have created a healthier California."

3.2. Alkoholkonsum

Alkohol ist in Österreich die Volksdroge Nummer eins.

3.2.1. Alkoholkonsum, Alkoholmissbrauch und Alkoholkranke in Österreich:

Herr und Frau Österreicher trinken am liebsten Bier, gefolgt von Wein. Grundsätzlich ist die Art des Getränkes für den Alkoholismus aber nicht maßgeblich - letztendlich kommt es nur auf die zugeführte Menge reinen Alkohols an.

„Harmlosigkeitsgrenze" und „Gefährdungsgrenze" lt. Health Education Council (1994)

	Männer	Frauen
Harmlosigkeitsgrenze: Konsum als unbedenklich eingestuft	≤ 24 Gramm reiner Alkohol pro Tag ≤ 0,6 Liter Bier ≤ 0,3 Liter Wein	≤ 16 Gramm reiner Alkohol pro Tag ≤ 0,4 Liter Bier ≤ 0,2 Liter Wein
Mittlerer Alkoholkonsum	24-60 Gramm reiner Alkohol pro Tag	16-40 Gramm reiner Alkohol pro Tag
Gefährdungsgrenze: Konsum als gesundheitsgefährdend eingestuft	> 60 Gramm reiner Alkohol pro Tag > 1,5 Liter Bier > 0,75 Liter Wein	> 40 Gramm reiner Alkohol pro Tag > 1 Liter Bier > 0,5 Liter Wein

- 25 % der Österreicher und 45 % der Österreicherinnen über 15 Jahre sind abstinent (weniger als viermal pro Jahr Alkoholkonsum).
- 42 % der Österreicher und 20 % der Österreicherinnen ab 15 Jahren trinken alkoholhaltige Getränke an zumindest einem der beiden Wochenendtage, Männer im Schnitt 50 Gramm Alkohol und Frauen 30 Gramm Alkohol.
- 9 % der Männer und 2 % der Frauen trinken täglich.

Anzahl der Alkoholkranken und Alkoholmissbraucher in Österreich

	Alkoholkranke	Missbraucher (exkl. Alkoholkranke)	Gesamt, Missbraucher und Alkoholkranke
Frauen	~ 90.000 (2,5 %)	~ 280.000 (7,9 %)	~ 370.000
Männer	~ 250.000 (7,5 %)	~ 450.000 (13,5 %)	~ 700.000
Gesamt, Männer und Frauen	~ 340.000 (5 %)	~ 730.000 (10,6 %)	~ 1.070.000

Alkoholkonsumgewohnheiten in Österreich im Alter von 14-99 Jahren

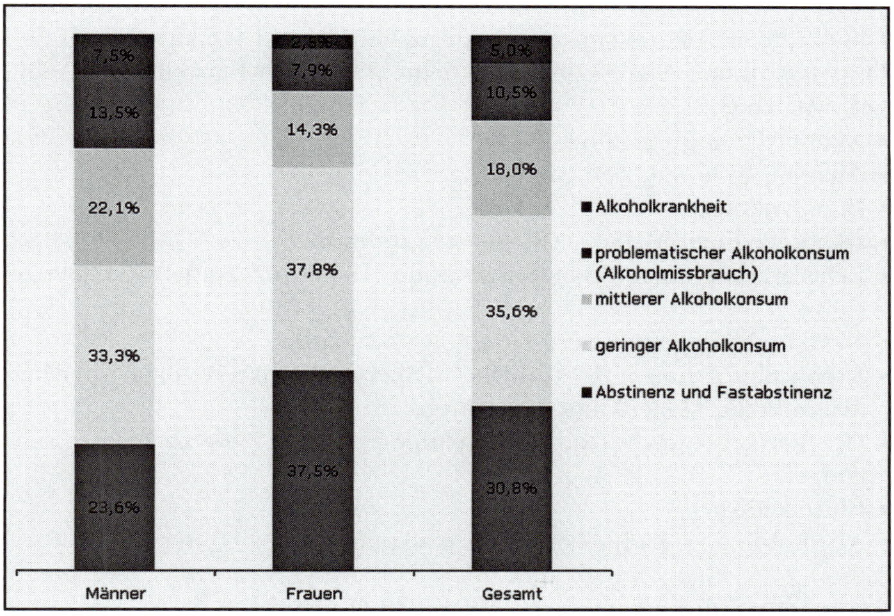

Es gelten etwa 340.000 Menschen in Österreich als alkoholkrank, und knapp 730.000 Österreicher konsumieren Alkohol in einem gesundheitsschädlichen Ausmaß. Diese Zahlen bedeuten wiederum, dass etwa 20 % der Erwachsenen ein Alkoholproblem haben.

Der durchschnittliche Alkoholiker ist männlich (ein Drittel der Alkoholiker ist weiblich) und zwischen 30 und 50 Jahre alt. Die Entwicklung einer Alkoholabhängigkeit dauert im Durchschnitt zehn Jahre.

Entwicklung des Pro-Kopf-Konsums der Erwachsenen (15- bis 99-Jährige) an reinem Alkohol (Gramm pro Tag) in Österreich, 1955-2006

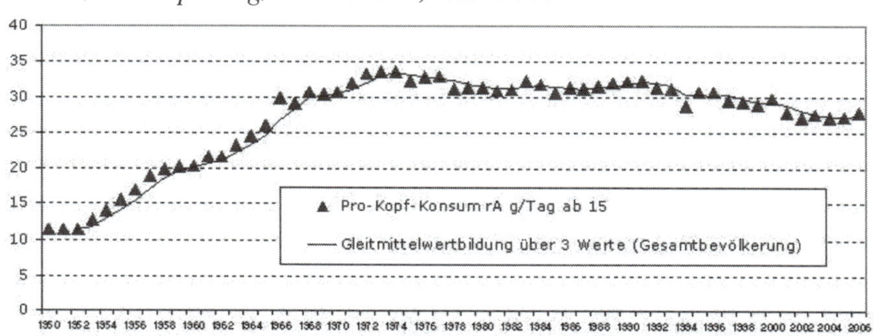

3.2.2. Folgeschäden des Alkoholkonsums

Übermäßiger Alkoholkonsum macht abhängig und schadet sowohl den Organen als auch der Seele. Krankheiten, zu deren Entstehung Alkohol beiträgt, sind:

- Akute Alkoholvergiftung,
- Alkoholpsychosen, Delirium,
- Depressionen,
- alkoholbedingte Demenz (Korsakow-Syndrom),
- Lebererkrankungen: Leberentzündung (Hepatitis), Fettleber, Leberzirrhose,
- Nervenschädigungen, periphere Polyneuropathie,
- Krebserkrankungen: Kehlkopfkrebs, Speiseröhrenkrebs, Bauchspeicheldrüsenkrebs, Magenkrebs, Leberkrebs,
- Herzmuskelschwäche (Kardiomyopathie), auch mit Herzrhythmusstörungen,
- Bluthochdruck,
- Alkohol-Embryopathie bei Kindern alkoholkranker Mütter.

3.2.3. Todesfälle bedingt durch Alkohol in Österreich

Pro Jahr sterben in Österreich etwa 8.000 Menschen an den Folgen des Alkoholkonsums. Davon sterben jährlich etwa 1.800 Menschen an chronischer Leberkrankheit oder Leberzirrhose, Männer dreimal so häufig wie Frauen.

Erfreulicherweise ist in den letzten beiden Jahrzehnten die Sterblichkeit an Leberzirrhose bundesweit stark zurückgegangen (um 34 % gegenüber 1978/84). Dennoch bleiben die Leberzirrhose und der ihr zugrunde liegende Alkoholmissbrauch ein ernstes Gesundheitsproblem.

3.2.4. Verlorene Lebensjahre durch Alkoholmissbrauch

Wie viele Lebensjahre gehen durchschnittlich durch Alkoholmissbrauch und Alkoholkonsum verloren? Die durchschnittliche Reduktion der Lebenserwartung bei Alkoholikern wird je nach Schätzung mit zehn bis 28 Jahren angenommen. Bezieht man das auf alle Österreicher, würde sich – unter Berücksichtigung der Tatsache, dass aktuell 10 % der Österreicher im Laufe ihres Lebens an Alkoholismus erkranken – eine Steigerung der durchschnittlichen Lebenserwartung aller Österreicher um ein bis drei Jahre ergeben, wenn es keine Alkoholiker gäbe – und noch um einiges mehr, wenn es keinen Alkoholmissbrauch gäbe.

3.2.5. Volkswirtschaftliche Kosten durch Alkoholmissbrauch

Für Österreich bestehen keine systematischen Berechnungen über die volkswirtschaftlichen Kosten durch Alkoholmissbrauch.

Das Robert-Koch-Institut in Deutschland hat 2002 eine Schätzung für Deutschland herausgegeben: Die Volkswirtschaft wird jährlich mit 20 Milliarden Euro durch alkoholassoziierte Krankheiten belastet. Dies sind 1,13 % des Bruttosozialprodukts. Von den indirekten Kosten mit 12 Milliarden Euro entsteht der größte Ressourcenverlust mit 7 Milliarden Euro durch vorzeitige Mortalität der jährlich 42.000 an alkoholbezogenen Krankheiten Verstorbenen. Die Frühberentung ist der zweithöchste Ressourcenverlust, es folgt die Arbeitsunfähigkeit. Die direkten Kosten, also der Ressourcenverbrauch, verursachen 7,5 Milliarden Euro beziehungsweise fast 40 % der Gesamtkosten. Von diesen sind die Krankenhausbehandlung, die vorbeugenden und betreuenden Maßnahmen und die ambulante Behandlung die Hauptpositionen. Männer sind für den erheblichen Teil der Kosten verantwortlich, da sie nicht nur häufiger ein riskantes und gefährliches Trinkverhalten zeigen, sondern auch über ein durchschnittlich höheres Einkommen verfügen. Sogar für die direkten Kosten wie bei der Rehabilitation werden für Männer pro stationäre Rehabilitationsleistung mehr Mittel eingesetzt als für Frauen.

Würde man die hier angegebenen Kosten von 20 Milliarden Euro auf Österreich umlegen, so wären dies pro Jahr 2 Milliarden Euro oder 2.000 Millionen Euro an direkten und indirekten Kosten für die Volkswirtschaft jährlich durch Alkoholmissbrauch.

3.2.6. Reduzierung des Alkoholmissbrauchs in Österreich

Alkoholmissbrauch betrifft 1 Million Österreicherinnen und Österreicher und ist somit kein Randgruppenphänomen. Die sozialen Folgen durch Alkoholmissbrauch für Kinder und Partner/Angehörige sind unübersehbar.

Die WHO hat im Mai 2008 erneut die Ziele des „European Alcohol Action Plan" (EAAP) 2000–2005 eingefordert. Die Umsetzung des EAAP in Österreich könnte viel soziales und persönliches Leid reduzieren. Die neun Aktionsziele des „Europäischen Aktionsplans Alkohol" (EAAP) sind:

- Stärkung der Gesundheitsförderungspolitik in den Mitgliedsländern zur Prävention alkoholbedingter Schädigungen der Gesundheit;
- Konsensbildung mit internationalen Organisationen und Vereinigungen über gemeinsame Aktionen zur Prävention alkoholbedingter Schädigungen der Gesundheit;

- Stärkung von Praktiken in der Alkoholindustrie und im Gastgewerbe, die die Prävention von alkoholbedingten Schädigungen der Gesundheit unterstützen;
- Schaffung von gesundheitsfördernden Lebensbereichen, die Motivation und Fähigkeiten des Einzelnen stärken, Schädigungen seiner Gesundheit durch Alkohol entgegenzuwirken;
- Unterstützung kommunaler Initiativen zur Prävention und Bewältigung alkoholbedingter Schädigungen der Gesundheit;
- Medienkampagnen, um die öffentliche Unterstützung für einen sicheren Umgang mit Alkohol zu stärken;
- Erhöhung des Beitrags der Gesundheitsdienste, insbesondere der primären Gesundheitsversorgung, zur Prävention und Bewältigung von alkoholbedingten Schädigungen der Gesundheit;
- Erhöhung des Beitrags der Sozialdienste zur Prävention alkoholbedingter Schädigungen der Gesundheit;
- Erhöhung des Beitrags der Strafverfolgungsbehörden zur Prävention alkoholbedingter Schädigungen der Gesundheit.

3.3. Übergewicht/Ernährung

3.3.1. Übergewicht in Österreich

Body Mass Index (BMI) > 25 im Vergleich 1999 und 2006/07

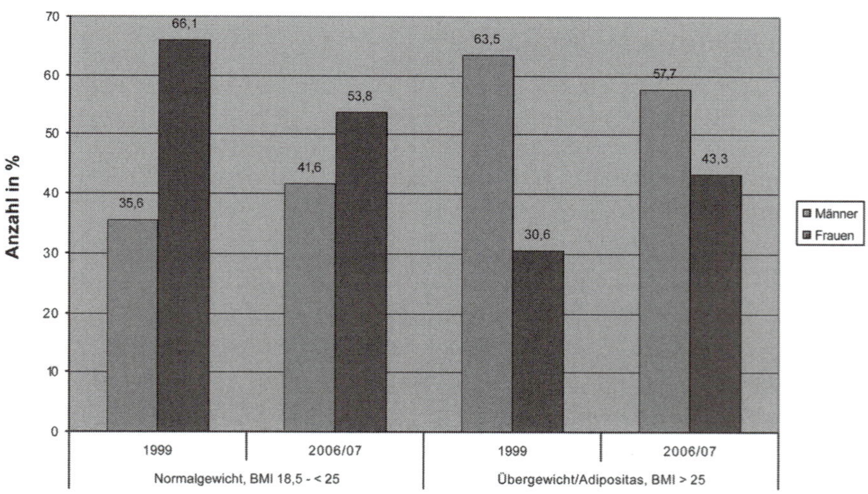

Mehr als 40 % aller österreichischen Erwachsenen (3.200.000) sind übergewichtig beziehungsweise fettleibig. Etwa 11 % der Österreicher (600.000) leiden an krankhaftem Übergewicht. Jedes vierte bis fünfte Kind ist zu dick. Mehr als 800.000 österreichische Kinder leiden an chronischer Fettsucht. Die Übergewicht-/Adipositashäufigkeit ist in den letzten fünf Jahren um 25 Prozent gestiegen!

3.3.2. Übergewicht bei Kindern

In Wien sind 25 % der Kinder übergewichtig/adipös (BMI > 25). Das Übergewicht beginnt altersmäßig immer früher, und der BMI wird immer größer.

Ursachen für diese Entwicklung sind:

- Genetik,
- Stilldauer im Säuglingsalter,
- Ernährungsgewohnheiten, Esskultur,
- Art der Nahrungsmittel,
- Herstellungsweisen der Nahrungsmittel,
- Schichtzugehörigkeit, Bildungsstand,
- Bewegungsmangel, sitzende Verhaltensweisen,
- TV-Konsum.

3.3.3. Übergewicht als Krankheitsverursacher

Die Gesundheitsrisiken, die von Übergewicht/Adipositas ausgehen, sind umfassend und bei der steigenden Anzahl von Österreicherinnen und Österreichern, die sie betreffen, ein sehr ernst zu nehmendes Volksproblem.

Übergewicht ist ein etablierter Risikofaktor und Verursacher für

- Diabetes (85 % aller Diabetes-Typ-2-Fälle),
- Bluthochdruck (45 % aller Fälle),
- erhöhten Cholesterinspiegel (18 % aller Fälle),
- koronare Herzkrankheit (35 % aller Fälle),
- Schlaganfälle,
- Osteoarthritis,
- einige Krebserkrankungen (3,7 % Männer, 6,0 % Frauen), darunter Brustkrebs (7,4 %), Dickdarmkrebs (Männer 10,5 %, Frauen 9,5 %), Gebärmutterschleimhautkrebs (35,1 %), Nierenkrebs (Männer 23,9, Frauen 21,9 %), Gallenblasenkrebs (Männer 2,6 %, Frauen 20,7 %), Prostata (4,2 %).

3.3.4. Übergewicht als Kostenfaktor im Gesundheitswesen

Adipositas bedeutet einen enormen Kostenfaktor im Gesundheitswesen. Die Kosten für Medikamente, Spitalsaufenthalte, Ambulanz- und Laborkosten ebenso wie die Gesamtkosten steigen mit dem Body-Mass-Index, ebenso die Zahl der Krankenstände. Daten zu den Adipositas assoziierten Kosten für Österreich liegen kaum vor.

Rechnet man internationale Kostenschätzungen auf Österreich um, würden die Adipositas assoziierten direkten Gesundheitskosten für das Jahr 2004 227,7 bis 1.138,5 Millionen Euro (0,1–0,5 % des BIP) ausmachen.

Davon wären

- 59,6 Millionen Euro auf Bluthochdruck,
- 46,2 Millionen Euro auf Osteoarthritis,
- 44,2 Millionen Euro auf koronare Herzerkrankungen bei unter 65-Jährigen und
- 38,0 Millionen Euro auf Diabetes mellitus

als Folgeerkrankungen der Adipositas zurückzuführen.

3.3.5. Adipositas-Reduktion in Österreich

Die Gesundheitsrisiken, die von Übergewicht/Adipositas ausgehen, sind gewaltig – ebenso die stetig ansteigenden Kosten. In den USA sind derzeit mehr als zwei Drittel aller Erwachsener übergewichtig/adipös. Die Kosten für Übergewicht/Adipositas übersteigen in den USA bereits jetzt die Kosten für Nikotin- und Alkoholfolgen zusammen.

Übergewicht/Adipositas beginnt im Kindesalter. Bereits das Stillen mit Muttermilch stellt einen positiven Effekt dar: Die Agency for Healthcare Research and Quality publizierte im April 2007, dass Stillen pro Monat das Übergewichtrisiko im späteren Leben um 4 % senkt. Kinder, die mehr TV sehen, sich weniger bewegen und einer tieferen sozialen Schicht angehören, haben ein höheres Risiko, übergewichtig zu werden und zu bleiben. Die Reduktion des Übergewichts und seiner Folgen in Österreich muss daher bei (Kleinst-)Kindern beginnen!

Weder in Österreich noch in der EU ist das Adipositasproblem (bei Erwachsenen und Kindern) in das Zentrum der Gesundheitspolitik vorgedrungen. Auch wenn die Bedeutung der Regulation von Schulmahlzeiten, Verkauf von Süßigkeiten an Schulen und die Zusammensetzung der Nahrungsmittel im Zusammenhang mit Übergewicht/Adipositas erkannt wurde, fehlt es hier oft an legislativen Vorgaben. Auch in diesem Bereich könnte Österreich sich den Bundesstaat Kalifornien, der ja nun seit mehr als fünf Jahren von einem ehemaligen Österreicher regiert wird, als Vorbild nehmen: Kalifornien verbietet Transfette in Speisen ab 2010. (Transfette sind künstlich gehärtete Fette, die der Körper nicht verarbeiten kann. Sie sind in vielen Lebensmitteln enthalten, etwa in Fast-Food-Produkten, Keksen, frittierten Speisen oder fetten Brotaufstrichen. Transfette sind preiswerter als andere Fettarten, länger haltbar und häufiger zu verwenden. Der Konsum dieser Fettsäuren kann auf Dauer zum Verschluss von Herzkranz- und Hirngefäßen und damit zum Infarkt oder Schlaganfall führen.)

4. Bildung - Gesundheitsverhalten - Sterblichkeit

4.1. Bildung und Lebenserwartung

Die durchschnittliche Lebenserwartung der Österreicherinnen und Österreicher liegt heute bei 79,5 Jahre; das heißt, dass fast die Hälfte aller Männer (47,9 %) und rund zwei Drittel aller Frauen (67,5 %) den 80. Geburtstag erleben werden.

Es zeigt sich jedoch, dass dabei erhebliche soziale Ungleichheiten bestehen: Die Wahrscheinlichkeit, den 80. Geburtstag zu erleben, ist für Männer mit Universitätsabschluss deutlich höher als für Männer mit Pflichtschulabschluss (62,9 % zu 41,8 %). Bei den Frauen fällt dieser Unterschied, auf generell höherem Niveau, geringer aus (74,7 % zu 65,2 %).

Wahrscheinlichkeit, 80 Jahre alt zu werden, je nach Bildungsgrad

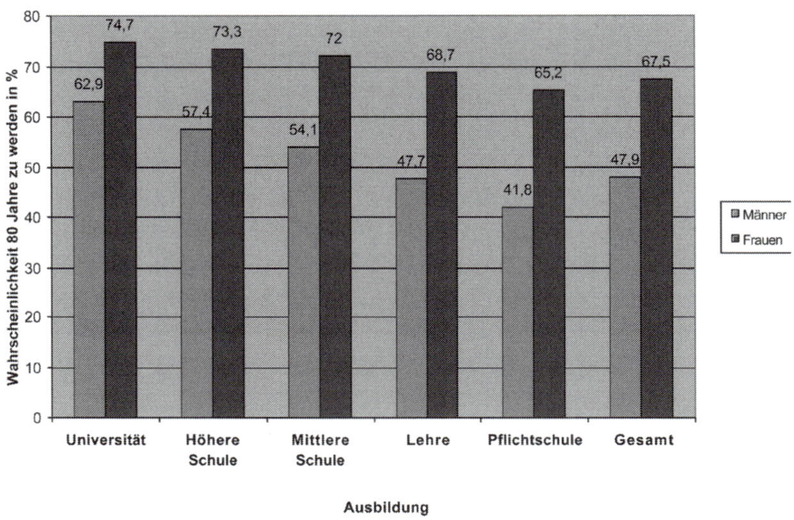

4.2. Bildung und Rauchen, Übergewicht und Vorsorgeverhalten

4.2.1. Bildung und Rauchen

Männer ohne über die Pflichtschule hinausgehende schulische Bildung rauchen doppelt so häufig (35 %) wie Männer mit Matura oder Hochschulabschluss (17 %). Bei den Frauen sind die Unterschiede zwischen diesen beiden Gruppen etwas geringer, aber immer noch hoch signifikant (27 % gegenüber 17 %).

4.2.2. Bildung und Übergewicht

Ein ähnliches Bild zeigen die Daten der Gesundheitsbefragung hinsichtlich des Risikofaktors Übergewicht, wobei hier die Unterschiede bei den Frauen besonders ausgeprägt sind. Extremes Übergewicht (Adipositas) ist bei Frauen mit Pflichtschulabschluss 2,6mal häufiger zu finden als bei Frauen mit Matura oder darüber hinausgehender formaler Bildung.

4.2.3. Bildung und Vorsorgeverhalten

Bildung und Rauchen, Adipositas und Vorsorgeverhalten

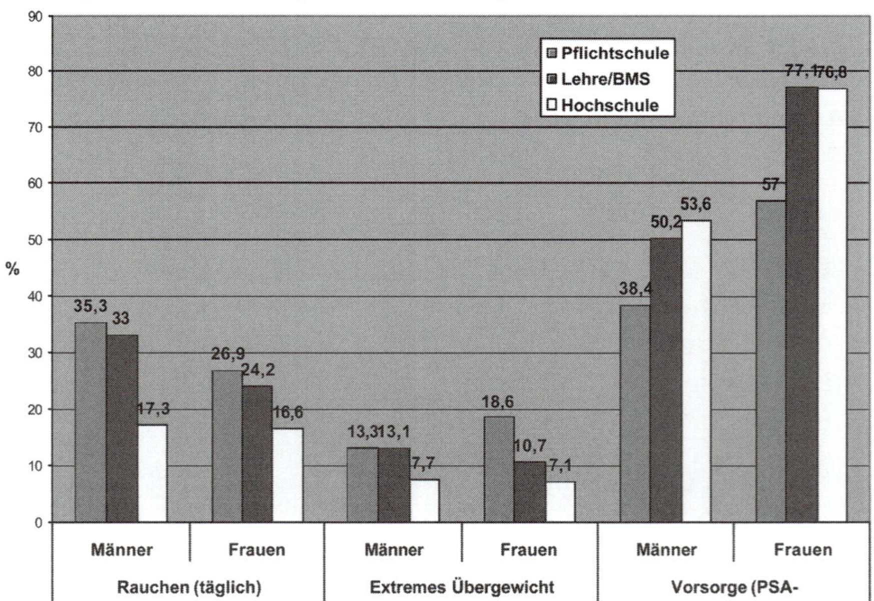

Auch im Vorsorgeverhalten belegen die Daten entsprechende bildungsspezifische Unterschiede. So liegt die Häufigkeit von Brustkrebs-Vorsorgeuntersuchungen, Krebsabstrichen beziehungsweise PSA-Tests zur Prostatakrebs-Früherkennung bei formal besser gebildeten Personen deutlich über dem Durchschnitt der Gesamtbevölkerung.

4.2.4. Erwerbstätigkeit und Rauchen, Übergewicht und Vorsorgeverhalten

Wie stark sich soziale Benachteiligungen auf das Gesundheitsverhalten auswirken können, zeigen auch die Unterschiede zwischen erwerbstätigen und arbeitslosen Personen. 32 % der erwerbstätigen, aber 44 % der zum Zeitpunkt der Befragung arbeitslosen Männer rauchen, und extrem übergewichtig sind 9 % der erwerbstätigen, aber 22 % der von Arbeitslosigkeit betroffenen Frauen.

Erwerbstätigkeit und Rauchen, Übergewicht und Vorsorgeverhalten

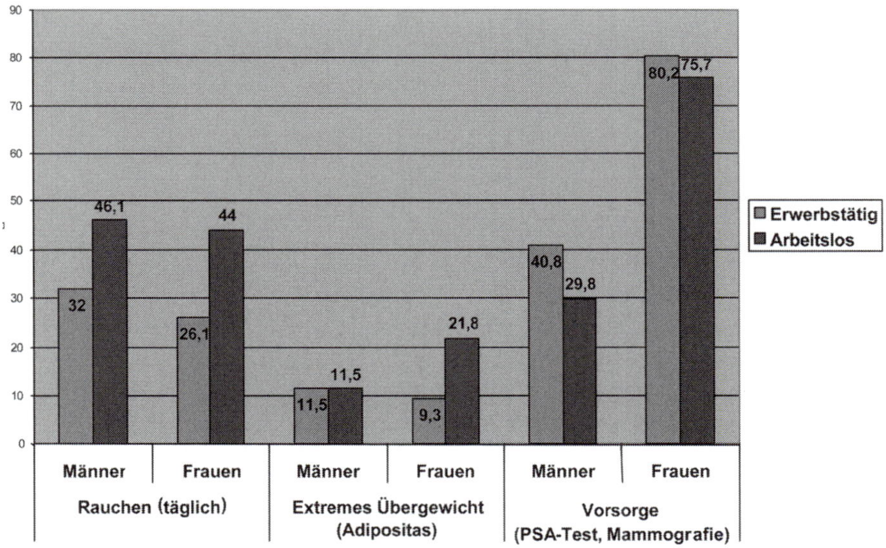

4.2.5. Soziale Schicht, Schultyp und Übergewicht bei Kindern

Auch bei Kindern kann bereits der Einfluss von Bildung auf Übergewicht nachgewiesen werden, einerseits nach Schichtzugehörigkeit oder nach Schultyp.

Anteil von übergewichtigen Mädchen zwischen 11 und 15 Jahren nach sozialer Herkunft (Unterschicht = 17 % ärmste Familien, Oberschicht = 5 % reichste Familien)

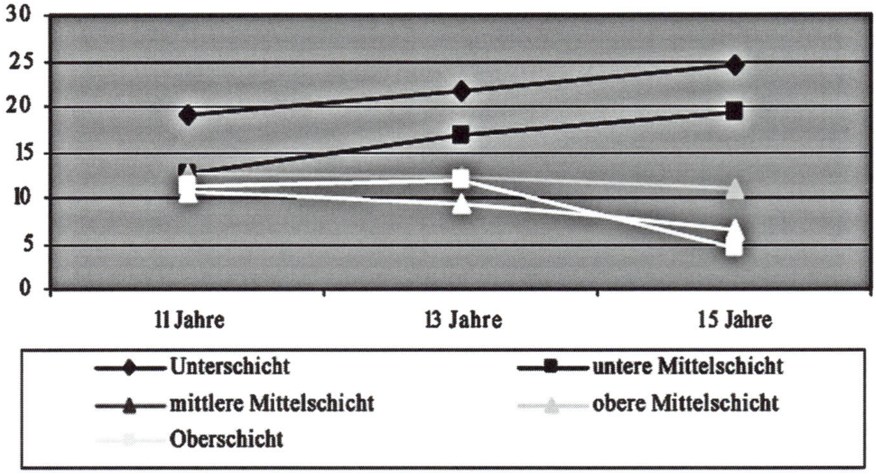

Anteile der Wiener SchülerInnen im Alter von 10 bis 15 Jahren aus Hauptschule und Gymnasium mit Übergewicht und Adipositas

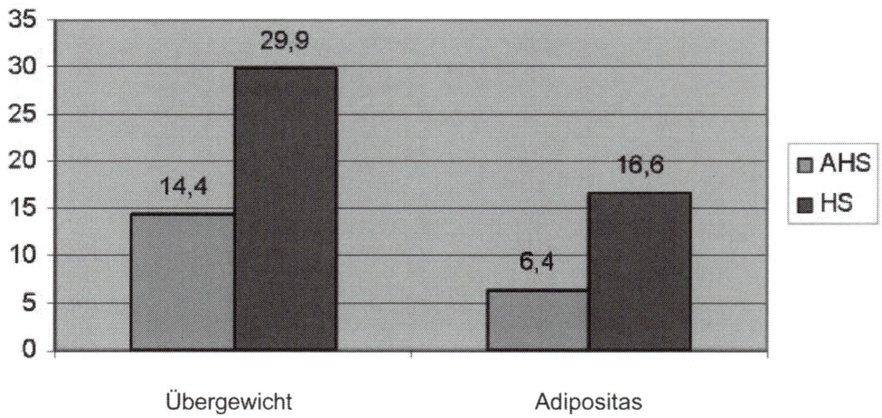

4.2.6. Bildung und Sterblichkeit, Vergleich von 1981 und 1991

Wie Untersuchungen aus verschiedenen europäischen Ländern zeigen, hat sich die soziale Schere im Verlauf der letzten Jahrzehnte geweitet: Zwar steigt die Lebenserwartung auch in unteren Sozialschichten an, doch nicht so schnell wie in oberen Schichten, weshalb die Unterschiede größer werden.

So ist in höheren Sozialschichten die Sterblichkeit an Herz-Kreislauf-Krankheiten stärker rückläufig als in unteren Schichten. Gleichzeitig haben sich bei Frauen und Männern aus unteren sozialen Schichten die Sterblichkeitsraten für Lungen- und Brustkrebs, für Krankheiten der Atmungsorgane und des Verdauungstrakts sowie für Verletzungen und Unfälle erhöht.

In Österreich sehen wir ähnliche Trends, wie eine Publikation der Akademie der Wissenschaften aus dem Jahr 2007 zeigt: So nahm die Sterblichkeit bei Männern mit geringer Bildung zwischen 1981 und 1991 nur um 14 % ab, während bei Männern mit hohem Ausbildungsgrad der Sterblichkeitsrückgang bei 27 % lag.

Bei Frauen gibt es ebenfalls Unterschiede in der Sterblichkeit je nach Ausbildungsgrad, jedoch sind die Unterschiede nicht so ausgeprägt: 12 % versus 17 % Rückgang bei den 30- bis 59-jährigen und 18 % versus 22 % Rückgang bei den 60- bis 74-jährigen Frauen.

Rückgang der Sterblichkeitsraten von 1981/82 zu 1991/92 in Österreich, je nach Ausbildungsstand, Alter und Geschlecht

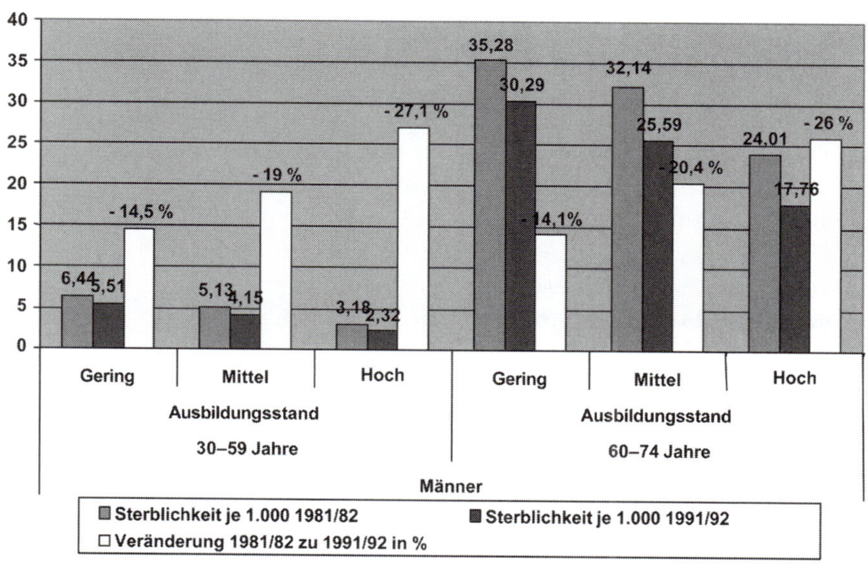

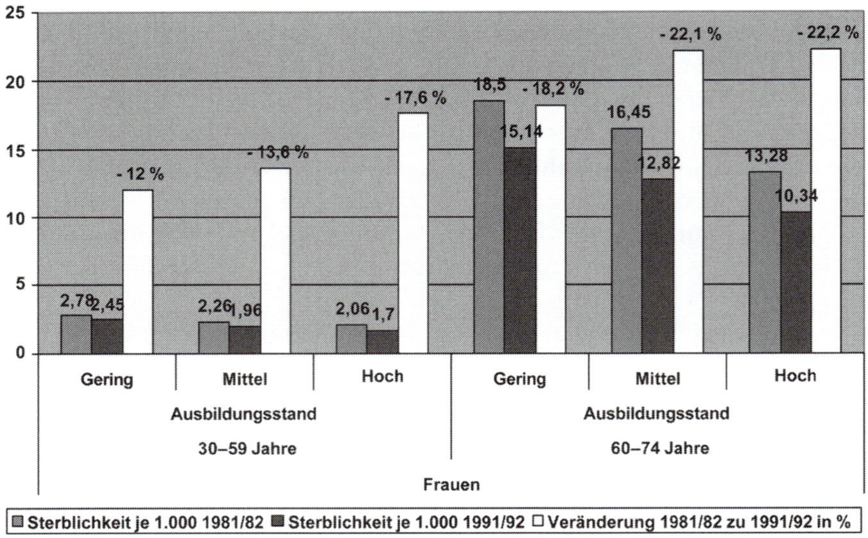

5. Conclusio

Österreich sollte eine rauchfreie Gesellschaft werden. Die politischen Maßnahmen auf dem Weg dorthin sollten rasch begonnen werden. 23 % der ÖsterreicherInnen, das sind 1,6 Millionen Menschen, rauchen und sind somit abhängig von der Droge Nikotin. Dies kann zu einem Entscheidungskonflikt führen. Nehmen wir uns die USA als Vorbild und beginnen wir mit der Umsetzung einer rauchfreien Gesellschaft.

Alkohol ist die Droge Nummer 1 in Österreich. Das Suchtpotenzial ist deutlich geringer als bei Nikotin. Bei einem Alkoholkonsum von täglich etwa einem viertel Liter Wein für Männer und einem achtel Liter für Frauen oder weniger bestehen keine gesundheitlichen Langzeitgefahren. Jedoch sind immerhin 1 Millionen ÖsterreicherInnen alkoholkrank oder Missbraucher. Alkoholprävention, insbesondere vor dem 18. Lebensjahr, durch Preispolitik, staatliche Regulation, Strafen, Medienkampagnen, Unterstützung betrieblicher und kommunaler Initiativen, um nur einige zu nennen, sollte im Rahmen einer österreichweiten Initiative angestrebt werden. Diese Ziele könnten viel soziales und persönliches Leid reduzieren!

Die Kosten von Übergewicht und starkem Übergewicht (Adipositas) und deren Folgekrankheiten wie Bluthochdruck, Diabetes, koronare Herzkrankheiten, Schlaganfälle und chronische Gelenksentzündungen überschreiten in den USA bereits die Kosten für Nikotin- und Alkoholschäden zusammen.

In Österreich liegen sie noch zwischen 230 bis 1.138 Millionen Euro. Durch das starke Zunehmen an übergewichtigen Kindern ist diese Entwicklung für Österreich bereits vorprogrammiert und ein umgehendes Gegensteuern (Bildung, Ernährung, Sport) notwendig.

Bildung hat zu jedem Lebenszeitpunkt eines Menschen entscheidenden Einfluss auf sein Gesundheitsverhalten und damit auf seine Gesundheit und Lebenserwartung. Jede Maßnahme, um den Bildungsgrad der Gesamtbevölkerung zu erhöhen (ab Geburt), ist auch eine Maßnahme für die Gesundheit der Gesamtbevölkerung mit Auswirkungen sowohl auf die Gesundheit des Einzelnen als auch auf die zu erwartenden Kosten, die mit dem Gesundheitsverhalten einhergehen.

Literatur und Quellen

Zu 1. Gesundheit in Österreich:

http://www.admin.ch/ch/d/sr/i8/0.810.1.de.pdf.
http://www.searo.who.int/LinkFiles/About_SEARO_const.pdf.
www.who.int.
OECD-Daten aus: http://puck.sourceoecd.org/vl=6805318/cl=12/nw=1/rpsv/health2007/index.htm.
European Observatory on Health Systems and Policies: http://www.euro.who.int/observatory.

Zu 3.1. Rauchen:

Akademie der Ärzte, www.meindfp.at, Raucherentwöhnung für die Praxis.
Kay-Tee KHAW u. a., Combined Impact of Health Behaviours and Mortality in Men and Women: The EPIC-Norfolk Prospective Population Study, in: PloS Medicine, January 2008.
NIDA, Research Monograph 17 12.1977, NIH Pub. No. 07-5605.
www.who.int.
www.deathsfromsmoking.net, UICC, MRC, cancer research UK.
www.wikipedia - Nikotinsucht und Abhängigkeitspotenziale.
www.leginfo.ca.gov/.html/lab_table_of_contents.html section 6400-6413.5.
http://legacy.library.ucsf.edu/.
www.cdc.gov/mmwr/preview/mmwrhtml/mm4947a4.htm.
http://caonline.amcancersoc.org/cgi/reprint/53/6/317.

Für weitere Ideen, wie ein Bundesstaat wie Kalifornien mit 30 Millionen Einwohnern die rauchfreie Gesellschaft umsetzt: www.cdph.ca.gov/programs/Tobacco/Pages/default.aspx.

Zu 3.2. Alkoholkonsum:

AKIS: Alkohol Koordinations- und Informationsstelle des Anton Proksch Instituts in Zusammenarbeit mit dem Ludwig-Boltzmann-Institut für Suchtforschung.

Eckardt BERGMANN, Kerstin HORCH, Kosten alkoholassoziierter Krankheiten, Schätzungen für Deutschland, in: Robert Koch-Institut (Hg.), Beiträge zur Gesundheitsberichterstattung des Bundes, Berlin 2002.

Statistik Austria, Österreichische Gesundheitsbefragung 2006/2007, BMGJ, Wien 2007.

Alfred UHL, Sonja BACHMAYER u. a., Handbuch Alkohol - Österreich: Zahlen, Daten, Fakten, Trends 2008. 3. überarbeitete und ergänzte Aufl. BMGF, Wien 2008 (in Vorbereitung).

Alfred UHL u. a., Handbuch Alkohol - Österreich 2001, Wien 2001.

Alfred UHL, Alfred SPRINGER u. a., Österreichweite Repräsentativerhebung zu Substanzgebrauch - Erhebung 2004, Band 1: Forschungsbericht, BMGF, Wien 2005.

www.netdoctor.de.

http://web3.custompublish.com/getfile.php/435976.994.qetsaxdrqq/FORUT+Approach+to+Alcohol+and+Drug+Prevention+(pdf,+1,1+Mb).pdf?return=www.add-resources.org.

www.worldalcohol.net/eu-process-leads-to-alcohol-strategy.433155-57844.html.

http://www.euro.who.int/document/E67946.pdf)

Weitere internationale Programme und Daten zur Reduktion des Alkoholmissbrauchs weltweit unter: http://www.add-resources.org/home.76188.en.html.

Zu 3.3. Übergewicht / Ernährung:

Clarice D. BROWN u. a., Body Mass Index and the Prevalence of Hypertension and Dyslipidemia, in: Obes Res. 2000, 8, 605-619.

Erster Österreichischer Adipositasbericht 2006, hg. von Altern mit Zukunft, www.alternmitzukunft.at/con03DE/page.asp?id=961.

Statistik Austria, www.statistik.at/web_de/statistiken/gesundheit/gesundheitsdeterminanten/bmi_body_mass_index/index.html.

www.diabetes-austria.com/__de/index.php?mh=HOME&kat=1&sp=1.
www.wien.gv.at/who/pdf/duer.pdf.
www.wien.gv.at/who/pdf/siegfried.pdf.
www.ahrq.gov – AHRQ Publication No. 07-E007.
www.ca.gov/.
http://puck.sourceoecd.org/vl=6805318/cl=12/nw=1/rpsv/health2007/index.htm.
www.dr-moosburger.at/pub/pub090.pdf.

Zu 4. Bildung – Gesundheitsverhalten – Sterblichkeit:

Johan P. MACKENBACH, Vivian BOS, Otto ANDERSEN u. a., Widening socioeconomic inequalities in mortality in six Western European countries, in: Intern J of Epidemiology 32/2003, 830–837.
Franz SCHWARZ, Vienna Yearbook of Population Research 2007, 93–105.
Gesundheit in Deutschland, hg. vom Robert-Koch-Institut in Zusammenarbeit mit dem Statistischen Bundesamt, Berlin 2006.
www.wien.gv.at/who/pdf/duer.pdf.
www.wien.gv.at/who/pdf/siegfried.pdf.
Health Behaviour in School-aged Children (HBSC) study, http://www.euro.who.int/Document/e82923.pdf.
Wolfgang DÜR, Epidemiologie von Übergewicht und Adipositas bei Kindern und Jugendlichen. Symposium im Wiener Rathaus, 26. April 2004.
Kurt WIDHALM, Sabine DIETRICH, G. PRAGER, Adjustable gastric banding surgery in morbidly obese adolescents: experiences with eight patients, in: Int J Obes Relat Metab Disord. 2004, 28 (suppl 3), 42–45.

Arbeit, Wohlstand, Konsum

Die Arbeit in Zeiten der Unsicherheit

Jörg Flecker

Einleitung

Das mehrmals angekündigte Ende der Arbeitsgesellschaft hat nicht stattgefunden. Im Gegenteil: Die Bedeutung von Arbeit ist objektiv und subjektiv gestiegen. Objektiv durch die erhöhte Erwerbsbeteiligung der Frauen, die Anhebung des Pensionsantrittsalters und die zunehmende Nebenbeschäftigung von SchülerInnen und Studierenden; subjektiv durch gestiegene Berufsorientierung, hohe Identifikation mit der Arbeit und Verschwimmen der Grenzen zwischen Arbeits- und Privatleben. Auch wenn Erwerbsarbeit für die Teilhabe an der Gesellschaft wichtiger statt unwichtiger geworden ist, wurden die Möglichkeiten zur Integration durch Arbeit für viele Menschen prekär – also unsicher und gefährdet. Dies zeigt sich inzwischen auch in Österreich an beiden Enden der Erwerbsbiografie: Der Berufseinstieg wurde schwieriger und instabiler, und Ältere haben es, ausgehend von einer ohnehin niedrigen Erwerbsquote, immer schwerer, Arbeit zu finden oder in Beschäftigung zu bleiben.[1] Aber auch dazwischen sind immer häufiger Gefährdungslagen festzustellen – sogar bei jenen, die in Beschäftigung sind. Zwar ist der Niedriglohnsektor in Österreich kleiner als in vielen anderen Ländern Europas, dennoch sind 230.000 oder 7 bis 8 % der Erwerbstätigen in Österreich armutsgefährdet.[2] „Armut trotz Arbeit" ist damit kein zu vernachlässigendes Phänomen mehr.

Was sind neben Arbeitslosigkeit und Niedriglöhnen die Gründe für die wachsende Unsicherheit? Was lässt sie bis tief in den etablierten Kern der Arbeitsgesellschaft hinein spürbar werden? In diesem Beitrag werden einige Aspekte beleuchtet: Flexibilisierung bedeutet den Verlust von Stabilität, Internationalisierung stellt mit Verschiebungen in der internationalen Arbeitsteilung Beschäftigungsmöglichkeiten in Frage, die Gesundheitsfolgen hoher Arbeitsbelastungen lassen Erwerbsbiografien brüchig werden. Arbeit ist in Zeiten der Unsicherheit vielfachen Belastungsproben ausgesetzt.

Der Arbeitsmarkt ist in Österreich im internationalen Vergleich relativ flexibel: Etwa ein Viertel der Beschäftigungsverhältnisse wird innerhalb eines Jahres aufgelöst und neu begründet; jedes Jahr sind etwa 900.000 Personen von Arbeitslosigkeit betroffen; das Regulierungs- und damit Schutzniveau für unbefristete Dienstverhältnisse wurde abgesenkt.[3] Dies sind erste Hinweise auf wachsende Unsicherheit, die in einem gespaltenen Arbeitsmarkt ungleich verteilt und in Branchen konzentriert ist, die von hohem Arbeitskräfteumschlag und häufiger Erwerbslosigkeit gekennzeichnet sind. Erwerbslosigkeit ist dabei kein konjunkturelles Phänomen, sondern stellt in Form von „Flexibilitätsarbeitslosigkeit"[4] aus Sicht der Betriebe eine geplante Ressource für kostengünstige Flexibilität dar.

Einen zweiten Hinweis auf den Anstieg der Unsicherheit liefert die Ausbreitung der minder geschützten Beschäftigungsverhältnisse. Für die große Mehrheit der Unselbstständigen ist das sogenannte Normalarbeitsverhältnis, also die sozialversicherungspflichtige, unbefristete Vollzeitbeschäftigung, zwar nach wie vor Realität. Doch geringfügige Beschäftigung hat bereits große Verbreitung gefunden, und freie Dienstverträge, Neue Selbstständigkeit, Werkverträge, Leiharbeit et cetera weisen sehr starke Zuwachsraten auf. Sie ermöglichen es den Unternehmen, Personalkosten zu sparen und ihre numerische Flexibilität, also die Möglichkeit zur Anpassung der Personalkapazitäten an die Auslastung, zu steigern. Die hohen Steigerungsraten, die bei minder geschützter Beschäftigung zu verzeichnen sind, lassen einen schleichenden Umbau der Arbeitsgesellschaft erkennen. Dieser Trend weitet die unsicheren „Ränder" des Beschäftigungssystems aus und wirkt zudem durch die so entstehende billigere Konkurrenz auf den gesicherten „Kern" zurück.

Die Entwicklungen in diesem Kern wiederum liefern einen dritten Hinweis auf die Erhöhung der Unsicherheit: die Flexibilisierung innerhalb der Großunternehmen und in der Welt der dauerhaften Dienstverträge. Ihre Merkmale sind erfolgsabhängiges Entgelt, projektförmige Arbeit mit Ungewissheit der Weiterarbeit, „Verflüssigung" der Organisation durch ständige Umstrukturierung oder Delegation von Verantwortung ohne ausreichende Ressourcen und damit Risiko des Scheiterns. Wir beobachten hier eine Aushöhlung des sogenannten Normalarbeitsverhältnisses von innen. Die Flexibilisierung *für die* Beschäftigten, gedacht zur Überwindung industriegesellschaftlicher Starrheiten, etwa durch Gleitzeit, hat sich vielfach in den flexiblen Einsatz *der* Beschäftigten verkehrt, bei dem immer mehr Risiken auf die Arbeitskräfte abgewälzt werden.

Dies alles erscheint als unausweichliche Notwendigkeit. Sie wird gern mit Globalisierung, intensiver Konkurrenz auf unsteten Märkten oder kaprizi-ösen Kunden begründet, die alle hohe Flexibilitätsanforderungen an Unternehmen stellen. Dabei wird weder bedacht, dass keineswegs alle Firmen tatsächlich einer schwankenden Nachfrage oder raschen Veränderungen der Kundenanforderungen ausgesetzt sind, noch wird berücksichtigt, dass Flexibilitätsanforderungen an die Organisation nicht notwendigerweise durch flexiblen Personaleinsatz zu beantworten sind. Erst durch das Ausblenden anderer organisatorischer Lösungen erscheinen die Beschäftigten automatisch als jene, die die Suppe auslöffeln müssen. Auch wird vielfach verschwiegen, dass es der Druck der Kapitaleigner beziehungsweise der globalen Finanzmärkte ist, der von den Unternehmen verlangt, ihre Kapazitäten an die Auslastung anzupassen, weil sich schwache Auslastung sonst in niedrigeren Renditen niederschlägt. Was bei der Flexibilisierung der Arbeitszeit, wo es ja um die Einsparung von Überstundenzuschlägen geht, relativ offensichtlich ist, trifft auf Flexibilisierung insgesamt zu: Hier geht es unter dem Deckmantel ökonomischer Notwendigkeiten um Verteilungsfragen und die Reduktion der Erwerbseinkommen der ArbeitnehmerInnen.

Freilich sind auch auf der Seite des Arbeitskräfteangebots Gründe für die Ausweitung atypischer Beschäftigung zu finden. Die Erwerbsbeteiligung von Frauen ist in Österreich erheblich gestiegen. Aufgrund der institutionellen und kulturellen Bedingungen erfolgte die Integration von Frauen mit Familienpflichten in den Arbeitsmarkt jedoch vorwiegend in Form der Teilzeitarbeit einschließlich geringfügiger Beschäftigung. Nach wie vor lässt es das Angebot an öffentlicher Kinderbetreuung meist nicht zu, Kinder mit Vollzeitbeschäftigung zu vereinbaren. Hinzu kommen Studierende als Arbeitskräfte mit Bedarf an sehr flexiblen Arbeitszeiten, aber auch wachsende Subkulturen in neuen Erwerbsfeldern, wie der Kreativwirtschaft, mit ausgeprägter Präferenz für Selbstständigkeit. Die Unternehmen können ihre Strategien der Flexibilisierung somit auch deshalb umsetzen, weil gesellschaftliche Entwicklungen und institutionelle Bedingungen Nachfrage nach atypischer Beschäftigung schaffen. Dass auch die Unternehmen selbst hier mitspielen, zeigt die in manchen Branchen häufige Verabschiedung von älteren Arbeitskräften in die Selbstständigkeit, die dann als Konsulenten oder Selbstständige zur Verfügung stehen.

Auslagerung und Internationalisierung

In der vernetzten Welt der Wirtschaft wird Flexibilität nicht nur innerhalb der Unternehmen und durch flexible Beschäftigung erreicht, sondern auch durch Auslagerung von Aufgaben an andere Firmen, wie Zulieferer und Dienstleister. Seit langem haben sich in der Industrie die Just-in-time-Lieferungen durchgesetzt. Aber auch Dienstleistungsfunktionen sind diesem Muster gefolgt. So können etwa bei der telefonischen Kundenbetreuung Anrufe in Spitzenzeiten an externe Callcenter umgeleitet werden. Dadurch braucht das Unternehmen intern dafür keine Personalreserven bereitzuhalten. Doch auch diese organisatorische Lösung, bei der das Auslastungsrisiko an Dienstleister externalisiert wird, bedeutet letztlich mehr Unsicherheit für die Arbeitskräfte: Da die externen Dienstleister ihr Personal mittels freier Dienstverträge beschäftigen, werden die Kosten der Flexibilität an die Arbeitskräfte weitergereicht. Dies ist Teil des Konzepts, denn letztlich ist die Auslagerung an externe Anbieter vielfach gerade durch den Einsatz von billigeren und minder geschützten Arbeitskräften lukrativ.

Die wirtschaftliche Internationalisierung geht bereits seit Jahrzehnten mit einer Verschiebung in der internationalen Arbeitsteilung einher. Viele Produktionsstätten wurden in die benachbarten mittelosteuropäischen Länder oder nach China verlegt. Die Schließung gewinnbringender Betriebe ruft kaum noch Empörung und Widerstand hervor. Jüngere Fälle von Verlagerungen, wie jene des Forschungszentrums von Novartis von Wien in die Schweiz oder einer Fertigungsstätte von Nokia von Bochum nach Rumänien, sind nur die Spitze des Eisbergs. Die Verschiebungen in der internationalen Arbeitsteilung sind erheblich dynamischer, denn immer mehr Arbeitsplätze sind in internationale oder globale Verwertungsketten eingebunden: Forschung und Entwicklung, Produktion, EDV, Buchhaltung, Kundenbetreuung, Marketing et cetera eines Unternehmens beziehungsweise für ein Produkt sind längst nicht mehr an einem Ort konzentriert, sondern oft über mehrere Länder oder gar den ganzen Globus verteilt. Dies eröffnet die Möglichkeit, Arbeit entlang dieser Verwertungsketten ständig neu zu verteilen: Einzelne Projekte werden konzernweit ausgeschrieben, Standorte übernehmen Aufgaben von anderen, Nachfolgemodelle von Produkten werden an einem anderen Standort gefertigt et cetera. Auf diese Weise wird Arbeit auch unterhalb der Schwelle von Betriebsverlagerungen und -schließungen und damit abseits der öffentlichen Aufmerksamkeit neu verteilt.

Und Verwertungsketten sind tatsächlich höchst dynamisch:[5] Wurde noch vor acht bis zehn Jahren nur einfache Programmierarbeit nach Mittelosteuropa oder Indien ausgelagert, sodass die Standorte dort für die österreichischen oder deutschen Unternehmen keine unmittelbare Konkurrenz darstellten, so arbeiten diese inzwischen meist auf dem gleichen Aufgaben- und Qualitätsniveau. Dies führte näher an eines der Ziele kapitalistischer Globalisierung, nämlich einen globalen Arbeitsmarkt zu schaffen und dadurch das Arbeitsangebot auszudehnen und Arbeit entsprechend zu verbilligen. Wenn eine solche „flache Welt" vielfach auch ein Mythos bleibt und die Arbeit nicht so ortsunabhängig wird, wie häufig propagiert, sind die Folgen für Erwerbstätige in vielen Berufsgruppen doch gestiegene Konkurrenz und eine größere Unsicherheit im Hinblick auf die nahe Zukunft. Dass es diesmal weniger die Näherinnen in der Bekleidungsindustrie als vielmehr Ingenieure und BuchhalterInnen betrifft, die sich bisher recht sicher wähnen konnten, hat das Offshoring in die Schlagzeilen gebracht. Doch wie bei den Näherinnen drückt sich die gewachsene Unsicherheit in eingeschränkter Verhandlungsmacht der Beschäftigten und in Zugeständnissen an die Arbeitgeber bei den Einkommen und Beschäftigungsbedingungen aus.

Wirtschaftliche Internationalisierung oder Globalisierung bedeuten nicht nur grenzüberschreitende Auslagerungen und das Entstehen globaler Verwertungsketten. Die Globalisierung der Finanzmärkte hat zur Verbreitung der aktionärsorientierten Unternehmensführung und zur Steigerung der Renditeforderungen geführt. Eigentümerwechsel und Betriebsübernahmen sind ein Ausdruck dieser Entwicklung. Die Ungewissheit über den Bestand des Betriebes ist stark gestiegen. So berichten Beschäftigte beispielsweise in der Informationstechnik-Branche, dass niemand sagen könne, wer in einem halben Jahr Eigentümer des Betriebs und was dessen Strategie sein werde – und entsprechend, ob sich das Engagement für bestimmte Projekte und Zielsetzungen überhaupt auszahlt. Die Renditevorgaben bestimmen Arbeitsbeziehungen und Leistungsdruck. Die Orientierung an der kurzen Frist hat zur Folge, dass das Verständnis für organisatorische Nachhaltigkeit abhanden kommt und Investitionen in die Lehrlingsausbildung oder die Gesundheitsförderung, die erst nach Jahren Wirkungen zeitigen, unter hohen Rechtfertigungsdruck geraten. Die Jungen, die Frauen und die Älteren bekommen zuerst zu spüren, dass ihr Eifer und ihre Loyalität nicht notwendigerweise belohnt werden, weil die Geschäftsführung unter den Bedingungen des flexiblen Kapitalismus kaum noch paktfähig ist.

Bleibt die Anerkennung in Form eines sicheren Arbeitsplatzes, wachsenden Einkommens und ausdrücklicher Wertschätzung aus, so bedeutet das nicht nur eine Kränkung, sondern macht tatsächlich krank. Es erhöhen sich nämlich die psychosozialen Belastungen und die daraus folgenden Beeinträchtigungen der Gesundheit, die sich aus einem Missverhältnis zwischen Anstrengungen und Belohnungen ergeben. Generell führen hohe Arbeitsbelastungen und ihre Gesundheitsfolgen bei Vielen zu größerer Unsicherheit der Beschäftigung, weil unklar ist, wie lange man die Arbeit durchhalten kann. Bei Bauarbeitern, Krankenschwestern, Piloten, Stahlarbeitern, LehrerInnen und anderen spricht man wegen der hohen Belastungen von Berufen mit begrenzter Tätigkeitsdauer. Gerade Schicht- und Nachtarbeit ist über lange Zeit nicht ohne Beeinträchtigungen der Gesundheit möglich. Hat aber die Berufstätigkeit ein Ablaufdatum, so ist damit existenzielle Unsicherheit verbunden, zumal es in der Regel keine institutionalisierten Umstiegsmöglichkeiten, sondern nur individuelle Auswege für die Betroffenen gibt.

Die Unsicherheit durch Arbeitsbelastungen und Gesundheitsgefährdungen geht aber über den Bereich der Schwerarbeit deutlich hinaus. Zu den für die Industriearbeit typischen körperlichen Beanspruchungen sind neue, insbesondere psychosoziale Belastungen dazugekommen, die sich rasch ausgebreitet haben. Bei den anerkannten Invaliditätsursachen haben die psychiatrischen Erkrankungen inzwischen die Muskel- und Skeletterkrankungen überholt.[6] Die Ursachen dafür zeigen sich in den Erhebungen über Arbeitsbedingungen: Bereits 60 % der Erwerbstätigen leiden an Termindruck und Zeitmangel, Stressreaktionen sind die verbreitete Folge.[7] Früher, im ausklingenden Industriezeitalter, konnte man erwarten, dass Technikeinsatz und Strukturwandel körperliche Arbeit mit hohen Belastungen zunehmend zum Verschwinden bringen werden. Nicht erwartet wurde aber, dass sich repetitive Tätigkeiten hartnäckig halten und dass andererseits hohe Qualifikationen keine privilegierten Arbeitsbedingungen garantieren. Gerade in wachsenden und durchaus attraktiven Arbeitsfeldern etwa der Kreativwirtschaft, in die viele junge Menschen mit Hochschulabschluss begeistert strömen, finden wir eine bedenkliche Mischung aus sehr hohem Engagement für die Arbeit und gravierenden Belastungen vor.[8]

Verschärft wird die Situation durch die schleichende Ausdehnung der Arbeitszeit. Nachdem der Prozess der Arbeitszeitverkürzung in den letzten Jahrzehnten zum Stillstand gekommen ist, wird heute durch häufige Überstunden, flexible Arbeitszeiten und atypische Beschäftigung immer länger gearbeitet. Österreich ist im internationalen Vergleich mit über 44 Wochenstunden bei den Vollzeitbeschäftigten[9] in einer Spitzenposition. Lange Arbeitszeiten verschlimmern die Arbeitsbelastungen und verstärken so die Unsicherheit darüber, wie lange der Körper und die Psyche noch mithalten können. Außerdem sind lange und wenig planbare Arbeitszeiten selbst eine Quelle von Unsicherheit, weil sie für Personen, insbesondere Frauen, mit Familienpflichten mangels Vereinbarkeit den Job insgesamt in Frage stellen können.

Wird die Arbeitswelt somit auf eine negative Weise egalitärer, weil die Arbeitsbelastungen auch bei den Hochqualifizierten und vormals Privilegierten steigen? Auch in dieser Hinsicht trifft eher das Bild der Spaltung zu. So zeigte sich, dass Personen in flexiblen und damit unsicheren Beschäftigungsformen stärker unter Arbeitsbelastungen und gesundheitlichen Beeinträchtigungen zu leiden haben als andere. Dies betrifft zum Beispiel Leiharbeitskräfte, die eher unter belastenden Arbeitsbedingungen und zu unsozialen Zeiten eingesetzt werden und sowohl Einbindung in den Betrieb als auch Beschäftigungssicherheit missen. Aber auch innerhalb des Normalarbeitsverhältnisses kann Flexibilität die Gesundheit gefährden: So weisen Personen, die in Projektform arbeiten, höhere Belastungen auf. Unsicherheit erweist sich als zusätzliche Belastungsquelle, wie auch umgekehrt hohe Belastungen und die Beeinträchtigung der Gesundheit Beschäftigung und Erwerbsverlauf unsicher machen.

Politik der Unsicherheit

Der französische Soziologe Pierre Bourdieu hat Prekarität im Erwerbsleben als neue Herrschaftsform bezeichnet. Flexible Unternehmen nutzen, so Bourdieu, eine von Unsicherheit geprägte Situation ganz bewusst aus, die von ihnen noch verschärft wird.[10] Die „Generation Praktikum", die Befristeten, die „Freien" oder die Leiharbeitskräfte, sie alle können ein Lied davon singen, wie die Karotte der möglichen gesicherten Beschäftigung wirkt. Und den scheinbar gesichert Beschäftigten wird mit Hilfe der Randbelegschaften tagtäglich ihre Ersetzbarkeit vor Augen geführt. Wie fügt sich nun die Politik in dieses Bild der Transformation der Arbeitswelt, der wachsenden Unsicherheit und der neuen Herrschaftsform ein? Ist sie in der Lage, der neuen Unsicherheit mit neuen Mitteln entgegenzuwirken? Sehr optimistisch stimmen die politischen Erfolge wahrlich nicht. Die Wirksamkeit sozialer Politik scheint umgekehrt proportional zur Häufigkeit der Verwendung von Schlagworten wie „Flexicurity" zu sein. Im klaren Widerspruch zur propagierten Zielsetzung, Flexibilität mit Sicherheit zu verbinden, wurde in Österreich parallel zur wachsenden Unsicherheit im Erwerbssystem die soziale Absicherung geschwächt, indem der Zugang zu Versicherungsleistungen etwa bei Arbeitslosigkeit erschwert und eine ununterbrochene Erwerbslaufbahn noch wichtiger für die Pension wurde.[11]

Über viele Jahre wurde die wachsende Unsicherheit rhetorisch noch verstärkt: Beschäftigung könne nicht mehr garantiert werden, und alle müssten damit rechnen, im Laufe ihres Erwerbslebens den Beruf zu wechseln, hieß es. Der Beitrag der Politik zur Unsicherheit ist aber noch konkreter und unmittelbarer auf der materiellen Ebene nachzuvollziehen. Ein Musterbeispiel dafür sind die Liberalisierung und Privatisierung öffentlicher Dienstleistungen und deren Beschäftigungsfolgen. Öffentliche Dienstleistungen, wie Gesundheitswesen, Post, Bahn, Wasser- und Elektrizitätsversorgung et cetera, sind zum einen Bestandteil des Sozialstaates und dienen, wie der Begriff der Daseinsvorsorge nahe legt, zur Sicherstellung grundlegender Lebensbedingungen. Öffentliche Dienstleistungen stellen zum anderen wichtige Beschäftigungsfelder dar, die im Hinblick auf die Anzahl und die Qualität der Arbeitsplätze sehr bedeutend für den Arbeitsmarkt sind.

Die Liberalisierung und Privatisierung öffentlicher Dienstleistungen führt, wie Erfahrungen in verschiedenen europäischen Ländern inzwischen aufzeigen, zu einem erheblichen Verlust an Arbeitsplätzen und zu einer Verschlechterung der Arbeitsbedingungen. In Österreich hat die Beschäftigung in der Elektrizitätsversorgung innerhalb von zehn Jahren um 25 %, in den Post- und Kurierdiensten um 30 % abgenommen.[12] In den Postdienstleistungen ist eine große und rasch wachsende Anzahl von Personen als Scheinselbstständige beschäftigt. Zudem ist die verbleibende Stammbelegschaft in diesen Branchen ständiger Umstrukturierung und Rationalisierung unterworfen.

Aufgrund fehlender Arbeits- und Sozialstandards wird die Konkurrenz auf diesen politisch geschaffenen Märkten zwischen den Unternehmen inzwischen vielfach über die Arbeitskosten ausgetragen – mit erheblichen nachteiligen Folgen für die Beschäftigten. Am offensichtlichsten wird dies am Beispiel der Postdienstleistungen in Europa. So betreibt die niederländische Post in Deutschland und Österreich Tochtergesellschaften, die durch das Unterschreiten von Arbeitsstandards den nationalen Postgesellschaften Konkurrenz machen. Umgekehrt versucht die Deutsche Post mit ihrer Tochtergesellschaft in den Niederlanden ebenfalls mit Scheinselbstständigkeit und Niedriglöhnen Marktanteile von der niederländischen Post zu gewinnen. Der ungleiche Wettbewerb wird mit Arbeitskostenunterschieden bis zu 75 % und damit mit Arbeit unter der Armutsgrenze ausgetragen.[13] Vor kurzem erklärte der Generaldirektor der Österreichischen Post AG laut Zeitungsberichten, dass er die Tochtergesellschaft Feibra zur Billigschiene bei der Briefpost ausbauen wolle. Was er nicht dazu sagte: Feibra beschäftigt slowakische Pendler als Taglöhner... Im Prozess der Liberalisierung und Privatisierung wurde es offensichtlich verabsäumt, mit einer Regulierung des Arbeitsmarktes faire Konkurrenzbedingungen herzustellen, bevor der Markt für Dienstleistungen geöffnet wurde. Dieses Beispiel ist leider nicht untypisch dafür, wie in der Europäischen Union Prioritäten gesetzt werden.

Die zunehmende Unsicherheit in der Arbeitsgesellschaft ist zweifellos zu einem Thema der Zeit sowohl in der nationalstaatlichen wie in der europäischen Politik geworden. Doch der Umgang mit ihr ist mehr als fragwürdig. Das Problem liegt nicht nur darin, dass es der Politik, auch sozialdemokratischer Politik, nicht gelingt, die vom Wirtschaftssystem geschaffenen Unsicherheiten zu mildern. Das Problem ist auch, dass die Politik der Wirtschaft oft gehorsam vorauseilt und Unsicherheit durch politische Entscheidungen, etwa über die Flexibilisierung des Arbeitsmarktes oder die Liberalisierung der öffentlichen Dienstleistungen, aktiv verstärkt. Der in diesem Zusammenhang gern bemühte Begriff „Flexicurity" ist bisher nicht mehr als ein Feigenblatt, das die mehr oder weniger bewusste Verschärfung der Unsicherheit notdürftig verdeckt.

Anmerkungen

1 Manfred KRENN, Marion VOGT, „... da kräht kein Hahn nach ihnen". Die Situation von „älteren" Arbeitslosen und ihre Chance auf Reintegration in Beschäftigung, Wien 2007.

2 Statistik Austria, Einkommen, Armut und Lebensbedingungen – Ergebnisse aus EU-SILC 2006, Wien 2008.

3 Helmut MAHRINGER, Recent Trends in Job Stability: Evidence from Austrian Social Security Records, in: Peter HUBER, Helmut MAHRINGER, Marianne SCHÖBERL, Kristin SMERAL, Arbeitsplatzreallokation und Arbeitskräftemobilität, WIFO, Wien 2004; Alois GUGER, WIFO-Weißbuch. Arbeitsmarktflexibilität und soziale Absicherung; in: WIFO-Monatsberichte 5/2007, 469–481; Markus MARTERBAUER, Wem gehört der Wohlstand? Perspektiven für eine neue österreichische Wirtschaftspolitik, Wien 2007.

4 Hans Georg ZILIAN, Lorenz LASSNIGG, Angela WROBLEWSKI, Arbeitslosenschulung in der flexibilisierten Wirtschaft. Am Beispiel der Evaluierung und der Analyse eines Schulungssystems, Mering 1999.

5 Jörg FLECKER, Ursula HOLTGREWE, Annika SCHÖNAUER, Wolfgang DUNKEL, Pamela MEIL, Restructuring across value chains and changes in work and employment, WORKS-Research Report, HIVA, Leuven 2007.

6 Erwin BUCHINGER, Hintergrundgespräch Invalidität im Wandel - Zahlen, Daten und Fakten zur Invaliditätspension, BMSK, Wien 2008.
7 Agnès PARENT-THIRION, Enrique Fernández MACÍAS, John HURLEY, Greet VERMEYLEN, Fourth European Working Conditions Survey, Dublin 2007.
8 Hubert EICHMANN, Jörg FLECKER, Sybille REIDL, „Es ist ja ein freies Gewerbe ...". Arbeiten in der Kreativwirtschaft, FORBA, Wien 2007.
9 Statistik Austria, Durchschnittliche Arbeitszeit 2007, www.statistik.at.
10 Pierre BOURDIEU, Gegenfeuer. Wortmeldungen im Dienste des Widerstands gegen die neoliberale Invasion, Konstanz 1998.
11 Ingrid MAIRHUBER, Pension Reform and Employee's Rights. EU-project „Employee's resources and social rights in Europe" RESORE, FORBA, Wien 2005.
12 Statistik Austria, Spezialauswertung für das FORBA-Projekt PIQUE (Privatisation of Public Services and the Impact on Quality, Employment and Productiticity - www.pique.at).
13 Thorsten SCHULTEN, Die Liberalisierung des Postsektors in den Niederlanden - ein Lehrstück; in: Torsten BRANDT, Thorsten SCHULTEN, Gabriele STERKEL, Jörg WIEDEMUTH (Hg.), Europa im Ausverkauf, Hamburg 2008.

Sozialpolitik zwischen Hürde und Motor der wirtschaftlichen Entwicklung

Christine Mayrhuber

Soziale Sicherheit ist ein weites Betätigungsfeld von Politik, Verwaltung, Wissenschaft, SozialpartnerInnen, Zivilgesellschaft und vielen anderen, da sie unser tägliches Leben wesentlich mitbestimmt. Trotz der Weite des Feldes konzentrieren sich Sozialstaatsdebatten und Analysen auf die Kosten der sozialen Sicherungssysteme, während die positiven Effekte für Wirtschaft und Gesellschaft in den Hintergrund treten. Der vorliegende Beitrag streift die Kosten-Nutzen-Seite nur am Rande und konzentriert sich auf die grundlegende Notwendigkeit von Sozialpolitik für das herrschende Wirtschaftssystem.

1. Maßgebliche Entstehungsmomente der gegenwärtigen Sozialpolitik

Sozialpolitik lässt sich schlecht mitgestalten und verstehen, wenn das Bewusstsein ihrer Geschichte fehlt.[1] Wenn immer stärker Marktmechanismen und Marktrhetorik Einzug in die sozialpolitische Debatte finden, braucht es umso mehr einen Blick zurück auf die Entwicklung der Sozialpolitik, um die Dialektik zwischen der Marktproduktion und der sozialen Sicherheit zu vergegenwärtigen und zu verdeutlichen.

Die Konjunkturschwäche, die hohe Zahl an Arbeitslosen, also die insgesamt schwache wirtschaftliche Entwicklung der vergangenen Jahre stellte und stellt das Sozialsystem unter Reformdruck. Unter dem Schlagwort „Krise des Sozialstaates" wird die materiell-absichernde Wirkung sozialstaatlicher Leistungen in Frage gestellt, obwohl sie genau für konjunkturelle, aber auch strukturelle Wirtschaftsschwächen konzipiert wurden. Die Sozialstaatskritik kommt von zumindest zwei Seiten: Die Sozialleistungssysteme würden falsche Anreize setzen und zu einer abnehmenden Arbeits- und Leistungsbereitschaft der Menschen führen. Die Finanzierung sozialer Leistungen würde einen Gutteil der privatwirtschaftlichen Wertschöpfung beanspruchen und damit ein Hemmnis für wirtschaftliche Prosperität sein.

Die Behauptung, die wirtschaftliche Krise sei aufgrund eines zu teuren Sozialstaates entstanden, scheint beinahe gesetzmäßige Geltung gewonnen zu haben. Als Ausweg aus der „Sozialstaatskrise" wurde und wird in dieser Sichtweise ein Abbau der Leistungen gesehen, vorgeschlagen und auch durchgeführt.

Die Debatte ist sehr verzerrt geführt und geht von einer einseitigen Interdependenz zwischen Sozialsystem und wirtschaftlicher Prosperität aus. Das Sozialsystem wird ausschließlich als Belastungsfaktor für die privatwirtschaftliche Produktion dargestellt. Nach dieser Lesart entstand die „Sozialstaatskrise" durch die übermäßige Ausweitung sozialstaatlicher Leistungen der konkurrierenden politischen Parteien. Diese neoliberale Sichtweise blendet die Verursachung sozialer und ökonomischer Risiken aus. Hierin liegt ihre Einseitigkeit. Die Entwicklung des Sozialsystems wird als binnenpolitischer Entwicklungsprozess gesehen, der von politischen Parteien und ihrem Bemühen, die WählerInnenstimmen zu maximieren, vorangetrieben wird. Hingegen wird das herrschende ökonomische Produktionsprinzip nicht als Verursacher der vorhandenen Risiken in den Mittelpunkt der Analyse und Diskussion gestellt. Historisch betrachtet brauchte und braucht das kapitalistisch-marktwirtschaftliche Produktionssystem eine Sozialpolitik, um ihre wirtschaftlichen und sozialen Defizite zu kompensieren, aber auch zur Absicherung der herrschenden ökonomischen Struktur.[2]

Ein Blick zurück in die Entwicklungsgeschichte[3] unseres Sozialstaates lässt die funktionellen Gründe, die politischen Motive, jedenfalls aber die Bedingungen der Durchsetzung sozialer Absicherung besser erkennen, als es der Blick auf die gegenwärtige Sozialpolitik ermöglicht. Aufgrund der Gefahren der sich rasch verbreitenden industriellen Produktionsweise konnte beispielsweise die Unfallversicherung durchgesetzt werden. Fortan war ein Arbeitsunfall nicht die Folge eines individuellen Fehlverhaltens der Arbeitnehmerin oder des Arbeitnehmers, sondern die Folge der Produktionsweise. Es ging weniger darum, wen das Verschulden trifft, sondern um die Frage, wer die Schadenskosten übernimmt. Bei der Einführung der österreichischen Unfall- und Krankenversicherung in den 1880er Jahren wurde diese Frage eindeutig beantwortet. Die Schadenskosten trug der Arbeitgeber, der auch die Beiträge zur Unfallversicherung zu leisten hatte und hat.[4]

Dieser Blick zurück ins 19. Jahrhundert soll vor Augen führen, dass die Produktionsstrukturen von individuell nicht mehr verarbeitbaren Risiken begleitet sind. Bei der Rückkehr in die Gegenwart zeigt sich, dass die Frage der „Schuld und Haftung" wieder stärker individualisiert wird, dass aufgrund des Wirtschaftssystems strukturell vorhandene Risiken immer weniger als solche gesehen werden. So dominiert beispielsweise im Bereich der Arbeitslosenversicherung die Wahrnehmung, dass Arbeitslosigkeit auf individuelle Faktoren (Qualifikationen, Arbeitsfähigkeit, Mobilität, Arbeitswilligkeit et cetera) zurückzuführen sei. Mit dieser Auffassung wird auch die Forderung verbunden, die Kosten der Arbeitslosigkeit stärker[5] von den Betroffenen tragen zu lassen. Es wäre zu erwarten, dass in Zeiten der Massenarbeitslosigkeit und der Nicht-Vollbeschäftigung stärker nach den strukturellen und konjunkturellen Gründen dieser Entwicklung gefragt wird, statt den Betroffenen ihre Lage selber anzulasten.

2. Ziele sozialpolitischer Aktivitäten

Die historische Entwicklung zeigt, dass in Westeuropa der Ansatz einer kompensatorischen Sozialpolitik verfolgt wurde. Die negativen Folgen des Wirtschaftens müssen über das soziale Sicherungssystem zumindest teilweise kompensiert werden,[6] da der Markt keine selbstheilenden Kräfte entwickelt.[7] Die Integration einer extensiven Sozialpolitik in die kapitalistische Marktwirtschaft bedeutet damit nicht eine Überwindung der herrschenden Wirtschaftsform, sondern ihre Absicherung.

Ein soziales Sicherungssystem muss daher wissen, woher die Risiken kommen, um diese erfolgreich kompensieren zu können. Erwerbsarbeit sichert für den größten Teil der Bevölkerung den Lebensunterhalt. Die Risiken entstehen aus den Unsicherheiten der Arbeitsplätze und der damit verbundenen Einkommensprobleme. Sozialpolitik konzentriert sich auf die lohnarbeitszentrierten Risiken, das sind im Wesentlichen Unfall, Krankheit, Arbeitslosigkeit, Alter. Die soziale Sicherung dient aber nicht nur dem Lebensunterhalt der Bevölkerung, sondern sichert vielmehr auch die privatwirtschaftliche Produktion. Dies geschieht, indem Sozialpolitik einerseits eine soziale Infrastruktur (beispielsweise das Gesundheitssystem) bereitstellt, die eine zentrale Voraussetzung für das ökonomische System ist. Andererseits finanzieren die Geldleistungen des Sozialsystems die Nachfrage nach Gütern und Dienstleitungen und bestimmen das Produktionsniveau der Wirtschaft mit. Sozialpolitik ist damit eine „produktionspolitische Notwendigkeit".[8]

Die Anfänge der westeuropäischen Sozialstaaten – allen voran Deutschland – waren gekennzeichnet vom Einsatz der Sozialpolitik als Teil der politischen Stabilisierungspolitik.[9] Die nordischen Länder sehen Sozialpolitik in einem viel stärkeren Ausmaß als produktive, infrastrukturelle Voraussetzung und sind gegenwärtig wirtschaftlich sehr erfolgreich.

Durch die Sozialpolitik ist in das herrschende Wirtschaftsprinzip ein Gegenprinzip eingebaut, nämlich der soziale Ausgleich im marktwirtschaftlichen Produktionssystem. Die gesellschaftspolitischen Spannungen einer Marktwirtschaft machen Sozialpolitik überhaupt erst notwendig. Sozialpolitik ist somit sowohl Gegenprinzip als auch zentraler Bestandteil unseres Wirtschaftssystems. In dieser Doppelstellung können keine ökonomischen oder politologischen Theorien das „richtige" Ausmaß an Sozialpolitik definieren. In dieser Doppelstellung bewegt sich auch die Dynamik der Sozialpolitik.

Ob und in welcher Form Risiken sozialstaatlich kompensiert werden, ist nicht theoretisch festlegbar, sondern hängt neben dem Wirtschaftsniveau maßgeblich von der vergangenen und gegenwärtigen Entwicklung der Sozialpolitik ab. Diese Entwicklung wurde und wird vom politischen Kräfteverhältnis bestimmt. Auch wenn gegenwärtig Zwänge aus der Verschuldung öffentlicher Haushalte[10] (Stichwort „Nulldefizit") als Gestaltungsrahmen sozialer Leistungen ins Treffen geführt werden, bleibt der Sozialstaat politisch gestaltbar.

In der gegenwärtigen Diskussion um die Reform des „Sozialstaates" wird vor allem von den SozialstaatskritikerInnen diese Gestaltbarkeit geleugnet: Es dominiert die neoliberale Argumentationslinie, dass Sozialleistungen in der globalisierten Welt eine standortnachteilige hohe finanzielle Belastung für Unternehmen seien, dass sie zu unerwünschten Verhaltenseffekten (hohe Arbeitslosigkeit, frühes Pensionsantrittsalter et cetera) führen und darüber hinaus unfinanzierbar seien. Das Spannungsverhältnis zwischen Unternehmen und Staat spitzt sich weiter zu.

Die veränderten Produktionsbedingungen vergrößern das Risikopotenzial für die erwerbstätigen Menschen. In wirtschaftlich unsicheren Zeiten braucht es eine starke Sozialpolitik, um alle an der Wohlstandsentwicklung teilhaben zu lassen. In diesem Sinne braucht es eine „präventive Sozialpolitik",[11] welche die sozialen Risiken minimiert. Einkommen, Beschäftigung, Qualifikation, Gesundheit sind ihre Interventionsfelder. Im Einkommensbereich können Tarifbestimmungen, Steuerrecht et cetera vor allem die primäre Einkommensverteilung korrigieren helfen. Präventive Sozialpolitik im Beschäftigungsbereich kümmert sich um eine gerechte Arbeitszeitverteilung, Jobsicherungsmaßnahmen et cetera. Qualifikationen durch Aus- und Weiterbildung zählen ebenso zur Prävention wie im Gesundheitsbereich der Arbeits- und Unfallschutz, Rehabilitationsmaßnahmen und gesundheitliche Vorsorge. Maßnahmen der präventiven Sozialpolitik stellen somit vielfältige Eingriffe des Staates in die Güter- und Faktormärkte dar. In dieser breiten Definition kann Sozialpolitik gleichgestellt werden mit den

Aufgaben des Sozialstaates: Seine Aufgaben liegen in der Versorgung mit öffentlichen Gütern (Allokationspolitik), der Stabilisierung der Wirtschaft (Stabilisierung- und Strukturpolitik), sowie einer gerechten Verteilung (Distributionspolitik).[12]

3. Kräfte in der Sozialpolitik

3.1. Europäische Sozialagenda als Triebkraft für die österreichische Sozialpolitik

Bis dato hat in der Europäischen Union die Sozialpolitik mit der Wirtschaftspolitik nicht Schritt gehalten. Am Europäischen Rat in Nizza (2000) und Lissabon wurde die Europäische Sozialagenda mit ihren sozialpolitischen Leitlinien aufgestellt. Mit der Lissabon-Strategie wird der Sozialpolitik der gleiche Stellenwert wie der Wirtschaftspolitik zuerkannt.[13] Die Europäische Kommission betont die Notwendigkeit einer bereichsübergreifenden und mehrdimensionalen Sozialpolitik.[14] Die drei Pfeiler der neuen europäischen Sozialagenda sind: Durch mehr und bessere Arbeitsplätze sollen Chancen eröffnet, durch Bildungs-, Gesundheit- und Sozialpolitik müssen die Zugangsmöglichkeiten verbessert und durch mehr Solidarität Armut und soziale Ausgrenzung bekämpft werden. In der erneuerten Sozialagenda zeigt sich deutlich, dass die wirtschaftlichen Veränderungen mit neuen sozialpolitischen Maßnahmen kompensiert werden müssen. Die EU betont auch die Notwendigkeit, sozialpolitische Dimensionen in alle Politikfelder zu integrieren, um die drei genannten Pfeiler tatsächlich tragfähig zu machen.[15]

Die sozialpolitischen Instrumente der EU sind finanzieller Natur, allen voran der Europäische Sozialfonds (ESF) und das PROGRESS-Programm.[16] Daneben stellt die „Methode der offenen Koordinierung“ ein wichtiges Instrument für die Modernisierung der europäischen Sozialschutzsysteme dar.[17] Diese Methode ist maßgeblich von der Mitarbeit der nationalen PolitikakteurInnen bestimmt. Eine starke Verankerung in der Zivilgesellschaft wie auch eine starke ArbeitnehmerInnenvertretung tragen zum Erfolg der besseren sozialen Absicherung in Europa bei. Für Österreich ergibt sich damit eine neue Herausforderung, die traditionellen Politikentscheidungsstrukturen zugunsten einer breiten Einbindung aller AkteurInnen zu verändern.

Das Bekenntnis der EU-Kommission zur gleichen Wichtigkeit von Sozial- und Wirtschaftspolitik steht im Gegensatz zur herrschenden Sozialabbaurhetorik in Österreich. Nicht weniger Sozialstaatlichkeit verbessert die wirtschaftliche Lage der Nationalstaaten; vielmehr ebent erst ein Sozialsystem, das die Risiken abdeckt und die Benachteiligungen ausgleicht, den Weg hin zum prosperierenden europäischen Wohlstand und hin zur ökonomischen und sozialen Integration aller Bevölkerungsgruppen.

3.2. Hürden in der österreichischen Sozialpolitik

Krisenpolitik und der Glaube an eine Krise

Da zum überwiegenden Maße die Sozialleistungen über Beiträge der Erwerbstätigen finanziert werden, ist die Finanzierung an die wirtschaftliche Entwicklung gekettet. Damit erleiden Sozialleistungen insbesondere bei konjunkturellen Einbrüchen unter Legitimationsverluste. Das heißt, Sozialleistungen geraten in jenen wirtschaftlichen Situationen, für die sie eigentlich geschaffen wurden, unter Reformdruck. Reagiert die Politik mit einer tatsächlichen Reduktion der Leistungen, schwächt sie die finanzielle Lage der Betroffenen. Reformen der Arbeitslosenversicherung seit 2000 tragen diese Handschrift: Es wurde die Mindestversicherungsdauer, die für eine Geldleistung notwendig ist, um zwei Wochen auf 28 Wochen erhöht, eine Vier-Wochen-Sperre bei Selbstkündigung eingeführt, die Familienzuschläge zu Arbeitslosengeld und Notstandshilfe um rund 40 % reduziert. Bei steigenden Arbeitslosenzahlen wurden die Betroffenen finanziell schlechter gestellt. Insgesamt entkräften sinkende Masseneinkommen (Erwerbseinkommen und Geldleistungen der sozialen Sicherheit) die Konsumnachfrage und haben Krisen verschärfende Rückwirkungen auf die Konjunktur.

Auch Verhaltensänderungen der Menschen durch das ständige Krankreden des Pensions- und Gesundheitssystems hatten negative Rückwirkungen auf die Konjunktur. Die verunsicherte Bevölkerung reduzierte ihre Konsumausgaben zugunsten der Ersparnisbildung. Die verringerte Konsumnachfrage minderte die Produktion der Güter und Dienstleistungen. Zwischen 2001 bis 2006 kostete das rund 20.000 Arbeitsplätze.[18]

In Österreich wurden zur Eindämmung der Sozialausgaben etliche Reformen durchgeführt. Treibende Kraft waren nicht sozialpolitische Zielstellungen, sondern budgetpolitische Vorgaben und Vorwände. So wie für Deutschland die Massenarbeitslosigkeit die Reformpeitsche ist, war es in der österreichischen Sozialpolitik das „Nulldefizit“, mit dessen Hilfe kurzfristige Reformen durchgepeitscht werden konnten.[19] Wir sehen aber in den Nachbarländern, dass das Überschreiten der europäischen Budgetvorgaben zwar unangenehm ist, aber zu keinen wirtschaftlichen Einbrüchen führt. Auch hier ist die Krisenrhetorik fehl am Platz.

Glaube an die private Existenzsicherung

Kostenargumente in der Sozialpolitik beziehen sich auf die Geldleistungen im Sozialversicherungssystem. Der Umfang der staatlichen sozialpolitischen Aktivität lässt sich aber nicht alleine an der Höhe der Sozialausgaben festlegen. Der Staat übt vielfältige Eingriffe in die Güter- und Faktormärkte aus. Regulierung, Ge- und Verbote et cetera kosten. Sie sind nicht am Staatsbudget ablesbar wie monetäre Transfers. Durch den starren Blick auf die monetären Transfers unterschätzen wir die umverteilenden Eingriffe des Sozialstaates in die Wirtschaft.[20] Die Kehrseite davon ist, dass die prinzipielle Möglichkeit der individuellen Existenzsicherung jenseits sozialer Leistungen von den SozialstaatskritikerInnen überschätzt wird.

Die Ungleichheit in der Einkommensverteilung ist in den vergangenen dreißig Jahren größer geworden. Das unterste Fünftel der unselbstständig Erwerbstätigen bezog 2005 2,2 % des Lohneinkommens, 1976 waren es 4,5 %. Das oberste Fünftel bezog 2005 46,5 % der lohnsteuerpflichtigen Einkommen, 1976 waren es 40,2 %.[21] Hohe Einkommen schaffen sicherlich mehr Nachfrage nach Eigentumswohnungen anstelle sozialen Wohnraums, nach Vorsorgeprodukten, die den hohen Lebensstandard auch im Alter garantieren, anstelle der staatlichen Höchstpension et cetera. Im unteren Fünftel begründet die schlechte Einkommensentwicklung aber eine verstärkte Nachfrage nach sozialen (Dienst-)Leistungen. Vor diesem Hintergrund ist die individuelle Existenzsicherung auf gewinnorientierten Versicherungsmärkten ein Minderheitenprogramm für hohe Einkommen.

Glaube an die „Eigenverantwortung“

Instrumentell, finanziell, aber auch moralisch ist der Sozialstaat angeschlagen. Österreich unternimmt den Versuch, den finanziellen Engpässen im Sozialsystem durch die Stärkung des marktwirtschaftlichen Prinzips zu begegnen. „Mehr privat, weniger Staat“ verschiebt die Sozialpolitik weg vom Solidaritätsprinzip hin zum Versicherungsprinzip, weg von der Universalität hin zur Selektivität (Treffsicherheit).

Die Politik selber fordert mehr „Eigenverantwortung“ von ihren BürgerInnen ein. Der Begriff der Eigenvorsorge vermittelt den Eindruck, dass sich die Bevölkerung von sozialstaatlichen Regulierungen befreien könne. Ein Mehr an Eigenverantwortung führt aber zu einem Mehr an Risiken, die individuell zu tragen sind. Gleichzeitig beobachten wir eine Vergrößerung der Einkommensunterschiede der unselbstständig Erwerbstätigen.[22] Die politisch geforderte Eigenverantwortung erweist sich bei näherer Betrachtung als „Politikentlassungsformel“,[23] die Politik zieht sich aus ihrem ursächlichen Verantwortungsgebiet zurück, zulasten weiter steigender Einkommensungleichheiten.

Glaube an den „Globalisierungsdruck“

Reformdruck, ausgehend von der Globalisierung im Sinne von fortschreitendem technologischen Wandel und hoher Faktormobilität, sollte nicht überbewertet werden. Um mit dem technologischen Wandel Schritt zu halten, braucht es entsprechende Aus- und Weiterbildungsangebote. Der Globalisierungsdruck geht damit in Richtung eines höheren staatlichen Engagements im Bildungsbereich und nicht in Richtung Senkung der Abgabenquote zur Verbesserung der internationalen Wettbewerbsfähigkeit.

Nicht alle Dienstleistungen sind international handelbar, vor allem die wichtiger werdenden persönlichen Dienstleistungen (Gesundheit, Pflege). Ein globalisierungsbedingter Reformdruck auf die Sozialleistungen kann in unserer Dienstleistungsgesellschaft nicht immer ins Treffen geführt werden, da nicht alle Wirtschaftsbereiche im gleichen Maß mit dem Ausland in Konkurrenz stehen.[24]

Des Weiteren kann eine Reduktion von Sozialleistungen auf zumindest zweierlei Arten kontraproduktiv sein: zum einen durch die bereits beschriebene negative Wirkung einer rückläufigen Konsumnachfrage; zudem kann ein verringertes Ausmaß an sozialstaatlichen Leistungen mit erhöhten Arbeitgeberkosten verbunden sein: Großbritannien hat beispielsweise sehr geringe öffentliche Alterssicherungsausgaben, aber die Beitragssätze für betriebliche leistungsorientierte Pensionsvorsorge bewegen sich in einer Höhe von 15 bis 22 %.[25]

4. Themen der zukünftigen Sozialpolitik

Eine gerechte Verteilung und eine Neuverteilung von Lohn-, Besitz- und Kapitaleinkommen sowie von bezahlter und unbezahlter Arbeit müssen die Ziele zukünftiger sozialpolitischer Aktivitäten sein. Reduzierung der Armut, Stärkung der Konsumnachfrage, Erhöhung der Arbeitsbereitschaft bei stabilen Einkommenserwartungen, ein positiver Zusammenhang zwischen Sicherheit und Innovationskraft innerhalb einer Gesellschaft sind nur einige ökonomische Argumente, die für eine gerechte Verteilung der Ressourcen sprechen.

4.1. Überprüfung der Verteilungswirkung sozialstaatlichen Handelns

Die Gesamtstruktur des Sozialsystems kann aufgrund ihrer Vielschichtigkeit kaum einer Effizienzüberprüfung im Sinne einer Zielrealisierung unterzogen werden. Ein wichtiger Beurteilungsmaßstab ist die Überprüfung der Verteilungswirkungen zugunsten definierter Zielgruppen. Über die Verteilung der lohnsteuerpflichtigen Einkommen können Aussagen getroffen werden,[26] nicht jedoch über die Einkünfte aus Unternehmertätigkeit, selbstständiger Arbeit und Besitzeinkommen (Zinsen, Dividenden, Mieten, Pachten, Finanzvermögen). Für die letztgenannten Einkünfte braucht es eine lückenlose Erfassung, um die Notwendigkeit und Akzeptanz einer stärkeren Umverteilung in diesem Nicht-Lohn-Einkommensbereich zu verdeutlichen.

4.2. Sozialpolitischer Strukturwandel

Strukturwandel im Leistungsspektrum

Gegenwärtig dominieren Geldleistungen die Struktur des österreichischen Sozialstaates. Den NutzerInnen wird Geld in die Hand gegeben, mit dem sie ihre besonderen Lebenslagen (Kinder, Arbeitslosigkeit, Krankheit) abdecken sollen. Die österreichische Sozialpolitik fragt nicht danach, ob die benötigten Dienstleistungen oder Güter vorhanden sind. Tatsächlich mangelt es beispielsweise im Bereich der Familienförderung trotz der im internationalen Vergleich hohen Aufwendungen an Betreuungsdienstleistungen für Kinder und Pflegebedürftige. Für die Familienförderung (Familienbeihilfe, Kinderbetreuungsgeld et cetera) werden Ausgaben in der Höhe von rund 3 % des Bruttoinlandsprodukts aufgewendet. In die Bereitstellung der Kinderbetreuungseinrichtungen gehen allerdings nur 11 % der gesamten Familienförderung.[27]

Ein Umbau sozialstaatlicher Aktivitäten in Richtung Ausweitung öffentlicher Dienstleistungen beziehungsweise Preisreduktion vorhandener Dienstleistungen (Stichwort: kostenloser Kindergarten) würde gerade die ökonomische und soziale Position von den unteren Einkommensgruppen unmittelbar und nachhaltig verbessern.

Strukturwandel im Finanzierungsgefüge

Die Mehrheit der unselbstständig Erwerbstätigen leistet höhere Sozialversicherungsbeiträge, als sie monatlich an Lohnsteuer abführen. Geringe Einkommen sind durch die Beiträge zur Pensions-, Kranken-, und Arbeitslosenversicherung relativ stärker belastet als hohe Einkommen. Für die Letztgenannten bildet die Höchstbeitragsgrundlage eine Maximalgrenze bei monatlich 3.930 Euro (2008). Von dieser Maximalgrenze profitieren rund 10 % der unselbstständig Erwerbstätigen, die große Mehrheit davon Männer. Über der Höchstbeitragsgrundlage fallen keine Sozialversicherungsbeiträge an. Der relative Anteil der Sozialabgaben an ihrem höheren Einkommen ist damit geringer als bei den niedrigen Einkommen.

Die Beiträge zur sozialen Sicherheit haben eine regressive Verteilungswirkung, ebenso die Mehrwertsteuer und die Verbrauchssteuern. Das untere Einkommensdrittel muss rund 18 % seines verfügbaren Einkommens an Mehrwertsteuer zahlen, beim oberen Einkommensdrittel sind es 13 %.[28] Steuern, die an den Verbrauch gekoppelt sind, entfalten ebenfalls eine negative Verteilungswirkung, da Personen mit niedrigem Einkommen mehr davon für ihren Konsum ausgeben müssen, als dies im oberen Einkommensdrittel der Fall ist.

Alleine die Lohn- und Einkommensteuer entfaltet eine progressive Wirkung. Die Nettoeinkommen sind weniger ungleich verteilt als die Bruttoeinkommen. Im Bereich der Lohnsteuer kann die progressive Ausgestaltung der Steuer die Einkommensungleichheiten etwas abmildern helfen.

Insgesamt sind hohe Sozialstandards mit einem hohen Finanzierungsbedarf verbunden. Die Finanzierungsstruktur der Sozialleistungen, insbesondere im Bereich der Gesundheit, muss der steigenden Ausgabendynamik angepasst werden. Eine Erhöhung der Beitragssätze zur Sozialversicherung eignet sich aus den erwähnten verteilungspolitischen Gründen nicht. Auch eine stärkere Steuerbelastung der unteren und mittleren Lohneinkommen sichert die Finanzierung nicht ab, reduziert aber die wirtschaftlich wichtige Konsumnachfrage. Zur verbesserten Sozialstaatsfinanzierung müssen damit andere Einkommen herangezogen werden: Die Einbindung der Vermögenseinkommen ist aus konjunktureller Sicht nicht abzulehnen und aus verteilungspolitischer Perspektive zu befürworten. Eine Umbasierung der Arbeitgeberbeiträge, weg von der Lohnsumme hin zur betrieblichen Wertschöpfung (Löhne, Gewinne, Zinskosten, Abschreibungen), würde die Sozialstaatsfinanzierung ebenfalls verbessern und darüber hinaus arbeitsintensive Betriebe entlasten.[29]

Und schließlich sollten jene Vermögenswerte in die Sozialstaatsfinanzierung eingebunden werden, die höher als das österreichische Bruttoinlandsprodukt sind. Das Reinvermögen der privaten Haushalte liegt viermal so hoch wie das Bruttoinlandsprodukt und siebenmal so hoch wie das Einkommen der unselbstständig Erwerbstätigen.[30] Der Finanzierungsbeitrag von Seiten dieser hohen Vermögenswerte schwächt die Konsumnachfrage und damit das Produktionsniveau nicht, führt zu keinen negativen Effekten auf den Wettbewerb und hat darüber hinaus positive verteilungspolitische Wirkungen.

Art und Umfang der sozialen Sicherung ist weder theoretisch vorgegeben noch wirtschaftlich determiniert. Vielmehr ist der Sozialstaat eine wichtige Voraussetzung für das Funktionieren sowohl des herrschenden Wirtschaftssystems als auch des Gesellschaftssystems. Die Sozialpolitik ist und bleibt ein Reibungsfeld unterschiedlicher Interessen. Vermeintliche wirtschaftliche oder budgettechnische Sachzwänge haben hier keinen Platz.

Anmerkungen

1 Der Ökonom John Kenneth Galbraith machte diese Einschätzung für die Volkswirtschaftslehre: GALBRAITH, Economics in Perspective.
2 Vgl. HICKEL Sozialpolitik, VII ff.
3 1887 wurde in Österreich die Unfallversicherung der Arbeiter, 1888 ihre Krankenversicherung, 1906 die Alters- und Invaliditätsversicherung der Privatangestellten, 1920 die Arbeitslosenversicherung, 1928 die Angestelltenversicherung eingeführt (BRUCKMÜLLER, Die Sozialgeschichte Österreichs).
4 Vgl. EWALD, Der Versorgungsstaat, 447.
5 Schon derzeit gibt es bei ArbeitnehmerInnenkündigung eine vierwöchige Sperrfrist des Arbeitslosengeldbezugs.
6 Vgl. ESPING-ANDERSON, The Three Worlds; AIGINGER u. a., Reform Perspectives on Welfare State Models.
7 Vgl. SCHUI u. a., Wollt ihr den totalen Markt?.
8 HEIMANN, Soziale Theorie des Kapitalismus, 28.
9 „Ich bin entschlossen zur Verbesserung der Lage der deutschen Arbeiter die Hände zu bieten, soweit die Grenzen es gestatten, welche meine Fürsorge durch die Notwendigkeit gezogen werden, die deutsche Industrie auf dem Weltmarkt konkurrenzfähig zu halten“ (Kaiser Wilhelm II., Kaiserlicher Erlass vom 4.2.1890, zit. nach HICKEL, Sozialpolitik, 189).
10 Der Stabilitäts- und Wachstumspakt der Europäischen Wirtschafts- und Währungsunion begrenzt u. a. das jährliche öffentliche Defizit auf 3 % und den Schuldenstand auf 60 % des Bruttoinlandsprodukts.
11 HICKEL, Sozialpolitik, 14.
12 Vgl. MATZNER, Wohlfahrtsstaat.
13 Europäische Kommission, Generaldirektion Beschäftigung & Soziales, Referat 0/1, Bericht der hochrangigen Gruppe über die Zukunft der Sozialpolitik; Europäische Kommission, Sozialpolitische Agenda.
14 Europäische Kommission, Eine erneuerte Sozialagenda.
15 Europäische Kommission, Sozialpolitische Agenda, 4.
16 http://ec.europa.eu/social/main.jsp?catId=327&langId=de.

17 Kann die EU-Kommission in manchen Bereichen keine Rechtsakte setzen, ermöglicht die OMK, unverbindliche Empfehlungen an die Mitgliedsstaaten zu geben. Mit statistischen Vergleichen, Benchmarks etc. kann eine Annäherung der nationalen Politiken erreicht werden. Europäische Kommission, Europäisches Regieren.
18 MARTERBAUER, Wem gehört der Wohlstand?, 78.
19 Vgl. BEIGEWUM, Mythos Nulldefizit.
20 Vgl. WEISSEL 1998.
21 Vgl. GUGER, MARTERBAUER, Langfristige Tendenzen, Übersicht 2.
22 Vgl. GUGER, MARTERBAUER, Langfristige Tendenzen.
23 NULLMEIER, Eigenverantwortung, 176.
24 Vgl. BARR, The Welfare State.
25 Vgl. BACH u. a., Pension contribution level.
26 Vgl. GUGER, MARTERBAUER, Langfristige Tendenzen.
27 Vgl. BMSG, Bericht über die soziale Lage.
28 Vgl. GUGER, MARTERBAUER, Langfristige Tendenzen.
29 Vgl. MARTERBAUER, Wem gehört der Wohlstand?, 88.
30 Vgl. HAHN, MAGERL, Vermögen in Österreich.

Literatur

Karl AIGINGER, Alois GUGER, Thomas LEONI, Ewald WALTERSKIRCHEN, Reform Perspectives on Welfare State Models in Global Capitalism, WIFO-Working Papers 303/2007.

Jarna BACH, Sini LAITINEN-KUIKKA, Mika VIDLUND, Pension contribution level in certain EU countries, Intergroup Reviews 7/2003, Helsinki 2004; http://www.etk.fi.

Nicholas BARR, The Welfare State as Piggy Bank, Oxford 2001.

BEIGEWUM (Beirat für wirtschafts-, gesellschafts-, und umweltpolitische Alternativen), Mythos Nulldefizit. Alternativen zum Sparkurs, Wien 2000.

BMSG, Bericht über die soziale Lage 2003–2004, Wien 2004; http://www.bmsk.gv.at/cms/site/attachments/9/2/3/CH0338/CMS1064227005975/bericht_ueber_die_soziale_lage_2003_-_2004.pdf.

Ernst BRUCKMÜLLER, Die Sozialgeschichte Österreichs, Oldenburg 2000.

Gosta ESPING-ANDERSON, The Three Worlds of Welfare Capitalism, Princeton 1990.

Europäische Kommission, Europäisches Regieren. Ein Weißbuch, KOM (2001) 428; http://eur-lex.europa.eu/LexUriServ/site/de/com/2001/com2001_0428de01.pdf.

Europäische Kommission, Eine erneuerte Sozialagenda. Chancen, Zugangsmöglichkeiten und Solidarität im Europa des 21. Jahrhunderts, KOM (2008) 412; http://ec.europa.eu/social/main.jsp?catId=547&langId=de.

Europäische Kommission, Generaldirektion Beschäftigung & Soziales, Referat 0/1, Bericht der hochrangigen Gruppe über die Zukunft der Sozialpolitik in der erweiterten Europäischen Union, Mai 2004; http://ec.europa.eu/employment_social/publications/2005/ke6104202_de.pdf.

Europäische Kommission, Sozialpolitische Agenda, KOM (2005) 33; http://eur-lex.europa.eu/LexUriServ/LexUriServ.do?uri=CELEX:52005DC0033:DE:NOT.

François EWALD, Der Versorgungsstaat, Frankfurt am Main 1993.

John K. GALBRAITH, Economics in Perspective. A Critical History, Boston 1987.

Alois GUGER, Markus MARTERBAUER, Langfristige Tendenzen der Einkommensverteilung in Österreich - ein Update. Die Verteilung von Einkommen und Vermögen, WIFO-Working Papers 307/2007.

Franz R.. HAHN, Christa MAGERL, Vermögen in Österreich, in: WIFO-Monatsberichte 1/2006, 53-67.

Eduard HEIMANN, Soziale Theorie des Kapitalismus, Frankfurt am Main 1980.

Rudolf HICKEL, Sozialpolitik in Geschichte, Theorie und Praxis, in: Karl DIEHL, Paul MOMBERT (Hg.), Sozialpolitik, Frankfurt am Main 1984, V-LV.

Helmut KRAMER, Markus MARTERBAUER, Margit SCHRATZENSTALLER, Konjunkturpolitische Ansatzpunkte, in: WIFO-Monatsberichte 11/2003, 817-828.

Martin MARTERBAUER, Wem gehört der Wohlstand? Perspektiven für eine neue österreichische Wirtschaftspolitik, Wien 2007.

Egon MATZNER, Wohlfahrtsstaat und Wirtschaftskrise, Reinbek bei Hamburg 1978.

Frank NULLMEIER, Eigenverantwortung, Gerechtigkeit und Solidarität - Konkurrierende Prinzipien der Konstruktion moderner Wohlfahrtsstaaten?, in: WSI-Mitteilungen 4/2006, 175-180.

Herbert SCHUI, Ralf PTAK, Stefanie BLANKENBURG, Günther BACHMANN, Dirk KOTZUR, Wollt ihr den totalen Markt?, München 1997.

Erwin WEISSEL, Das Preislied auf die Tugend privater Altersvorsorge, in: Kurswechsel 3/1998, 39-50.

Wohlstand und Verteilung

Eva Belabed

Nations are increasingly preoccupied with their relative economic standing, not the living standards of citizens.
Larry Summers[1]

1. Der Wohlstand steigt, aber nicht für alle

Den Wohlstand zu steigern, die Lebens- und Arbeitsbedingungen zu verbessern sowie die Bekämpfung von Armut und Ausgrenzung gehören zu den wichtigen Zielen der Menschen und sind auch in Verfassungen, Statuten und internationalen Verträgen festgeschrieben.

Die Verteilung des erarbeiteten Wohlstands, der Zugriff auf Ressourcen und die Macht, diese Ressourcen zu nutzen, sind Gegenstand gesellschaftlicher Auseinandersetzungen.

Während die Menschen im 19. und 20. Jahrhundert Demokratie und gesellschaftlichen Fortschritt erkämpft haben und unter dem Eindruck der Systemkonkurrenz und der Weltkriege des 20. Jahrhunderts in vielen Ländern eine Politik des Zusammenhalts und des Konsenses im Vordergrund stand, haben der ideologische Vormarsch des Neoliberalismus, der Zusammenbruch des Kommunismus, Globalisierung und technischer Fortschritt dazu geführt, dass die Disparitäten in der Gesellschaft wieder zunehmen, Auseinandersetzungen schärfer werden und soziale Spannungen steigen.

Demokratie ist ein entscheidender Faktor in dieser Auseinandersetzung. Damit Demokratie funktioniert, muss es eine stabile Mittelschicht, das heißt eine halbwegs egalitäre Verteilung von Einkommen und Vermögen, sowie Zugang zu Information, Wissen und Macht für alle geben.

Ein Blick auf die Realität zeigt uns allerdings, dass zwar der Wohlstand in vielen Ländern gestiegen ist, gleichzeitig aber negative Effekte des wirtschaftlichen Wachstums dies beeinträchtigen (Klimawandel, Ressourcen, Nahrungsmittelpreise) und außerdem nicht alle davon profitieren.

Die Ungleichheiten sowohl zwischen als auch in den Ländern nehmen wieder zu. Es geht dabei nicht nur um die Verteilung von Einkommen und Vermögen, es geht auch um den Zugang zu Bildung, Information, Leistungen der Daseinsvorsorge, Entscheidungen, Macht sowie die kumulierten Effekte dieser Ungleichheiten.

Der entscheidende Punkt ist, dass sich die Logik des Systems verändert: von einem System, in dem sowohl Konsumenten als auch Arbeitnehmer und Unternehmer sowie die Gesellschaft als Ganzes ihren Stellenwert hatten, in dem die Versorgung der Menschen mit Gütern und Dienstleistungen, die Versorgung mit (lebens-)notwendigen öffentlichen Gütern und Leistungen, die Orientierung an den Bedürfnissen der Konsumenten im Vordergrund standen, zu einem System, das von der Logik des Shareholder Value und den Interessen der Finanzinvestoren getrieben wird.

Das Resultat: Der Wohlstand steigt, aber die Ungleichheiten sowohl zwischen als auch in den Ländern nehmen zu. Der Verlust einer stabilen Mittelschicht gefährdet die Demokratie. Der neue Kapitalismus überfordert Menschen und Gesellschaft. Die aktuelle Finanzkrise zeigt zudem, dass diese Logik nicht produktive Investitionen fördert und realen Wohlstand für alle schafft, was eigentlich die Aufgabe der Finanzinstitutionen wäre, sondern ein virtuelles Wachstum, das wieder einmal in sich zusammenbricht.

Wir müssen daher die öffentliche Debatte drehen und eine politische Dynamik schaffen, die dieser Entwicklung Einhalt gebietet.

2. Wohlstand und Verteilung sind das Ergebnis gesellschaftlicher Auseinandersetzungen

Aus den Auseinandersetzungen um Demokratie, Wohlstand und Verteilung im 19. und zu Beginn des 20. Jahrhunderts haben sich zwei Systeme etabliert, deren Konkurrenz bis zum Jahr 1989 weitgehend die politische Auseinandersetzung bestimmt hat.

Im marktwirtschaftlichen System des Westens wurden Elemente der wirtschaftlichen Demokratie (Mitbestimmung, Arbeitsrechte) sowie Sozialsysteme und öffentliche Dienstleistungen teilweise aus Überzeugung eingeführt, teilweise konzediert, weil man die kommunistische Option im Westen verhindern wollte.

Die desaströsen Erfahrungen der Weltwirtschaftskrise und des darauf folgenden Zweiten Weltkrieges haben dazu geführt, dass in einer Reihe von Ländern eine Politik betrieben wurde, bei der der Interessenausgleich zwischen den verschiedenen Gruppen in der Gesellschaft im Vordergrund stand.

Auch diese Zeit war nicht ohne politische Auseinandersetzungen, aber die Erfahrungen der Zwischenkriegszeit und des Krieges selber haben zu einem Geist der Zusammenarbeit geführt. Möglicherweise war auch die (Finanz-)Not der Nachkriegszeit und der Wiederaufbauphase ein wichtiger

Faktor, ebenso die Einsicht, dass ein solches System geeignet ist, soziale Spannungen und Auseinandersetzungen, die die Produktivität der Wirtschaft beeinträchtigt hätten, hintanzuhalten.

In diesem Zeitraum wurden Mitbestimmung und Sozialpartnerschaft entwickelt. In der sozialen Marktwirtschaft hat neben dem privaten auch der öffentliche Sektor ein entscheidendes Gewicht. Die öffentlichen Leistungen haben entscheidend dazu beigetragen, dass nicht nur die wirtschaftliche Wettbewerbsfähigkeit, sondern auch der soziale Zusammenhalt erreicht wurde. Gesetzliche und vertragliche Rahmenbedingungen haben die Marktkräfte in Bahnen gelenkt, die den Bürgern eine vernünftige Beteiligung am Wohlstand und an den Entscheidungen in der Gesellschaft ermöglichten.

Die Einkommens- und Vermögensverteilung wurde so korrigiert, dass Extreme vermieden wurden. Sozialsysteme wurden geschaffen, um die Bürger gegenüber den Wechselfällen des Lebens – Krankheit, Arbeitslosigkeit, Unfälle – und im Alter abzusichern.

In Österreich hat die Erfahrung aus den Konflikten der Zwischenkriegszeit zu einer Zusammenarbeit der gesellschaftlichen Kräfte geführt, eine lange Periode des sozialen Friedens eingeleitet und einen beispiellosen Aufholprozess zu einem der reichsten Länder der Welt ermöglicht.

Allerdings hat sich die Situation etwa seit den 1970er und 1980er Jahren wieder geändert. Nachdem der Wiederaufbauprozess abgeschlossen war, endete auch die Periode des Wirtschaftswunders. Die gesellschaftlichen Auseinandersetzungen wurden wieder schärfer, der Konsens in der Gesellschaft schwächer. Es scheint, als hätten die Menschen, nachdem die Erinnerungen an die Zeit der Weltwirtschaftskrise und des Zweiten Weltkrieges etwas verblasst waren, aus der Geschichte nicht sehr viel gelernt.

Man könnte auch sagen: Wenn es dem Esel zu gut geht, geht er aufs Eis tanzen.

Nun ist eine Erklärung der Entwicklung natürlich nicht ganz so einfach, sie hängt zusammen mit dem neoliberalen Backlash, der in den 1970er und 1980er Jahren des 20. Jahrhunderts mit der Liberalisierung der Finanzmärkte eingesetzt hat und der im Grunde eine Antwort war auf die gemischten Wirtschaften des Keynesianismus.[2]

Treibende Kraft war das Bestreben, die sozialen Errungenschaften des 20. Jahrhunderts wieder abzubauen, die Institutionen des Marktes und der Marktdisziplin wieder zu stärken und die Machtbalance zugunsten des Kapitals zu verändern. Mit einer Welle von Liberalisierungen und Privatisierungen wurden die Voraussetzungen für eine beispiellose Globalisierung geschaffen, die zusammen mit dem technischen Fortschritt völlig neue Rahmenbedingungen und Machtkonstellationen geschaffen und die Logik, nach der Unternehmen und weite Teil der Gesellschaft heute funktionieren, völlig verändert hat.

Die Initiative ging von den USA aus – man könnte auch sagen von der Wall Street –, begleitet von Weltbank und Währungsfonds und Ökonomen wie Milton Friedman und seinen Chicago Boys. David Rothkopf beschreibt diesen Prozess als Ergebnis der Aktivitäten einer neuen globalen Elite, die im eigenen Interesse die neuen Regeln setzt.[3]

Dieser Prozess hatte mehrfache Machtverschiebungen zur Folge:

- von der Politik zur Wirtschaft – das stellt die Frage nach der Wirtschaftsdemokratie;
- von der nationalen auf die internationale Ebene – dort fehlen die erforderlichen Institutionen der Global Governance;
- von der Realwirtschaft zur Finanzwirtschaft – und das ändert die Logik des gesamten Systems;
- geografisch – von den etablierten Industrieländern zu den neuen starken Akteuren in der Weltwirtschaft, die eine starke Nachfrage oder Ressourcen haben (China, Indien, Brasilien, Russland ...).

Die Governance-Strukturen hinken dieser Entwicklung noch hinterher. Regierungen agieren noch immer vorwiegend auf der nationalen Ebene, auf der sie sich ja auch legitimieren (müssen). Dort haben sie aber wesentlich weniger Gestaltungsmöglichkeiten, weil diese sich verlagert haben. Das Gleiche gilt mutatis mutandis für andere Akteure, zum Beispiel Gewerkschaften.

Europa wäre eine Möglichkeit, dies zumindest teilweise zu kompensieren. Jacques Delors sagt dazu: „Entre la nation et le monde, il y a l'Europe."[4] Bedauerlicherweise haben die nationalen Akteure noch nicht verinnerlicht (oder nicht alle), dass Europa jetzt auch ihre Handlungsebene ist. Und jene, die ein mangelndes soziales Europa beklagen, lassen gleichzeitig (fast) jede Initiative vermissen und konzentrieren sich auf ihre regionale oder lokale Ebene – nur: Das reicht nicht. Europa den Neoliberalen zu überlassen ist die schlechteste Variante.

3. Sind Wohlstand und gesellschaftlicher Fortschritt identisch mit Wirtschaftswachstum?

Während der ökonomische Mainstream dazu tendiert, Wohlstand und gesellschaftlichen Fortschritt ausschließlich durch das BIP und seine Wachstumsraten zu messen, nimmt die gesellschaftliche Debatte um die Konsequenzen des Wachstums und der Globalisierung zu.

Angesichts der Dramatik des Klimawandels, des Verbrauchs von begrenzt vorhandenen natürlichen Ressourcen, der Preisentwicklung bei Ressourcen und Nahrungsmitteln und deren Verteilungswirkungen sowie der gesellschaftlichen Auswirkungen des neuen Kapitalismus ist dies nicht weiter verwunderlich.

Die UNO veröffentlichte 1990 den ersten *Bericht über die menschlichen Entwicklung*, der die Leistungen eines Landes in drei grundlegenden Dimensionen der menschlichen Entwicklung misst: ein langes und gesundes Leben, Zugang zu Wissen und ein annehmbarer Lebensstandard.[5]

In der EU wurde mit der Lissabon-Strategie ein politisches Projekt gestartet, das wirtschaftliche Dynamik, sozialen Zusammenhalt und nachhaltige Entwicklung gleichbedeutend nebeneinander stellte. Die Strategie, deren Ziel darin bestand, Europa innerhalb von zehn Jahren zum dynamischsten und wettbewerbsfähigsten Wirtschaftsraum zu machen, macht allerdings wenig Fortschritte. Vor allem soziale Fortschritte lassen auf sich warten, was auch die kritische Stimmung der Bevölkerung erklärt.

Dabei haben die erfolgreichen Mitgliedsstaaten der EU gezeigt, dass die Sozialpolitik als produktiver Faktor eine entscheidende Voraussetzung bildet, um in der Wissensgesellschaft zu bestehen. Smartes Wachstum[6] mit steigenden Investitionen in Aus- und Weiterbildung, Forschung und Innovation ist die Voraussetzung dafür, mit den neuen Herausforderungen fertig zu werden.

Die OECD arbeitet seit 2007 mit der EU-Kommission und anderen Akteuren an einem Projekt zur Messung des gesellschaftlichen Fortschritts, das über konventionelle wirtschaftliche Indikatoren hinausgeht. Schlüsselindikatoren in diesem Projekt sind beispielsweise Gesundheit, Bildung, Umwelt, Beschäftigung, Produktivität und Kaufkraft.[7]

Das BIP hat als Maßstab für Wohlstand, gesellschaftlichen Reichtum und Lebensstandard[8] Schwächen in mehreren Dimensionen:

Das BIP erfasst nur Produkte, Leistungen und Austausch und ist nicht in der Lage, das bien-être der Bevölkerung oder den Reichtum der Gesellschaft zu erfassen.

Aktivitäten, die nicht über den Markt bewertet (bezahlt) werden, wie Hausarbeit, Freizeit, Zeiten, die man mit Freunden verbringt, sich um kranke Verwandte kümmert, sich mit Entwicklungen in der Gesellschaft befasst et cetera, werden im BIP nicht erfasst. Man sollte meinen, dass diese trotzdem einen Wert haben: Schließlich arbeiten wir ja, um zu leben. Aus der Diskussion um die Wiederausweitung der Arbeitszeit, in der den Europäern vorgeworfen wird, dass sie zu wenig arbeiten, könnte man allerdings schließen, dass wir leben, um zu arbeiten. Germinal lässt grüßen.[9]

Umgekehrt gehen die Folgekosten negativer, die Lebensqualität mindernder Ereignisse wie Unfälle, Umweltschäden et cetera als wachstumssteigernd in das BIP ein.

4. Verteilung und (Un-)Gleichheit

Steigender Wohlstand führt nicht automatisch dazu, dass alle davon profitieren. Die Verteilung von Einkommen und Vermögen sowie der Zugang zu Bildung, Information, Wissen, Leistungen der Daseinsvorsorge, Entscheidungen und Macht sind Gegenstand und Resultat gesellschaftlicher Auseinandersetzungen.

Die Neoklassik und der gegenwärtige Mainstream versuchen, Verteilung und (Un-)Gleichheit als Ergebnis gesetzmäßiger wirtschaftlicher Zusammenhänge darzustellen und zu rechtfertigen. Daraus wird abgeleitet, dass Arbeitsmärkte und Sozialschutzsysteme abgebaut und dereguliert werden müssen, weil Arbeitnehmerrechte, Arbeitnehmerschutz, Einkommens- und Arbeitszeitregelungen, soziale Absicherung (bei Arbeitslosigkeit, Krankheit et cetera) sowie Gewerkschaften diese Gesetzmäßigkeit stören und daher beseitigt werden müssen.

Stattdessen – so das Argument – brauchen wir freie Märkte, Welthandel und Globalisierung, weil diese den Wohlstand steigern und die Lebens- und Arbeitsbedingungen verbessern. Quasi automatisch erreichen Wohlstand und Demokratie alle Menschen.

Für die Benachteiligten in der Gesellschaft wird auf die Perspektive von wirtschaftlicher und sozialer Mobilität verwiesen – in der ausgeprägtesten Form ist dies der amerikanische Traum („vom Tellerwäscher zum Millionär"), der sich aber empirisch nur für sehr Wenige belegen lässt. In der Realität ist die soziale Mobilität in Ländern mit geringerer Ungleichheit größer als in den Ländern mit größerer Ungleichheit.[10]

Ein prägnanter Indikator für die Verteilungsfrage ist der Anteil der Löhne und Gehälter am Volkseinkommen. Er ist seit 1995 kontinuierlich gesunken!

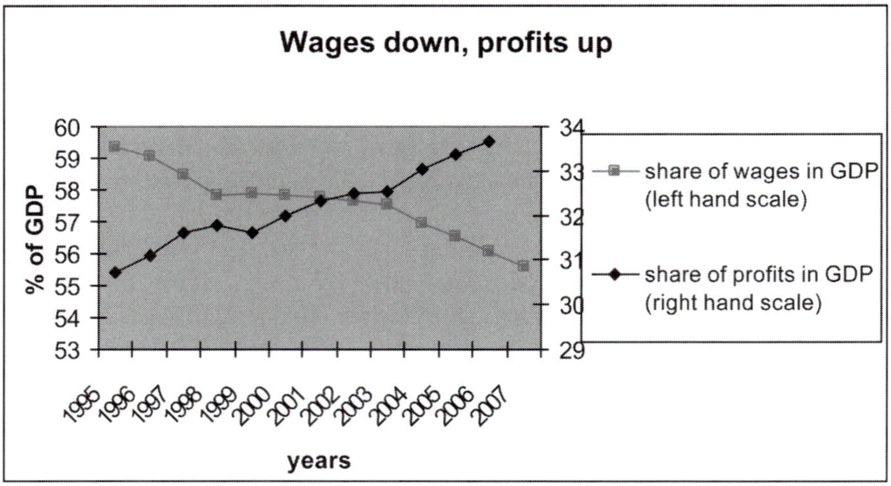

Quelle: ETUC (2008); die Daten beziehen sich auf die Euro-Zone.

Diese Entwicklung hat den Präsidenten der EZB nicht gehindert, seine Warnungen vor einem exzessiven Anstieg der Löhne und Gehälter fortzusetzen.[11]

Die OECD stellt dazu fest, dass die Weltwirtschaft zwar mit der derzeitigen Globalisierungswelle eine ihrer bisher dynamischsten Expansionen erlebt,[12] die Globalisierung gleichzeitig aber auch zu wachsenden Ungleichheiten beigetragen hat. In den meisten OECD-Ländern ist die Schere der Einkommensverteilung in den vergangenen 20 Jahren immer weiter auseinandergegangen.[13] In 17 der 24 OECD-Länder, für die Daten verfügbar sind, hat die Kinderarmut zwischen 1995 und 2005 zugenommen.[14]

Interessant ist in diesem Zusammenhang ein Vergleich verschiedener Rankings, die zeigen, dass die skandinavischen Staaten zu den wettbewerbsfähigsten Ländern der Welt zählen[15] und gleichzeitig geringere Disparitäten bei den Einkommen, weniger Armut und höhere soziale Mobilität aufweisen.[16]

Das heißt: Es ist möglich, wirtschaftliche Dynamik mit sozialer Kohäsion und einer ausgewogenen Beteiligung aller am Wohlstand und an den Entscheidungen in der Gesellschaft zu kombinieren. Das wiederum entzieht dem Effizienzargument, mit dem wirtschaftliche Demokratie als unvereinbar mit wirtschaftlicher Effizienz abgelehnt wird,[17] den Boden.

Ein entscheidender Faktor für die soziale Mobilität ist Bildung. Der Zugang zu Bildung ist daher ein sehr wirksames Instrument zur Steuerung sozialer Mobilität und gesellschaftlicher Segregation. Das erklärt auch die wütenden Widerstände mancher politischer und gesellschaftlicher Kräfte in Österreich in der politischen Auseinandersetzung um die gemeinsame Schule der 10- bis 15-Jährigen. Auch die Widerstände gegen die frühe Förderung von Kindern gehören in diese „Schublade".

Bildung steht somit im Spannungsfeld zwischen Wissensgesellschaft und Demokratie einerseits sowie Zugangsbeschränkung und Verwertbarkeit zwecks Sicherung beziehungsweise Rückgewinnung der Macht andererseits.

5. Macht, Verteilung und Demokratie

Je wohlhabender eine Nation ist, desto größere Chancen hat sie, die Demokratie aufrechtzuerhalten. Auch die Verteilung von Einkommen und Vermögen sowie die Streuung der Macht- und Wissensressourcen spielen eine entscheidende Rolle. Die Existenz eines breiten Mittelstandes ist daher eine wesentliche Voraussetzung für den Bestand der Demokratie.

Demokratie ist allerdings nicht selbstverständlich. So wie sie erkämpft wurde, kann sie auch wieder verloren gehen. Tatsächlich besteht heute die Gefahr einer Übermacht von Business und globaler Elite[18] sowie einer mehrfachen Machtverschiebung[19] als Folge von Globalisierung, Deregulierung und Privatisierung.

Zusammen mit den daraus resultierenden Ungleichheiten wirft das die Frage nach den Auswirkungen auf die Demokratie auf. Kann Demokratie bestehen – und wie stark kann sie sein –, wenn die Logik des Systems sich ändert, Ungleichheiten zunehmen und Machtverschiebungen die Voraussetzungen für demokratische Entscheidungen verändern?

Unternehmen sind im Rahmen der Globalisierung in Größendimensionen hineingewachsen, die es ihnen ermöglichen, die Macht von Nationalstaaten herauszufordern. In der Finanzwelt ist die Konzentration von Kapital und Macht noch größer. Zudem verfügen Finanzinvestoren mit neuartigen Finanzprodukten und Investitionsstrategien über Hebel, mit denen sie die Realwirtschaft steuern.

Eine der größten Herausforderungen besteht darin, dass Pensionsfonds, die mit dem Kapital der Arbeitnehmer arbeiten, gleichzeitig mit ihren Investitionen Unternehmen und die in diesen beschäftigten Arbeitnehmer unter zunehmenden Renditedruck setzen. Die Kampagne zur Umstellung der Pensionssysteme von Umlagesystemen auf kapitalgedeckte Systeme war ein Geniestreich in der Strategie des divide et impera.

David Rothkopf spricht in diesem Zusammenhang von einer globalen Elite,[20] die ihre eigenen Interessen verfolgt und mit den Anliegen und Sorgen der meisten Menschen nicht viel zu tun hat. Sie agiert in einem

Feld, das weitgehend unreguliert ist und für die nationale Souveränität eine Bedrohung darstellt.[21] Es ist ein Kampf um die Neuverteilung der Macht, der aber außerhalb demokratischer Institutionen und Legitimierung stattfindet.

Was bedeuten diese Machtverschiebungen und die Herausbildung neuer, demokratisch nicht kontrollierbarer Eliten für die Demokratie?

Demokratisch gewählte Regierungen verlieren an Macht und Problemlösungskompetenz, weil Demokratie nach wie vor auf der nationalen Ebene agiert und die gewählten Repräsentanten sich auch nach wie vor auf der nationalen Ebene legitimieren. Viele Probleme können aber auf der nationalen Ebene nicht mehr gelöst werden.

Das Vertrauen der Bürger sinkt. Die Bürger gehen auf Distanz zum politischen Establishment und wenden sich von Politik und Demokratie ab: Die Beteiligung an Wahlen sinkt.[22] Das begünstigt politische Extreme ebenso wie Populisten oder jene Kräfte, die es schaffen, den Bürgern einzureden, sie säßen in einem gemeinsamen Boot, während sie in Wirklichkeit ihre eigenen partikularen Interessen verfolgen.

Eine der entscheidenden Antworten für die Demokratie liegt darin, ob und in welcher Form es gelingt, eine Balance zwischen verschiedenen Interessen zu schaffen und einen „Gesellschaftsvertrag" zu vereinbaren, der von allen Gruppen akzeptiert wird. „Im Kern der Debatte handelt es sich darum, zu sehen, wie wir unsere Gesellschaften führen und das richtige Gleichgewicht in den Beziehungen zwischen Arbeitgebern und Arbeitnehmern in einer globalisierten Wirtschaft zustande bringen."[23] Eine solche Balance zu finden setzt allerdings voraus, dass man eine gemeinsame Vision hat.[24] Ich bin nicht sicher, ob diese gemeinsame Vision existiert.

6. Der neue Kapitalismus überfordert Menschen und Gesellschaft

Der neue Kapitalismus unterwirft weite Bereiche der Gesellschaft der Logik der Wirtschaft. Sozialsysteme und öffentliche Leistungen werden privatisiert und der Marktlogik unterworfen, selbst vor Schulen macht dies nicht halt. Das Vereinigte Königreich hat soeben sein gesamtes Wohlfahrtssystem für private Anbieter geöffnet.[25]

Präkarisierung der Arbeitsverhältnisse und der Arbeitsbedingungen ist die Folge des Zwangs zur Reduzierung der Kosten. Der zunehmende Druck und die immer rascheren Veränderungen überfordern die Menschen. Sie halten in der Arbeitswelt nicht mehr mit, weil ihre Qualifikationen veralten. Unternehmen schränken ihre Weiterbildungsangebote ein. Arbeitnehmer halten dem zunehmenden Druck nicht stand - Burnout und psychische Erkrankungen nehmen zu.

Dazu kommt, dass der Druck ins Privatleben weitergegeben wird. Das hat vielfältige Auswirkungen auf Familien, auf die demografische Entwicklung sowie auf Kindererziehung und die Vermittlung von Werten.

Einer der Geniestreiche in der Erhöhung des Drucks war die argumentative Spaltung der Menschen in ihre Rolle als Konsumenten einerseits sowie als Arbeitnehmer und Bürger[26] andererseits. Den Konsumenten wurde eingeredet - „Geiz ist geil" -, dass sie die billigsten Produkte vorziehen sollten. Dies ermöglichte auf der anderen Seite eine Präkarisierung der Arbeitsbedingungen, ohne dass den Menschen bewusst wurde, dass sie sich selber unter Druck setzen.

Ähnliches passiert bei den Pensionsfonds, die das Kapital, mit dem Arbeitnehmer für ihre Pension vorsorgen, renditemaximierend investieren und auch vor Investitionen in Hedgefonds und Private Equity Fonds nicht zurückschrecken, deren Investitionsverhalten im Zuge der aktuellen Finanzkrise ausführlich in den Schlagzeilen war. Mit der Mitarbeiterbeteiligung wird das gleiche Ziel verfolgt.

Mobilität der Arbeitskräfte ist einer der Pfeiler des neuen Kapitalismus. Das eröffnet den Menschen neue Chancen - wenn die Rahmenbedingungen stimmen und es ein level playing field zwischen Unternehmen und Arbeitnehmern gibt. Bedauerlicherweise werden die Arbeitnehmer zu modernen Nomaden, die sich im globalen Wettbewerb mit Arbeitnehmern aus allen anderen Ländern befinden.

Mangelnde beziehungsweise unkoordinierte Migrations- und Integrationspolitik stellen in diesem Zusammenhang eine der größten Herausforderungen dar. Migration ist einerseits eine Chance für Menschen, im Ausland zusätzliche Erfahrungen und Qualifikationen zu erwerben, und auch für die Entsendeländer interessant, unter der Voraussetzung, dass die Menschen wieder in ihre Heimat zurückkehren und dort die neuen Fähigkeiten und Erfahrungen anwenden. Vielfach ist sie aber ein Substitut für eigene Versäumnisse in der Bildungspolitik. Reiche Staaten lassen sich von ärmeren die Ausbildung qualifizierter Arbeitskräfte finanzieren und entziehen diesen damit die dringend benötigten qualifizierten Kräfte zum Aufbau ihrer Wirtschaft.

Darüber hinaus fehlt es in den meisten Ländern an einer durchdachten Integrationspolitik, die neben den wirtschaftlichen auch die sozialen, kulturellen und gesellschaftlichen Aspekte und Erfordernisse abdeckt. Sowohl Migranten als auch die ansässige Bevölkerung sind allein gelassen und überfordert, was zu massiven Spannungen, Abschottungstendenzen und Parallelgesellschaften führt.

Die Antwort kann nur eine politische sein. Die Akteure in der Gesellschaft müssen in einem demokratischen Prozess Alternativen entwickeln und eine Dynamik schaffen, die nicht die Logik der Finanzmärkte, sondern gesellschaftlichen Fortschritt und die Verbesserung der Lebens- und Arbeitsbedingungen in den Mittelpunkt stellt.

Folgende Punkte sind dabei wichtig:

Erstens: Es gibt immer Alternativen: von TINA (there is no alternative)[28] zu TAPAS (there are plenty of alternatives).[29]

Zweitens: Es geht nicht um Sachzwänge und Gesetzmäßigkeiten, sondern um Auseinandersetzungen zwischen gesellschaftlichen Kräften, um Macht und Interessen.

Drittens: Eine gerechtere Gesellschaft fällt nicht vom Himmel, man muss sie erkämpfen.

Viertens: Dazu muss man wissen, was vor sich geht, wer die Treiber sind, was man will, wer die Gegner und Bündnispartner sind, welche Hebel man hat und auf welcher Ebene man handeln muss.

Fünftens: Man muss eine kontinuierliche öffentliche Debatte führen und das Vertrauen in Politik und Demokratie wieder zurückgewinnen.

Wir müssen Antworten finden auf die Herausforderungen, die öffentliche Debatte drehen und eine politische Dynamik schaffen, die demokratische Entscheidungen an die Stelle von Sachzwängen setzt. Dazu brauchen wir eine klare Vision von der Gesellschaft, die wir schaffen wollen, und der Schritte, die erforderlich sind, um diese zu realisieren. Ad-hoc-Aktionen reichen dazu nicht aus.

Ein aktuelles und besonders plastisches Beispiel ist die vielbeschworene Kluft zwischen Bürgern und EU. Diese Kluft hat mehrere Ursachen.

Erstens sind die Bürger der Meinung, dass Politik in Europa (auf der nationalen wie europäischen Ebene) gegen ihre Interessen gemacht wird. Das ist auch nicht weiter verwunderlich, wenn man die politischen Projekte, Maßnahmen und Beschlüsse der letzten Jahre betrachtet.

Darüber hinaus ist Europa (Brüssel) nicht nur geografisch weit weg, sondern auch politisch, und diese Distanz hat man jahrelang ignoriert. Als die Skepsis der Bürger gegenüber Europa nicht mehr zu übersehen war, versuchte man gegenzusteuern, aber so ungeschickt, dass der Effekt gleich null war. So gut gemeint die Aktivitäten der Kommission und anderer europäischer Institutionen waren, sie hatten keine Chance auf Erfolg, aus mehreren Gründen.

Erstens muss man die Politik ändern. Aus der Wirtschaft müsste bekannt sein, dass kein noch so gutes Marketing ein schlechtes oder ungeliebtes[30]

Produkt verkaufen kann. Das gilt auch in der Politik. Deswegen hat Jacques Delors, als er den Binnenmarkt entwickelte, mit dem sozialen Dialog und der Verankerung sozialer Mindeststandards auch erste Schritte in Richtung soziales Europa gesetzt.

Zweitens kann Kommunikation nur funktionieren, wenn sie die Adressaten erreicht.

Das heißt erstens, sie darf sich nicht auf Brüssel und die Hauptstädte konzentrieren. Das heißt zweitens: Wenn wir die Bürger erreichen wollen, dann müssen wir zuerst die Entscheidungsträger auf der nationalen, regionalen und lokalen Ebene ins Boot holen. Solange diese Entscheidungsträger die Kommunikation verweigern, werden wir die Bürger nicht erreichen.

Dass Kommunikation, wenn sie konsequent und in Form von Dialog und Auseinandersetzung betrieben wird, Erfolg haben kann, zeigt die Europa-Debatte in Österreich in der Beitrittsvorbereitung. In der Volksabstimmung über den EU-Beitritt haben 66 % der Österreicher für den Beitritt gestimmt. Bedauerlicherweise wurde diese Debatte nach der Volksabstimmung nicht weitergeführt, obwohl eine Reihe der damals beteiligten Akteure dies immer wieder verlangt hat. Damit hat man sich auch der Chance begeben, mit der Bevölkerung zusammen Druck für ein sozialeres Europa zu machen und eine politische Dynamik zu entwickeln, die eine Beteiligung Aller am wachsenden Wohlstand ermöglicht und die Perspektiven für künftige Generationen sichert. Es ist Zeit, dies zu ändern.

Anmerkungen

1 U.S. Secretary of the Treasury 1999–2001, Financial Times 25.8.2008.
2 KLEIN, Die Schockstrategie, 625 ff.
3 ROTHKOPF, Superclass.
4 „Zwischen der Nation und der Welt gibt es Europa“: Jacques Delors in einer Diskussion am 28.5.2008 anlässlich der 50-Jahr-Feier des Bestehens des Europäischen Wirtschafts- und Sozialausschusses in Brüssel.
5 UNO, Human Development Report 2007/2008, 224.
6 MONKS, Europe, Migration, Globalisation.
7 Siehe dazu die Website der OECD: www.oecd.org/oecdworldforum.
8 Dominique Meda in einem Interview in Radio France Inter (RFI) am 15.6.2008.
9 Germinal ist der Titel eines Romans von Emile Zola, in dem er die extrem harten Arbeitsbedingungen in französischen Bergwerken des 19. Jahrhunderts beschrieben hat.
10 TUAC, Income inequality.
11 Financial Times, 26.6.2008.

12 Der Welthandel hat sich in den letzten 15 Jahren verdreifacht, und der weltweite Bestand an ausländischen Direktinvestitionen ist um das Fünffache gewachsen (GURRÍA, Die Herausforderungen der Globalisierung).
13 Der Gini-Koeffizient zur Messung von personellen Einkommensungleichheiten ist im Schnitt um rund 2 Pozentpunkte gestiegen; TUAC, Income inequality.
14 GURRÍA, Die Herausforderungen der Globalisierung.
15 The Global Competitiveness Report 2007–2008.
16 Armutsindex der UNO, Human Development Report 2007/2008, 242.
17 Arthur Okun (1975), zitiert nach RINGEN, What Democracy is for, 49.
18 ROTHKOPF, Superclass.
19 Siehe oben Abschnitt 2.
20 ROTHKOPF, Superclass.
21 Ebenda, 13 ff.
22 Beim Referendum in Irland über den EU-Vertrag im Juni 2008 haben 22 % der Nein-Stimmen dies mit einem Mangel an Vertrauen in die Politik begründet; siehe Euractiv, 20.6.2008: No-voters believe in treaty-renegotiation, www.euractiv.com/en/opinion/voters-believe-treaty-renegotiation/article-173551.
23 John Monks in einer Veranstaltung am 20.9.2007 in Brüssel über „Flexicurity oder Flexploitation".
24 Jacques Delors in einer Diskussion am 28.5.2008 anlässlich der 50-Jahr-Feier des Bestehens des Europäischen Wirtschafts- und Sozialausschusses in Brüssel.
25 Financial Times, 25.6.2008.
26 REICH, Supercapitalism, 12.
27 Abwandlung des Wahlkampfslogans von Bill Clinton im amerikanischen Präsidentenwahlkampf: „It's the economy, stupid."
28 „There is no alternative" – der berühmte Stehsatz von Margaret Thatcher, mit dem sie Widerstand gegen ihre Politik von vornherein für unmöglich erklärte.
29 „There are plenty of alternatives" – Roland Schneider in einer Diskussion in der OECD am 23.6.2008.
30 Jacques Delors wird die Äußerung zugeschrieben: Man verliebt sich nicht in einen Binnenmarkt.

Literatur und Quellen

ETUC, Wages down – Profits up, 2008; www.etuc.org/a/4562.

Euractiv 20. Juni 2008, No-voters believe in treaty-renegotiation; www.euractiv.com/en/opinion/voters-believe-treaty-renegotiation/article-173551.

Angel GURRÍA, Die Herausforderungen der Globalisierung und die OECD. Förderung einer ausgewogeneren und integrativeren Welt. Einleitende Worte des OECD-Generalsekretärs Angel Gurría bei der Bertelsmann-Stiftung, Berlin, 9.4.2008; www.oecd.org/document/40/0,3343,en_2649_34487_40569000_1_1_1_1,00.html.

Naomi KLEIN, Die Schockstrategie. Der Aufstieg des Katastrophen-Kapitalismus, Frankfurt am Main 2007.
Dominique MEDA, Au-delà du PIB. Pour une autre mesure de la richesse, Paris 2008.
John MONKS, Europe, Migration, Globalisation and what about the workers? Lecture at the London School of Economics, 23.10.2007.
OECD, www.oecd.org/oecdworldforum.
Robert REICH, Supercapitalism, New York-Toronto 2007.
Stein RINGEN, What Democracy is for. On Freedom and Moral Government, Princeton 2007.
David ROTHKOPF, Superclass. The World Power Elite and the World they are making, New York 2008.
TUAC, Income inequality on the rise. OECD countries are increasingly growing unequal, 11.4.2008; www.tuac.org/en/public/e-docs/00/00/02/20/document_news.phtml.
UNO, Human Development Report 2007/2008; http://hdr.undp.org/en/reports/global/hdr2007-2008/.
WEF, The Global Competitiveness Report 2007-2008; www.weforum.org/en/initiatives/gcp/Global%20Competitiveness%20Report/index.htm.

Schwierigkeiten mit der Konsumkritik
Konsumismus zwischen dürrer Affirmation und plumper Verteufelung. Eine Umkreisung

Robert Misik

Das Einkaufen ist ins Gerede gekommen. Zunehmend wird wieder die Frage aufgeworfen, was die Konsumkultur aus den Menschen macht, was das denn für ein Wesen sei – der Homo shoppensis. Nehmen wir nur ein paar der Titel aus der hübschen kleinen Bibliothek, die da in den vergangenen Jahren zusammengekommen ist. Naomi Klein attackierte in *No Logo* die multinationalen Power-Brands und wurde damit, wie nebenbei, gleich selbst zu einer globalen Marke in der Gesellschaftskritik-Branche. Wolfgang Ullrich erklärt in *Haben-Wollen* auf – seinem Gegenstand gegenüber – sehr zärtliche Weise, wie sie denn funktioniert, die Konsumkultur. Judith Levine wiederum erzählt uns in *No Shopping*, wie es sich so lebt, wenn man ein Jahr lang nur das Notwendigste kauft (schlecht nämlich). In *Gute Marken, schlechte Marken* berichtet Stefan Kuzmany auf amüsante Weise über seine Versuche, ein guter Mensch zu werden, das heißt, nur Güter zu konsumieren, die ökologisch nachhaltig und sozial korrekt hergestellt sind. Neil Borman hat all seine Markenklamotten verbrannt und dieses Konversionserlebnis in *Good Bye, Logo* beschrieben, ein Buch, das jetzt andere kaufen dürfen. Und Benjamin Barber schließlich legt in seinem Buch *Consumed! Wie der Markt Kinder verführt, Erwachsene infantilisiert und die Demokratie untergräbt* mit einer gehörigen Prise Kulturpessimismus dar, was denn so die Resultate des Konsumismus seien: Narzissmus, Verantwortungslosigkeit, Verschwinden des Bürgersinns, Kulturverlust.

Das ist insofern schon bemerkenswert, als die „Kommerzkritik“ ja in den 50er und 60er Jahren ihren ersten Höhepunkt hatte, von Vance Packards *Geheimen Verführern* bis zu Wolfgang Fritz Hauggs *Kritik der Warenästhetik* etwa. Später wurde eher „der Kapitalismus“ als ganzer kritisiert (von der neuen und der radikalen Linken), oder man hat versucht, ihn optimal am Laufen zu halten, etwa mit den Mitteln der keynesianischen Globalsteuerung, wozu ein ganzes Set an Maßnahmen zählte, die im Wesentlichen auf die Ausweitung der Produktion zielten. Zwar spielte der Konsum auch darin eine Rolle, war aber, „Nachfrage“ genannt, entschieden positiv konnotiert.

Was die konsumierenden Subjekte nachfragen und warum sie das tun, war dabei von geringerem Interesse, Hauptsache, sie kaufen kräftig ein und sorgen dafür, dass die Wirtschaft brummt. John Maynard Keynes, der ja gerne den akademischen Elfenbeinturm verließ, hatte schon in den 30er Jahren im Radio die Briten zum kräftigen Einkaufen aufgerufen: „Darum, ihr patriotischen Hausfrauen, brecht gleich morgen früh auf und geht zu den wundervollen Ausverkäufen, die überall angezeigt sind. [...] Denn jetzt hilft es nicht weiter, wenn wir den Gürtel enger schnallen, vielmehr brauchen wir eine Stimme des Wachstums und der Aktivität." Schon damit war klar, dass Konsumieren kein Nebenaspekt der Ökonomie ist. Im „consumer-driven capitalism" schließlich hing die wirtschaftliche Stabilität ganz wesentlich von der Konsumnachfrage ab. Heute hat das manche bizarre Aspekte: die Aufrufe etwa, auf Pump einzukaufen, was zu durchgehend verschuldeten Gesellschaften führt, wie die jüngste US-Kreditkrise gerade gezeigt hat.

Die Kommerzkritik war jedenfalls lange aus der Mode gekommen. Zwar wurde von Seiten eines humanistischen Marxismus weiterhin gelegentlich die „Entfremdung" beklagt, die „falschen Bedürfnisse", die der Kapitalismus den Menschen aufschwatze, aber diese Anklage war doch im Wesentlichen nur ein Indiz in einem viel grundlegenderen Prozess, der dem Kapitalismus gemacht wurde. Es machte sich vielmehr zunehmend die Einsicht breit, dass mit der klassischen „Kommerzkritik" etwas nicht stimme. Sie beschrieb die zeitgenössischen Subjekte als willenlose Marionetten, bewegt von unsichtbaren Fäden, an denen die Werber zupften. Ja, sie hatte auch eine in mehrerlei Hinsicht paternalistische Schlagseite: Erstens beschrieben die Kritiker eine Welt, in der alle manipuliert wären, außer eben die paar heroischen Kritiker, die aus irgendwelchen unerklärlichen Gründen immun waren gegen die totalisierenden Zugriffe der Bewusstseinsindustrie. Zweitens unterstellte die These von den „falschen Bedürfnissen", dass es so etwas wie ein echtes, authentisches Menschentum gäbe, dem „echte Bedürfnisse" entsprächen. Aber was sind eigentlich, wenn Grundbedürfnisse wie Essen, Trinken, ein Dach über dem Kopf einmal gestillt sind, bei einem gesellschaftlichen und historischen Tier wie dem Menschen „falsche Bedürfnisse"? Der Umstand, dass er bestimmte Bedürfnisse einstmals nicht hatte, die heute historisch und gesellschaftlich produziert sind, ist so banal wie unergiebig für Kritik – Musik hören, Bücher lesen, die Gesellschaft kritisieren sind letztlich auch „produzierte" Bedürfnisse. Drittens schließlich, und dies ist unmittelbar mit der zweiten Schlagseite verbunden, steht ja sofort die Frage im Raum, wer denn dann entscheidet, was als gutes und was als schlechtes Bedürfnis durchgeht. Wer bin ich denn, dass ich mir anmaßen darf, zu sagen: Das, was du kaufst, ist schlecht für dich, auch wenn du glaubst, es sei gut für dich?

Die Postmoderne hat daraufhin ihren Frieden mit der bunten Glitzerwelt gemacht, mit Medien, Pop, den neuen Technologien. Da nicht eines „wahrer“ oder „echter“ als das andere ist, galt aus dieser Perspektive alles, was existiert, als gleich gut und alles, was auf irgendeine Weise real ist, als interessant (und manchmal: je virtueller die Realität, umso interessanter). Kritik ließ sich von diesem Standpunkt aus eigentlich nicht mehr vorbringen – zumindest keine Kritik an den Dingen. Umso schneidender war der Hohn über die falschen Formen der Kritik. Der Spott über „Gutmenschen“, „Wohlfühllinke“ und „Alt-68er“, der in manchen Kreisen zum guten (besser: schlechten) Ton gehört, hat nicht zuletzt darin seinen Ursprung. Aber auch diese leere Affirmation erwies sich als unbefriedigend. Denn schließlich ließ sich nicht übersehen, dass mit der Delegitimierung der Kritik das Unbehagen an der Kommerzkultur nicht einfach verschwand.

Man sollte es nicht glauben: Die Menschen, die finden, dass Einkaufen nicht der Sinn des Lebens sein kann, sind noch immer nicht ausgestorben.

Wie müsste man also eine Kritik am Konsumismus formulieren, jenseits von platter Verteufelung und dürrer Affirmation? Und welche Auswirkungen hat das, auch heute schon, auf den Konsum selbst?

Eine gängige Kritik am konsumierenden Subjekt lautet ja folgendermaßen. Es glaubt: „Ich bin, was ich kaufe.“ Dies wird von den Kritikern – gelegentlich mit Hohn, gelegentlich mit Ekel – vorgetragen. Tatsächlich hat das konsumierende Subjekt damit natürlich nicht unrecht, unabhängig davon, ob wir das jetzt gut oder schlecht finden. Die Dinge, die wir kaufen, sind mit Bedeutung verbunden, symbolisch aufgeladen, mit Image versehen. Dies war in gewissem Sinne immer schon so, hat im zeitgenössischen Kapitalismus aber eine neue Qualität angenommen. Produkte haben Kultur. Nicht mehr der Gebrauchswert einer Ware ist für ihren Erfolg entscheidend, denn es gibt meist genügend andere Waren, die sich in praktischer Hinsicht von ihr nicht unterscheiden. Sanfte Konsumfaktoren wie die „Persönlichkeit“ der Marke sind heute viel wichtiger.

Keine Firma kann es sich heute mehr leisten, ein Produkt einfach so auf den Markt zu werfen. Das moderne Unternehmen ist ein Kulturunternehmen; der zeitgenössische Kapitalismus, nach einem Wort des amerikanischen Trendforschers Jeremy Rifkin, ein „Kulturkapitalismus“. Eigentlich greift schon die Formulierung, das Image ist so bedeutend wie der Gebrauchswert, zu kurz, denn oft ist das Image der eigentliche Gebrauchswert. Design ist nicht nur Reklame, die den Verkauf befördern soll, das Design ist das eigentliche Produkt. „Was wir auf dem Markt kaufen“, meint der slowenische Philosoph Slavoj Žižek, „sind immer weniger Produkte und immer mehr Lebenserfahrungen wie Essen, Kommunikation, Kulturkonsum, Teilhabe an einem bestimmten Lebensstil." Die materiellen Objekte sind lediglich „Requisiten" dessen, was eigentlich verkauft wird. Es ist das Geschäftsmodell der Firma Nike, das Žižek so perplex machte.

Nike ist das reinste Exempel für eine Firma, die einen Lebensstil verkauft, nicht Produkte. Die Güter, die Nike verkauft - etwa die Turnschuhe mit dem berühmten Swoosh, dem Logo der Firma -, sind das Simpelste an der gesamten Operation und werden von „unabhängigen" Zulieferern in Sweatshops in der Dritten Welt produziert. Was Nike, also die Unternehmenszentrale, „produziert", ist im Wesentlichen die Eroberung der Märkte - und das Instrument hierfür ist das Image der Marke. Weder Gebrauchswert noch Qualität des Dinges entscheiden über seinen Erfolg, sondern seine „Kultur". Ist er Kult, dann läuft er, der Turnschuh. „Heute", schreibt der britische Marketing-Guru Wally Olins, „setzen wir die funktionellen Charakteristika eines Produkts einfach als garantiert voraus, was die Marke auszeichnet, ist ihr Image." Warenästhetik, das Image der Ware, bietet eine Identifikationsmöglichkeit. Wir kaufen den iPod nicht nur, weil sich damit Musik abspielen lässt (das lässt sich mit allen anderen MP3-Playern auch), sondern weil wir zur iPod-Community zählen wollen, mit der wir eine Reihe von Eigenschaften wie Hippness, Trendyness verbinden. Wir kaufen unsere Identität zusammen. Das ist natürlich eine sehr bestürzende Einsicht, denn wer will schon die Summe der von ihm konsumierten Identity-Goods sein? Avancierte Konsumenten kaufen deshalb bewusst die Dinge nicht, die von vielen anderen Konsumenten gekauft werden, sondern sie kaufen sich Dinge, die sie als eigensinnige, selbst denkende Subjekte auszeichnen. Sie sind, was sie nicht kaufen, oder besser, sie sind, was sie stattdessen kaufen. Es ist also gar nicht so leicht, dem Sog des Identity-Shoppings zu entgehen. Man könnte ironisch sagen: Wenn das Versprechen der Konsumgesellschaft das der grenzenlosen Auswahl ist, dann gibt es für den Bürger genau eines, was für ihn nicht zur Auswahl steht: kein Konsument zu sein.

Aber was genau ist daran schlecht? Selbst wenn ich mein Ich erst über Konsum konstituiere, habe ich in der Realität doch meist relativ klare Vorstellungen darüber, wer „ich" in etwa sein will (auch wenn es trügerische Vorstellungen sind, deren Urheber nicht ausschließlich ich bin), und die Waren hindern mich in der Regel nicht etwa daran, sondern können mir sogar dabei helfen. Deshalb die durchaus erfreuliche Behauptung von Eva Illouz: „Die Waren behindern und unterdrücken das Ich nicht, sondern dienen vielmehr als nützliches Hilfsmittel für dessen dramatische Steigerung." Da die Auswahl an Waren tendenziell unbegrenzt ist, haben wir vielerlei Accessoires zur Hand, welche noch die detaillierteste Modellierung unseres Ich zulassen. Natürlich wäre es auch etwas vorschnell, zu sagen, dass der

Konsument Produkte mit bestimmter Warenästhetik erwirbt, weil diese zu seinem persönlichen Lebensstil passen, gewissermaßen zu seinem „Selbst" - nicht zu Unrecht weist Gerhard Schulze darauf hin, dass „das Selbst zumindest teilweise über ästhetische Handlungen erst konstruiert wird und sich mit dem Stil ändert". Das Selbst ist also nicht vor den Produkten da, sondern wird mit deren Hilfe erst modelliert. Aber auch das muss nicht gar so tragisch sein: Dass wir nie die alleinigen Autoren des eigenen Lebensskripts sind, diese narzisstische Kränkung wird der Mensch aushalten müssen - ob er sein „Ich" nun mit Hilfe von verkehrt herum getragenen Baseball-Mützen oder durch die Lektüre von Sartre- und Camus-Büchern modelliert (und sich hinterher einen schwarzen Rollkragenpulli kauft), er wird in aller Regel nicht der Erste sein, und sein „Ich" wird with a little help anderer „Ichs" konstituiert.

Kurzum: Der zeitgenössische Kapitalismus zeichnet sich dadurch aus, dass wir zu einer Ware immer auch etwas dazu bekommen: ein gutes Gefühl, ein Erlebnis, Moral, Kultur, was auch immer. Das muss, wie wir gesehen haben, nicht grundsätzlich schlecht sein. Aber wir bekommen, alles im allem, damit auch den „Konsumismus" dazu, und das muss nicht immer gut sein. Wenn wir die Sache in all ihren Aporien betrachten wollen, dürfen wir natürlich unsere Augen auch nicht vor der „konsumistischen Mentalität" verschließen. Will man diese Mentalität des „Homo shoppensis" beschreiben, dann stößt man schnell auf oft erwähnte Charakteristika, die da wären: eine schwer definierbare Unersättlichkeit; der Umstand, dass der Erwerb nicht satt macht, sondern nur den Appetit anregt; jene Art des Begehrens, wie sich im Anschluss an den französischen Psychoanalytiker Jacques Lacan sagen ließe, die das begehrte Objekt nie in Besitz zu bringen vermag; den „Kaufoholismus"; das Steigerungskalkül und die vielen Strategien, den „Lustgewinn" auf Dauer zu stellen, wie man sie ansonsten eher aus der Drogenszene kennt; der Verlust eines Bewusstseins der Unverfügbarkeit und dessen Ersatz durch eine immanente Glückserwartung, verbunden mit der Orientierung auf den prinzipiell grenzenlosen Erwartungshorizont, auf den diese vertraut - auf den Markt; der Drang, das Neue durch das Neueste zu ersetzen, der Erlebnishunger, der alle sozialen Aktivitäten durchzieht, nicht nur das Shopping im engen Sinn. Jedes soziale Verhalten trägt schon das Kainsmal der Konsumorientierung auf der Stirn. Es ist nicht schwer, die strukturelle Ähnlichkeit zwischen der Sucht nach immer neuen Produkten und dem Hunger etwa nach Liebeserlebnissen auszumachen, beruht doch, wie Eva Illouz schreibt, der „Konsum auf dem Drang nach Erregung, denn der Kauf und die Erfahrung neuer Waren sind eine Quelle der Freude, und die Affäre befriedigt mit all der Erregung eines neuen Liebhabers diesen

Drang ebenso". Wie viel von dieser Gier nach Neuem ist, salopp gesagt, anthropologische Konstante, wie viel ist Zurichtung des konsumistischen Subjekts? Und gewiss ist all das nicht das einzige Kritikwürdige am konsumistischen Orbit. So muss natürlich gefragt werden, was die Konsumkultur mit unseren Städten macht - Shopping Malls unter freiem Himmel -, ebenso, auf wessen Kosten das westliche Konsummodell geht.

Man sieht, gänzlich eindimensional sind die Dinge nicht. Schon die Beschreibung des Konsumbürgers als infantilisierten Erwachsenen, der stets nur „Ich will ...!" ruft, ist ja eher eine Karikatur. So wie wir Marken und Stile mischen, spielen wir ja nicht nur eine einzige Rolle. Man kann sich den infantilen Vergnügungen an der Playstation widmen und trotzdem in einer NGO engagieren; Pick-'n-Mix, das Prinzip, mit dem viele innerhalb des Kontextes der Warenwelt agieren, bestimmt auch ihr Verhalten in einem weiteren Kontext. Und politisches Engagement, Moral mithin, beeinflusst nach und nach auch das Verhalten auf Märkten. Die Beschreibungen der „Marktsubjekte" als „Homo oeconomicus", die bloß nach pekuniärer Rationalität entscheiden und sich nur am wirtschaftlichem Eigennutz orientieren, sind ohnehin ökonomische Stereotypisierungen und werden den realen Vorgängen und Kaufentscheidungen keineswegs gerecht.

Es gibt daher auch das, was der Sozialwissenschaftler Nico Stehr die „Moralisierung der Märkte" genannt hat. „Der Trend geht zum Guten", schrieb die deutsche *Wirtschaftswoche* unlängst. Eine regelrechte Bewegung habe „die gesamte Wirtschaft erfasst und wird die Konsumentenmärkte des 21. Jahrhunderts verändern - und in der Folge auch die Art und Weise, wie wir arbeiten, wohnen, Freizeit und Urlaub verbringen". Der bewusste Konsument ist in aller Munde. Aber was kann er wirklich? Schon verlost sogar die *Bild am Sonntag* Öko-Waschmaschinen, und Tanja Busse, Autorin des Buches *Die Einkaufsrevolution*, sagt: „Einkaufen ist wie wählen gehen." Soll heißen: Wir können die Welt an der Ladenkasse verändern. Früher hätten Weltverbesserer noch gesagt: „Packen wir's an." Heute sagen sie: „Packen wir's ein." Das Richtige, nicht das Falsche. Die Ökokorrektness ist der Dernier Cri, Al Gore, Leonardo DiCaprio und Cameron Diaz sei es gedankt. Aber hinter dem neuen Ökochic steht auch ein Versprechen: dass eine Verbesserung der Welt nicht auf Verzicht hinauslaufen muss. Lassen wir einmal beiseite, ob Fred Grimm mit dem griffigen Titel seines Buches wirklich Recht hat, das da heißt: *Shopping hilft die Welt verbessern.* Die Einwände sind bekannt: Alles nur ein Tropfen auf dem heißen Stein. Wirklich nachhaltiges Konsumieren laufe auf die Befolgung des unerfreulichen Ratschlags hinaus, den Stefan Kuzmany folgendermaßen formuliert: „Bleiben Sie zu Hause. Heizen Sie nicht." Gewiss werden sich soziale und ökologische

Probleme nicht nur durch „bewussten Konsum“ verbessern lassen, auch die magische „corporate social responsibility“ allein wird es nicht richten. Andererseits ist es sicher nicht verkehrt, wenn Konsumenten Güter kaufen, an denen kein Blut klebt, und wenn Firmen panische Angst davor haben, man könnte ihnen unmoralisches Handeln vorwerfen, weil dann das Image des Unternehmens - seine wichtigste Ressource - in den Keller rasselt. Und umgekehrt gilt: Moral bringt Profit.

Aber egal, wie weitreichend die realen Konsequenzen des bewussten Konsums auch sein mögen, so ist er doch ein schlagendes Exempel für die symbolische Seite des Einkaufens. Gerade das von vielen verdammte Hauptcharakteristikum des Konsumkapitalismus ist auch der Motor dieses Wandels: dass wir Güter kaufen, um unsere Identität zum Ausdruck zu bringen, dass wir sie nicht ihres Gebrauchswertes wegen erwerben, sondern wegen des Images, wegen der Gefühle, die wir mit ihnen verbinden. Wer Fair Trade einkauft, kriegt zum Kaffee ein gutes Gewissen dazu. Umgekehrt wollen immer weniger Menschen ihre Identität mit Umweltzerstörung und Menschenschinderei verbinden. Haltung wird zum Lifestyle. Das Shopping wird politisch. Man könnte all dies optimistisch lesen: Es ist doch nicht alles totaler Markt. Wenn wir von Werten reden, haben wir also doch nicht automatisch nur Preise im Kopf. Und natürlich könnte man auch fragen: Warum soll man den Konsumismus kritisieren, wenn er auch so erfreuliche Erscheinungen zeitigt? Freilich ist auch eine deprimierendere Lesart möglich: Der Markt ist derart total, dass wir politische Haltung nur mehr als Marktverhalten imaginieren, politischer Aktivismus lässt sich nur mehr als „politisches Konsumieren“ vorstellen. Selbst die Weltverbesserung wird in der Logik des Marktverhaltens betrieben. Dem entspricht, dass sich Politiker heute wie Seife oder Waschmittel präsentieren, sich „verkaufen“, dass es im politischen Wettbewerb ganz wesentlich um die „Aura der Marke“ geht.

Es gibt ein Unbehagen am Konsumismus. Dies hängt mit dem Umstand zusammen, dass sich kaum mehr negieren lässt, wie sehr unser Konsumstil für globale Krisen verantwortlich ist - Klimakrise, Energiekrise, Nahrungsmittelkrise. Aber das Unbehagen erschöpft sich nicht in diesem Umstand. Es ist ohne Zweifel auch so, dass ein Leben in Wohlstand seine eigenen, spezifischen Gefühle von Unlust, Stress, Unzufriedenheit nach sich ziehen kann. Schlagwörter von der „Tretmühle“ oder die Sehnsucht nach „Work-Life-Balance“ sind nicht zufällig en vogue. Jedenfalls finden die Themen, die zentral für „alternative“ Gruppen waren, zunehmend „in der Mitte der Gesellschaft“ Anklang, wie Kate Soper und Lyn Thomas in *Cultures of Consumtion* schreiben. Sie sprechen in dem Zusammenhang vom Aufstieg der „alternativen Hedonisten“, einem gesellschaftlichen Trend, der dem

Massenkonsummodell nicht die Askese, sondern gerade selbst hedonistisch grundierte Vorstellungen von einem „guten Leben" entgegensetzt. Diese Ideen haben ihrerseits längst die Massenkultur erreicht, wie sich am Boom der Kochshows oder dem Hobbygärtnern zeigt, aber auch an der Bedeutung ablesen lässt, die alltagsästhetischen Fragen zugeschrieben wird (in Abgrenzung zum Grellen des „oberflächlichen Kommerzes"). In diesem Sinne wächst im Inneren des Konsumismus eine Kritik am Konsumismus, die ihrerseits in konsumierbaren Formaten (Fernsehen, Bücher, Pflanzenmarkt, Biosupermarkt) auftritt. Dies führt zu den schönsten Paradoxa, leicht könnte man diese Form tätiger Konsumkritik selbst der Konsumkritik unterziehen. Fruchtbarer ist womöglich, sie als zeitdiagnostisch interessantes Phänomen zu behandeln, als Symptom.

Ökonomie

Die politische Ökonomie der Finanzmarktregulierung
Zur Notwendigkeit der Kontrolle des Weltfinanzsystems

Helene Schuberth

1. Der neue Leviathan

Pierre Bourdieu hat vor mehr als zehn Jahren in einer Rede vor streikenden Arbeitern in Paris das Finanzkapital als den neuen Leviathan bezeichnet. Bourdieu bemühte die allegorische Figur des furchtlosen, drachenähnlichen Seeungeheuers, um die Allmacht zu beschreiben, die nun aber nicht wie bei Hobbes vom Staat ausgeht. Die Autorität staatlicher Einrichtungen werde an Finanzmärkte übertragen.

Bei Hobbes ist die Autorität des Staates notwendig, um dem gesetzlosen chaotischen Naturzustand des Menschen Fesseln anzulegen. Der beachtliche Einfluss des neuen Leviathans, der Finanzmärkte, wurde lange Zeit ähnlich begründet. Es ist aber nicht nur die schlechte Natur des Menschen, die den Bedeutungsgewinn von Finanzmärkten sinnvoll erscheinen lässt - wie etwa die Notwendigkeit, Manager durch Aktionäre zu kontrollieren. Auch der Staat und das Eigeninteresse der Politik werden zum Angriffsziel. Diese bedürften der stärkeren Kontrolle - nicht durch Parlamente, sondern durch Finanzmarktakteure. Vertreter der neuen politischen Ökonomie werden nicht müde, die emanzipatorische Wirkung zu betonen, die von deregulierten Finanzmärkten ausgehe, etwa dann, wenn Parlamente Gesetze beschließen, die der ökonomischen Effizienz abträglich sind. Optimale Wirtschaftspolitik werde, so die Argumentation, durch den demokratischen Willensbildungsprozess gestört. Die Finanzmärkte können aufgrund ihrer Fähigkeit, Fehlverhalten zu sanktionieren, eine Korrektur vornehmen - nämlich einer gesamtgesellschaftlichen objektiven ökonomischen Ratio zum Durchbruch verhelfen.

Bis zum Ausbruch der Finanzkrise im Sommer 2007 war dies die herrschende Meinung des ökonomischen Mainstreams, aber auch der politischen und technokratischen Eliten. Die Korrektur der Fehler erfolgt seit den 1980er Jahren durch zeitweise restriktive Geld- und Finanzpolitik, Sozialabbau und die Lockerung arbeits- und sozialrechtlicher Standards. Der Hebel, mit dem die Finanzmarktakteure ihre Interessen gegenüber der Politik durchsetzen, ist ihre Exit-Option, das heißt ihre Fähigkeit, Kapital beinahe ohne Kosten abzuziehen. Regulierungswilligen Staaten wurde stets mit Kapitalflucht gedroht, das Primat der Politik wurde mitunter aufgehoben. Die Politik ist, indem sie die Sanktionsfähigkeit der Finanzindustrie antizipierte, oft in vorauseilendem Gehorsam den Interessen der Finanzindustrie nachgekommen.

2. Finanzmarktregulierung: Financial Governance without Government

Kaum ein Bereich der Politik ist so wenig demokratisch legitimiert wie die Finanzmarktregulierung. Man spricht von „financial governance without government". Parlamente, Konsumenten und Arbeitnehmer sind von der Finanzmarktregulierung weitgehend ausgeschlossen, während Finanzindustrie und Experten die Sache in die Hand nehmen und das von der Finanzindustrie bevorzugte angelsächsische Regulierungsmodell durchsetzen, das auf Selbstregulierung vertraut. An die Stelle von staatlichem Recht treten private Regulierungsagenturen mit faktisch rechts- und normsetzender Kraft. Private Rating-Agenturen – die drei größten Rating-Agenturen, Standard & Poor's, Moody's und Fitch Ratings, haben zusammen einen Marktanteil von mehr als 90 % – bewerten die Kreditwürdigkeit von Unternehmen, Staaten und auch kommunalen Einrichtungen anhand von Methoden, die als Betriebsgeheimnis gehütet werden. Legendär ist die Warnung von Standard & Poor's an die deutsche Bundesregierung, im Falle des Scheiterns von Hartz IV das Rating Deutschlands herunterzustufen.[1] Privatrechtliche Bilanzierungsgremien, die für die Erstellung von Bilanzierungsregeln zuständigen Organisationen, sind ebenso wichtiger Teil des selbstregulatorischen Regimes. Das International Accounting Standards Board (IASB) beispielsweise, bezahlt von den großen Wirtschaftsprüfungsgesellschaften, Banken, Industrieunternehmen und Rating-Agenturen, erstellte die neuen Rechnungslegungsvorschriften „International Financial Reporting Standards" (IFRS), die wiederum von den börsennotierten Unternehmen in der Europäischen Union seit einigen Jahren angewendet werden müssen und die Durchsetzung des Shareholder Value erleichtern.

Während diese global agierenden privaten Regulierungsinstitutionen an Einfluss gewinnen, zieht sich der Nationalstaat in der Finanzmarktregulierung zurück. Dies korrespondiert mit dem weltweiten Siegeszug des angelsächsischen Finanzsystems. Private-Equity-Firmen und Hedgefonds schießen aus dem Boden. Sie gefährden mit ihrer überaus hohen Fremdfinanzierung, die regulatorisch unbeschränkt ist, nicht nur die Statik des Finanzsystems, sondern setzen auch in den Unternehmen den Shareholder Value bisweilen brutal durch. Er zwingt die Manager, die Grenzen des rechtlich Zulässigen und wirtschaftlich Vernünftigen zu strapazieren. Die mit dem zunehmenden Einfluss der Finanzmärkte einhergehende Umgestaltung von Gesellschaft, Ökonomie und Politik, die schleichende Transformation des korporatistischen, interventionistischen Wohlfahrtsstaats zum regulatorischen Wettbewerbsstaat wird nicht als Machtstrategie begriffen, sondern, ähnlich einer Naturgewalt, als unvermeidlich akzeptiert und als alternativlos hingenommen. Die Sachzwanglogik wird in dieser Situation zur scheinbar unausweichlichen Handlungsanleitung für die Politik, deren immer wieder zelebrierte Ohnmacht der Nährboden für rechten Populismus. Der schwindende Einfluss der europäischen Sozialdemokratie ist auch logische Konsequenz daraus, die systemverändernde Kraft des Übergangs vom rheinischen zum angelsächsischen Kapitalismus über lange Zeit ignoriert zu haben. Sich der Sachzwanglogik zu entziehen, das Primat der Politik wiederherzustellen setzt die Durchsetzung von Alternativen zum vorherrschenden Modell der Finanzmarktregulierung voraus, auf nationaler, europäischer und globaler Ebene.

3. Finanzialisierung

Der in den letzten beiden Jahrzehnten beobachtbare Bedeutungszuwachs der kapitalmarktbasierten Finanzierung gegenüber der Bankenfinanzierung, der durch die Liberalisierung des Kapitalverkehrs und weiterer Deregulierungsschritte ausgelöst wurde, wird als Finanzialisierung bezeichnet. Sie ist in den USA seit den 1980er Jahren beobachtbar, in den kontinentaleuropäischen Ländern setzte diese Entwicklung, die letztendlich zur Durchkapitalisierung vormals nicht-marktlicher Prozesse führte, in unterschiedlicher Intensität in den 1990er Jahren ein. Die Finanzkrise hat die Effekte deregulierter Finanzmärkte auf die Finanzmarktstabilität in den Mittelpunkt des öffentlichen Interesses gerückt. Der Prozess der Finanzialisierung ist aber darüber hinaus mit bedeutenden mikro- und makroökonomischen Veränderungen verbunden, die eng miteinander verzahnt sind, ebenso mit der Schwächung von Arbeitnehmerinteressen, mit dem Rückgang des Anteils der Arbeitseinkommen am Volkseinkommen sowie einer zunehmend ungleichen Vermögensverteilung.

Industrielle Beziehungen und Verteilung: Empirisch konnte gezeigt werden, dass der Shareholder Value die Verteilungsposition der Aktionäre zu

Lasten der Arbeitnehmer deutlich verbessert. Auch ist die Ungleichheit in der Einkommens- und Vermögensverteilung in Ländern angelsächsischer Finanzmarktsysteme höher als in jenen Ländern, in denen die Bankenfinanzierung dominiert. Je stärker die Aktionärsorientierung, desto eher wird auch die Entlohnung an Finanzkennzahlen des Unternehmens gekoppelt, die variablen Lohnbestandteile nehmen zu. Damit kommt es zu einer tendenziellen Abkehr von der solidarischen Lohnpolitik, die die Nivellierung von produktivitätsbestimmten Lohnunterschieden zum Ziel hat, sowie zur Aufgabe des Bemühens, Arbeitnehmer vor Marktrisiken zu schützen. Finanzialisierung hat vielfach neue Unternehmensstrategien sowie unternehmens- und länderübergreifende Neugestaltungen von Wertschöpfungsketten zur Folge. Die erweiterten Handlungsspielräume der Kapitalseite schwächen die Position der Gewerkschaften.

Mikro- und makroökonomische Effekte: Werden kurzfristige Finanzmarktkennzahlen zu maßgeblichen Entscheidungsfaktoren für das Anlageverhalten, so ist die langfristige Wertentwicklung der Unternehmen beeinträchtigt, da Unternehmen in erster Linie kurzfristige Aktionärsinteressen bedienen. Aktionärsorientierte Unternehmensführung zielt nicht auf die Steigerung der Wertschöpfung des Unternehmens, sondern auf die Steigerung des Aktionärsnutzens, der mit den Ansprüchen der Beschäftigten und der Konsumenten kollidiert. Die Aktionärsinteressen stehen aber auch oft im Widerspruch zu nationalen wirtschaftspolitischen Strategien eines nachhaltigen Wachstums mit hoher Investitions- und Innovationsdynamik. Diese theoretische Überlegung konnte in zahlreichen empirischen Untersuchungen bestätigt werden. Dividendenausschüttungen, Aktienrückkäufe sowie die Koppelung der Managervergütung an die kurzfristige Aktienkursentwicklung haben zu einer Abschwächung der Investitionsdynamik im Verhältnis zu den Gewinnen geführt. Dies hat Wachstum und Beschäftigung unmittelbar negativ beeinflusst.

Makroökonomisch bedeutend sind auch die Grenzen antizyklischer keynesianischer Geldpolitik in einer stark finanzmarktorientierten Ökonomie. So wird die Finanzkrise immer wieder mit der zu expansiven Geldpolitik der US-amerikanischen Notenbank in Verbindung gebracht, die die Vermögenspreisinflation und den Immobilienpreisboom erst ermöglicht habe. Tatsächlich steht die Geldpolitik einem Zielkonflikt gegenüber, wenn in einer konjunkturellen Schwächephase, die eine Zinssenkung verlangt, die Vermögenspreise steigen, der sie mit einem Zinsanstieg begegnen könnte. Die zunehmende Bedeutung von Boom-Bust-Zyklen, die die traditionellen Konjunkturzyklen überlagern oder sogar determinieren können, hat den Ruf laut werden lassen, die Geldpolitik möge die Vermögenspreisentwicklung stärker berücksichtigen. Dies ginge natürlich zu Lasten des Ziels der unmittelbaren Konjunktursteuerung. Unbeachtet bleibt, dass die hohe Volatilität der Vermögenspreise oft Ausdruck von Regulierungsversagen ist oder unmittelbare Folge von Deregulierung und Liberalisierung. Die expansive Geldpolitik nach 2001 in den USA hat das Entstehen einer Immobilienblase – unter Bedingung dieses regulatorischen Versagens – bestenfalls begünstigt, aber keineswegs verursacht.

Auswirkungen auf die Finanzmarktstabilität: Während in den 1980er und 1990er Jahren Finanz- und Währungskrisen vor allem die Entwicklungsländer mit voller Wucht in Mitleidenschaft gezogen haben, trifft es jetzt zunächst einmal die reichen Staaten. Die USA befinden sich am Rande einer Rezension, ebenso Europa. Die globale Finanzkrise scheint so gravierend zu sein, dass vermutlich kein Teil der Weltwirtschaft von ihr verschont wird.

Schon die Wachstumsabschwächung ab 2001 war die Folge einer sich rasch im globalen Maßstab ausbreitenden Finanzkrise. Den modernen Finanzkrisen sind Liberalisierungs- und Deregulierungsschritte vorangegangen, die vom Internationalen Währungsfonds und anderen supranationalen Institutionen empfohlen oder gar verordnet wurden. Entwicklungsökonomie wurde ersetzt durch die einfachen Prinzipien des „Washington Consensus“: Stabilisieren, privatisieren und liberalisieren war die Ultima Ratio einer Generation von Technokraten, die, ausgestattet mit einem Handbuch simpler Rezepte, Finanzierung an die politische Umsetzung dieser Prinzipien knüpften. Jene Länder, die diesen Empfehlungen nicht blind folgten wie beispielsweise China und Indien, blieben von den Finanzmarktturbulenzen der 1990er Jahre weitgehend verschont und konnten ihren Aufholprozess ungestört fortsetzen.

Unregulierte Finanzmärkte neigen zu Volatilität, zu Instabilität und zu krisenhaften Ausschlägen nach oben und nach unten. Unbedeutende Ereignisse können dann eine boomende Wirtschaft in eine Rezession befördern, und das in regelmäßigen Abständen. Da hilft es auch nicht, wenn die realwirtschaftlichen Daten gut sind. Lediglich 15 % der US-amerikanischen Immobilienkredite waren von schlechter Bonität. Monate später ist das Weltfinanzsystem in Gefahr. Dennoch bleibt eine angemessene Reaktion der Politik bisweilen aus. Dass Märkte reguliert werden müssen, ist unbestritten und tägliche wirtschaftspolitische Praxis. Der Tendenz zur Marktkonzentration wird mit Wettbewerbsbehörden entgegengewirkt; es wäre undenkbar, die Prüfung und Zulassung von Medikamenten einer von Pharmaunternehmen bezahlten privaten Firma anzuvertrauen, wie das mitunter bei der Bewertung von Finanzprodukten durch Rating-Agenturen der Fall ist.

4. Selbstregulierung bedeutet: keine Regulierung (Willem Buiter)

Während wesentliche wirtschaftspolitische Bereiche sanktionsfähigen Regeln unterliegen, genießt ein Wirtschaftssektor von zentraler Bedeutung für das Funktionieren der Wirtschaft, die Finanzindustrie, einen Sonderstatus. Die Politik hat ihn ihr bereitwillig zugestanden. Die Internationalisierung und Liberalisierung der Finanzmärkte war eine bewusste politische Entscheidung und keineswegs zwangsläufiges Ergebnis eines marktgetriebenen Prozesses. An die Stelle des Staates treten staatlich-private Netzwerke. Die hierarchisch-bürokratische Steuerung wird durch horizontale Verhandlungssysteme zwischen staatlichen und nichtstaatlichen Akteuren ersetzt: unabhängige Finanzaufsichtsbehörden, Experten und auch Vertreter der Finanzindustrie. Es entsteht eine Struktur, in der sich nationalstaatliche und internationale, halbstaatliche und private Netzwerke überlagern, und die, wie der Politikwissenschaftler Philip Cerny sagt, den im Mittelalter üblichen Herrschaftsformen nicht unähnlich ist. Der Deregulierung der Finanzmärkte sind bislang kaum effektive Formen globaler Regulierung gefolgt. Wann immer die Politik über strengere Regulierung diskutierte, hat sich die Finanzindustrie mit Vorstößen zur stärkeren Selbstverpflichtung durch Wohlverhaltensregeln durchgesetzt. Eine Ausnahme bildete die Reform der Eigenmittelbestimmungen durch Basel I und II, die als beachtlicher Erfolg internationaler Koordinierung in der Bankenregulierung zu sehen ist. Doch jenseits dieses nahezu weltweit gültigen Regelwerks findet sich kein anderes Beispiel koordinierter internationaler Finanzmarktregulierung. Vielmehr bleiben viele zentrale Segmente des Finanzmarktes wenig bis gar nicht reguliert.

Auch bei den derzeit diskutierten Reformvorschlägen zur Finanzmarktregulierung dominieren Selbstregulierung, Marktdisziplin sowie das Vertrauen in von den Finanzmarktakteuren selbst definierte Prinzipien und nicht verbindliche Regeln. Sie zielen eher darauf ab, das angelsächsische Regulierungsmodell zu stärken, indem die Rahmenbedingungen dafür verbessert werden sollen. Der Finanzmarktakteur soll dem Idealbild eines homo oeconomicus, der Risiken richtig einschätzen kann, angeglichen werden. Die Risiken, so die überwiegende Meinung, wurden falsch eingeschätzt, weil den Finanzmarktakteuren die richtigen Informationen vorenthalten wurden durch Fehlbewertungen der Rating-Agenturen, aber auch durch die Intransparenz der komplexen innovativen Finanzinstrumente, die in den letzten Jahren beachtlich gestiegen ist. Ein Mehr an Transparenz und eine Reform der Rating-Agenturen sind durchaus begrüßenswert, können aber eine effektive direkte Regulierung nicht ersetzen.

Während das Finanzsystem global agiert, ist eine globale Finanzmarktarchitektur kaum entwickelt. Die nationalstaatliche Finanzmarktregulierung, die auf das nationale Banken- und Finanzsystem fokussiert ist, beruht zwar auf strikten Regeln. Sie ist jedoch in ihrer Wirkung erheblich eingeschränkt, sind doch immer größere Teile der Forderungen und Verbindlichkeiten von Finanzinstituten solche gegenüber dem Ausland. Darüber hinaus dominiert in der nationalen Aufsicht jene gegenüber der einzelnen Bank. Das Finanzmarktgeschehen außerhalb des Bankensystems unterliegt hingegen nur schwachen Regulierungsformen. Gerade jene Bereiche der Finanzmärkte, die im Zuge der jetzigen Finanzkrise ins Gerede gekommen sind, unterliegen keiner wirksamen Regulierung und Beaufsichtigung: die Derivativmärkte, Hedgefonds und Private Equity Fonds sowie Rating-Agenturen.

Die fehlende Kooperation der Nationalstaaten bedingt durch unterschiedliche Interessen im Hinblick darauf, wie reguliert werden soll, hat letztlich dazu geführt, dass anstelle einer von allen Staaten getragenen, demokratisch legitimierten globalen Finanzmarktarchitektur private Regulierungsinstitutionen und Netzwerke ein selbst definiertes Regelwerk und Formen von Selbst- und Koregulierung setzen konnten. Es gilt „soft law": freiwillige Wohlverhaltensregeln und Standards, die überwiegend Empfehlungen der Finanzindustrie an sich selbst darstellen.

Ein bedeutender Schritt, um der „financial governance without government" etwas entgegenzusetzen, war die Einrichtung des Forums für Finanzstabilität Ende der 1990er Jahre, die in Folge der Asienkrise auf deutsche Initiative erfolgte. Ihm gehören Vertreter der Finanzministerien, Zentralbanken und Aufsichtsbehörden der G7-Länder und fünf weiterer bedeutender internationaler Finanzplätze an. Sie entwickeln Indikatoren für Frühwarnsysteme, beauftragen Studien und identifizieren Gefahrenpotenziale für die Finanzmarktstabilität. Die Immobilienkrise und deren Auswirkungen konnten sie aber nicht verhindern, auch weil ihre Empfehlungen keine verbindliche Kraft besitzen. Die Financial Action Task Force on Money Laundering (FATF), die 1989 von den G7 gegründet wurde und die Bekämpfung der Geldwäsche sowie der Terrorismusfinanzierung zum Ziel hat, arbeitet ebenso mit Empfehlungen. Auch sie verfügt über keine Rechtsmittel zu deren Umsetzung.

Initiativen wie das Forum für Finanzstabilität oder die FATF können jedoch als Vorstufe zu einer umfassenden Regulierung der Finanzmärkte gesehen werden. Dazu bedarf es letztlich einer demokratisch legitimierten und mit rechtlich verbindlichen Möglichkeiten versehenen Weltfinanzorganisation. Sie muss mit regulatorischen Instrumenten ausgestattet sein und der „regulatorischen Arbitrage“ Einhalt gebieten, die wir tagtäglich beobachten. Sie soll und kann nicht die Aufsicht durch bestehende Institutionen ersetzen; ihre Aufgabe bestünde vielmehr darin, internationale Standards für die Finanzmarktregulierung und -aufsicht zu formulieren und deren Durchsetzung zu überwachen. Sie sollte auch damit betraut werden, Bedingungen für eine höhere Transparenz, zum Beispiel durch die Einrichtung eines internationalen Kreditregisters, zu schaffen sowie bessere Frühwarnsysteme und Krisenmanagement-Instrumente zu entwickeln. Von der Konzeption her wäre eine Weltfinanzorganisation vergleichbar mit der 1995 gegründeten Welthandelsorganisation. Das Ziel ist hier zwar ein anderes, nämlich die weitere Liberalisierung von Handel und Dienstleistungen, aber die Mitgliedsstaaten sind auch völkerrechtlich verpflichtet, im bescheidenen Rahmen Mindeststandards einzuhalten, beispielsweise den Verbraucherschutz betreffend. Es wäre aber auch möglich, die Bretton-Woods-Institutionen oder die Bank für Internationalen Zahlungsausgleich mit dem Setzen von Regulierungsstandards und der Koordinierung der globalen Aufsicht zu betrauen. Der Internationale Währungsfonds verfügt bereits jetzt über wesentliche Kompetenzen in diesem Bereich.

Die Idee dafür ist freilich nicht neu. So haben die Vereinten Nationen im Zuge der Diskussion um die neue internationale Finanzarchitektur Ende der 1990er Jahre eine ihr unterstellte Weltfinanzorganisation gefordert. Die Forderung blieb unbeachtet, wodurch wertvolle Zeit verloren ging. Letztlich geht es auch darum, in Zukunft zu unterbinden, dass die Staaten im Wettlauf um Finanzvermögen gezwungen sind, die Regulierung der Finanzmärkte auf Kosten der Allgemeinheit und der Steuerzahler sukzessive zu lockern oder erst gar nicht zu regulieren, wie das bei Hedgefonds der Fall ist, die überwiegend von Offshore-Zentren aus ihre Geschäfte betreiben. Allein aus Gründen der Wettbewerbsgleichheit müssen alle Teile des Finanzmarktes durch angemessene Regulierung erfasst werden. Nur Banken zu regulieren, während deren Kreditrisiko bei unregulierten Hedgefonds landet oder von unregulierten Rating-Agenturen bewertet wird, ist fahrlässig. Für global tätige Finanzinstitute ist die Einführung von regulatorischen Mindeststandards und deren Überwachung durchaus von Vorteil, bedeutet doch das Nebeneinander unterschiedlicher nationaler Regelungen eine erhebliche bürokratische Belastung. Das Ausnützen von Regulierungsdifferenzen wird bei der Jagd nach der höchsten Rendite zur obersten Maxime. Die Finanzkrise hat auch gezeigt, dass das Nebeneinander von zahlreichen nationalen und internationalen Regulierungsbehörden nicht zeitgemäß ist, wenn die Finanzwelt zu einem globalen Dorf zusammengewachsen ist.

6. Resümee

Die Wirtschaft stellt sich für viele dar als durch global agierende Unternehmen und Finanzinstitutionen bestimmt, von Aktionärsinteressen geleitet und durch politische Institutionen unlenkbar, möchte man nicht massive Standortnachteile im internationalen Wettbewerb riskieren. Diese mit hohem finanziellem und intellektuellem Aufwand in die Welt getragene Manipulation der Wirklichkeit zeigte Wirkung, der Lohn für all die Mühe blieb nicht aus. Selbst große Teile der politischen Linken verneigten sich eines Tages vor der produktiven Kraft des global agierenden fiktiven Kapitals, daraus erwachsende soziale, politische und ökonomische Kosten wurden als notwendiges Übel gesehen oder gar als kurzfristige Abweichung von einem als Referenz konstruierten Gleichgewichtszustand. Die Finanzkrise, die letztlich die Grundfeste des angelsächsischen Regulierungsmodells zutiefst erschüttert hat, und zuvor die systemischen Risiken von Hedgefonds und Private Equity Fonds und deren Wirken als Unternehmenseigner haben hier ein radikales Umdenken bewirkt. Dem sollte ein ebensolches Handeln folgen. Vieles kann nur auf internationaler und europäischer Ebene reguliert werden. Dazu zählen die Beseitigung von Offshore-Zentren und Steueroasen, die einen Deregulierungswettlauf nach unten provozieren, die direkte Regulierung von Hedgefonds und Private Equity Fonds, die überwiegend in Offshore-Zentren angesiedelt sind, die staatliche Kontrolle von Rating-Agenturen, die Einschränkung derivativer Finanzinstrumente oder die Besteuerung von Finanztransaktionen. Eine Weltfinanzorganisation wäre eine notwendige institutionelle Voraussetzung dafür, dass die Regulierung des Weltfinanzsystems rasch und demokratisch gelingt.

Aber auch auf nationaler Ebene bestehen Handlungsmöglichkeiten. So lassen sich beispielsweise Hedgefonds und Private Equity Fonds auf indirektem Wege kontrollieren, indem die Banken angehalten werden, Kredite an diese Fonds mit höherem Eigenkapital zu unterlegen. Eine nationale Finanztransaktionssteuer mit einem sehr geringen Steuersatz nach dem Vorbild Großbritanniens ist ebenso möglich, ohne Kapitalflucht auszulösen. Wesentlich ist auch der Ausbau öffentlicher Pensions-, Pflege- und Krankenfinanzierungssysteme, um die Abhängigkeit von der privaten Vorsorge einzuschränken, die nun eine ökonomische Neubewertung erfährt. Auch gilt es, den Ausbau öffentlichen strategischen Eigentums zu fördern sowie Änderungen im Aktien-, Unternehmens- und Steuerrecht durchzusetzen, die Anreize für eine langfristige Orientierung der Investitionen schaffen. Letztlich geht es nur darum, das Finanzsystem den Interessen der Allgemeinheit unterzuordnen. Selten stößt ein so bescheidenes Anliegen auf solch unüberwindbar scheinenden Widerstand.

Anmerkung

1 Handelsblatt vom 13. Dezember 2002.

Literatur

Willem BUITER, Self-Regulation Means No Regulation, Financial Times, 10. April 2008.

Philip G. CERNY, Power, Markets and Authority. The Development of Multi-Level Governance in International Finance, in: Andrew BAKER, Alan HUDSON, Richard WOODWARD (Hg.), Governing Financial Globalisation: International Political Economy and Multi-Level Governance, London 2005.

Petra DÜNHAUPT, Till VAN TREECK, Eckhard HEIN, Finanzsystem und wirtschaftliche Entwicklung in den USA und in Deutschland im Vergleich - Eine makroökonomische Skizze, WSI Mitteilungen 12/2007.

Alfred GUSENBAUER, Eine Weltfinanzaufsicht muss her, Die Zeit, 8. Mai 2008.

Peter A. HALL, David W. SOSKICE (Hg.), Varieties of Capitalism. The Institutional Foundations of Comparative Advantage, Oxford 2001.

Philip HARTMANN, Angela MADDALONI, Simone MANGANELLI, The European financial system: structure, integration, and policy initiatives, in: Oxford Review of Economic Policy, 2003, Vol. 19, No. 1.

Martin HÖPNER, Wer beherrscht die Unternehmen? Shareholder Value, Managerherrschaft und Mitbestimmung in Deutschland, Frankfurt am Main 2003.

Peter MOOSLECHNER, Helene SCHUBERTH, Beat WEBER (Hg.), The Political Economy of Financial Market Regulation. The Dynamics of Inclusion and Exclusion, Cheltenham 2006.

Peter MOOSLECHNER, The Transformation of the European Financial System. A Brief Introduction to Issues and Literature, OeNB Workshop Series, No 1, 2003.

Nouriel ROUBINI, Ten Fundamental Issues in Reforming Financial Regulation and Supervision in a World of Financial Innovation and Globalization, March 31, 2008, RGE Monitor; http://www.rgemonitor.com/redir.php?sid=1&tgid=10000&cid=252412.

Die Bedeutung der Finanzmärkte für die europaweite Integration, insbesondere aus dem Blickwinkel der Versicherungswirtschaft

Günter Geyer

Verschmilzt die Wirtschaft Europas zur Gemeinschaft, und das wird früher geschehen als wir denken, so verschmilzt auch die Politik.
Walther Rathenau

1. Einleitung

Der deutsche Außenminister Walther Rathenau erkannte bereits kurz nach dem Ersten Weltkrieg die Bedeutung der wirtschaftlichen Vereinigung Europas als Grundlage für die politische Vereinigung. Heute, 90 Jahre danach, ist der Traum dieser Gemeinschaft in Form der Europäischen Union Wirklichkeit geworden.

Die Europäische Union ist heute mit ihren 27 Mitgliedsstaaten ein Markt mit mehr als 490 Millionen Bürgern. Die Euro-Zone umfasst rund 320 Millionen Bürger und nach Slowenien wird auch die Slowakei den Euro mit 1. Jänner 2009 als Währung einführen. Damit ist die Europäische Union unter den Industriestaaten der mit Abstand größte und bedeutendste Markt, noch vor Japan und den Vereinigten Staaten.

Die Europäische Union, so wie wir sie heute erleben, ist unter anderem auch das Ergebnis der wirtschaftlichen Pionierarbeit, die zahlreiche Unternehmen während oder nach der Wende 1989/90 geleistet haben. Die Wiener Städtische Versicherung AG Vienna Insurance Group, damals noch in Form eines Versicherungsvereins auf Wechselseitigkeit, gehört zu jenen Unternehmen, die durch ihr Engagement in den Staaten Zentral- und Osteuropas die Integration dieser Länder maßgeblich mit beeinflusst haben.

Die Integration der Finanzmärkte seit der Wende ist ein wesentlicher Teil der politischen und wirtschaftlichen Annäherung der Staaten Zentral- und Osteuropas an die Europäische Union. Viele dieser Staaten sind heute schon in der Europäischen Union angekommen und wichtige Akteure bei der Vertiefung der Zusammenarbeit in vielen Bereichen. Die Bedeutung der Finanzmarktintegration innerhalb Europas kann am Beispiel des Engagements der Wiener Städtischen in diesen Ländern sehr gut und anschaulich geschildert werden. Durch die Europäische Union war es der Wiener Städtischen möglich, sich von einem großen österreichischen Versicherer zu einem großen europäischen Versicherungskonzern zu entwickeln. Die unternehmerische Erfolgsgeschichte des heute zur Vienna Insurance Group gewachsenen Konzerns verläuft parallel zur Integration in Europa in den vergangenen Jahrzehnten.

2. Wirtschaftliche Integration sichert Stabilität und Demokratie

Die intensiven wirtschaftlichen Verbindungen der europäischen Staaten haben die Europäische Union nicht nur zu einem erfolgreichen Wirtschaftsraum gemacht, sondern darüber hinaus auch zur Sicherung des Friedens, der demokratischen Ordnung und Völkerverständigung beigetragen.

Dass die Europäische Union – ungeachtet aller auf politischer Ebene ausgetragener Konflikte – heute in vielerlei Hinsicht geeinter auftreten kann, ist das Ergebnis einer langen Entwicklung, die auf die Gründung der Europäischen Gemeinschaft für Kohle und Stahl im Jahr 1951 zurückgeht und im Laufe der Jahre weiter vertieft wurde. Im Jahr 1957 wurde die Europäische Wirtschaftsgemeinschaft – kurz EWG – und die Europäische Atomgemeinschaft – EAG oder heute EURATOM – gegründet. Diese drei Säulen bildeten schließlich die Grundlage für die Europäische Gemeinschaft, die im Jahr 1967 formiert wurde.

Im Zuge dieser Entwicklung vollzog die Vorläuferorganisation der Europäischen Union eine stete Erweiterung der Mitglieder. Zu den sechs Gründungsstaaten kamen im Jahr 1973 drei weitere, nämlich Dänemark, Irland und Großbritannien, hinzu, und im Jahr 1981 wurde auch Griechenland aufgenommen. Mit der Süderweiterung im Jahr 1986 traten dann Portugal und Spanien der Gemeinschaft bei.

Am 1. Jänner 1995 traten Finnland, Schweden und Österreich der Europäischen Union bei. Damit wurde die wirtschaftliche Einigung Europas weiter vorangetrieben. Für Österreich eröffnete sich die Chance, Wirtschaft und Politik Europas als vollwertiges Mitglied der Europäischen Union mitzugestalten und auch zu den wirtschaftlichen Erfolgen der Europäischen Union beizutragen.

Mit der Schaffung eines Europäischen Währungssystems, das die Wechselkursfluktuationen innerhalb spezifischer Bandbreiten halten sollte, wurde bereits im Jahr 1979 begonnen. Diese Erleichterungen sollten den Waren-, Dienstleistungs- und auch Kapitalverkehr vor Wechselkursrisiken bewahren und die Entstehung eines einheitlichen europäischen Marktes – nach dem Vorbild der Vereinigten Staaten – fördern.

Mit dem Inkrafttreten der Einheitlichen Europäischen Akte am 1. Jänner 1987 wurde der Prozess zur Entwicklung des Europäischen Binnenmarktes, in dem der freie Waren-, Personen-, Dienstleistungs- und Kapitalverkehr gewährleistet werden sollte, in Gang gesetzt. Damit wurden die Grundlagen für den dann schließlich im Jahr 1993 verwirklichten Europäischen Binnenmarkt geschaffen, der mit dem Vertrag über die Europäische Union besiegelt wurde. Die wichtigste Grundlage für den ökonomischen Erfolg ist die wirtschaftliche Grundfreiheit für den freien Warenverkehr, der die Zollbarrieren und Einfuhr- oder Ausfuhrbeschränkungen abgebaut hat.

In weiterer Folge wurde die Freihandelszone auch auf Dienstleistungen ausgedehnt, um den Wettbewerb innerhalb Europas zu stärken und Benachteiligungen abzubauen. Im Delors-Bericht wurde 1989 vorgeschlagen, die Europäische Wirtschafts- und Währungsunion in drei Stufen einzuführen. Beginnend mit 1. Juli 1990 wurden in der ersten Stufe die nationale Wirtschafts- und Währungspolitik der Mitgliedsstaaten auf die Erfordernisse der Geldwertstabilität und Haushaltsdisziplin ausgerichtet. Die Stärkung der Zusammenarbeit der Nationalbanken sowie der Koordination der Geldpolitik innerhalb der Europäischen Union wurde mit 1. Jänner 1994 in Angriff genommen. Weiters wurden die rechtlichen, organisatorischen und institutionellen Voraussetzungen für die Einführung der fixen Wechselkurse geschaffen. 1999 kam es zur Einführung des Euro als Buchgeld, um so eine höhere Stabilität zu erzielen.

Mit Jahresbeginn 2002 war es dann so weit: Der Euro wurde in zwölf der 15 Mitgliedsstaaten als Währung erfolgreich eingeführt. Die wirtschaftliche Zusammenarbeit der teilnehmenden Staaten konnte dadurch intensiviert und ausgebaut werden. Die Preise wurden transparenter, und es wurde ein Vergleich auf europäischer Ebene möglich.

Die sogenannte EU-Osterweiterung am 1. Mai 2004 kann als logische politische Konsequenz der wirtschaftlichen Entwicklung der vergangenen 15 Jahre gesehen werden. Zehn neue Mitgliedsstaaten vergrößerten den gemeinsamen Wirtschaftsraum, es kam zur Absicherung von bereits getätigten Investitionen, und die Vereinheitlichung der gesetzlichen Regelungen reduzierte den administrativen Aufwand. Mit dem Beitritt von Bulgarien und Rumänien am 1. Jänner 2007 hat die Europäische Union ihren vorläufig letzten Erweiterungsschritt gesetzt, und weitere Länder – wie Kroatien oder Serbien – haben ihr Interesse an einer Mitgliedschaft signalisiert.

3. Integration der Finanzmärkte sichert Wachstum und Wohlstand

Die wirtschaftliche Integration der Staaten Europas ermöglicht und erleichtert Investitionen von Unternehmen in allen Staaten der Europäischen Union. Durch die Erweiterung der Geschäftstätigkeit und den damit zusammenhängenden Investitionen haben viele Unternehmen – auch die Vienna Insurance Group – Arbeitsplätze in den neuen EU-Mitgliedsstaaten geschaffen und auf den Heimatmärkten Arbeitsplätze gefestigt. Besonders wichtig ist in diesem Zusammenhang, dass die politische Stabilität durch den steigenden materiellen Wohlstand in diesen Staaten zunehmend abgesichert wird.

Ermöglicht wird dies durch die Finanzmärkte – im Fall der Europäischen Union durch den integrierten Finanzmarkt, der Investitionen aus den EU-15-Staaten in die Länder Zentral- und Osteuropas gebracht hat. Der integrierte Finanzmarkt ist also auch ein Kapitaltransferinstrument. Als Beispiel dafür stehen die beiden Kapitalerhöhungen der Vienna Insurance Group im Jahr 2005 und 2008, die auch durchgeführt wurden, um der Expansion in diese Region für die dazu notwendigen Investitionen frisches Kapital zuzuführen. Die Akquisition von Versicherungsgesellschaften der vergangenen Jahre wäre ohne die Aufnahme von Kapital an der Börse – also am Finanzmarkt – nicht möglich gewesen. Die Vorteile sind auf beiden Seiten: Institutionelle und private Investoren können am dynamischen Wachstum der Versicherungsmärkte in dieser Region partizipieren. Die Vienna Insurance Group kann das über die Finanzmärkte zur Verfügung gestellte Geld für ihre Expansion nutzen und dabei nicht nur ihr Geschäftsvolumen vergrößern, sondern durch das Wachstum auch Arbeitsplätze schaffen und absichern. Mit dem Engagement in Zentral- und Osteuropa wird für alle Beteiligten Mehrwert geschaffen, der den wachsenden Wohlstand in dieser Region nachhaltig stärkt. Ein Kernpunkt der Expansionsstrategie der Vienna Insurance Group in der Region Zentral- und Osteuropas ist auch die Investition der erzielten Gewinne in dem Land, wo sie erwirtschaftet werden. Damit wird ein wesentlicher Beitrag zur Stärkung der regionalen Wirtschaftsräume geleistet und die Integration der Vienna Insurance Group im Land gefördert.

Durch das umfassende Engagement auf den Märkten Zentral- und Osteuropas konnte die Vienna Insurance Group nicht nur dort Arbeitsplätze schaffen, sondern aufgrund der Internationalisierung des Unternehmens auch Arbeitsplätze in Österreich absichern. Der wachsende Versicherungsmarkt in der gesamten Region bildet auch die Grundlage für die Aufnahme neuer Mitarbeiter. Der Bedarf an qualifiziertem und motiviertem Personal ist sehr hoch. Dabei verhindern die noch geltenden Beschränkungen in Österreich in Bezug auf die Aufnahme von neuen Arbeitskräften aus Zentral- und Osteuropa die Schaffung weiterer Arbeitsplätze. Die Vorteile für die Belegschaft eines in dieser Region stark wachsenden Unternehmens sind neben der Sicherung von hoch qualifizierten Arbeitsplätzen auch die gestiegenen Möglichkeiten, international Karriere zu machen und in einem Konzernunternehmen im Ausland zu arbeiten. Die Vienna Insurance Group bietet den Angestellten durch das solide Wachstum und die nachhaltige Strategie sichere, hochwertige Arbeitsplätze in vielen Bereichen des Unternehmens.

Die Expansion in die damals neuen Märkte brachte aber auch Vorteile für die Kunden der Konzerngesellschaft. Auf das Wissen und die Erfahrung der Wiener Städtische Versicherung konnte von Beginn an auch in den Konzerngesellschaften zurückgegriffen werden. Seit der Einführung eines „Best Practice"-Programms werden die Erfahrungen im ganzen Konzern in einem institutionalisierten Forum ausgetauscht. Produkte und Services werden auf Konzernebene in einem eigenen Prozess erfasst, und so können die Kunden in allen Ländern von den laufenden Verbesserungen profitieren. Darüber hinaus wird auch der gestiegenen Mobilität Rechnung getragen, und Kunden erhalten im Schadensfall länderübergreifend Unterstützung der Vienna Insurance Group. Nicht nur die Qualität der Versicherungsprodukte wird optimiert, sondern auch im Service können positive Erfahrungen ausgetauscht und im Interesse der Kunden in anderen Ländern angewandt werden. Durch diesen Austausch an Erfahrung und Wissen können den Kunden die besten Lösungen für ihren Versicherungsschutz geboten werden.

Die Vienna Insurance Group ist als verantwortungsbewusstes Unternehmen darüber hinaus darauf bedacht, kulturelle und soziale Initiativen in Zentral- und Osteuropa tatkräftig zu unterstützen. Durch diese Förderung im Rahmen des Sponsorings werden zahlreiche Projekte in vielen Ländern erst ermöglicht und leisten auf diese Weise einen positiven Beitrag zur gesellschaftlichen und kulturellen Entwicklung.

4. Die Wiener Städtische als Versicherungspionier

Die Begeisterung der Menschen kannte nach der Wende keine Grenzen: Zu Tausenden strömten Tschechen, Slowaken und Ungarn nach Österreich, um die lange vermisste Freiheit auszukosten und ihr Nachbarland, das ihnen lange verschlossen war, zu besuchen und kennen zu lernen. Beeindruckt waren die Gäste aus Zentral- und Osteuropa von der Angebotsvielfalt an Waren und dem Wohlstand, den sich Österreich erarbeitet hatte.

Die Wiener Städtische Versicherung hat die damaligen Chancen auf den neuen Märkten dieser Region rasch erkannt und entsprechend gehandelt: Der Einstieg in diese Märkte erfolgte durch die Beteiligung an der Gründung der ersten privatwirtschaftlichen Versicherung in der damaligen Tschechoslowakei, der heutigen Kooperativa pojišt'ovna, a.s. Vienna Insurance Group in Form eines Minderheitsanteils. Dies ermöglichte es für die Wiener Städtische, die ersten Erfahrungen in Zentral- und Osteuropa schrittweise zu machen und die neuen Märkte so nach und nach näher kennen zu lernen. Die Wiener Städtische brachte als Partner ihr Know-how im Versicherungswesen ein, das lokale Management seine Kenntnis des lokalen Marktes und der dazu geeigneten Vertriebsformen.

Die Erfahrung zeigte, dass der Wunsch nach Mobilität an oberster Stelle für die Menschen in Zentral- und Osteuropa stand. Nach dem eigenen Auto, das entsprechend versichert werden musste, stand die Absicherung des persönlichen Eigentums – wie der Wohnung oder des Hauses – im Vordergrund. Ebenso investierten Unternehmen – gemeinsam mit Partnern aus Westeuropa – in den Aufbau und in die Modernisierung der Produktionsstätten, um mit dem internationalen Wettbewerb Schritt halten zu können und im eigenen Land die notwendigen Infrastrukturen aufzubauen. Die Absicherung dieser neu geschaffenen Werte, die vom Einzelnen durch viel Einsatz und Engagement erwirtschaftet wurden, förderte den Bedarf an Versicherungsprodukten weiter.

5. Absicherung des Wachstumskurses

Um die Wachstumspotenziale der Versicherungsmärkte in Zentral- und Osteuropa zu diesem Zeitpunkt weiter nutzen zu können und die Präsenz auszubauen, war eine Änderung der Unternehmensform notwendig. Für einen Versicherungsverein auf Wechselseitigkeit waren die Möglichkeiten für Investitionen in neue Märkte begrenzt, da ein Verein das Kapital in nur sehr eingeschränktem Ausmaß dafür nutzen kann. Mit der Umwandlung der Wiener Städtischen in eine Aktiengesellschaft im Jahr 1992 und der Emission von Vorzugsaktien 1994 konnten weitere Investitionen getätigt werden. Es folgte der Markteintritt in Ungarn im Jahr 1997, ein Jahr später in Polen, und im Jahr 1999 kam es zur Erschließung des kroatischen und italienischen Versicherungsmarktes. Im Jahr 2001 schließlich wurde die Versicherungstätigkeit in Rumänien aufgenommen und das Engagement in Polen verstärkt. Bis zum Jahr 2005 folgten der Markteintritt in Serbien, Slowenien, Weißrussland und der Ukraine sowie die Verstärkung des Engagements in Rumänien, der Tschechischen Republik und der Slowakei.

Die wirtschaftlichen Verflechtungen der Wiener Städtischen in Zentral- und Osteuropa wurden dichter, und der weitere Ausbau der Aktivitäten zur Sicherung des nachhaltigen Wachstums erforderte weiteres Kapital. Daher kam es im Jahr 2005 zur Umwandlung der Vorzugsaktien in Stammaktien, und es erfolgte die Aufnahme der Aktie in den ATX, den Leitindex der Wiener Börse. Im Dezember 2005 begab die Wiener Städtische eine Kapitalerhöhung in der Höhe von knapp 1 Milliarde Euro zur Zeichnung, die den Streubesitz auf knapp 30 % erhöhte. Die größte Kapitalerhöhung einer österreichischen Versicherung an der Wiener Börse wurde von den internationalen Finanzmärkten sehr positiv aufgenommen. Auch die Mitarbeiter der Wiener Städtischen zeichneten in hohem Ausmaß und unterstrichen so ihr Vertrauen in die weitere Zukunft der Expansion des Unternehmens.

6. Integration der Finanzmärkte

Die dynamische Expansion mit stetigem Wachstum setzte sich nach der Kapitalerhöhung weiter fort. Die Marktposition der Wiener Städtischen, die international nun unter dem Konzernnamen Vienna Insurance Group auftritt, konnte auf den Märkten Zentral- und Osteuropas weiter ausgebaut und nachhaltig gefestigt werden. Mehr und mehr Versicherungsgesellschaften wurden Mitglieder der Vienna Insurance Group, und zu Beginn des Jahres 2008 war der Konzern in 23 Ländern dieser Region mit Versicherungsbeteiligungen aktiv.

Nicht nur in Österreich stieg das Interesse an der Aktie der Wiener Städtischen, auch in den Kernmärkten des Konzerns Vienna Insurance Group wurde das Wertpapier verstärkt nachgefragt. Als eine Konsequenz der internationalen Strategie des Konzerns wurde die Umbenennung der Aktie in Vienna Insurance Group im Februar 2008 durchgeführt. Nahezu zeitgleich erfolgte die Notiz der Aktie an der Prager Börse - damit trug die Vienna Insurance Group der Integration der Finanzmärkte in Europa Rechnung. An der im Jahr 2008 durchgeführten Kapitalerhöhung konnten sich nun auch Mitarbeiter der Konzerngesellschaften in der Tschechischen Republik, der Slowakei, Polen, Slowenien, Bulgarien und Rumänien beteiligen.

Die Nutzung der Finanzmärkte zur Aufbringung frischen Kapitals für die Versicherungsmärkte in Zentral- und Osteuropa kann als Drehscheibe für das Kapital von West nach Ost gesehen werden und ist somit ein Beispiel für den Ausbau eines funktionierenden Finanzmarktes in einem viel stärker integrierten Europa. Über die in der Folge getätigten Investitionen in den Ländern werden Auf- und Ausbau neuer Märkte möglich, die in den Ländern selbst wieder zum Wirtschaftswachstum beitragen. Am wirtschaftlichen Erfolg partizipieren alle Partner. Für die Mitarbeiter der Konzernunternehmen werden Arbeitsplätze abgesichert, da mit den erlösten Gewinnen der Wachstumskurs und die Integration der Konzernunternehmen weiter vorangetrieben werden können. Investitionen in den Ländern selbst stärken die regionale und lokale Wirtschaft. Die Aktionäre partizipieren durch die ausbezahlten Dividenden.

7. Finanzmarktintegration durch Kooperation

Bereits seit geraumer Zeit sind die Vienna Insurance Group und die Erste Bank der oesterreichischen Sparkassen AG partnerschaftlich, aber ohne kapitalrechtliche Verflechtung miteinander verbunden. Im März 2008 traten die beiden österreichischen Unternehmen mit der Ankündigung an die Öffentlichkeit, dass die Vienna Insurance Group die Versicherungsaktivitäten der Erste Bank der oesterreichischen Sparkassen AG erwerben wird. Hand in Hand damit wurde eine Vertriebsvereinbarung für die kommenden 15 Jahre - mit der Möglichkeit einer Verlängerung um weitere zehn Jahre - geschlossen. Damit konzentrieren sich beide Unternehmensgruppen auf ihre Kernkompetenzen im Finanzdienstleistungssektor und können gemeinsam die Potenziale der wachstumsstarken Märkte in Zentral- und Osteuropa nutzen.

Zur Finanzierung des Erwerbs hat die Vienna Insurance Group im Mai 2008 eine weitere Kapitalerhöhung - erstmals über die Wiener und Prager Börse - begeben und eine Hybridanleihe aufgelegt. Die Integration der Finanzmärkte bietet der Vienna Insurance Group in ihrer zukünftigen Geschäftsentwicklung zahlreiche Chancen: Zum einen wird der Versicherungskonzern zur Nummer eins unter den international tätigen Versicherungsunternehmen in Zentral- und Osteuropa und kann durch die Vertriebsplattform mit der Erste Bank auch deren mehr als 16 Millionen Kunden über die 2.900 Filialen länderübergreifend erreichen. Zum anderen wurde durch den Erwerb der Versicherungsaktivitäten der Erste Bank in diesen Ländern das Lebensversicherungsgeschäft der Vienna Insurance Group in Zentral- und Osteuropa, das als Wachstumsmotor der Zukunft gilt, nachhaltig gestärkt. Weiters können Synergiepotenziale aufgrund des deutlich erweiterten Produktangebots durch die erheblichen Cross-Selling-Potenziale zwischen beiden Unternehmensgruppen besser genützt werden.

8. Versicherung in einem integrierten Finanzmarkt

Die internationale Expansion der Vienna Insurance Group und anderer Versicherungskonzerne in die Länder Zentral- und Osteuropas haben neue Märkte geschaffen und diese mit Produktinnovationen und neuen Dienstleistungen erschlossen. Versicherungen wie die Vienna Insurance Group, die die Entscheidung zum Markteintritt in dieser Region früh getroffen haben, sind nun auf Spitzenpositionen vertreten. Durch die Expansion in die Region Zentral- und Osteuropa kam es auch zur Entwicklung flexibler und innovativer Strukturen und Produkte, da die Rahmenbedingungen und spezifischen Bedürfnisse der unterschiedlich entwickelten Märkte berücksichtigt werden mussten. Weiters hat sich der Know-how-Transfer innerhalb der Vienna Insurance Group, der heute nicht mehr nur von Österreich in die Länder, sondern auch von den Ländern nach Österreich geht, für die Entwicklung des Versicherungsgeschäftes in den verschiedensten Bereichen befruchtend ausgewirkt. Es wurde ein Know-how und Wissen entwickelt, das der Vienna Insurance Group für die Zukunft zu einem entscheidenden Wettbewerbsvorteil gegenüber anderen internationalen Marktteilnehmern verholfen hat.

Denn der Konzentrationsprozess im Finanzsektor in Europa hat auch vor der Versicherungswirtschaft nicht haltgemacht – nicht im Westen, aber auch nicht im Osten der Europäischen Union. Die Gremien der Vienna Insurance Group haben die unternehmerische Unabhängigkeit und die Absicherung der Eigenständigkeit des Konzerns stets als besonders wichtig erachtet. Durch die Aufnahme von Kapital über die Finanzmärkte konnte die finanzielle Basis ganz klar im Interesse dieser Eigenständigkeit deutlich gestärkt werden. In den vergangenen Jahren war auf dem Versicherungssektor eine Marktkonzentration zu beobachten gewesen. Unternehmen mit genügend Kapital konnten als Versicherer in allen Sparten bestehen und sich neue Märkte und damit Kunden erschließen. Die finanzielle Stärke eines Unternehmens wird in Hinkunft noch intensiver mit der positiven Verflechtung auf dem Kapitalmarkt zusammenhängen. Nachhaltiges Wachstum bedarf einer soliden Kapitalbasis, um in allen Geschäftsbereichen bestehen zu können. Speziell im Versicherungsbereich werden nur sehr spezialisierte Versicherungen auch ohne diese Verflechtung unabhängig bleiben können. Durch Akquisitionen und Verschmelzungen ist die Zahl an Versicherungsunternehmen in den vergangenen Jahren stetig gesunken. Dabei zeigen sich die Versicherungen als deutlich international orientiert und erwirtschaften einen großen Teil ihres Prämienvolumens bereits außerhalb ihres Stammmarktes. Die Vienna Insurance Group beispielsweise erzielte im Jahr 2007 im Bereich der Schaden-/Unfallversicherung bereits einen Anteil von nahezu 60 % außerhalb Österreichs.

9. Conclusio

Die Europäische Union ist wirtschaftlich bereits Realität geworden. Unternehmen sind länderübergreifend tätig, treiben die positive Wirtschaftsentwicklung voran und sichern so Wohlstand. Diese Tatsache wird in den aktuellen politischen Diskussionen allzu gerne übersehen. Die weitere Vertiefung der Integration ist eine Voraussetzung, um wirtschaftliche Erfolgsgeschichten auch in der Zukunft schreiben zu können. Dies dient nicht nur den Unternehmen, sondern auch den Arbeitnehmern und Kunden und somit auch den Interessen der Bürger in ganz Europa. Die Geschichte der Vienna Insurance Group zeigt sehr deutlich, dass die Integration der Kapitalmärkte zur Finanzierung von Investitionen ein wichtiges Thema ist. Es gibt aber noch einige Hürden im gemeinsamen Haus Europa, die überwunden werden sollten. Barrieren - wie zum Beispiel die Beschränkungen auf dem Arbeitsmarkt für Kräfte aus der CEE-Region - sind nicht nur unverständlich und ungerecht, sondern behindern auch die wirtschaftliche Entwicklung. Weiters ist es wichtig, eine ausgewogene Balance in den Regulierungen und Reglementierungen für die Finanzmärkte zu erreichen, um ein klares, transparentes und vor allem administrierbares Wirtschaften in allen Ländern der Europäischen Union auch in der Zukunft möglich zu machen. Nur so können zusätzliche Kosten, die die Wettbewerbsfähigkeit des Wirtschaftsraums Europa im Vergleich zu anderen internationalen Märkten schwächen würden, vermieden werden.

Angebots- und Strukturpolitik als sozialdemokratische Politikfelder

Agnes Streissler

Die Preise für Lebensmittel in Österreich steigen im europäischen Vergleich überdurchschnittlich. Die SPÖ schlägt als Maßnahme dagegen eine Ausgleichszahlung an einkommensschwächere Haushalte vor. Sie zeigt damit zwar Problembewusstsein und soziales Gewissen, rein ökonomisch ist es zumindest nicht die erstbeste Lösung. Ein Grund für diese Idee mag auch darin liegen, dass der SPÖ nachfrageseitige Politikansätze mehr liegen als angebotsorientierte. Der Keynesianismus und Überlegungen zur Nachfrageseite sind in den vergangenen Jahren von den Sozialdemokraten (wieder) forciert worden: Steuerreform, Einkommens(um)verteilung, Infrastrukturausbau, Zinspolitik (die sich allerdings in der Praxis darin erschöpft, dass neidvoll Richtung US-Fed geschaut wird und die Handlungsunfähigkeit gegenüber der EZB beklagt wird) – das sind die wirtschaftspolitischen Themen, die seitens der SPÖ stark besetzt worden sind und werden.

Die Angebotsseite hingegen galt als neoliberale Thematik, Strukturpolitik wurde als EU-Agenda und daher von Österreich aus nicht beeinflussbar gesehen. Vorliegender Beitrag stellt die Behauptung auf, dass dieser Ansatz zu kurz greift, dass es einer ganzheitlichen Sicht der Dinge (nachfrage- wie angebotsseitig) bedarf und dass es sehr wohl strukturpolitische Themenfelder gibt, die auf nationaler Ebene beeinflussbar sind.[1]

Dabei ist Strukturpolitik der Sozialdemokratie an und für sich nicht fremd – der Sozialstaat beispielsweise wird in sozialdemokratisch orientierten Systemen pro-aktiv strukturpolitisch gestaltet: Man gibt den Menschen nicht einfach Geld in die Hand, damit sie selbst für ihre soziale Sicherheit sorgen, sondern überlegt, wie die Systeme kosteneffizient und zieleffektiv ausgestaltet werden sollen. Gleiches kann und muss auch für das Wirtschaftssystem gelten.

Es soll hier keinesfalls verneint werden, dass die Wirtschaftsschwäche der letzten Jahre insbesondere in der mangelnden Binnennachfrage begründet ist, nur dürfte der Umkehrschluss nicht gelten, dass es ausreichen würde, den Menschen durch Steuerreform und dergleichen mehr Geld in die Hand zu geben. In einem gerechten und nachhaltigen europäischen Sozialmodell, das eine sozialdemokratische Handschrift trägt, muss daher nicht nur das Sozialsystem, sondern auch das Wirtschaftssystem nach fairen Regeln gestaltet werden.

Während der Neoliberalismus Angebots- und Strukturpolitik vor allem so versteht, dass sie möglichst unstrukturiert und ungeregelt erfolgen sollte (theoretisch darauf vertrauend, dass die freien Kräfte des Marktes das optimale Ergebnis brächten, realpolitisch wohl wissend, dass dieser Ansatz die Macht habenden Eliten noch stärken würde), wird hier Strukturpolitik als politisches Gestaltungsfeld verstanden. Insbesondere sollen folgende Themenfelder dabei angesprochen werden: Daseinsvorsorge und Regulierung, Eigentumsverhältnisse, Wettbewerbsrecht und -politik, Bildungs- und Innovationspolitik sowie Regionalpolitik.

Es lässt sich aus diesen Themenfeldern nicht unbedingt ein so einheitliches Wirtschaftskreislaufmodell erkennen wie bei nachfrageseitigen Politiken, da es sich vielfach um regulatorische und legislative Maßnahmen handelt, insgesamt läuft es aber darauf hinaus, dass in die Strukturpolitik demokratiepolitische und Gerechtigkeitsansätze eingebracht werden, um so auch die Angebotsseite auf Wachstum, Beschäftigung und soziale Gerechtigkeit auszurichten.

Daseinsvorsorge und Regulierung

Daseinsvorsorge beziehungsweise Dienstleistungen im allgemeinen Interesse – das sind Energie, Post, Telekom, Wasser, Verkehr, Gesundheit und Sozialleistungen. Hier geht es um die Grundversorgung der Bevölkerung. Der Anspruch in einem europäischen Sozialmodell muss sein, leistbare, gute Qualität für alle zur Verfügung zu stellen und nachhaltig zu sichern.

Auswirkungen der Liberalisierung

Von Seiten der EU gibt es aber eine Vielzahl an Regelungen, die die Liberalisierung in diesen Bereichen vorantreiben sollen. Es gibt Richtlinien (zum Beispiel Energiebereich), es gibt EuGH-Urteile (zum Beispiel Gesundheitsbereich), es gibt Grün- und Weißbücher. Auch in Österreich ist schon sehr viel geschehen, zunächst im Energie- und im Telekombereich, in den letzten Jahren auch bei der Post. Eine schleichende Liberalisierung lässt sich aber auch im Gesundheits- und Sozialbereich feststellen, in dem einzelne

Leistungen ausgelagert werden. So kann man eine Zunahme von privaten Gesundheitsdienstleistern feststellen, immer häufiger übernehmen Private die bislang öffentliche Aufgabe der Arbeitsvermittlung.

Die angeblichen Segnungen von Liberalisierung und Deregulierung können dabei für ArbeitnehmerInnen und KonsumentInnen in Europa nicht ohne Weiteres nachgewiesen werden. Während im Telekombereich die Deregulierung zu sinkenden Preisen für die KonsumentInnen geführt hat, stellen sich die Bereiche Energie, Wasser und öffentlicher Verkehr etwas anders dar: In Großbritannien wurde etwa nach der Privatisierung des Wassersektors Haushalten, die sich das Wasser nicht mehr leisten konnten, dieses abgedreht. Die Sicherheitsmängel der privatisierten britischen Eisenbahnen sind ebenfalls bekannt. Strompreise in Ländern, die die Marktöffnung rasch und radikal durchführten (zum Beispiel Schweden oder Finnland), sind für KonsumentInnen drastisch gestiegen. Gleichzeitig steigen in vielen der liberalisierten Unternehmen die Gewinne und die Managementgehälter ins Astronomische.

Wenn diese Entwicklung weiter geht, droht immer mehr die Zweiklassengesellschaft - die, die sich teure Dienste leisten können, und die, die keine oder nur sehr schlechte Versorgung haben. Außerdem wird auch der Wirtschaftsstandort gefährdet - Beschäftigung geht verloren, mangelnde Versorgungssicherheit schadet auch den Unternehmen.

Viele dieser Entwicklungen geschehen tatsächlich auf europäischer Ebene - der einzelstaatliche Handlungsspielraum ist also gering, wiewohl natürlich über die entsprechenden europäischen Gremien beeinflussbar und mitgestaltbar.

Nationale Regulierungsbehörden brauchen volkswirtschaftliche Verantwortung

Aber es gibt auch nationalstaatliche Spielräume, insbesondere bei Aufgaben und Kontrolle der Regulierungsbehörden. Wichtig wäre es, die Regulatoren stärker in die demokratische Kontrolle zu bringen - denkbar wären eine laufende Berichtspflicht ans Parlament, eine stärkere politische Kontrolle durch die Sozialpartner sowie eine regelmäßige Evaluierung durch von Stakeholdern besetzte Beiräte. Der zuständige Minister ist weniger für die demokratische Kontrolle geeignet, da er oft auch gleichzeitig Eigentümerrolle hat (man denke an den Energiebereich). Natürlich müssen Regulatoren unabhängig sein, um aus der Tagespolitik herausgehalten zu bleiben. In der Praxis heißt das aber oft, dass sie sich nur strikt auf die ihnen vom Gesetz übertragenen Aufgaben konzentrieren und zu wenig gesamtwirtschaftliche Aspekte wie Investitionen, Beschäftigung und soziale Fragen berücksichtigen.

Dabei sollte der Regulator auf Nachhaltigkeit und Investitionen achten, nicht nur auf die Preise. Diese Problematik zeigt sich bereits sowohl im Telekom- als auch im Energiebereich: Ohne die volkswirtschaftliche Verantwortung des Regulators wird nur die Preisseite (Tarifmodelle) berücksichtigt, nicht jedoch längerfristige Strategien und Investitionspläne. Darunter leidet die Infrastruktur, sowohl was den notwendigen Ausbau betrifft - wieso gibt es noch immer nicht die dringend benötigte 380 KV Leitung durch die Steiermark? Wieso ist der Breitbandausbau zwar weitgediehen, aber noch nicht in allen Peripherien? -, als auch was die Wartung betrifft.

Neben den strategischen Investitionsplänen muss der Regulator auch andere Aufgaben der Daseinsvorsorge übernehmen - so hat beispielsweise der britische Stromregulator einen „social action plan“, der für einkommensschwache KundInnen einen besonderen Schutz vor Abschaltung bietet, eine Aufgabe, die durchaus als „best practice“ gesehen werden kann.

Gerade im Energiebereich zeigt es sich, wie notwendig eine gesetzliche langfristige Energiestrategie wäre. Hier, wo es Zielkonflikte zwischen einkommensschwachen Haushalten, der Versorgungssicherheit und dem ökologischen Anspruch gibt, bedarf es eines ganzheitlichen Ansatzes. Die Stromerzeuger werden wenig Interesse an Energieeffizienzmaßnahmen haben, die Haushalte, die Energiekosten sparen wollen, umso mehr. Die Umwelt mag von ökologischen Energiequellen profitieren, wenn dies aber nur zu Lasten der zahlenden Haushalte und Unternehmen geht, wird nicht ausreichend der leistbare Versorgungsanspruch erfüllt. Dies kann nur gelöst werden, indem Investitionspläne, Energiemix und der Versorgungsauftrag in Rahmenvereinbarungen gesetzlich festgelegt werden.

Industriepolitik und Eigentumsverhältnisse

Die internationale Welle von Firmenübernahmen und Fusionen hat auch Österreich erreicht: Allein im ersten Halbjahr 2007 fanden in Österreich Transaktionen im Wert von knapp 12 Milliarden Euro statt, eine Steigerung um 77 %. 2,9 Milliarden Euro kostet die Übernahme von Böhler Uddeholm durch die voestalpine, 1,625 Milliarden legte die Bank Austria Creditanstalt für den Erwerb von Mehrheitsanteilen an der kasachischen ATF Bank auf den Tisch, und ebenfalls 1,625 Milliarden kosteten der Bayerischen Landesbank die Anteile der Kärntner Hypo Alpe-Adria.

Gleichzeitig treten als neue Spieler staatliche Investmentfonds auf den Markt. Das Vermögen dieser Fonds liegt bei rund 2.500 Milliarden Dollar und wächst rasant an.[2] Derzeit werden die Fonds noch von Staaten dominiert, die diese Vermögen aus Ölexporten finanzieren; es kommen aber immer mehr andere Länder hinzu, die Leistungsbilanzüberschüsse oder Gewinne aus Deviseninterventionen in solchen Fonds anlegen.

Da das strategische Interesse solcher Fonds nicht immer ganz klar ist, hat sich in Europa ein gewisses Unbehagen ihnen gegenüber breitgemacht. Zunächst haben die deutsche Bundeskanzlerin und der französische Präsident Golden Shares zum Schutz von EADS angedacht, Ende Juli 2007 ließ Handelskommissar Mandelson mit dem Vorschlag aufhorchen, es könnte europaweit Golden Shares zum Schutz vor Staatsfonds geben. Dies ist eine Trendumkehr sowohl gegenüber der bisherigen Linie der Kommission („eine Aktie - eine Stimme") als auch gegenüber der Rechtsprechung des EuGH, der Golden Shares mehrfach untersagt hat.

Diese Diskussion ist wichtig, da es damit endlich nicht mehr nur um die Shareholder, sondern auch um die Stakeholder geht. Um aber tatsächlich europäische Industrien vor feindlichen Übernahmen zu schützen, bedarf es eines ganzen Maßnahmenbündels, das in einer gesamten industriepolitischen Strategie zusammengefasst und abgestimmt sein muss.

Industriepolitische Strategie - Definition von Schlüsselindustrien

Sowohl Mandelson als auch Merkel sprechen in ihren Vorschlägen von Schlüsselindustrien, ohne näher zu definieren, was sie damit meinen. Der Europäische Gerichtshof hat bislang Golden Shares und Ähnliches dort zugelassen, wo es um öffentliche Sicherheit und Gesundheit geht. Sicherheits-, Energie- und Infrastrukturunternehmen sind daher auch unter bestehendem Recht weitestgehend schützbar. Das heißt, diejenigen Unternehmen, die zur Daseinsvorsorge zählen, müssen auch in Zukunft mit Sonderrechten ausgestattet werden können, damit ihr breiter Versorgungsauftrag abgesichert ist.

Wie aber sieht es mit Stahl-, Chemie-, Biotech- und anderen Unternehmen aus? Auch diese sind für den Wirtschaftsstandort Europa sehr wichtig, sowohl für die Beschäftigung als auch für die Innovationskraft Europas. Vielfach haben die Unternehmen auch hohe regionalpolitische Bedeutung, da Zulieferer, vor allem auch im KMU-Bereich, von ihnen abhängig sind.

Hier ist es notwendig, im Rahmen einer industriepolitischen Strategie die Schlüsselindustrien und ihre Leitbetriebe zu identifizieren.

In einer Kurzstudie hat die Arbeiterkammer Wien 2007 die Eigentumsverhältnisse an der Wiener Börse untersucht und dabei jedenfalls 19 Industrieunternehmen identifiziert, die unter geeigneten Umständen Übernahmekandidaten werden könnten. Diese Umstände sind beispielsweise ein günstiger Aktienkurs, sodass man „Kassa machen" kann, es gehört aber auch dazu, dass es keine „störenden" Miteigentümer in Gestalt der öffentlichen Hand oder traditioneller Familieneigentümer gibt.

Mandelsons Vorschlag zielt (soweit in den Medien wiedergegeben) darauf ab, dass ausländische Staatsfonds nicht ohne Weiteres investieren können. Allerdings sollen sie nicht generell abgeschreckt werden.

Dieser Ansatz greift das Problem von der falschen Seite an: Staatsfonds können langfristige Interessen verfolgen, oder sie können als Heuschrecken agieren, ebenso wie private Investoren. Außerdem können auch Staatsfonds sich hinter privaten Investoren „verstecken". Insofern ist die Kernfrage die nach den strategischen Interessen des Investors.

Es muss also klar sein, dass im Grunde nur eine Beteiligung der (eigenen) öffentlichen Hand Unternehmen nachhaltig vor Übernahmen schützen kann, da nur hier eine Sicherheit davor gegeben ist, dass nicht doch bei günstigem Kurs „Kassa gemacht" wird. Dies wird durch die Beispiele von VA-Tech (Kovats) oder Böhler (Fries-Gruppe) bestätigt, wo die vermeintlichen Kernaktionäre bei günstigem Kurs verkauften und dreistellige Euro-Millionenbeträge verdienten.

Die Idee, dass Mitarbeiterbeteiligungen als strategische Investoren eingesetzt werden sollen, ist eher abzulehnen. Gewinn- und Mitarbeiterbeteiligungen wirken dann attraktiv, wenn die Preise und Aktienkurse steigen; es sollte aber immer bedacht werden, dass auch das Verlustrisiko von den Beschäftigten mitzutragen ist: Die Rezession bedeutet dann nicht nur die Bedrohung des Arbeitsplatzes, sondern unter Umständen auch den Vermögensverlust. Außerdem wäre es zu viel verlangt, wollte man Beschäftigte dazu „zwingen", langfristig strategisch in ihrem Betrieb zu investieren. Auch hier werden kurzfristige Konsumwünsche bei richtigem Kurs das langfristige Interesse überwiegen – die Diskussionen um die AMAG-Mitarbeiterbeteiligungen haben dies deutlich gezeigt.

Reformen im Übernahmerecht - Effektive Abwehrmaßnahmen für Vorstand und Belegschaft

Das österreichische Übernahmerecht sieht derzeit 30 % als Schwelle zur Stellung eines verpflichtenden Übernahmeangebots vor. Aufgrund der traditionell niedrigen Hauptversammlungs-Präsenzen kann man häufig aber bereits unterhalb dieser Grenze die Kontrolle über ein Unternehmen übernehmen. Niedrigere Schwellen wären hier ein größerer Schutz.

Gleichzeitig müssen aber auch die Meldeschwellen an die FMA bei Ankauf von meldepflichtigen Mengen herabgesetzt werden: Es sollte bereits bei Ankauf von 3 % des Aktienvolumens eines Unternehmens Meldung gemacht werden müssen. Die Meldepflicht muss sich weiter auch auf Derivate (Futures, Optionen et cetera) erstrecken, damit Ankäufe nicht „über die Hintertür" gemacht werden können.

Bei Kapitalgesellschaften muss die rechtzeitige Information über den angestrebten Anteilswechsel und die damit verbundenen Auswirkungen verpflichtend erbracht werden. Außerdem müssen die Informationsrechte der Belegschaftsvertretungen über künftige Strategie und Auswirkungen auf Beschäftigte verbessert werden.

Bei der wettbewerbsrechtlichen Beurteilung von Fusionen und Übernahmen sollten auch die Auswirkungen auf die Beschäftigung Eingang finden.

Mehr Transparenz und Information

In weiterer Folge gehören zur erhöhten Transparenz an der Wiener Börse auch Forderungen zur Finanzmarktregulierung. Hier sei in diesem Zusammenhang nur der von der EU geplante Kodex zu Transparenz und Regulierung von Hedgefonds genannt: Hedgefonds brauchen Regeln und eine Aufsicht, damit sie anerkannte Partner von Unternehmen werden können. Besser noch als ein Kodex wäre sicherlich eine EU-Richtlinie, die verpflichtende Mindeststandards festschreibt.

Weiter muss die Praxis von Offshore-Sitzen unterbunden werden: Fonds, die in Europa/Österreich tätig werden wollen, müssen ihren Sitz in einem Land mit funktionierender Finanzmarktaufsicht haben.

Um nachhaltige Aktionäre zu unterstützen, könnte man ihnen mehr Stimmrechte zugestehen: Solange es keine einseitige Bevorzugung bestimmter Aktionäre gibt (zum Beispiel öffentliche Hand), ist es europarechtlich möglich, Aktien, die längerfristig gehalten werden, mit eigenen Stimmrechten auszustatten. Entgegen der häufig geäußerten Forderung

„one share - one vote" würden so nachhaltige Aktionäre gestärkt. So wird in Deutschland zum Beispiel diskutiert, Stimmrechte zur Wahl des Aufsichtsrats daran zu knüpfen, die Aktien mindestens für die Dauer der Funktionsperiode des Aufsichtsrats zu halten. Es ist aber anzunehmen, dass derartige Vorzugsstimmrechte nicht im Wege einer Golden Share, sondern nur über Corporate-Social-Responsibility-Regeln eingeführt werden können - dennoch kann auch hier die politische Diskussion ein Umdenken bei den Unternehmen und ihren Eigentümern herbeiführen.

Wettbewerbsrecht und -politik

Wenn man sich nur oberflächlich mit Wettbewerbspolitik auseinandersetzt, so stellt sich rasch die Frage: Gewerkschaften, Arbeitnehmervertretungen, die Sozialdemokratie - stehen diese Institutionen nicht im Widerspruch zu Wettbewerbspolitik? Schaut man in die Geschichte, so zeigt sich bald, dass dieser Widerspruch in den Anfängen der Sozialdemokratie und der Gewerkschaftsbewegung tatsächlich gegeben war. Als der Austromarxismus noch daran glaubte, dass das kapitalistische Prinzip der freien Konkurrenz durch das sozialdemokratische Prinzip der planmäßigen Produktion zu ersetzen sei, da glaubten Hilferding und Genossen auch noch daran, dass Kartelle besser wären als Wettbewerb. Die deutschen Gewerkschaften und die deutsche Sozialdemokratie setzten sich dann aber, auch aufgrund der negativen Erfahrungen der staatlichen Befehlswirtschaft spätestens nach dem Zweiten Weltkrieg, aktiv mit Wettbewerbsrecht und Wettbewerbspolitik auseinander. Österreich zog in Etappen, insbesondere mit der Annäherung an die Europäische Union, nach.

Das am Parteitag 1968 beschlossene Wirtschaftsprogramm der SPÖ sagt:

> Die Wettbewerbspolitik ist als ein besonders wichtiges wirtschaftspolitisches Instrument aufzufassen. Ihr fällt die Aufgabe zu, den Marktmechanismus funktionsfähig zu halten, damit sich Produktion und Verteilung der Güter am Verhalten der Marktpartner orientieren können.

Und im Berliner Grundsatzprogramm der SPD von 1989 hieß es dann:

> Wirtschaftsdemokratie kann sich nur entfalten auf der Grundlage eines funktionierenden Wettbewerbsrechts, einer Entflechtung von Banken und Großunternehmen und einer Reform der Unternehmensverfassung zur Stärkung der Kontroll- und Entscheidungsrechte der Mitbestimmungsorgane.

Dieser Grundsatz ist in den vergangenen 20 Jahren noch aktueller geworden. Wir erleben zunehmend, dass Macht von den demokratisch legitimierten Institutionen hin zu Großunternehmen wandert, zu Global Players, die sich ihren Shareholdern, aber nicht ihren Stakeholdern verpflichtet sehen. Hier ist es im Interesse der Gesellschaft und der Volkswirtschaft notwendig, Schranken zu setzen.

Es ist selbstverständlich begrüßenswert, dass dies auch Thema des Regierungsprogramms 2007 war, allerdings beschränken sich die dort gemachten Ausführungen doch sehr aufs Oberflächliche.

Kompetenzaufteilung zwischen den Institutionen

Es seien zunächst einige institutionelle Vorstellungen für Österreich kurz umrissen: Immer wieder taucht in der Diskussion die Forderung nach „strafferen Strukturen" auf. Strukturen sollen selbstverständlich möglichst effizient und effektiv sein - nur muss man sich sehr genau überlegen, welche Reformen man hier setzen will. Die Kompetenzaufteilung zwischen Bundeswettbewerbsbehörde, Kartellanwalt und Kartellgericht hat sich in den vergangenen Jahren durchaus bewährt. Nicht nur, weil die Behörde zu wenig Personalressourcen hat, um alles zu übernehmen, sondern vor allem, weil es sinnvoll ist, dass Aufgriff und Entscheidung in unterschiedlichen Händen liegen - wir lassen ja auch nicht den Staatsanwalt über die Haftstrafen entscheiden! Auch auf europäischer Ebene wird ein Diskussionsprozess geführt, welcher das Inquisitionsprinzip (also Aufgriff und Entscheidung in einer Hand) der EU-Kommission in Frage stellt.

Außerdem ist das Kartellgericht als Kompetenzzentrum in wettbewerbsrechtlichen Fragen sehr erfolgreich. Es wäre fatal, wollte man dieses Kompetenzzentrum aufgeben und nur den Verwaltungsweg gehen. Dies hätte nämlich auch die weitere Konsequenz, dass über Individualansprüche nur mehr Zivilgerichte urteilen. Das würde zu einer Verfahrensverzögerung führen. Möglicherweise brächte es auch weniger fundierte und unter Umständen zwischen der Behörde und dem Gericht divergierende Entscheidungen. Beide Entwicklungen würden jedenfalls keinen Mehrwert darstellen.

Klar ist aber, dass das Kartellgericht eindeutige Signale gegen Wettbewerbsbeschränkungen und -beeinträchtigungen setzen muss. Dies sollte sich auch in einer abschreckenden Höhe der Bußgelder spiegeln. Gleichzeitig sollte die Bundeswettbewerbsbehörde „mehr Biss" als in den vergangenen Jahren zeigen - es wäre wünschenswert, natürlich mit den entsprechenden Ressourcen, wenn es zu rascheren Verfahren käme und wenn nicht so sehr die Mediation im Vordergrund stünde, sondern dass im Sinne der Transparenz mehr Verfahren an das Kartellgericht herangetragen werden. Die Bundeswettbewerbsbehörde sollte sich über die Behandlung von Einzelfällen hinaus verstärkt der Aufrechterhaltung eines funktionierenden Wettbewerbs widmen – beispielsweise durch laufendes Wettbewerbsmonitoring in sensiblen Bereichen (Lebensmittel, Energie, Wohnen), wie sie derzeit im Rahmen der steigenden Inflation sichtbar werden.

Wettbewerbspolitische Inhalte: Ganzheitlich, strategischer Zugang

Wichtiger noch als die institutionellen Fragen sind aber wie so oft die inhaltlichen Fragen. So sollte das Private Enforcement als Ergänzung eines durchsetzungsstarken Public Enforcement weiterentwickelt werden (das heißt, in Schadensfällen aufgrund von Wettbewerbsverstößen muss es verbesserte Möglichkeiten der privaten Rechtsdurchsetzung geben), bei den freien Berufen braucht es Verbesserungen in Richtung erleichtertem Berufszutritt und Durchforstung von Gebietsschutzregelungen, die Beweislastumkehr bei den marktbeherrschenden Unternehmen sollte eingeführt werden und vieles mehr. Wichtig sind dafür in jedem Fall ein politisches Bekenntnis zur Wettbewerbskontrolle und damit einhergehend eine wesentliche Aufstockung der Sach- und Personalressourcen der Wettbewerbsinstitutionen.

Aber vor allem bedarf es auch einer mit anderen Bereichen abgestimmten wettbewerbspolitischen Strategie. Wettbewerbspolitik darf nicht immer nur im Einzelfall aktuell werden, sondern es bedarf einer gesamtheitlichen Sicht. Faire Wettbewerbsbedingungen sind ein wesentlicher Bestandteil des europäischen Sozialmodells, ganz im Sinne des zitierten Satzes, dass sich die Wirtschaftsdemokratie nur auf der Grundlage eines funktionierenden Wettbewerbsrechts entfalten kann.

Selbstverständlich müssen auch hier die Interessen aller Stakeholder berücksichtigt werden. Das alleinige Abzielen auf den niedrigsten beziehungsweise angemessenen Preis ist zu wenig. Nur das niedrigste Preisniveau erreichen zu wollen kann auf Kosten der Beschäftigung gehen, viel öfter aber auch noch auf Kosten der Qualität und der Versorgungssicherheit.

Das heißt, es gibt hier Zielkonflikte. Und Fragen, bei denen es Zielkonflikte gibt, sind typischerweise solche, bei denen die Politik gefordert ist. Die Erarbeitung einer Strategie kann daher nicht den Wettbewerbsinstitutionen allein überlassen bleiben, sondern hier müssen alle demokratischen Mitspieler sich einbringen. Man muss sich der Probleme, die den Wettbewerb be- und verhindern, bewusst werden, man muss die Wirksamkeit der eingesetzten Maßnahmen immer wieder kritisch hinterfragen, und man darf sicherlich nicht jedes Problem über den gleichen Kamm scheren. Bei Sektoren der Daseinsvorsorge werden andere Aspekte zu berücksichtigen sein als beispielsweise beim Einzelhandel oder bei der Bauwirtschaft. Dies aber eben immer auch in strategischer und transparenter Abstimmung mit anderen Politikfeldern, wie der Industriepolitik, der Forschungs- und Innovationspolitik, der Energiepolitik et cetera.

Gerade für das Parlament wäre es hier auch dringend notwendig, mehr Informationen zu bekommen: Neben dem Tätigkeitsbericht der Bundeswettbewerbsbehörde bräuchte es eine jährlich aktuelle und brauchbare Konzentrationsstatistik der Statistik Austria. Daran anhängend müsste es einen Bericht über die Wettbewerbssituation in Österreich geben (am besten erstellt von unabhängigen ExpertInnen). Zu diesem müssten die betroffenen Unternehmen und Institutionen zur Stellungnahme verpflichtet werden. Diese Berichte müssten dann pro-aktiv mit der Bundesregierung und dem Parlament diskutiert werden, um so die Strategie weiterzuentwickeln.

Zur Frage der eingangs angeschnittenen Lebensmittelpreise: Hier ist jedenfalls auch die Wettbewerbspolitik gefragt. Der Konsument braucht Kostenwahrheit - gegen die Entwicklungen des Weltmarktes kann tatsächlich nicht viel getan werden, es dürfen sich aber nicht dahinter hausgemachte Preiserhöhungen verstecken. Das Mindeste ist, dass die Bundeswettbewerbsbehörde in ihren laufenden Marktbeobachtungen des Lebensmitteleinzelhandels (der in Österreich hoch konzentriert ist) auch ein Auge auf die Preisentwicklungen hat. Es sollte aber auch vermieden werden, dass Fachverbände und Innungen eine wettbewerbswidrige Ankündigungspolitik machen: Denn es verstößt gegen das Wettbewerbsrecht, wenn im Wege von Presseaussendungen Preiserhöhungen angekündigt werden, die die Branche wohl nur als Preisabsprache auffassen kann.

Innovationspolitik

In einer Gesellschaft, die sich immer mehr in Richtung Wissensgesellschaft und Wissensökonomie verändert, ist der wichtigste Beitrag zur Strukturveränderung die Bildungs- und Innovationspolitik. Nur wenn in der Bevölkerung die Lust auf Lernen, die Neugier auf Neues verankert werden, können wir unser kreatives und intellektuelles Potenzial voll ausnützen. Dieser Anspruch darf dabei nicht nur aus ökonomischer Sicht gestellt werden

– natürlich ist eine Verbesserung des Bildungsniveaus auch ein wesentlicher Wettbewerbsvorteil –, nach dem humboldtschen Bildungsideal sind damit auch Persönlichkeitsweiterentwicklung und Individualität verbunden.

Bildungspolitik als Verteilungspolitik

Bildungspolitik ist weiter einer der wesentlichsten Schlüssel der Verteilungspolitik: In einem Wohlfahrtsstaat, der nicht nur versorgend ist, sondern auf Rechte und Pflichten achtet, kommt der Ermöglichung gleicher Bildungschancen und gleicher Bildungszugänge zentrale Bedeutung zu. Dieses Credo kann man besonders klar in den skandinavischen Ländern erkennen – es mag zwar zu Kürzungen bei Geldleistungen gekommen sein, der Bildungspolitik (Grund- und Weiterbildung) wurde aber ein zunehmend wichtigerer Wert zugemessen.

Für das Innovationspotenzial sind Spitzenleistungen von Bedeutung. Das gilt auch für die Bildungspolitik. PISA 2006 hat gezeigt, dass österreichische SchülerInnen zwar recht gut in den Naturwissenschaften sind, aber nur 10 % von ihnen erbringen hervorragende Naturwissenschaftsleistungen (zum Vergleich: in Finnland sind es 21 %, in Neuseeland 18 %). Außerdem haben Österreichs Jugendliche eine sehr niedrige zukunftsorientierte Motivation – die wenigsten von ihnen wollen später einen naturwissenschaftlichen Beruf oder ein naturwissenschaftliches Studium ergreifen. Es ist ihnen auch nicht ersichtlich, wofür sie die Inhalte, die sie in naturwissenschaftlichen Fächern lernen, später brauchen könnten. Dies ist bei Mädchen noch stärker ausgeprägt als bei Buben.

Insofern verwundert es nicht, wenn Österreich im EU-Vergleich eine unterdurchschnittliche Wachstumsrate bei der Zahl der AbsolventInnen naturwissenschaftlicher und technischer Studien hat: 7 %, während der EU-25-Schnitt bei 9,5 % liegt. Gleichzeitig steigt aber in Österreich die Nachfrage nach ForscherInnen mit 5,8 % überproportional (EU-25 3 %).

Innovation und Innovationsbegeisterung müssen daher auf allen Ebenen gefördert werden. Denn auch das WIFO-Weißbuch stellt ganz klar fest, dass für ein Hochlohnland, das sich an Europas Spitze orientiert, und für eine der wohlhabendsten Nationen der Welt eine Strategie zur Forcierung von Wachstum und Beschäftigung auf Basis von Innovation und Qualifikation entwickelt werden muss.

Als Maßnahmen zur Förderung von Innovation und Innovationsgeist bieten sich zum einen natürlich Reformen in der Bildungspolitik und im Lehrplan an. Naturwissenschaften müssen attraktiver und spannender gemacht werden – es liegt ja nicht an den SchülerInnen, dass sie damit nichts anzufangen wissen.

Mehr und gezieltere Mittel für die Innovationsförderung

Zum anderen muss auch die Wirtschaftspolitik verstärkt auf Innovation setzen. Ein Bekenntnis zu Forschung, Entwicklung und Innovation muss auch mit mehr und vor allem effektiv eingesetzten Mitteln verbunden sein.

Innovationsförderung stellt hier einen ganz wichtigen Beitrag dar. Neben der Grundlagenforschung muss auch in die unternehmensnahe Forschung und Innovation investiert werden. Innovation ist mit hohem Risiko verbunden, gleichzeitig ist sie aber, anders als Grundlagenforschung, sehr oft nicht ausreichend durch Urheberrechte schützbar. Das private Engagement würde damit suboptimal bleiben – dies ist einer der wesentlichen Gründe für die öffentliche Unterstützung. Unternehmen brauchen Geldförderung, um zeitgerecht ihre Produkte entwickeln und auf den Markt bringen zu können, Unternehmen brauchen aber auch vielfach Beratung und Begleitung, um ihre Innovationspotenziale zu erkennen und zu nützen.

Zum anderen kann durch öffentliche Innovationsförderung auch ein gesellschaftlicher Mehrwert erreicht werden. Über missionsorientierte Förderung können als relevant erachtete Themen stärker gefördert werden (zum Beispiel Förderungen für Innovationen im Umweltschutz, bei der Barrierefreiheit).

Einen wichtigen Beitrag hierzu stellt die innovative Nachfrage durch die öffentliche Hand dar: Es geht darum, in zukunftsorientierten, innovativen Feldern wie Umwelt, Sicherheitstechnologien, Gesundheit oder dem Sozialbereich Trends und Bedürfnisse richtig zu erkennen und dementsprechende Ausschreibungen zu machen. Gerade größere Unternehmen sagen, dass diese Form der Förderung für sie fast attraktiver ist als die rein monetäre Förderung, da längerfristige Auftraggeber-Auftragnehmer-Beziehungen daran geknüpft sind.

Für alle diese Bereiche ist es notwendig, dass die öffentliche Hand bereit ist, stärker ins Risiko zu gehen, stärker ergebnisoffene Prozesse zu unterstützen. Öffentliche Innovationsförderung kann nur dann volkswirtschaftlich erfolgreich sein, wenn man auch bereit ist zu scheitern.

Und selbstverständlich muss, wie am Anfang dieses Abschnitts angesprochen, die Forschungsbegeisterung bei allen gestärkt werden. Von Forschung und Innovation haben alle etwas. Nicht nur werden dadurch das Wirtschaftswachstum und damit die Beschäftigung angekurbelt, sondern im Idealfall entstehen dadurch auch Produkte und Dienstleistungen, die die Welt angenehmer und einfacher machen. Forscher und vor allem Forscherin müssen zu attraktiven Berufsbildern werden, statt Technologieskepsis braucht es Neugierde und ganz alltäglichen Forscherdrang. Dies kann und muss durch sogenannte Awareness-Kampagnen gefördert werden.

Innovation vor Ort - wettbewerbsfähige Regionalpolitik

Strukturpolitik im „Kleinen" kann und muss in den Regionen gemacht werden. In Österreich hat dies umso mehr Bedeutung, als die Länder und Gemeinden den Großteil ihrer Einnahmen über den Finanzausgleich bekommen, daher die Steuerpolitik nur sehr indirekt beeinflussen können. Wie die regionale Standortqualität aussieht, kann aber sehr wohl vor Ort beeinflusst werden. Regionen treten hier in Wettbewerb zueinander, und ebenso wie im Nationenwettbewerb muss es hier darum gehen, einen Wettbewerb der Besten und nicht einen Wettbewerb der Billigsten zu befördern. Ein Qualitätswettbewerb ist im Endeffekt zum Nutzen aller, da sich alle Standorte verbessern und ihre spezifischen Standortvorteile herausarbeiten und verstärken.

Regionalpolitik geschieht also zielgerichtet vor Ort, kann aber nur erfolgreich sein, wenn sie im Verbund mit anderen gedacht und in die Praxis umgesetzt wird.

Innovation ist dabei ein wesentliches Thema einer zukunftsorientierten Regionalpolitik – insbesondere die wirtschaftsnahe Innovationsförderung ist hier Aufgabe der Regionen.

Regionale Wirtschaftspolitik darf nicht beliebig sein, sie muss aber auf einen ausgewogenen Mix achten. Es muss Angebote für alle Unternehmen geben, um die positiven Effekte des freien Spiels der Marktkräfte nicht abzuwürgen. Dennoch ist es sinnvoll, Stärkefelder besonders herauszustreichen und regionalpolitische Schwerpunkte zu definieren. Die Erfolgsaussichten einer räumlich konzentrierten Innovations- und Technologiepolitik (einer „kritischen Masse") sind im Unterschied zu der Vergabe von finanziellen Mitteln „mit der Gießkanne" vergleichsweise hoch. Das heißt, dass die Definition und Unterstützung von Stärkefeldern durch die öffentliche Hand notwendig ist, um Spitzenleistungen zu liefern und Schlüsseltechnologien zu entwickeln.

Es zeigt sich aber, dass es in einer globalisierten Welt ganz wichtig ist, nicht nur auf wenige Große zu setzen, sondern auch das Klein- und Mittelfeld zu stärken. Globale Konzernentscheidungen können von einem Tag auf den anderen zu Standortschließungen führen, dagegen kann eine noch so gute Standortpolitik wenig ausrichten. Wenn man solche Verluste durch eine aktive KMU-Landschaft auffangen kann, sind sie nicht so schmerzhaft.

In der Frage der Stärkebereiche ist die Netzwerk- und Clusterbildung auch ganz wesentlich. Clusterpolitik ist nicht veraltet, sondern kann modern angelegt werden: Definierte Stärkefelder werden mit verschiedenen, maßgeschneiderten Maßnahmen unterstützt. Insbesondere in der Technologiepolitik kann mit Zurverfügungstellung von Immobilien und/oder Infrastruktur der notwendige Wissenstransfer zwischen Wissenschaft und Wirtschaft unterstützt werden. Im Bereich der Technologiepolitik ist auch davon auszugehen, dass die notwendige Erfolgsvoraussetzung eines Clusters – nämlich die dynamische Entwicklung der jeweiligen Branche – ausreichend gegeben ist.

„Forschen im Netzwerk" – das liegt auch der Idee der Kompetenzzentren zugrunde, ein weiteres Element zukunftsgerichteter, innovativer Regionalpolitik. Der Wettbewerb zwischen den Kompetenzzentren um öffentliche Fördergelder ist eine wichtige Strukturpeitsche, wobei der Wettbewerb so aufgebaut sein muss, dass nicht einzelne Branchen systematisch benachteiligt werden (so gibt es beispielsweise die Diskussion bei COMET, ob hierdurch nicht industrie- beziehungsweise sachgüternahe einen Vorteil gegenüber dienstleistungsorientierteren Kompetenzzentren hätten). Um die Weiterentwicklung eines Forschungs- und Innovationsstandorts zu befördern, sind solche Institutionen notwendig, und es darf nicht erwartet werden, dass sie rein privatwirtschaftlich getragen werden können. Die Verbindung zur wissenschaftlichen Grundlagenforschung ist aber notwendig, damit auch die Unternehmen am Standort innovativ und wettbewerbsfähig bleiben können.

Zusammenfassung

Egal, ob man es Angebots-, Standort- oder Strukturpolitik nennt, die Frage ist: Kann und soll die Politik die Rahmenbedingungen der Wirtschaft in einem Land so gestalten, dass mehrere Ziele erfüllt werden können, nämlich Wachstum, Beschäftigung und soziale Gerechtigkeit?

Und die Antwort aus Sicht der Sozialdemokratie kann nur sein: Ja, sie kann, wiewohl sicher mit Einschränkungen. Das ist der Anspruch des europäischen Sozialmodells, dass faire Rahmenbedingungen nicht nur im Sozialsystem, sondern auch im Wirtschaftssystem gelten müssen, und an deren (Weiter-)Entwicklung muss gearbeitet werden.

Der vorliegende Beitrag hat den Versuch unternommen, diese Antwort für verschiedene strukturpolitische Themenfelder zu konkretisieren, und zeigt eine Vielzahl von Handlungsoptionen und Einflussmöglichkeiten durch die öffentliche Hand auf. Im Endeffekt hängen alle diese Themen ihrerseits wieder miteinander zusammen: Industriepolitik und Daseinsvorsorge, Wettbewerbspolitik und Innovationspolitik – sie alle haben Interdependenzen, manchmal Synergien, manchmal Widersprüchlichkeiten. Nur eine gesamtheitlich denkende Wirtschaftspolitik mit klaren Meta-Zielen (Gerechtigkeit, Wachstum, Beschäftigung) wird in der Lage sein, hier Zielkonflikte zu lösen. Und auch wenn dies in manchen Bereichen nur unzureichend gelingt, darf das Feld nicht den egoistischen Kapitalinteressen einzelner globalisierter Konzerne überlassen werden. Die Sozialdemokratie hat in den vergangenen 120 Jahren viel langen Atem bewiesen, diesen wird sie in einer zukunftsorientierten, verantwortlichen und nachhaltigen Strukturpolitik abermals vorweisen müssen und können.

Anmerkungen:

1 Anstelle einer Literaturliste: Dieser Beitrag ist mit besonderem Dank an die KollegInnen der Abteilung Wirtschaftspolitik in der Arbeiterkammer Wien verbunden – ohne die Zusammenarbeit und die vielfältigen Diskussionen mit ihnen hätte ich mir nicht das Wissen erworben, diesen Artikel schreiben zu können.

2 „Laut IWF-Schätzungen (2007) verwalten Staatsfonds weltweit Vermögen im Wert von 1,9 Billionen bis 2,9 Billionen Dollar. Dieses Volumen übersteigt bereits das privater Hedge-Fonds (rund 1,5 Billionen Dollar). Es wird weiter steigen: Dem IWF zufolge dürften Staaten 2012 rund 12 Billionen Dollar in Form von Zentralbankreserven oder Fonds kontrollieren." (http://www.inwent.org(ez/articles/063233/index.de.shtml).

Infrastrukturinvestitionen sind die Basis für nachhaltiges Wirtschaftswachstum

Horst Pöchhacker

Die Frage, ob der Staat oder Private Eigentümer bestimmter wichtiger Einrichtungen unseres Landes sein sollen, wird in den verschiedenen Parteien meist von den Ideologen beantwortet. Die Standpunkte sind extrem divergent: Der Markt regelt alles allein besser, sagen die einen, der Staat muss alles kontrollieren, meinen die anderen. Dabei hängt es ausschließlich von der Art und der Bedeutung des jeweiligen Objekts der Begierde ab, wer die Eigentümerrolle übernehmen sollte – und zwar nicht nur im Sinne von „entweder-oder", sondern sehr oft auch nach dem Muster „sowohl-als auch". Ein ideologischer Streit ist bei diesem Thema reine Energievernichtung, erspart aber genaue und sachliche Analysen.

Unabhängig von der Frage, ob der Staat oder ein Privater der bessere Eigentümer ist, zeigt die aktuelle Situation auf den Finanzmärkten, dass das notwendige Rollenspiel nicht Staat oder Private, sondern Staat *und* Private heißt: Der Staat hat Spielregeln vorzugeben und deren Einhaltung zu kontrollieren, das operative Geschäft obliegt praktisch immer den Privaten.

Es steht außer Zweifel, dass ein Staat umso besser funktioniert, je logischer die Aufteilung der Eigentümerrolle ist. Es gibt etliche wichtige Lebensbereiche, die dem privaten Sektor vorbehalten bleiben sollten, aber genauso welche – und hier besonders die Infrastruktur –, bei denen die Politik ihre Eigentümerrolle im Interesse des Funktionierens des gesamten Staates wahrnehmen muss.

Wohin falsche Privatisierungen im Bereich der Infrastruktur führen, hat nicht zuletzt der fehlgeschlagene Versuch, das britische Eisenbahnsystem zu privatisieren, gezeigt. Die privaten Eigentümer haben mangels Konkurrenz die Investitionen vernachlässigt, Tarife erhöht und so das System nachhaltig geschädigt. Diese Vorgangsweise war gar nicht so überraschend, da es die Politik wie oft in solchen Fällen verabsäumt hat, betriebswirtschaftliche und volkswirtschaftliche Vorgaben ausreichend zu definieren und sauber zu trennen. Bei Ausgliederungen von Aufgaben aus der staatlichen Verwaltung will man durch rein betriebswirtschaftliche Vorgaben und Anreize kurzfristig

Gewinne mittels effizientem Kostenmanagement erzielen, gleichzeitig sollen aber auch gemeinwirtschaftliche Aufgaben erfüllt werden, deren Honorierung zumindest nicht vollständig geklärt ist und die daher nicht wirklich wahrgenommen werden. Ein weiterer Nachteil dieser Vorgangsweise ist, dass mit der Einführung der Spielregeln des Kapitalmarkts die kurzfristige Zielerreichung über nachhaltige Strategien gestellt wird. Infrastruktur ist aber ein Thema, das über Jahrzehnte geplant und umgesetzt werden muss und nicht an Quartalsergebnissen festgemacht werden kann. Schließlich gibt es eine Umwegrentabilität im Bereich der öffentlichen Hand, die sich dadurch auszeichnet, dass sich die positiven Folgewirkungen einer Infrastrukturinvestition nicht in den Bilanzen der ausgegliederten Unternehmen widerspiegeln: Steuern und Abgaben von Betrieben, die sich an Verkehrsknotenpunkten neuer Trassen ansiedeln, fließen ja nicht den ÖBB oder der ASFINAG zu. Per saldo können solche Investitionen also rentabel sein, obwohl die Bilanz aus Sicht des die Investitionen zu Verantwortenden negativ ist.

Es ist daher wenig verwunderlich, dass Investitionen in die Infrastruktur nicht nur wegen der Gegnerschaft durch Bürgerinitiativen und Oppositionsparteien höchst umstritten sind und die Meinung vertreten wird, der Staat sollte sein Geld besser für Steuersenkungen et cetera verwenden. Dabei wird vergessen, dass Investitionen in die Infrastruktur der notwendige Humus für private Folgeinvestitionen sind und die Qualität eines Wirtschaftsstandortes ganz wesentlich von der Verfügbarkeit von Trassen, Leitungen et cetera abhängt.

Der Begriff der Infrastruktur umfasst nicht nur Verkehrswege wie Straße, Bahn, Wasserwege und Luftkorridore. Dazu gehören auch jede Art von Versorgung mit Energie, also Strom-, Öl- oder Gasleitungen, und natürlich die Energieproduktion, soweit sie in Österreich zurzeit überhaupt ausreichend stattfindet. Diese Einschränkung ist notwendig, da ja hierzulande in den letzten Jahrzehnten sehr wenig in Kraftwerke investiert werden konnte. Die Genehmigungen für diesbezügliche Neubauten ziehen sich nämlich über viele Jahre, so dass zum Beispiel die meisten Elektrizitätsversorgungsunternehmen auf Stromimporte gesetzt haben. Das ist aber keine Lösung für die Zukunft: In den bisherigen Exportländern gibt es keine Energieüberschüsse mehr, und der Energiebedarf steigt schneller als die Zuwächse bei der Energieerzeugung, so dass Österreich bald mit Energieengpässen wird leben müssen. Unseren größten Schatz, die umweltschonende Wasserkraft, haben wir sträflicherweise seit Jahren brachliegen lassen (müssen). Die irrationalen Widerstände gegen Stromleitungen haben dazu geführt, dass in Spitzenzeiten die Drähte bereits glühen. Eine totale unterirdische Verkabelung ist ein Jahrzehnte-Projekt und extrem teuer.

Warum in Österreich das Eintreten für sinnvolle Infrastrukturinvestitionen ein Hindernislauf ist und die Betreiber permanent als Umweltzerstörer gebrandmarkt werden, beruht auf den gut vermarkteten und gerne gehörten, zum Teil falschen Argumenten der Projektgegner, die zwar vielfach mit heftigem Eifer und vermeintlich guten Absichten agieren, aber dabei lokale Umweltprobleme nie im Zusammenhang mit der Gesamtsituation sehen, also keinen Saldo ziehen. Die generelle Umweltbilanz ist momentan viel schlechter als nach Realisierung der blockierten sinnvollen Projekte. Dass es in der Vergangenheit auch manch unsinniges Projekt gab, ist unbestritten. Das waren aber Einzelfälle. Total unverständlich ist allerdings, dass jene Verhinderer, die über Alternativen gar nicht nachdenken, für den volkswirtschaftlichen Schaden nicht zur Verantwortung gezogen werden können. Es entsteht der paradoxe Zustand, dass Politiker, Aufsichtsräte und Manager, denen die Arbeitsplätze und das Wachstum ein Anliegen sind, bei der Umsetzung von Projekten nicht nur irre bürokratische Hürden überwinden müssen, sondern meist auch noch von Zivil- und Strafrecht bedroht sind. Ich denke dabei zum Beispiel an die internationalen Standards von Auditing, die dem Aufsichtsrat neuerdings auch Verantwortung für operative Tätigkeiten aufhalsen, während die Verhinderer sanktionsfrei ihrem Hobby nachgehen können. Als Beispiel sei nur die unsägliche Kampagne gegen den Semmering-Bahntunnel genannt: Der Berg blute aus, lautete das Schlagwort der Projektgegner, obwohl jeder Tunnelbauer und Hydrologe weiß, dass die Wasserscheide am Semmering die ausreichenden Niederschläge auffängt und nur als Durchleitung zum Schwarzen Meer dient: Von Ausbluten ist bei dem permanenten Nachschub keine Rede!

Wenn man sich aber schon vorwiegend mit der Verkehrsinfrastruktur auseinandersetzt, dann sinnvollerweise im Rahmen einer verkehrsträgerübergreifenden Politik. Zu lange wurden die öffentlichen Investitionen in Straße und Schiene weitgehend unabgestimmt getätigt, sodass heute die Verknüpfung der Netze nicht ausreicht und der bestmögliche Nutzen nicht sichergestellt ist. Die verschiedenen Verkehrsträger standen auch stets in Konkurrenz zueinander. Das klingt im Sinne der Brüsseler Verkehrspolitik mit dem Ziel des uneingeschränkten Wettbewerbs sehr gut, stellt aber per saldo noch lange nicht die optimale Lösung dar. Wenn man wie ein Spediteur denkt, und zwar in Richtung der vernünftigsten Logistikkette, dann zeigt sich bald, dass erst eine gewisse Abstimmung unter den Verkehrsträgern die bestmögliche Verkehrsstrategie ermöglicht. Zu den rein ökonomischen Randbedingungen kommen ja aktuell jene der Ökologie, sprich Ölpreis, Klimawandel und $C0_2$-Problematik, dazu: Auch in diesem Zusammenhang ist eine wesentlich breitere Sicht der Dinge sinnvoll.

Mit Schiene und Straße allein ist es also nicht getan. Erst mit den weiteren Verkehrsträgern, nämlich Luft und Wasser, ergibt sich ein komplettes Bild. Die Tatsache, dass die Bahn in Zukunft Destinationen in einem Radius von circa 500 bis 1000 km von der Flugwirtschaft übernehmen kann (Starten und Landen ist kostenintensiv, der Luftraum ist begrenzt), spricht für Anreize zur Verlagerung von Verkehr. Wenn man weiter die Engpässe beim Handling der Container in Rotterdam oder Hamburg analysiert und in Erkenntnis der Tatsache, dass die Containerschiffe nicht beliebig groß werden können, Alternativen beim Landtransport zum Beispiel zwischen Mitteleuropa und Ostasien sucht, zeigt sich, wie wichtig die Koordination der verschiedenen Verkehrsträger ist. In diesem Zusammenhang ist der Landweg per Bahn zwischen dem Raum Wien und dem Fernen Osten ein wichtiges Thema. Russland ist daran sehr interessiert (Thema Breitspur), und es bietet sich dem Wirtschaftsraum Wien/Bratislava/Györ eine ungeheure wirtschaftliche Chance. Die Realisierung hängt aber politisch von unser aller Einstellung zum Thema Verkehr ab. In Österreich ist zwar jeder begeisterter Verkehrsteilnehmer, ob individuell oder öffentlich, aber bitte nicht vor der eigenen Haustür: Dort herrscht Biedermeier! Man kann nur jedem raten, einmal in Rotterdam mit der Politik, den Betreibern von Containerhäfen, Journalisten und Umweltschützern zu reden. Sie wissen, dass eine Volkswirtschaft Verkehr als Wachstumstreiber und Arbeitsplatzbeschaffer braucht, natürlich mit allen sinnvollen Auflagen und einer problemlösenden Raumordnung. Solange man Leuten Recht gibt, die sich an bestehenden Autobahnen ansiedeln und dann mit Druck teure Lärmschutzmaßnahmen durchsetzen, fehlt Geld für sinnvollere Projekte.

Wir brauchen daher ein Umdenken puncto Verkehrsbelastung: Wenn man Verkehr trotz aller erfolgreichen Maßnahmen nur als Lärm- und Abgasproduzent sieht und nicht wie in Holland als Voraussetzung für einen erfolgreichen Wirtschaftsstandort, tut sich die Politik beim Umsetzen sinnvoller Projekte sehr schwer. Dort, wo kein Umdenken stattgefunden hat, ist der volkswirtschaftliche Schaden sehr groß: Wie lange können wir uns das noch leisten?

Die Politik kann eine Optimierung der Abläufe durch sinnvolle ordnungspolitische Maßnahmen fördern. Das hat mit Tarifen und Kostenwahrheit zu tun und stellt eine legitime Steuerungsmöglichkeit unter Beachtung ökonomischer und ökologischer Kriterien dar. Brüssel befindet sich erfreulicherweise in diesem Zusammenhang in einem Umdenkprozess: Die unbeschränkte freie Fahrt für freie Bürger ist nicht mehr das alleinige Entscheidungskriterium. Die Mitfinanzierung des Brenner-Basistunnels ist ein Beispiel dafür. Koordinator van Miert ist ein fairer Partner, der an einer raschen Umsetzung des Projekts im Rahmen der TEN-Projekte sehr interessiert ist und sich dabei persönlich voll einsetzt. Auch hier sind die Widerstände gegen das Projekt von Einzelinteressen und Unverständnis größerer Zusammenhänge in der Wirtschaftspolitik gekennzeichnet. Die Zeit ist reif für eine europaweite, verkehrsträgerübergreifende Politik, die auf Nachhaltigkeit ausgerichtet ist und, ohne die Interessen der Wirtschaft zu verletzen, auch bei den Bürgern eine hohe Akzeptanz erreichen kann.

Vor dem Hintergrund dieser Analyse muss man auch die eingangs apostrophierte Frage des strategischen Eigentums sehen. Infrastrukturpolitik ist viel zu wichtig, um sie dem Markt zu überlassen. Noch ist sie frei von wilden Spekulationen. Davor schützt die Tatsache, dass Infrastruktur zwar sicher ein kapitalmarktfähiges Produkt ist, aber in Zeiten von übertriebenen Renditevorstellungen und der Tatsache, dass sie ein Langzeit-Investment ist, noch nicht im Fokus liegt. Vielleicht gelingt es der Politik, die Kontrolle über die Finanzmärkte zurückzugewinnen – sinnvollerweise auch durch einen europaweiten Konsens zu einer Spekulationssteuer à la Tobin. Das heißt ja nichts anderes, als dass man helfen muss, Kasino- und Wettbüromentalität langsam in Investitionslust umzuwandeln. Dass weit mehr als 90 % des um die Welt gepumpten Finanzvermögens keine nachhaltigen Werte schaffen, sondern de facto nur zu einer gesellschaftspolitisch brisanten Umverteilung beiträgt, ist auf Dauer sicher unakzeptabel. Die Politik wird zumindest einen kleinen Teil dieses Vermögens zur Realisierung von zukunftsweisenden Infrastrukturprojekten brauchen: Die Hoffnung, dass alles rechtzeitig über Budgets finanziert werden kann, ist angesichts der schleppenden, von Bundesländeregoismen geprägten Bundesstaatsreform nicht berechtigt.

Der Zugriff privater Investoren auf das strategisch wichtige Eigentum ist dabei weder notwendig noch wünschenswert. Ein sinnvolles Zusammenspiel von Staat und Markt ist aber möglich und wird daher auch stattfinden.

Wer braucht Wirtschaftswachstum? Oder: Die wirtschaftlichen Möglichkeiten der Enkel des Herrn Keynes

Markus Marterbauer

Für die meisten Ökonomen und Wirtschaftspolitiker ist das Ziel hohen Wirtschaftswachstums vollkommen selbstverständlich. Ein Anstieg des Bruttoinlandsprodukts, also der Summe der produzierten Güter und Dienstleistungen, erhöht die Einkommen, die Beschäftigung und den Wohlstand in einer Volkswirtschaft und bildet deshalb den zentralen Orientierungspunkt der wirtschaftlichen Entwicklung. Doch gleichzeitig halten viele Bürgerinnen und Bürger dieses Ziel für fragwürdig, und die Kritik daran nimmt zu:

Ist dauerhaftes Wirtschaftswachstum angesichts des damit verbundenen Ressourcenverbrauchs überhaupt möglich?

Haben nicht breite Bevölkerungskreise schon ein Einkommen, das weitere Zuwächse nicht mehr notwendig macht?

Wozu Wirtschaftswachstum, wenn die Realeinkommen der unteren Einkommensgruppen nicht steigen und die Arbeitslosigkeit weiterhin hoch bleibt?

In den letzten Jahrzehnten ist durch das rasche Wachstum der Wirtschaftsleistung, der Produktivität und der Beschäftigung der Wohlstand in enormem Ausmaß gestiegen, egal ob er als Bestand an Vermögen oder als laufendes Einkommen gemessen wird. Der hohe Wohlstand erlaubt es, die Ziele des Wirtschaftens zu überdenken.

Schon Anfang der 1930er Jahre veröffentlichte der britische Ökonom John Maynard Keynes in der Zeitschrift *Nation and Athenaeum* einen Beitrag unter dem Titel *Economic Possibilities of our Grandchildren.* Darin formulierte er seine Erwartungen, dass der Lebensstandard als Folge des technischen Fortschritts und rascher Kapitalakkumulation in hundert Jahren vier- bis achtmal so hoch sein werde. Damit wäre das drängende ökonomische Problem der Menschheit, die Knappheit an Einkommen und Gütern, gelöst. Dann könnte die Menschheit ihre Energien den nicht-ökonomischen Aufgaben widmen: „Thus for the first time since his creation man will be faced with his real, his permanent problem – how to use his freedom from pressing economic cares, how to occupy the leisure, which science and compound interest will have won for him, to live wisely and agreeably and well."[1] Tatsächlich liegt die Wirtschaftsleistung in Österreich trotz der Weltwirtschaftskrise und des Weltkrieges mit seinen verheerenden Folgen gemessen am realen Bruttoinlandsprodukt heute fast achtmal so hoch wie im Jahr 1930.

Allein in den letzten zwölf Jahren ist das Bruttoinlandsprodukt in Österreich real um etwa ein Drittel auf 241 Milliarden Euro im Jahr 2007 gestiegen. Doch die Wirtschaftsentwicklung war in dieser Periode von stark unterschiedlicher Dynamik geprägt. Phasen hohen Wirtschaftswachstums wie in den Jahren 1998 bis 2000 oder 2005 bis 2007 wechselten sich mit Stagnationsphasen wie 2001 bis 2003 ab. Im Konjunkturverlauf lassen sich zwei zentrale gesamtwirtschaftliche Zusammenhänge beobachten, die typischen Charakter haben: Wirtschaftswachstum führt zu einer Verbesserung der Lage auf dem Arbeitsmarkt und der Lage der öffentlichen Haushalte. Perioden der wirtschaftlichen Stagnation oder gar eine Rezession führen hingegen zu einem Anstieg der Arbeitslosigkeit und des Budgetdefizits.

1.1 Wachstum und Arbeitslosigkeit

Zunächst besteht ein sehr enger Zusammenhang zwischen Wirtschaftswachstum und Beschäftigung. Je mehr Güter und Dienstleistungen produziert werden, desto mehr Arbeitskräfte werden dafür benötigt. Als Faustregel kann für Österreich gelten, dass eine Beschleunigung des Wachstums des BIP um einen Prozentpunkt etwa 20.000 zusätzliche Arbeitsplätze schafft. Dieser Zusammenhang zwischen Produktion und Beschäftigung ist in den letzten Jahrzehnten immer enger geworden. Pro zusätzlicher Einheit des BIP werden immer mehr Jobs geschaffen, weil die Bedeutung des arbeitsintensiven Dienstleistungssektors gestiegen ist und sich die Zahl der Teilzeitjobs markant erhöht (das Beschäftigungswachstum gemessen in Arbeitsplätzen ist höher als jenes in Arbeitsstunden). In Phasen schwacher Konjunktur wie 2001 bis 2003 wächst die Beschäftigung nicht. In Perioden starker Konjunktur wie 1998 bis 2000 oder 2005 bis 2007 expandiert die Beschäftigung kräftig (um 30.000 bis 60.000 pro Jahr) und auch die Zahl der Vollzeitarbeitsplätze steigt. Das in den 1980er Jahren diskutierte „jobless growth" ist jedenfalls empirisch nicht zu beobachten.[2]

Während die Beziehung zwischen Wirtschaftswachstum und Beschäftigung enger geworden ist, ist jene zwischen Wachstum und Arbeitslosigkeit allerdings deutlich loser geworden. Während in der Vergangenheit etwa zwei Arbeitsplätze geschaffen werden mussten, um eine Person aus der Arbeitslosigkeit zu führen, hat sich diese Relation zuletzt auf 4:1 verschlechtert. Pro zusätzlicher Einheit des BIP wird die Zahl der Arbeitslosen in immer geringerem Ausmaß reduziert. Dies hat vor allem damit zu tun, dass die Bevölkerung im erwerbsfähigen Alter kräftig zunimmt (laut Hauptvariante der Bevölkerungsprognose von Statistik Austria wegen der starken Zuwanderung noch bis ins Jahr 2018). Dazu kommt, dass der Anteil der Erwerbstätigen an der Bevölkerung im erwerbsfähigen Alter steigt, vor allem weil mehr Frauen eine Teilzeitbeschäftigung aufnehmen.

Eine Stagnation der Wirtschaft bewirkt einen Anstieg der Arbeitslosigkeit, wie etwa von 2001 (3,6 %) bis 2005 (5,2 %). Hingegen reduziert eine Beschleunigung des Wirtschaftswachstums – mit einer Verzögerung von einem halben bis einem Jahr – die Arbeitslosigkeit. Im Aufschwung Ende der 1990er Jahre verringerte sich die Arbeitslosenquote von 4,5 % der Erwerbspersonen (1998) auf 3,6 % (2000), im jüngsten Aufschwung von 5,2 % (2005) auf 4,2 % (2008).

1.2 Arbeitszeitverkürzung und Arbeitslosigkeit

Wirtschaftswachstum ist eine notwendige, allerdings nicht mehr hinreichende Bedingung für eine Verringerung der Arbeitslosigkeit. Selbst Hochkonjunkturen reichen nicht aus, der Vollbeschäftigung nahe zu kommen. Die oft beschworene generelle Arbeitskräfteknappheit ist in den kommenden Jahrzehnten schon gar nicht zu erwarten. Denn die Bevölkerung im erwerbsfähigen Alter wird in den nächsten zehn Jahren weiter steigen und dann nur langsam zurückgehen, und es besteht ein großer Pool ungenutzten Arbeitskräfteangebots – 300.000 Arbeitslose, 250.000 Frauen, die bei einer Erwerbsquote wie in Schweden in Beschäftigung wären, eine hohe Zahl an Frühpensionisten (jede Erhöhung des effektiven Pensionsantrittsalters um ein Jahr bringt 80.000 bis 120.000 Personen zusätzlich auf den Arbeitsmarkt). Es sind jedenfalls zusätzliche Maßnahmen notwendig, um Vollbeschäftigung zu erreichen.

Eine Verkürzung der Arbeitszeit sollte dabei eine wesentliche Rolle spielen.[3] Eine Untersuchung des WIFO kommt zum Ergebnis, dass eine Verkürzung der Arbeitszeit um 10 % zu einem Anstieg der Beschäftigung um etwa 4 % führt. Viele Länder haben damit in den letzten Jahrzehnten positive Erfahrungen gemacht:

Eine Ausweitung der Teilzeitarbeit nach dem Vorbild Schwedens und der Niederlande kann den Bedürfnissen von Familien mit betreuungspflichtigen Kindern besonders entgegenkommen. Allerdings ist Teilzeitarbeit in Österreich derzeit wegen der niedrigen Zahl an geleisteten Stunden und der geringen Einkommen oft mit Armutsgefährdung verbunden.

Eine Ausweitung des gesetzlichen Urlaubsanspruchs würde vor allem die Lebenszufriedenheit heben. Eine Verbindung von Arbeitszeitreduktion mit Weiterbildung nach dem Vorbild der Karenzmodelle in Dänemark hätte besonders positive gesamtwirtschaftliche Auswirkungen, weil Investitionen in die Bildung langfristig hohe Wachstums- und günstige Verteilungseffekte mit sich bringen und weil in einer alternden Gesellschaft der Aspekt des lebensbegleitenden Lernens besonders wichtig ist.

Eine Reduktion der hohen Zahl der geleisteten Überstunden würde den Stress verringern. Alle Formen der Verkürzung der Arbeitszeit führen zu einem Anstieg der Beschäftigung und zu einem Rückgang der Arbeitslosigkeit.

Eine erfolgreiche Umsetzung von Arbeitszeitverkürzung bedarf einer Reihe günstiger Rahmenbedingungen. Hohes Wachstum der Wirtschaft und vor allem der Produktivität erleichtern die Verkürzung der Arbeitszeit stark, weil dann Verteilungskonflikte um den Lohnausgleich leichter zu bewältigen sind. Eine aktive Qualifizierungspolitik und flexible Bildungseinrichtungen sind notwendig, um die Arbeitslosen auf die frei werdenden Stellen vermitteln zu können. Bestehende Diskriminierungen geringer Arbeitszeiten und niedriger Einkommen im Abgabensystem sollen abgebaut werden. Arbeitszeitverkürzung muss mit zusätzlichen Anstrengungen der Verteilungspolitik zugunsten der unteren Einkommensgruppen kombiniert werden.

Eine Reduktion der Arbeitszeit ist nicht nur aus beschäftigungspolitischen, sondern auch aus sozialen Überlegungen anstrebenswert. Sie bildet das wichtigste Element der Verbesserungen der Lebensbedingungen für die Arbeitnehmer innerhalb der Arbeitsgesellschaft.

2.1 Wirtschaftswachstum und Budget

Ein enger Zusammenhang besteht auch zwischen Wirtschaftswachstum und Budgetsaldo. Wenn die Einkommen, die Beschäftigung und die Konsumnachfrage steigen, so löst dies automatisch einen Anstieg der Staatseinnahmen an Lohnsteuer, Gewinnsteuern, Sozialversicherungsbeiträgen und Verbrauchssteuern aus. Zudem sinken die Staatsausgaben, vor allem wegen geringerer Aufwendungen für Arbeitslosigkeit und Frühpensionen. Eine Beschleunigung des Wirtschaftswachstums um einen Prozentpunkt führt zu einer Verbesserung des Budgetsaldos um etwa einen halben Prozentpunkt des BIP, das sind 1,25 Milliarden Euro.

Umgekehrt verläuft die Entwicklung in Perioden der Stagnation oder Rezession. Die Zahl der Beschäftigten sinkt, die Arbeitslosigkeit steigt, Einkommen und Konsumnachfrage entwickeln sich schwach. Dies dämpft den Anstieg der Einnahmen an Lohnsteuer, Sozialversicherungsbeiträgen und Verbrauchssteuern, jene aus Gewinnsteuern sinken sogar. Hingegen steigen die Ausgaben für Arbeitslosigkeit und Frühpensionen. Der Budgetsaldo verschlechtert sich rasch.

Vor allem hohe Arbeitslosigkeit erweist sich als sehr teuer für den Staatshaushalt. Als Faustregel kann gelten, dass 1.000 Arbeitslose wegen des mit fehlendem Erwerbseinkommen verbundenen Ausfalls an Steuern und Beiträgen Budgetkosten von etwa 25 Millionen Euro pro Jahr auslösen. Als negativ für die Finanzierbarkeit des Sozialstaates erweist sich auch der Rückgang des Anteils der Löhne und Gehälter am Volkseinkommen, die die Basis für die Sozialversicherungsbeiträge bilden. Wären die Löhne und Gehälter seit 1980 gleich rasch gestiegen wie das Volkseinkommen, so würde die Sozialversicherung pro Jahr über 3 Milliarden Euro an höheren Einnahmen verfügen.

2.2 Abgabenreform und Finanzierbarkeit des Sozialstaates

Lange Phasen kräftigen Wirtschaftswachstums führen zu einem Anstieg der Einnahmen an Steuern und Sozialversicherungsbeiträgen. Sie erleichtern deshalb die Finanzierung der Staatsausgaben. Derzeit hängt die Entwicklung der Staatseinnahmen überwiegend vom Wachstum der Löhne und Gehälter sowie von der Beschäftigung ab. Allerdings geht der Anteil der Einkommen aus unselbstständiger Erwerbstätigkeit am BIP seit 1978 stetig zurück. Der Zusammenhang zwischen Wirtschaftswachstum und Staatseinnahmen wird deshalb langfristig geringer, Finanzierungsprobleme im Sozialstaat sind die Folge.

Um die Finanzierung der sozialen Dienstleistungen unabhängiger vom Wirtschaftswachstum zu machen, wäre es geboten, die Abgabenstruktur zu reformieren. Steuern und Beiträge auf den Faktor Arbeit wären abzubauen, Steuern auf das Vermögen und die Vermögenseinkommen auszubauen. Sie sind als Abgaben auf den Bestand weniger abhängig von der kurzfristigen Wirtschaftsentwicklung. Derzeit betragen die direkten Abgaben auf Arbeitseinkommen etwa 65 Milliarden Euro pro Jahr (Lohnsteuer 19 Milliarden, veranlagte Einkommensteuer 2 Milliarden, Sozialversicherungsbeiträge und Lohnsummenabgaben 43 Milliarden); dazu kommt ein Großteil des Aufkommens an Verbrauchssteuern (27 Milliarden), der aus Arbeitseinkommen entrichtet wird. Die Abgaben auf Vermögen betragen hingegen nur 1 Milliarden Euro, jene auf Vermögenseinkommen 3 Milliarden.

Eine derartige Abgabenreform würde die Finanzierung öffentlicher Dienstleistungen etwas unabhängiger von der Entwicklung der Lohnsumme machen und hätte auch positive Anreizwirkung – mit Leistung verbundene Arbeitseinkommen würden entlastet, leistungslose Vermögenseinkommen würden belastet – und positive Verteilungswirkungen – die unteren sozialen Gruppen wären besser gestellt, die oberen schlechter.

3.1 Wirtschaftswachstum und Einkommen

Die volkswirtschaftliche Gesamtrechnung stellt einen klaren Zusammenhang dar: Ein Anstieg des BIP bedeutet eine Erhöhung des Volkseinkommens in etwa gleichem Ausmaß. Seit dem Jahr 1995 ist das Bruttoinlandsprodukt real um 33 % gestiegen. Doch gleichzeitig sind die durchschnittlichen Bruttoeinkommen je Beschäftigtem von 1995 bis 2007 insgesamt real nur um 4 % gestiegen, das heißt um 0,3 % pro Jahr (von 1970 bis 1995 betrug der Anstieg noch 2,3 % pro Jahr). Berücksichtigt man auch den Anstieg der Beschäftigung, so ergibt sich eine Erhöhung der Lohnsumme seit 1995 um real 17 %.

Das Wirtschaftswachstum ist in den letzten Jahren also nur etwa zur Hälfte bei den Beschäftigten angekommen. Die Diskrepanz zwischen Anstieg des Volkseinkommens und der Einkommen der Beschäftigten zeigt die enorme Zunahme der Ungleichheit der Verteilung der Einkommen.[4] Erhöht haben sich vor allem die Einkommen aus Besitz und Unternehmung, zu Lasten der Lohneinkommen. Der Anteil der Einkommen aus unselbstständiger Erwerbstätigkeit am Volkseinkommen (unbereinigte Lohnquote) ist von 73 % (1995) auf nur noch 65 % im Jahr 2007 gesunken. Besonders stark haben sich in diesem Zeitraum die Einkommen aus Finanzvermögen, das heißt Zinsen und Dividenden, erhöht. Sie sind sehr ungleich verteilt: Daten der Oesterreichischen Nationalbank belegen, dass das oberste Zehntel der Verteilung über 54 % der Finanzvermögen verfügt, die untere Hälfte der Verteilung aber nur 8 % besitzt.[5] Auch die Einkommen aus Immobilienvermögen, jene der Freiberufler und die Gewinne der Kapitalgesellschaften sind kräftig gestiegen.

Doch auch innerhalb der Bezieher von Lohn- und Gehaltseinkommen ist die Verteilung ungleicher geworden. Das oberste Fünftel der unselbstständig Beschäftigten konnte zwischen 1995 und 2006 einen realen Einkommenszuwachs von 8,7 % erzielen, das oberste Prozent der Verteilung sogar ein Plus von 16,7 %. Die Einkommen der hohen Angestellten und Beamten sind stark gewachsen. Demgegenüber sind die Einkommen des untersten

Fünftels um 20,4 % und jene des zweiten Fünftels der Verteilung um 10,3 % gesunken. Dies ist sowohl ein Ergebnis der raschen Flexibilisierung des Arbeitsmarktes in Form des kräftigen Anstiegs der Teilzeitbeschäftigung von Frauen als auch der sehr ungünstigen Arbeitsmarktlage für unzureichend Qualifizierte und der schwachen Lohnabschlüsse in Branchen mit hoher Arbeitslosigkeit.

Sowohl gemessen in Einkommen pro geleistete Arbeitsstunde als auch im Vergleich der Haushaltseinkommen hat die Ungleichheit der Verteilung weniger stark zugenommen (die Datenqualität ist in diesen Bereichen aber sehr viel ungünstiger). Die Haushalte im unteren Bereich mussten die Zahl der geleisteten Arbeitsstunden kräftig ausweiten, um die Einkommensposition relativ zu den mittleren und oberen Einkommensgruppen zu halten.

Im unteren Einkommensbereich kann kaum von einer Sättigung gesprochen werden, im Gegenteil, die unbefriedigten Bedürfnisse sind hoch. Dies zeigt sich auch in der Konsumneigung. Die Haushalte im unteren Einkommensdrittel verfügen über ein Bruttoeinkommen bis etwa 2.000 Euro im Monat. Von einem Einkommenszuwachs in der Höhe von 10 Euro geben sie 8 Euro sofort wieder aus, mittelfristig sind ihre Ausgaben sogar höher als ihre Einnahmen. Im oberen Einkommensbereich kann hingegen durchaus von Sättigung gesprochen werden, die wesentlichen Bedürfnisse sind befriedigt. Im oberen Einkommensdrittel betragen die Haushaltseinkommen 4.000 Euro und mehr. Von 10 Euro Einkommenszuwachs werden nur 4 Euro sofort wieder ausgegeben, 6 Euro werden gespart.

3.2 Einkommenspolitik und gerechte Verteilung

In den letzten Jahren ist das Wirtschaftswachstum in nur geringem Ausmaß bei den unteren Einkommensgruppen angekommen. Nur dadurch, dass eine zweite oder dritte Person im Haushalt Beschäftigung aufgenommen hat, gelang es, Realeinkommenszuwächse zu erzielen und den Abstand zu den oberen Einkommensgruppen nicht noch größer werden zu lassen.

Das Wachstum des Volkseinkommens bietet allerdings zumindest das Potenzial, die Einkommen der unteren sozialen Schichten zu erhöhen. Dies bedarf jedoch konkreter Weichenstellungen durch die Wirtschaftspolitik. Entscheidend ist die Bereitstellung guter öffentlicher Dienstleistungen, von denen die unteren Einkommensgruppen in besonderem Ausmaß profitieren.[6] Das gilt etwa für das Gesundheitssystem, aber auch das Bildungssystem. Die Erhöhung der sozialen Durchlässigkeit des Bildungssystems ist langfristig die beste Möglichkeit, die Verteilung der Einkommen gerechter zu machen, weil sie die Chancengleichheit (vor allem auch für Kinder mit Migrationshintergrund) verbessert. Kurzfristig bringen bessere Rahmenbedingungen für die Erwerbstätigkeit von Frauen für die Einkommenssituation der Haushalte mit niedrigem Einkommen am meisten. Wichtige Maßnahmen in diesem Zusammenhang wären:

- Ausbau von Zahl und Qualität der Kinderbetreuungseinrichtungen; die größten Defizite bestehen bei den Betreuungsplätzen für 2- bis 3-Jährige und in der Nachmittagsbetreuung.
- Solidarische Lohnpolitik der Gewerkschaften in dem Sinn, dass die Einkommen im unteren Bereich stärker angehoben werden (Absolutbeträge statt prozentuelle Einkommenszuwächse).
- Erhöhung der Anreize, Arbeit aufzunehmen und Arbeitszeiten auszuweiten, durch eine Verringerung der Abgabenlast im unteren Einkommensbereich (Belastung mit Sozialversicherungsbeiträgen und hoher Eingangssteuersatz in der Einkommensteuer).

4. Wirtschaftswachstum, Ressourcenverbrauch und Einsatz neuer Technologien

Wirtschaftswachstum geht mit steigendem Ressourcenverbrauch einher. So ist zum Beispiel der Verbrauch an Erdöl seit 1970 um circa 60 % gestiegen. Mit steigendem Verbrauch an nicht erneuerbaren Rohstoffen ist auch eine zunehmende Umweltbelastung - etwa im Kohlendioxidausstoß - verbunden.

Der Verbrauch an Erdöl je Einheit des BIP ist seit 1970 allerdings auf die Hälfte gesunken, das heißt, die Energieintensität der Produktion geht zurück. Die Erhöhung der Material- und Energieeffizienz zählt zu den zentralen Instrumenten, um die negativen Umweltauswirkungen wirtschaftlicher Aktivitäten zu begrenzen. Der Spielraum für eine Verbesserung der Effizienz durch den Einsatz neuer Technologien ist sehr groß. Das zeigt sich etwa in den großen Unterschieden in der Energieintensität der Wirtschaft innerhalb der Europäischen Union: Österreich verbrauchte im Jahr 2005 149 Öläquivalente in Kilogramm je 1.000 Euro des BIP, der entsprechende Wert beträgt für Dänemark nur 114, für den Euro-Raum 183. Hingegen ist die Energieintensität in den neuen Mitgliedsländern der EU um ein Vielfaches höher. Ungarn verbraucht 543, die Slowakei 868 und Bulgarien sogar 1.582 Kilogramm je 1.000 Euro BIP.

Investitionen in die Verbesserung der Effizienz des Ressourceneinsatzes können hohe Einsparungseffekte mit sich bringen. Allerdings werden die

Auswirkungen eines effizienteren Einsatzes etwa von Energie oder Erdöl auf die Verringerung des Verbrauchs der Rohstoffe oft überschätzt. Denn der Einsatz von Fahrzeugen mit niedrigerem Treibstoffverbrauch kann dazu führen, dass sich die Verhaltensweisen der Konsumenten ändern und mehr Auto gefahren wird. Dieser „Rebound-Effekt" würde dazu führen, dass der Verbrauch trotz höherer Effizienz des Einsatzes nicht sinkt.[7]

Die Wirtschaftspolitik sollte deshalb auf europäischer Ebene mit strengen regulatorischen Vorgaben auf Effizienzverbesserungen etwa im motorisierten Verkehr drängen. Die geltenden EU-Regulierungen sehen vor, dass ab dem Jahr 2008 nur noch Lkw der Klasse Euro 5 mit deutlich niedrigeren Emissionen an Kohlenstoff und Stickstoff zugelassen werden. Im Bereich der Pkw gelten seit dem Jahr 2004 ähnliche Normen (Euro 4). Diese Vorgaben müssen im Interesse der Gesundheits- und Umweltentlastung weiter verschärft werden. Über Verbote soll der Altbestand an Kfz, der den technischen Normen nicht mehr genügt, rascher verringert werden. Die technischen Vorgaben sollen auf den höchst zulässigen Treibstoffverbrauch ausgedehnt werden. Gleichzeitig muss allerdings dafür gesorgt werden, dass Effizienzverbesserungen nicht zu Verbrauchssteigerungen führen. Die Preise müssen erhöht werden. Dies kann etwa auf EU-Ebene durch eine schrittweise Erhöhung der Mindeststeuersätze für die Mineralölsteuer erfolgen.

5. Die wirtschaftlichen Möglichkeiten der Enkel des Herrn Keynes

Geht man der Frage nach, wer Wirtschaftswachstum braucht, so wird rasch klar: Gerade die unteren und mittleren Einkommensgruppen sind betroffen, wenn wirtschaftliche Stagnation zu steigender Arbeitslosigkeit, fehlendem Einkommenswachstum und Finanzierungsproblemen im Sozialstaat führt. Andererseits reicht Wirtschaftswachstum alleine aber offensichtlich nicht aus, Vollbeschäftigung und eine gerechte Verteilung des Wohlstandes zu sichern.

Eine erfolgreiche Wirtschaftspolitik wird deshalb mittelfristig zum einen weiterhin auf Wirtschaftswachstum setzen und zwei Strategien in den Mittelpunkt rücken:[8] die Förderung der Inlandsnachfrage durch eine Ausweitung der verfügbaren Einkommen der konsumfreudigen Einkommensschichten und eine Innovationspolitik, die Innovationen und Erfindungen begünstigt und unser Bildungssystem auf neue Beine stellt. Zum andern bedarf die Wachstumspolitik dringend einer Ergänzung um andere Elemente der Wirtschaftspolitik: Arbeitszeitverkürzung trägt zur Erreichung von Vollbeschäftigung bei und erhöht die Lebenszufriedenheit; eine Abgabenreform, die die

Erbringung von Arbeitsleistung entlastet, aber Vermögen und Vermögenseinkommen belastet, erleichtert die Finanzierung des Sozialstaates; aktive Umverteilungspolitik durch Mindestlöhne, aktive Beschäftigungspolitik und soziale Dienstleistungen von hoher Qualität verteilen den Wohlstand breiter; eine Beschleunigung der technologischen Innovation verbessert zusammen mit höheren Ressourcensteuern die Energieeffizienz der Produktion und kann den Verbrauch an nicht erneuerbaren Ressourcen verringern.

Diese Maßnahmen sind bei hohem Wirtschaftswachstum leichter durchzusetzen als bei geringer wirtschaftlicher Dynamik. Wirtschaftswachstum erleichtert die Lösung von Verteilungskonflikten, weil es so um die Verteilung von Zuwächsen und nicht um die Umverteilung der Bestände geht. Gleichzeitig haben Arbeitszeitverkürzung, Abgabenreform, Umverteilung und Innovationspolitik selbst positive Auswirkungen auf das Wirtschaftswachstum, weil sie die Nachfrage nach Gütern und Dienstleistungen erhöhen und das Wachstumspotenzial der Wirtschaft stärken. Insgesamt ist der erreichte Wohlstand ohne Zweifel so hoch, dass man sich in stärkerem Ausmaß Fragen seiner Verteilung und seiner Nutzung, etwa in Form von Arbeitszeitverkürzung, stellen kann. Die Enkel des Herrn Keynes sollten in ihrer Wirtschaftspolitik deshalb auch neue Aufgaben und Zielsetzungen berücksichtigen: „... to live wisely and agreeably and well".

Anmerkungen

1 KEYNES, Economic Possibilities.
2 MARTERBAUER, WALTERSKIRCHEN, Einfluss des Wirtschaftswachstums.
3 Vgl. MARTERBAUER, Wem gehört der Wohlstand.
4 Vgl. GUGER, MARTERBAUER, Langfristige Tendenzen.
5 MOOSLECHNER, SCHÜRZ, Geldvermögen.
6 GUGER, Umverteilung.
7 BRUCKNER, Die Rolle von (Arbeits-)Zeit.
8 MARTERBAUER, Wem gehört der Wohlstand.

Literatur

Martin BRUCKNER, Die Rolle von (Arbeits-)Zeit und Einkommen bei Rebound-Effekten in Dematerialisierungs- und Dekarbonisierungsstrategien. Eine Literaturstudie, mimeo 2008.

Alois GUGER, Umverteilung durch den Staat in Österreich, in: WIFO-Monatsberichte 10/1996, 635–652.

Alois GUGER, Markus MARTERBAUER, Langfristige Tendenzen der Einkommensverteilung in Österreich – ein Update. Die Verteilung von Einkommen und Vermögen, WIFO-Working Papers 307/2007.

John Maynard KEYNES, Economic Possibilities for Our Grandchildren (1931), in: The Collected Writings of John Maynard Keynes, Vol. IX, Essays in Persuasion, Cambridge (UK) 1972.

Markus MARTERBAUER, Arbeitszeitverkürzung: mehr Beschäftigung und Freizeit, in: Markus MARTERBAUER, Martin SCHÜRZ (Hg.), Aspekte kritischer Ökonomie. Gedenkschrift für Erwin Weissel, Wien 2006, 7–16.

Markus MARTERBAUER, Wem gehört der Wohlstand? Perspektiven für eine neue österreichische Wirtschaftspolitik, Wien 2007.

Markus MARTERBAUER, Ewald WALTERSKIRCHEN, Einfluss des Wirtschaftswachstums auf die Arbeitslosigkeit, AK Wien, Materialien zu Wirtschaft und Gesellschaft, Wien 2000.

Peter MOOSLECHNER, Martin SCHÜRZ, Geldvermögen sind in Österreich ausgeprägt ungleicher verteilt als Einkommen, in: Bundesministerium für soziale Sicherheit und Generationen (Hg.), Bericht über die soziale Lage, Wien 2008.

Jenseits von Scham und Neid
Zur Macht des Vermögens

Martin Schürz

Einleitung

Vermögensunterschiede werden im Kapitalismus traditionell über Leistungsunterschiede legitimiert. Die Norm der Leistungsgerechtigkeit bedeutet, dass jemand seine gesellschaftliche Position, sein Vermögen und Einkommen nur seiner Leistung zu verdanken hat, nicht aber seiner Herkunft, einer Erbschaft oder ähnlich leistungsfernen Merkmalen. Seit einiger Zeit werden aber verstärkt Markterfolge belohnt.

Die Kluft zwischen Erfolgreichen und Erfolglosen weitet sich aus. Die Mittelschicht erodiert, und die Gesellschaft wird polarisiert in „the rich and the rest of us“ (Barbara Ehrenreich). „Countervailing institutions“ (J. K. Galbraith), wie öffentlicher Sektor, Gewerkschaften und Arbeiterbewegung, sind geschwächt oder bereits nicht mehr vorhanden. Jedenfalls können sie den Trend zur Vermögenskonzentration nicht stoppen.

Der amerikanische Rechtsphilosoph John Rawls hatte eine wohlgeordnete und faire Gesellschaft im Auge, in der das Selbstwertgefühl der Menschen gefestigt genug ist, sodass kein Neid aufkommt, wenn andere Menschen Güter besitzen, die man gerne selbst hätte. Die Ungleichheit bei Einkommen und Vermögen steigt seit den 1980er Jahren jedoch in solchem Ausmaß an, dass das im Kapitalismus dominante gesellschaftliche Legitimationsmuster über die Norm der Leistung fragiler wird. In Österreich verfügen die reichsten 0,1 % der Bevölkerung über 8 % des gesamten Geldvermögens. In etwa genauso niedrig ist auch der Anteil der gesamten unteren Hälfte.[1]

Zurzeit kristallisieren sich Konturen des nachfolgenden Legitimationsmusters heraus. Dem übermäßigen Reichtum wird in den Medien über Emotionen auf den Leib gerückt. Appelle an Moral und Gefühle nehmen überhand. Die Schamlosigkeit der Reichen und deren Hochmut werden beklagt. Die Reichen mögen doch maßvoll bleiben und nicht allzu habgierig sein. Der soziale Abstand müsse erträglich bleiben. Im Gegenzug wird von den Armen erwartet, nicht neidisch auf die Erfolgreichen zu sein.

Neid bedarf zu seiner Ausbildung einer Atmosphäre sozialer Nähe, und gerade diese fehlt zwischen Armen und Reichen nahezu vollständig. Und Scham, die Kehrseite von Neid, entsteht dort, wo man sich von Wertungen anderer abhängig macht. Doch den Urteilen armer Menschen unterwerfen sich Reiche nur selten. Sogar das Wissen über die Lebensverhältnisse der jeweils anderen sozialen Schicht differiert beträchtlich. Während es eine differenzierte Armutsforschung gibt, ist der Wissensstand über Reichtum minimal.[2] Armen Menschen fehlen vorab grundlegende Informationen zur Beurteilung, ob privater Reichtum gerechtfertigt oder ungerechtfertigt ist. Unwiderlegt bleibt das balzacsche Diktum: „Jeder große Geldbesitz, dessen Herkunft man nicht kennt, entstammt einem geheimen Verbrechen, das nur geschickt verborgen gehalten wurde."[3]

Die zwölfte Ausgabe des jährlich erscheinenden „World Wealth Report 2008" von Merrill Lynch und Capgemini weist 10,1 Millionen High-Net-Worth-Individuals aus, die netto (ohne Liegenschaftsbesitz) über ein Finanzvermögen von mehr als 1 Million US-Dollar verfügen. Insgesamt verfügen diese Personen über ein Vermögen von 40.700 Milliarden US-Dollar. Die Veröffentlichung der Liste der Reichsten fasziniert, weil die Vorstellungskraft der Durchschnittseinkommensbezieher jenseits der Millionengrenze kollabieren muss.

Was tun gegen die steigende Ungleichheit in der Gesellschaft? Der Nationalstaat – als zentrale umverteilende Instanz – wurde mittels einer politisch induzierten Globalisierung systematisch geschwächt, und die neoliberale anti-etatistische Propaganda bereitet den Boden für eine gesellschaftliche Akzeptanz wachsender sozialer Ungleichheit auf. Staatsfeindlichkeit kann Arm und Reich dann tatsächlich einen. Während die einen in ritualisierter Form immer allzu hohe Grenzsteuersätze beklagen, machen die Exkludierten negative Erfahrungen mit den nicht nur fördernden, sondern stets auch fordernden Staatsorganen. Beide lebensweltlichen Erfahrungen haben zwar wenig miteinander zu tun, konvergieren aber im Misstrauen gegenüber dem Wohlfahrtsstaat. Dies ist rational aus Sicht der Reichen, denen etwas weggenommen wird, aber perspektivisch eingeengt in der Wahrnehmung der Armen, die von einem immer noch umverteilenden Sozialstaat ja profitieren.

Neoliberale Apologeten des Marktes bescheiden ihren fortschrittlichen Kritikern, dass das Streben nach sozialer Gerechtigkeit in einer globalisierten Welt ein Anachronismus sei und dass nur noch eine individuelle Wahl hinsichtlich des gewünschten Maßes an Moral im persönlichen Handeln bleibe.

Emotionen und soziale Positionen

Emotionen und soziale Positionen sind eng verknüpft. So kann die Klassenzugehörigkeit Emotionen bestimmen, aber Emotionen sind ihrerseits auch für die soziale Mobilität von Bedeutung. Eva Illouz[4] bezieht sich auf jenes bekannte Beispiel, welches Freud in seinen Vorlesungen zur Einführung in die Psychoanalyse in Anlehnung an die Nestroy-Posse *Zu ebener Erde und im ersten Stock oder die Launen des Glücks* brachte. Die Tochter des Hausbesorgers vom Erdgeschoss und die Tochter des Hausherrn vom Obergeschoss proben erste sexuell konnotierte Spiele und verarbeiten diese nicht ungewöhnliche Entwicklungsepisode jeweils anders. Während das Proletariermädchen die Masturbation fortsetzt, bis sie einen Geliebten findet, verzichtet das Töchterchen des Hausherrn auf die masturbatorische Befriedigung und behält etwas Niedergedrücktes in ihrem Charakter bei. Demnach sei der emotionale Leidensdruck im Bürgertum höher, wo das Über-Ich differenziertere Anforderungen stellt. Die Unterschicht hingegen sei emotional stabiler. Ein Mangel an sexueller Hemmung verhindere die Entstehung von Neurosen. Interessant ist der Versuch, neben der sozialen Hierarchie auch eine emotionale Hierarchie zu etablieren. Diese läuft bei Freud der ökonomischen zuwider. Bei Debatten zum Reichtum werden die Affekte jedoch unterschiedlich zugeordnet. Schamlosigkeit sei ein Problem der Superreichen, wohltätiges Handeln ein positives Vermögen der Reichen, und Neid sei das Ressentiment der Erfolglosen.

Schamlosigkeit der Reichen?

Die Reichen mögen nicht so schamlos sein, tönt es aus den Feuilletons und den Präsidentenkanzleien. Nun könnten ja moralische Skrupel die Handlungen der Reichen und damit deren Macht tatsächlich begrenzen. Und die freiwillige Askese des konvertierten Reichen ist ein katholischer Dauerbrenner. Doch die Vorstellung, dass der Finanzkapitalismus durch Schamaktivierung bei den Profiteuren gebändigt werden könne, mutet vorab krude idealistisch an.

Russische Oligarchen, die in XXL-Trainingsanzügen laut telefonierend in feinen Wiener Innenstadtlokalen dinieren, veranschaulichen vielleicht die beklagte Schamlosigkeit der Neureichen. Doch was wäre gewonnen, wenn sie dezent gewandet, diskret und verschämt Luxusartikel konsumieren? Das Thema der Schamlosigkeit der Reichen führt in sozialen Fragen nicht weit.

Scham gründet nach Freud in der Angst, ausgestoßen zu sein. Maßgeblich sind demnach die Urteile und Wertungen der anderen. Während Schuld sich nur auf eine einzelne Handlung bezieht, ist in der Scham die gesamte Person gefährdet. Scham zieht eine Grenze des Privaten und der Intimität. Sie verdeckt Schwäche, während ein Schuldgefühl der Stärke Grenzen setzt. Wenn schon Affekte in sozialen Auseinandersetzungen aktiviert werden sollen, dann wäre demnach Schuld die relevante Kategorie.

Doch dies ist nicht der zentrale Einwand gegen die Aktivierung eines zutiefst persönlichen Affekts für soziale Belange: Reiche können arme Menschen beschämen. Eine Umkehrung der Beschämungsstrategie zu beabsichtigen, das heißt, Reiche zu Scham anzuhalten, ist aus mehreren Gründen strategisch nicht Erfolg versprechend. In der Scham würden Reiche dokumentieren, dass sie unsouverän und in ihren Affekten von den Wertungen anderer, zudem im Status unter ihnen Stehender abhängig sind. Scham ist aber nicht die zentrale Dimension, um die es bei ungleicher Macht in einer Gesellschaft geht. Die Arbeiterbewegung wandte sich zwar teils erfolgreich gegen bürgerliche Schamvorstellungen. Doch das beliebte Nacktbaden in der Lobau zog ja nur eine territoriale Grenze zwischen Arbeiterkultur und Bourgeoisie. Zur Durchmischung der Freizeiträume kam es nicht, und gerade die räumliche Segregation von Lebensbereichen veranschaulicht blendend die Macht des Vermögens.

Dass Reiche mehr Möglichkeiten zur Beschämung anderer haben, ist das gesellschaftspolitische Skandalon und nicht, ob sie sich schamlos oder verschämt verhalten. Beschämung ist eine Technik sozialer Kontrolle, und genau dies zeigt ihre asymmetrische Verwendungsweise. Sie kann nur von den Mächtigen als Signal der Missbilligung eingesetzt werden. Die gezielte Beschämung stellt stets einen Herrschaftsanspruch dar. Intendiert wird die Unterwerfung des anderen unter ihre moralische Autorität. Eine Beschämungsstrategie der Ohnmächtigen gegenüber den Reichen gibt Anlass für weitere Schamkonflikte, da Niederlagen zu erwarten sind.

Die moralisierende Ermahnung seitens der Politik zum Maßhalten und gegen exzessive Gier macht Menschen wie Joe Ackermann, CEO der Deutschen Bank, rasch zu schwadronierenden Verantwortungspathetikern. Doch durch einen weiteren freiwilligen Verhaltenskodex und ein Corporate-Social-Responsibility-Event wird eine sachorientierte emanzipatorische Kritik nicht ergänzt, sondern erschwert. Denn das Mantra der freiwilligen Verantwortung der Eliten lullt ein.

Der Kleinbürger Goriot gewinnt in Balzacs Roman *Le Père Goriot* während der Französischen Revolution, in der Zeit der proklamierten Egalität, ein Vermögen mit Getreidespekulationen. Seine aufstiegsorientierte Hoffnung, seine beiden geliebten Töchter in höhere Klassen zu vermählen und ebendort auch selbst soziale Anerkennung zu finden, scheitert. Die Ehemänner seiner beiden Töchter reüssieren wirtschaftlich nicht und schlimmer, beide Töchter schämen sich seiner. Eine Zeit lang gilt noch, „und wenn sie sich meiner auch manchmal schämten, so wusste ich mir doch ihre Zuneigung zu erkaufen". Doch unter den Bourbonen, nach Ende der Herrschaft von Bonaparte, mit einem neu gefestigten Feudalsystem, ist der Vater, ein kleinbürgerlicher Nudelfabrikant, nur noch peinlich, auch weil er sein Vermögen bereits den Töchtern vermacht hat. Anastasie wird zur Gräfin Restaud und Delphine durch Heirat mit einem Bankier zur Baronin Nucingen. Dies wäre sogar heute noch eine ambitionierte Heiratsstrategie, wo weiterhin das Muster, Akademiker sucht Akademikerin, gilt. Doch Vater Goriot hilft auch die Risikodiversifikation in der Aufstiegsorientierung nichts. Vergeblich strebte er beide Elitenvarianten, Geburtsaristokratie und Geldaristokratie, an.

Bemerkenswert ist nun nicht die Tragik einer in der monetären Tauschlogik verankerten und nur folgerichtig scheiternden Vaterliebe. Bezeichnend sind vielmehr die modernen Entstehungsbedingungen von sozialer Scham. Denn erst die Durchlässigkeit sozialer Klassen und die Chance von vertikaler Mobilität führen zur Ermöglichung von Scham. Hätten die schönen Töchter von Goriot keine gute Partie machen können, hätten sie sich ihres Vaters auch nicht schämen müssen. Erst die soziale Distanz zwischen dem kleinbürgerlichen Spekulanten und dem Habitus der Geburts- und Geldaristokratie begünstigt die Entstehung von Schamaffekten.

Und Vater Goriot gewinnt erst beim Sterben jene luzide Erkenntnis, die sein borniertes Erwerbsstreben zeitlebens vermutlich unbewusst antrieb: Die „Welt ist nicht schön".[5] Der orientierungslose junge Protagonist Eugenie Rastignac, der in seinem Leben beides zu vereinen sucht, die Sehnsucht nach dem großen Vermögen und den Anstand im privaten Umgang, erkennt blitzartig „die Welt, wie sie ist: Reichtum steht über Gesetz und Moral, Vermögen ist die ultima ratio mundi".[6] Auch Goriot bleibt bis zuletzt im Glauben befangen, dass er sich die Liebe seiner beiden Engel hätte kaufen können, hätte er seine Vermögensgeschenke nur an Bedingungen geknüpft. Doch dies verkennt allemal die Klassenschranken, die nicht entlang einer monetären Reichtumsdefinition verlaufen, sondern soziale Abstände und Grenzziehungen der Macht markieren.

Im Liberalismus des 18. Jahrhunderts legitimierte sich die Wirtschaft über ihren allgemeinen Nutzen, doch heute begegnen uns die Reichen als neue Wertelite. Der alte Skandalbegriff der Elite mutiert zum Leitbegriff. Es ist aber nicht mehr die Leistungselite, sondern die Erfolgselite, die sich in bizarrer Weise als Wertelite geriert. Reichtum erlangt seine Legitimation zunehmend über Wohltätigkeit. Stiftungen mit philanthropischer Zielsetzung boomen nicht nur in Deutschland und den USA. Die Forderung nach steuerlicher Absetzbarkeit von Spenden wird nicht als Krämergeist denunziert, sondern als vorbildliche Gemeinwohlorientierung bewertet. Dies veranschaulicht eine wachsende Bereitschaft, sich auf ein Gesellschaftsmodell steigender sozialer Ungleichheit inklusive Milde der Vermögenden einzulassen.

Philanthropie wird zur geschäftssinnigen Investition, die soziale Akzeptanz in einer antagonistisch zerrissenen Gesellschaft – wenig feinsinnig – sicherstellen soll. Adorno beschrieb dies in seinen Reflexionen aus dem beschädigten Leben, *Minima Moralia,* prägnant:

> Generosität im privaten Verkehr, wie sie vermeintlich die Reichen sich leisten können, der Abglanz von Glück, der auf ihnen ruht, und von dem etwas noch auf jene fällt, die sie heranlassen, all das wirkt am Schleier. Sie bleiben nett, „the right people", die besseren Leute, die Guten. Reichtum distanziert vom unmittelbaren Unrecht.[7]

Philanthropie sei die Distinktionslinie zwischen kulturlosen Neureichen und Superreichen, wie Vermögensforscher Druyen[8] vermutet. Während Reiche nur an sich denken, wollen Vermögende philanthropisch für die Gemeinschaft tätig werden. Imaginiert wird hierbei ein Vermögensethos. Geschäftssinn soll sich mit Moral vertragen.

Nun nährt sich die Überzeugung, dass Reichtum nicht unbedingt glücklich mache, ja nicht nur aus Selbsttröstungen der Verlierer, sondern trifft auch den wahren Punkt, dass Sinn im Leben sich nicht in einem dicken Geldbeutel erschöpfe, sondern auch Gesundheit, Liebe und Freundschaft meinen könnte, Dimensionen menschlichen Daseins, die nicht immer käuflich sind.

Die Barmherzigkeit von Reichen trägt jedoch nichts zur Beseitigung ungleicher Machtverteilung bei, sondern verschleiert diese noch. Die ethische Maske verhüllt die ökonomische Ausbeutung. Und Arme, die vom freien Willen zu „guten Taten" der Reichen abhängen, müssen diesen gegenüber ein ambivalentes Gefühl der Dankbarkeit entwickeln. Die Almosen schmälern die Anerkennung unter Gleichen, denn die milde Gabe, von oben herabgereicht, verletzt die Selbstachtung der schlechter Gestellten.

Damit einhergehend sinkt auch die Gestaltungsmacht der Politik weiter. Erfolgreiche Unternehmer werden fürs Gemeinwohl zuständig und sind in diesem Bereich als neue, demokratisch unlegitimierte Souveräne überfordert. Politiker buhlen derweil um das Wohlwollen sozial gesinnter Reicher. Ihre Anwesenheit an den Tafeln der Reichen wird zur unhinterfragbaren Notwendigkeit auch für fortschrittliche Politiker insinuiert. Die Einladung zur Charity-Gala ist der Statusausweis. Reiche und Politiker gewinnen dabei mit relativ bescheidenen Einsätzen beachtliches symbolisches Kapital. Eine ethische Problematisierung sozialer Ungleichheit unterstreicht die Illusion einer unvermeidlichen Entwicklung. Diese Illusion ist notwendig, damit der vermeintliche Sachzwang weiter als unausweichlich betrachtet werden kann.

Damit Bill Gates und Warren Buffett zu gesellschaftlichen Vorbildern werden können, muss die Frage nach der Herkunft des Reichtums streng von jener seiner späteren Verwendung getrennt werden. Andrew Carnegie wird als reicher Wohltäter erinnert, der 1889 in *Gospel of Wealth* betonte, dass der reiche Mann in Schande sterbe. Er selbst vermachte sein Riesenvermögen einer wohltätigen Stiftung. Zu Lebzeiten galt er als Räuberbaron und war einer der härtesten Ausbeuter seiner Arbeiter. Vermögen vermag aber eine Spur der Unendlichkeit zu legen. Die Stiftung und der Name des Stifters können im Andenken noch fortbestehen, wenn dereinst auch schon die Kinder dahingeschieden sind.

Neid der Armen?

In den Medien ist angesichts der Kluft zwischen Arm und Reich viel von Neid die Rede. Neidsteuer und Neidklima sind beliebte Schlagworte zur Abwehr von Gerechtigkeitsansprüchen. Und der Sozialneid der Linken ist ein Lieblingssujet neoliberaler Journalisten, „Neid [ist] das einzige Motiv, das sich Geldmenschen bei ihren Gegnern vorstellen wollen".[9]

Beim Neid hat man es mit einem allgemeinen Affekt zu tun, meinte der sozialdemokratische Begründer der Individualpsychologie, Alfred Adler, in seinem Buch *Menschenkenntnis* von 1927. Alle Menschen seien letztlich neidisch. Neid gedeiht in einem Klima der sozialen Vergleichbarkeit und trocknet unter Bedingungen von sozialer Immobilität aus. Verglichen wird innerhalb und zwischen angrenzenden Klassen, aber nur selten darüber hinaus. In feudalen Gesellschaften dürfte demnach das Neidgefühl – wenigstens zwischen den Klassen – geringer ausgefallen sein als im Kapitalismus.

Die Furcht, Neid zu erregen, könnte eine Konformität der Reichen mit sozialen Normen sicherstellen. Dies betonte etwa der Soziologe Helmut

Schoeck in seinem 1966 erschienenen Buch *Der Neid und die Gesellschaft.* Und Plutarch hatte bereits in der Antike Aufsteigern empfohlen, stets die niedrige Herkunft und die Schwierigkeiten des sozialen Aufstiegs zu betonen.

Die vorgebliche Neidgesellschaft zu kritisieren war aber unter dem ideologischen Banner der Leistungsgerechtigkeit leichter. Das meritokratische Ideal, wonach überragende Leistungen mit Spitzeneinkommen belohnt werden dürfen, greift in einer plutokratischen Gesellschaft nicht mehr. Im gesellschaftlichen Prestigeranking zählt dann nur der Erfolg. Das klassische Ideal einer Gesellschaft von Gleichen erodiert. Leistung ist nur noch Pflicht für die Erfolglosen, die Vermögenden rechtfertigen sich über Erfolg. So könnte gerade die Unabhängigkeit der Erbschaften vom Leistungsprinzip deren gesellschaftliche Akzeptanz mit erklären, schreibt Jens Beckert.[10]

Eine Antwort auf die Frage, ob die Ansprüche der Neidvollen legitim sind, kann nicht durch die Entlarvung einer sozial verpönten Emotion ersetzt werden. Denn sogar wenn hässlicher Neid die Kritik an Vermögensungleichheit leiten würde, so müsste deren Anspruch doch über rationale Argumente geprüft werden. Nur weil ein Kritiker von Neid zerfressen ist, ist der Inhalt der Kritik noch nicht desavouiert und kann die Forderung nach sozialer Gerechtigkeit nicht zurückgewiesen werden. Eine solche Beurteilung bedarf vielmehr gesellschaftlicher Deliberation. Es ist daher ein intellektuelles l'art pour l'art, eine gesellschaftspolitische Diskussion zu sozialer Ungleichheit zwischen den beiden Polen der Schamlosigkeit und des Neids aufzuspannen. Beide Begriffe dienen primär dazu, die krasse Vermögensungleichheit nicht zum Anlass einer Gerechtigkeitsdebatte zu nehmen.

Macht des Vermögens

Der deutsche Soziologe Georg Simmel hatte bereits 1900 bemerkt, „dass der Reiche nicht nur durch das wirkt, was er tut, sondern auch durch das, was er tun könnte".[11]

Für den französischen Soziologen Pierre Bourdieu umfasst Reichtum eine Kombination verschiedener Kapitalarten (ökonomisches Kapital, Bildung und soziale Netze) in einem sozialen Feld. Worum es geht, ist die soziale Distanz im Feld. Vermögen ermöglicht die Gestaltung sozialer Distanz nach persönlichem Belieben. Es kann soziale Nähe zu politischen Entscheidungsträgern schaffen und Ferne zum Plebs. Die Gestaltungsmacht der Vermögenden zeigt sich auch an ihrer Diskurshegemonie in Diskussionen zu Reichtum. Warren Buffett, einer der reichsten Männer der Welt, schrieb in seinem Aktionärsrundbrief 2004 kurz und knapp: „In Amerika wird ein

Klassenkrieg geführt und meine Klasse gewinnt eindeutig.“ Zu einer solchen klaren Aussage gelangen auch fortschrittliche Politiker kaum, da sie in den Medien sonst den Klassenkampfvorwurf zu fürchten hätten und ihnen der Vorwurf fehlender Wirtschaftskompetenz gemacht werden würde.

Die entscheidende Frage ist jene nach dem Verhältnis von Reichtum und Demokratie. Der Willkür von statistischen Zugängen zu Reichtum – Grenze etwa über 200 % des durchschnittlichen Vermögens, über 1 Million Euro und so weiter – und der normativen Bedeutungslosigkeit von journalistischen Listen zu den Reichsten kann über eine Rückkoppelung der Frage des gerechtfertigten Reichtums an das Gemeinwesen entgangen werden. Im Gemeinwesen gelten noch bestimmte politische Gleichheitsideen und Vorstellungen von gleichen sozialen Teilhabemöglichkeiten. Doch Reiche können sich via Privatschulen, privater Gesundheitsvorsorge und privat gesicherten Wohngegenden freiwillig sozial ausgrenzen. Je weiter die Vermögensunterschiede auseinander driften, umso krasser wird auch die räumliche Segregation werden. Und Politiker sind an den Vorstellungen von Mächtigen (in Medien, Finanzwirtschaft, Industrie) stärker interessiert als an jenen einkommensschwacher Menschen. Letztere weisen zudem eine weit höhere Absenz bei Wahlen auf. Während solche offensichtlichen Anreizprobleme der Politik bei der Frage der Unabhängigkeit von Notenbanken ad nauseam theoretisiert und modelliert wurden, ist der Elitenverbund von Reichen und Politikern kaum Thema systematischer Forschung.[12] Caritas-Präsident Küberl formulierte es jüngst in einem Zeitungsinterview zeitdiagnostisch prägnant: „Politiker fürchten sich zu sehr vor den Reichen.“

Doch Politiker fürchten sich nach dem Zusammenbruch der „countervailing institutions“ mit gutem Grund vor den finanzstarken Eliten. Vermögenskonzentration impliziert Konzentration von Macht und damit einhergehend die Möglichkeit, demokratische Institutionen inhaltlich auszuhöhlen. Es muss gar nicht Korruption sein, hinreichend ist es, wenn politische Aufsteiger aus dem Proletariat den Habitus der Eliten anziehender finden als jenen ihrer Herkunftsklasse, sodass ihnen Mimikry der Eliten als einzig gangbare Möglichkeit scheint.

Sinken die sozialen Bindungskräfte in einer Gesellschaft, die im keynesianischen Wohlfahrtsstaat wenigstens ideologisch suggerierten, dass es nach allgemein anerkannten Prinzipien der Verteilungsgerechtigkeit zugehe, dann führt Reichtumskonzentration zu einer Gesellschaft, die zwischen oben und unten antagonistisch zerrissen ist. Gesellschaftspolitisch recht gleichgültig bleibt dann die Binnendifferenzierung zwischen gütigen Reichen und schamlosen Abzockern.

Neid ist nicht die exklusive Emotion der Unterschicht, und Schamlosigkeit kennzeichnet nicht die Oberschicht. Beschämung als soziale Sanktion zielt nach unten. Bei Armen wird die Scham verborgen und richtet sich abgewehrt als Neid eher gegen Migranten und Sozialhilfebezieher als gegen Superreiche. Und solange Neid nicht zu heillosem Hass wird, stellt die neidvolle Rivalität eher eine aufstiegsorientierte Solidarität mit den Bessergestellten sicher.

Auch Gefühle unterliegen einem historischen Wandel. Eine Gesellschaft, in der Erbschaften steuerfrei gestellt werden, Philanthropie von Reichen als Alternative zu umverteilender Politik betrachtet wird und in der Erfolg und nicht Leistung zählt, gerät unter Legitimationsdruck. Die moralischen Gefühle boomen daher nicht zufällig. Güte und Scham sollen den Sozialneid der Armen einzäunen und eine sozial extrem ungleiche Gesellschaft rechtfertigen helfen.

Wenn gesellschaftliche Rangunterschiede aber im finanzkapitalistischen Neofeudalismus wieder ständisch gefestigt werden, ist die Kritik an Schamlosigkeit nur eine leise Einspruchsinstanz der Gerechtigkeit. Neid und Scham eignen sich eben nicht als begriffliche Surrogate für soziale Gerechtigkeitsforderungen. Der psychologische Diskurs zu den angemessenen Emotionen und richtigen Werten legt einen Schleier über die gesellschaftlichen Machtverhältnisse.

Kurzum, es geht nicht um die Begrenzung der Moral, sondern um eine der ökonomischen Macht. Gewiss ist es nett, wenn der Rechtfertigungsdruck auf die Reichen wächst, besser wäre aber eine progressive Erbschaftssteuer auf unverdientes Vermögen. Die Besteuerung der leistungsfernen Erben stünde in Übereinstimmung mit der im Kapitalismus so prominenten Norm der Leistungsgerechtigkeit.

Jenseits von Neid und Scham muss die Macht des Vermögens in Hinblick auf das politische Gemeinwesen befragt werden. Wenigstens ideologisch wird Gesellschaft noch als Gesellschaft von Gleichen verstanden, die einander alle etwas schulden. Von den Armen wird sie aber längst nicht mehr als solche erlebt, und dies verweist darauf, dass die Reichtumskonzentration die Demokratie bereits zu zerfressen beginnt. Die gesellschaftlichen Verhältnisse erleben eine Neofeudalisierung. Milliardäre können sich die ihnen jeweils passende demokratische Makulatur der Gesellschaft basteln, und Politik wird in eine Ambiguität zwischen moralischer Empörung zur Reichtumskonzentration und wirtschaftspolitischer Ohnmacht gedrängt.

Anmerkungen

1 Siehe MOOSLECHNER, SCHÜRZ, Geldvermögen.
2 SCHÜRZ, Auf der Suche nach dem verschwiegenem Reichtum.
3 BALZAC, Vater Goriot, 128.
4 ILLOUZ, Gefühle in Zeiten des Kapitalismus.
5 BALZAC, Vater Goriot, 287.
6 Ebenda, 93.
7 ADORNO, Minima Moralia, 212.
8 DRUYEN, Goldkinder.
9 SCHUH, Hilfe, 38.
10 BECKERT, Unverdientes Vermögen.
11 SIMMEL, Philosophie des Geldes, 276.
12 JACOBS, SKOPCOL, Inequality and American Democracy.

Literatur

Alfred ADLER, Menschenkenntnis (1927), Studienausgabe Band 5, Göttingen 2007.

Theodor W. ADORNO, Minima Moralia. Reflexionen aus dem beschädigten Leben. Gesammelte Schriften Band 4, Frankfurt am Main 2003.

Honoré de BALZAC, Vater Goriot (1834). Die Menschliche Komödie Band 11, Frankfurt am Main 1996.

Jens BECKERT, Unverdientes Vermögen. Soziologie des Erbrechts, Frankfurt am Main 20007.

Andrew CARNEGIE, The Gospel of Wealth (1889), in: M. KAMMEN (Hg.), Contested Values, New York 1995, 45–50.

Thomas DRUYEN, Goldkinder. Die Welt des Vermögens, München 2007.

Barbara EHRENREICH, This land is their land, in: The Nation, June 11th 2008, http://www.thenation.com/doc/20080630/ehrenreich.

Sigmund FREUD, Vorlesungen zur Einführung in die Psychoanalyse, III. Teil: Allgemeine Neurosenlehre (1917), Studienausgabe Band I, Frankfurt am Main 2000.

Michael HARTMANN, Eliten und Macht in Europa. Ein internationaler Vergleich, Frankfurt am Main 2007.

Eva ILLOUZ, Gefühle in Zeiten des Kapitalismus. Adorno-Vorlesungen 2004, Frankfurt am Main 2006.

Lawrence JACOBS, Theda SKOPCOL, Inequality and American Democracy, New York 2005.

Markus MARTERBAUER, Wem gehört der Wohlstand? Perspektiven für eine neue österreichische Wirtschaftspolitik, Wien 2007.
Merrill Lynch/Capgemini, World Wealth Report; http://www.at.capgemini.com/m/at/tl/World_Wealth_Report_2008.pdf.
Peter MOOSLECHNER, Martin SCHÜRZ, Geldvermögen sind in Österreich wesentlich ungleicher verteilt als Einkommen, in: Bundesministerium für soziale Sicherheit und Generationen (Hg.), Bericht über die soziale Lage, Wien 2008.
Sighard NECKEL, Die Macht der Stigmatisierung: Status und Scham. Vortrag bei der 7. Armutskonferenz „Schande Armut. Stigmatisierung und Beschämung", Salzburg, 4./5. März 2008.
Oskar NEGT, An Heinrich von Pierer. Von der Wirtschaft gegen den Menschen, in: Jean AMERY (Hg.), Briefe an den Reichtum, München 2005, 60-85.
Kevin PHILLIPS, Wealth and Democracy. A Political History of the American Rich, New York 2002.
John RAWLS, Theorie der Gerechtigkeit, Frankfurt am Main 1975.
Helmut SCHOECK, Der Neid und die Gesellschaft, Freiburg i. Br. 1966.
Franz SCHUH, Hilfe. Ein Versuch zur Güte, Graz 2008.
Martin SCHÜRZ, Pierre Bourdieus Ungleichheitssoziologie und Amartya Sens Fähigkeitenansatz: Unterschiedliche Perspektiven auf gesellschaftliches Leid, in: Kurswechsel Nr. 1, 2008, 46-55.
Martin SCHÜRZ, Auf der Suche nach dem verschwiegenem Reichtum, in: Intervention 5(1), 2008, 62-74.
Georg SIMMEL, Philosophie des Geldes, Frankfurt am Main 1989.
Léon WURMSER, Die Maske der Scham. Die Psychoanalyse von Schamaffekten und Schamkonflikten, Eschborn 2007.

Medien, Kunst, Wissenschaft

Österreichs Medien – ein intensiver werdender Verdruss

Armin Thurnher

Betrachten wir die internationale Medienlandschaft und vergleichen sie mit Österreich, fällt auf, dass wir einige internationale Tendenzen teilen, andererseits aber doch über gewisse stolze Eigenarten verfügen. Die hohe Konzentration, der übermäßige Anteil des Boulevard, die Schwäche der Qualitätsmedien, das mangelnde Bewusstsein der Eliten, dies als demokratisches Defizit zu empfinden, und die besondere Stellung des öffentlich-rechtlichen Rundfunks sind solche Eigenarten. Sollte man besser sagen: Eigenartigkeiten? Oder Eigenunartigkeiten?

Wenn ich mir den Luxus gestatte, hier nur von Problemen von Medien unter demokratischen Verhältnissen zu sprechen, dann deshalb, weil Österreich ein demokratisches Land ist. Wir sehen also von Zensur, gewalttätiger Einschränkung der Meinungsfreiheit, Morddrohungen und Ermordungen von Journalisten und staatlicher Lenkung der Presse ab, wie sie in totalitären Regimen oder Schurkenstaaten die Regel sind.

Das Problem, mit dem sich reife Demokratien konfrontiert sehen, ist die Abschaffung der Öffentlichkeit durch öffentliche Medien. Öffentlichkeit ist untrennbar verknüpft mit einer Art öffentlichem Räsonnement, wie es in der von Zeitschriften und Zeitungen geprägten Öffentlichkeit der Aufklärung entstand. Deswegen konzentrieren sich diese kurzen Betrachtungen auch nicht zukunftsfroh auf neue technische Medien oder gar auf Unterhaltungsmedien wie Fernsehen. Wenn man wie Jürgen Habermas glaubt, dass Qualitätszeitungen notwendig sind, um dem gesellschaftlichen Dialog Impulse zu geben, die diesen am Leben halten, wird man die österreichischen Verhältnisse mit besonderer Skepsis betrachten. Hier kommen politische und gesellschaftlich relevante Impulse nämlich von allen anderen, nur nicht von Qualitätsmedien.

Die Medienkonzentration ist hier überdurchschnittlich hoch, ausländisches Medienkapital unverhältnismäßig stark vertreten. Wobei es um das Ausmaß geht; eine deutsche Beteiligung macht zwar keinen zum Schuft, aber sie hat auch noch keinen Trottel gescheit gemacht. Oligopole sind abzulehnen, egal ob sie In- oder Ausländern gehören. Der Boulevard ist übermächtig. Die Eigentumsverhältnisse des größten Gratismediums sind intransparent. Die wenigen Qualitätsmedien haben vergleichsweise hohe Marktanteile, aber sie sind gesellschaftlich ohne Gewicht.

Beim wirtschaftlich und politisch bedeutungslosen Privatfunk versagen die Medien als Geschäftsunternehmen und argumentieren dennoch politisch damit, dass sie öffentliche Förderungen brauchen. Dabei schlagen gerade hier die Praktiken Fonds-getriebener Eigentümer bereits durch, wie am Beispiel von Puls-4-TV zu sehen, wo extremes Lohndumping betrieben wird. Der öffentlich-rechtliche Rundfunk (siehe auch weiter unten) liegt fest an der Leine politischer Kontrolle, dennoch gibt es Tendenzen, ihn zu privatisieren, also abzuschaffen. Community-orientierte audiovisuelle Medien haben nur marginale Bedeutung.

Die Medienpolitik agiert trotz einiger Erfolge bei der Marktregulierung planlos und will vor allem die Problemstellung nicht erfassen: dass sie unterscheiden muss zwischen marktgetriebenen und publizistisch motivierten Medien. Selbstkontrollinstanzen wie ein Presserat fehlten lange Zeit und waren durch windelweiche Surrogate ersetzt.

Die Gründe dieser Misere lassen sich schnell benennen: der kleine Markt, das je schon schwache Bürgertum, die Vertreibung und Ermordung der Juden, die besonderen Umstände beim Aufbau der Zweiten Republik, die auf alle demokratischen Institutionen Wert legte, nur nicht auf Öffentlichkeit, die fehlende Re-Education nach 1945.

Das alles ist bekannt. Ebenso bekannt, aber weniger gern diskutiert sind die korrupten Seiten unserer Medienlandschaft. Korruption bedeutet ja so viel wie Missbrauch seiner Machtstellung zum eigenen Vorteil. Ein eklatanter Fall war etwa jener Brief an die Abgeordneten des Nationalrats, mit dem der Herausgeber der *Kronen Zeitung*, Hans Dichand, ein Gesetz zu Gunsten seiner Kolporteure ändern ließ. Das gnädige Dunkel der Zeitgeschichte liegt ja bereits über dem Zustandekommen seiner Eigentümerschaft an seinem Blatt. Die Sprachregelung der Zeitgeschichtler lautet, die Eigentümer hätten das Blatt mit Einsatz erstaunlich geringer Finanzmittel an sich gebracht.[1]

Mit anderen Methoden brachte Wolfgang Fellner jene Fusion des trend-profil-Verlags mit der News-Gruppe zustande, die alle Experten und unbeteiligten Verleger abgelehnt hatten. Er sprach Anfang März 2003 in letzter Minute bei der Vizekanzlerin und FPÖ-Chefin Susanne Riess-Passer vor und verhinderte damit einen angekündigten Einspruch des Justizministers Böhmdorfer. Der verstorbene Aufdeckungsjournalist Alfred Worm enthüllte später, dass er bei den Fellners danach alles schreiben durfte, bis auf eines: „Ich durfte nur nicht gegen die Susanne Riess-Passer schreiben. Das heißt – schreiben durfte ich schon, es ist nur nie erschienen ...“[2] Selbstverständlich dementiert Fellner das. Hingegen erschien das erste Heft von *Woman*, einer Fellner-Publikation, nach erfolgter Fusion ostentativ mit einem großen Riess-Passer-Interview.

Das alles ist möglich und wird als normale Geschäftstätigkeit empfunden. Man kann in gewissen Medien gute Plätze in Rankings kaufen. Manche Firmen kaufen sich schlicht ihre positive Berichterstattung, ohne dass diese Berichte gekennzeichnet würden. Wer im Anzeigenverkauf heute keine redaktionelle Leistung anbieten kann, hat es bereits sehr schwer. Als Chefredakteur eines Mediums, das solche Praktiken verweigert, darf ich Ihnen das versichern.

Kickbacks gehören im Anzeigengeschäft ebenso zur Normalität wie das Angebot positiver oder die Drohung mit negativer Berichterstattung, zu Deutsch Erpressung. Manches freundliche Gesicht eines Politikers lacht aus Publikationen nicht deswegen heraus, weil dessen tüchtige Werbemanager gerade dieses Medium als idealen Werbeträger identifiziert haben. Meist geht es um Beziehungspflege auf einer direkten, monetären, in Anzeigenaufträgen zu quantifizierenden Ebene. Umgekehrt habe ich schon politische Berater und Mitarbeiter von Spitzenpolitikern unter Drohungen stöhnen hören, der jeweilige Mann oder die jeweilige Frau würde angegriffen, falls er (das heißt sein Amt) nicht bezahle.

Man kann manchen kampagnisierenden Journalismus, der heute seine Gunst, morgen sein Ressentiment über die gleichen Leute ergießt, oft so einfach erklären. Verglichen damit nehmen sich jene Kampagnen zur Aufhetzung der Bevölkerung, die bloß die Leser-Blatt-Bindung erhöhen sollen, geradezu lauschig aus. Konzentration und Digitalisierung verschärfen die Zerrüttung. Der Wettbewerb um die Aufmerksamkeit wird schneller und gnadenloser, Medienopfer werden ohne Bedenken vorgeführt und mithilfe von Gerüchten und Halbwahrheiten öffentlich hingeschlachtet.

Andererseits erleben wir einen teilweise unverschämten neofeudalen Zugriff politischer Machthaber auf das öffentlich-rechtliche Medium, namentlich in den ORF-Landesstudios. Product Placement und Schleichwerbung, in Deutschland Anlässe für Skandale, lächelt man bei uns weg. Kumpanei mit und Liebedienerei vor Potentaten aller Art, vor allem vor

Wirtschaftbossen, die über Anzeigenetats verfügen, sprengen die Grenzen jeglichen Geschmacks. Man kann also durchaus von Verluderung auf allen Ebenen sprechen.

Draußen: die neoliberale Wende

Werfen wir aber dennoch einen Blick nach Westen, auf die neoliberale Wende, die weltweit nach 1989 unter dem berühmten Slogan von Margaret Thatcher: „TINA – There is no alternative" ablief. Sie sah aus, als folge sie einem Naturgesetz. Aber sie beruhte – wie immer – auf politischen Entscheidungen. Auch Deregulierung ist nur eine menschliche Schwäche. Im Fall der Medien lief die Deregulierung folgendermaßen ab: Unter den US-Präsidenten Reagan und Clinton lockerte die FCC, die Federal Communications Commission, ihre Regeln. Sie erlaubte den Telefongesellschaften, Fernsehen und Mediendienste anzubieten. Ein neues Mediengesetz erhöhte den zulässigen Marktanteil der Fernsehunternehmen von 20 auf 35 %, es beschränkte terrestrische Sender, Kabelunternehmen und Telefongesellschaften nicht mehr auf ihr Kerngeschäft. Eine Fusions- und Konzentrationswelle war die Folge.[3]

Die technischen und finanziellen Erfordernisse der Digitalisierung und das entfesselte Finanzkapital beschleunigten die Konzentration. Es bildeten sich riesige und durch Fusion und Zukäufe ständig ihre Gestalt wechselnde Medienkonzerne. Wurde der Medienmarkt der USA 1983 von 50 Gesellschaften beherrscht, waren es 2004 gerade noch fünf.[4] Die Konsequenzen dieser Entwicklung reichen vom Irak-Krieg mit seiner bewussten Irreführung der Öffentlichkeit bis zur Krise der Musikindustrie durch die Downloadmöglichkeiten des Internet und dem Niedergang der großen Qualitätszeitungen in den USA.

Eine Institution der Qualitätspublizistik wie das *Wall Street Journal* fiel an den skrupellosen Medientycoon Rupert Murdoch. Finanzinvestoren üben Druck auf die *New York Times* aus, ihre Gewinne zu steigern. Die *Los Angeles Times* wurde an einen Finanzinvestor verkauft.

Die Renditeziele der alten Verlegerfamilien sind den Finanzhaien und den Fonds zu niedrig. Sie fordern Kostensenkungen, aber sie hängen nicht wie jene Familien auch publizistischen Zielen nach, sie fühlen sich nur ihren Aktionären, also der Profitmaximierung verantwortlich. Viele Verlage haben in Internet-Ausgaben investiert, weil sie sich damit Druckkosten ersparen wollen. Nun wandern die Leser dorthin ab, die Inserenten folgen ihnen in noch nicht ausreichendem Maß. Kostenpflichtige Internet-Dienste haben die Erwartungen der Verleger nicht erfüllt; von der *New York Times* abwärts gibt es nun alle Angebote wieder gratis. Allein 2007 ging die Auflage der Tageszeitungen in den USA um 2,5 % zurück, Werbeeinnahmen sanken um 7 %, die Erträge der Verlage um 10 %.

Das Tempo diese Entwicklung beschleunigt sich, ein Ende ist abzusehen: Die Zeitung auf Papier gibt es, wie der Schriftsteller Tom Wolfe vor Jahren voraussagte, vielleicht bald nur noch als Fetisch[5] für Leute, die damit ihren sozialen Status unter Beweis stellen wollen. Lesen wird man sie dann nur noch auf computerbetriebenen Folien oder per Sonde im Hirn. Bill Gates zufolge ist die Zeitung ohnedies bereits 2000 ausgestorben, worüber wir allerdings – wie der zu früh verstorbene großartige Journalist Herbert Riehl-Heyse bemerkte – noch immer mit Vergnügen auf Zeitungspapier berichten.[6]

Rendite versus Qualität

Wie auch immer: Betriebsunfälle bei den Institutionen der Publizistik sind Ergebnisse des Renditedrucks. Sie haben System, denn die Redaktionen sind der größte Kostenfaktor – je qualitätsvoller ein Medium, desto teurer seine Redaktion. Um nur zwei dieser bekannten Betriebsunfälle zu nennen: Jason Blair, der Reporter der *New York Times*, betrog jahrelang seine Redaktion und das Publikum mit erfundenen Geschichten. Die *Los Angeles Times* ist nach wechselhafter Geschichte nun im Besitz eines Immobilienhais; er feuert Chefredakteure, wenn sie nicht auf Kosten inhaltlicher Substanz sparen wollen, und schon ist das Blatt nicht mehr jene Instanz, die es war: Vor kurzem publizierte die *LA Times* Akten, die den Mord an Rapper Tupac Shakur aufklären sollten. Leider waren die Akten gefälscht.[7]

In Deutschland zeigt der Fall der an den Finanzinvestor David Montgomery verkauften *Berliner Zeitung*, wohin diese Entwicklung geht. Die Redaktion streikt, Redakteure werden entlassen, ein Chefredakteur nach dem anderen kündigt oder wird gefeuert, weil er die Sparmaßnahmen nicht mittragen will.

Alle paar Augenblicke springt irgendwo ein Medienmanager aus der Kiste und versichert, es komme nicht auf die Form an, in denen Inhalte zu Ihnen gelangen, sondern auf die Inhalte. Hier, meine ich, ist Misstrauen angebracht. Hinter solchen wohlfeilen Slogans steckt meist bloß der Wille zur Kostenreduktion und zur Zähmung unbotmäßiger Redaktionen. Qualität, Recherche, Ausbildung von Redakteuren kosten Geld – wenngleich hier nicht verschwiegen werden soll, dass ein Journalisten-Kollektivvertrag wie der in

Österreich gültige tatsächlich eine Form der Privilegiertheit festschreibt, die qualitativen Journalismus ebenfalls von innen her bedrohen kann.

Aber Redakteure brauchen Zeit, um Hintergründe aufzudecken, zu recherchieren, solide Geschichten zu schreiben. Genau das nimmt ihnen der Zeitdruck der Rund-um-die-Uhr-Aktualität. „Organisierten Zeitmangel" nannten das seinerzeit Oskar Negt und Alexander Kluge.[8] Wer weiß, welchen Zeitluxus wirkliche Qualitätsmedien ihren Journalisten zur Verfügung stellen, versteht die Bedrohung. Verleger, die sich mit ihren Newsrooms brüsten, in denen multifunktionale Redaktionsarbeiter ins Hamsterrad treten, haben daran kein Interesse. Sie simulieren Journalismus im Minutentakt und per Multichannel, um mit den bewusstlosen Simulakren ihr Geschäft zu betreiben. Auf allen Kanälen in die Gosse.

Man muss weder Fortschrittsfeind noch Maschinenstürmer sein, um einzusehen, dass es am Ende gleichgültig ist, in welcher Form eine Nachricht, ein Bild oder ein Kommentar zu uns gelangen, solange sie die Kulturleistung des Journalismus erbringen.

Weil dieser kultivierte Journalismus durch den Strukturwandel in Gefahr geriet, gibt es in den USA bereits privat finanzierte Initiativen wie das Redaktionsbüro „Pro Publica", geleitet von Paul E. Steiger, einem ehemaligen Chefredakteur des Wall Street Journal. Sie versuchen, den investigativen qualitativen Journalismus zu erhalten,[9] und bieten ihre Geschichten Qualitätsmedien an. Eine gutgemeinte Fehlentwicklung, denn Redaktionen sind lebendige Organismen, in denen Urteile gebildet, diskutiert und gerechtfertigt werden müssen. Gerade diese Prozesse lassen sich nicht „outsourcen".

Was ist journalistische Qualität?

Eine Frage, bei der heimische Medienmanager sich nicht zu blöd sind, auf eine ISO-Normdefinition zurückzugreifen und die Kundenerwartung in den Mittelpunkt zu stellen. „Qualität ist die Gesamtheit von Eigenschaften und Merkmalen einer Einheit, bezüglich ihrer Eignung, festgelegte oder vorausgesetzte Erwartungen und Anforderungen zu erfüllen",[10] lautet die Antwort nach DIN ISO 8402. Das bedeutet noch gar nichts, denn es kommt ja darauf an, wer die Erwartungen festlegt!

Ich würde sagen, journalistische Qualität liegt vor, wenn ein Medium mit den entwickelten Techniken des Journalismus, also mit Recherche und sorgfältiger Überprüfung der Fakten den beiden alten Forderungen der Aufklärer genügt: nämlich nach dem zu fragen, was es nicht weiß, und das zu sagen, was es weiß. Ein Medium muss ohne kommerzielle Interessen handeln und seine politischen Interessen offenlegen. Es muss dem enormen Druck der Public-Relations-Industrie und der Inserenten widerstehen. Es muss sich über seine eigenen Standards im Klaren sein, diese verdeutlichen und laufend überprüfen, damit man von journalistischer Qualität sprechen kann. Kurz, es muss Öffentlichkeit möglich machen.

Es gibt längst Ansätze von journalistischer Qualitätsforschung, es gibt Vereinigungen zur Überprüfung dieser Qualität, es gibt vehemente öffentliche Debatten zum Thema. Für uns hierzulande ist das alles noch etwas neu. Es war ja erst 1842, als in der *Rheinischen Zeitung* ein „Rheinländer" schrieb: „Die erste Freiheit der Presse besteht darin, kein Gewerbe zu sein".[11] Dieser Rheinländer war ein gewisser Karl Marx. Seinen Satz würde man gern über die Eingangstür zur österreichischen Pressehölle meißeln, stünde dort nicht eher ein danteskes Motto. Lasst alle Hoffung fahren, die ihr eintretet, lautet es, was hier zählt, ist nicht publizistischer, sondern ökonomischer Erfolg. Nicht die Qualität publizistischer Impulse, sondern die Fähigkeit, die Massen zu lenken, ist das, was hier geschätzt und gesellschaftlich anerkannt wird.

Anmerkungen zum österreichische Boulevard: Kronen Zeitung, Heute und Österreich

Ein undankbares Thema, dieser österreichische Boulevard. Wo anfangen? Praktisch im Wochentakt passieren Ausrutscher, Grenzüberschreitungen, Dinge, die unstatthaft sind. Man weiß gar nicht genau, welchen Skandal man zum Anlass seiner Betrachtungen nehmen soll. Als habitueller Medienkritiker wird man langsam des Anprangerns müde, aber dann reißt man sich, eingedenk dessen, dass man sich bekanntlich Sisyphus als einen glücklichen Menschen vorstellen muss, wieder zusammen.

Woanders ist das alles ja noch viel, viel schlimmer. Immerhin haben wir in Österreich weder Berlusconi als Regierungschef, der sich per Gesetz den Persilschein für seine Machenschaften ausstellen lässt, noch haben wir einen Boulevard, der so giftig und unverhohlen rassistisch und menschenfeindlich agiert wie der englische. Unser Boulevard hat Facetten von all dem, trotzdem umgibt ihn die Gloriole der österreichischen Putzigkeit. Wir sind so klein, lieb, anders und besonders. Selbst der Teufel wirkt bei uns irgendwie herzig.

Die österreichischen Einzelfälle scheinen so lohnend, dass man immer dazu verlockt wird, den österreichischen Sonderfall zu beschwören. Der österreichische Sonderfall liegt aber nicht auf dem Boulevard vor, sondern bei den Qualitätsmedien. Diese Qualitätsmedien sind die Rückseite der österreichischen Misere. Aus den bekannten historischen Gründen sind sie einfach zu schwach, um ein gesellschaftlich relevantes Gegengewicht zum Boulevard dazustellen. Die Gründe der Misere habe ich oben schon genannt.

Der deutsche Kanzler mag sich mit *Bild*, der englische Premierminister mit der *Sun* ins Bett legen, sie führen immer noch zur gleichen Zeit einen ernsthaften Diskurs mit den Qualitätsmedien dieser Länder. Das heißt aber auch, um mit ihren gesellschaftlichen Eliten zu kommunizieren, bedürfen sie anderer Medien als jener des Boulevards. Nicht so bei uns. Weder Politik noch Wirtschaft messen den in bescheidenem Ausmaß tatsächlich vorhandenen Qualitätsmedien irgendeine Bedeutung für ihr Handeln zu; das heißt, sie akzeptieren als einzigen medialen Impuls und wohl auch als ihre hauptsächliche Informationsquelle den österreichischen Boulevard.

Angesichts des österreichischen Boulevard-Desasters fällt es schwer, Humor zu bewahren. Der öffentliche Haushalt der Nation wird zu stark von diesen Medien bestimmt. Deren Triebkraft ist keine publizistische. Es geht ihren Eigentümern nur um ihren ökonomischen Erfolg; allenfalls vorgeschobene politische Zwecke oder Sympathien dienen nur der Erhaltung von Macht und der damit verbundenen Sicherung des ökonomischen Zwecks. Am deutlichsten sagt das Eva Dichand: Zeitung ist bloß ein Geschäft. Der geschäftliche Erfolg (oder dessen Simulation) stellt in Österreich den einzigen gesellschaftlichen Maßstab der Presse dar. Das ist unser Problem. Und es ist gar nicht putzig.

Der ORF - eine Orgie im Konjunktiv

Re-Education fehlte, wie gesagt, in Österreich nach 1945. Aber sie war doch da: Sie steckt in der Idee des öffentlich-rechtlichen Rundfunks. Die öffentlich-rechtlichen Rundfunkanstalten wurden nach dem propagandistischen Missbrauch der Medien durch das Naziregime im Geist des Nie-mehr-Wieder geschaffen. In Deutschland, aber nicht in Österreich. Das Land war den Alliierten nicht wichtig genug. Die Parteien nahmen die Sache in ihren Griff. Ein Volksbegehren befreite den ORF 1964 kurzfristig daraus und gab ihn stattdessen in den Griff Gerd Bachers, der ein Programm nationalkonservativer Öffentlichkeit hatte. Immerhin - ein Programm. Und Bacher kuschelte wenigstens nicht mit seinen Feinden.

Es gab auf Seiten der Politik stets das vage Gefühl, etwas laufe bei der Medienentwicklung schief, aber es war nicht ganz klar, was. Man musste gegensteuern. Die Kontrolle über die Printmedien hatte man verloren, also brauchte man den Einfluss auf den ORF.

Politiker bestreiten natürlich, jemals auf dem Küniglberg angerufen zu haben. Wo denken Sie hin? Sie würden nie irgendwo anrufen. Als wäre es eine Schande, sich bemerkbar zu machen, seine Sache zu vertreten, sich offensiv zu äußern. Es ist aber, das spürt der intervenierende Politiker, selbstverständlich eine Schande, dort zu intervenieren, wo man Druck ausüben kann, weil auf der anderen Seite Verpflichtete stehen. Guter Journalismus muss in der Lage sein, solche Pressionen abzuwehren, sonst ist er keiner. Augenblicklich scheint das in Fragen der politischen Berichterstattung beim ORF weitgehend der Fall zu sein. Weniger, weil der Druck von Seiten der Politik nachlässt, eher, weil das verantwortliche Personal sich zur Wehr setzt, während es in der Ära des Kanzlers Schüssel diesem noch die Sessel der TV-Konfrontation zum Probesitzen ins Bundeskanzleramt brachte.

Auch Gerhard Zeiler ließ als Generalintendant in den 1990er Jahren keine politischen Interventionen zu; er schützte den ORF, lieferte ihn jedoch gleichzeitig dem Quotenkurs vollständig aus. Er kommerzialisierte ihn, das heißt, um sie zu erhalten, gefährdete er seine öffentlich-rechtliche Substanz. Er musste das wohl tun, denn die Politik garantiert dem ORF keine Unabhängigkeit von Werbeeinkünften. Auf einem kleinen Markt hat der Sender zu wenig Seher, um sich von Gebühren allein finanzieren zu können. Also ist er auf die Gunst der Werbewirtschaft angewiesen. Er muss sich ihr anpassen, und Zeiler tat dies, indem er Ö3 zu einem Formatradio machte.

Formatradios sind aus den USA stammende Kommerzprodukte, die sich opportunistisch so lange an den Publikumsgeschmack anpassen, bis sie ihm optimal entsprechen. Das ist das genaue Gegenteil dessen, was der öffentliche Auftrag vorsieht. Die Schwierigkeit besteht darin, dass gegenüber Österreichs verhunzter Printmedienlandschaft der ORF die Aufgabe hat, das fehlende Qualitätsmedium zu substituieren. Er tut das in vielen Fällen auch mit Anstand, man braucht nur an den Sender Ö1 zu denken. Aber er muss in den Stand gesetzt werden, sich vom Druck der kommerziellen Entwicklungen unabhängig zu machen. Dazu muss er diese zur Sprache bringen. Der ORF hat die Verpflichtung, sich und seinen Auftrag öffentlich zu artikulieren und diskutierend weiterzuentwickeln. Das ZDF zum Beispiel veranstaltet zu diesem Zweck jährlich international erstklassig besetzte Medientage, auf denen die Probleme von Medien zwischen Markt, Kommerzialisierung und demokratischem Auftrag diskutiert werden. Der ORF schweigt.

Dabei müsste er von der Politik ständig seine Unabhängigkeit fordern, die auch im neuen Rundfunkgesetz nicht erreicht ist. Und er müsste der

Gesellschaft klarmachen, was diese für ihr Geld bekommt. Es ist wie bei der Gerechtigkeit. Es reicht nicht, sie zu gewähren, man muss auch sichtbar machen, dass man sie gewährt, wie eine altbekannte juristische Redewendung lautet.[12] Der ORF als das fehlende Qualitätsmedium hat öffentlich sichtbar zu machen, worin die Aufgabe von Medien besteht. Tut er es nicht, betreibt er Selbstaufgabe. Der ORF bräuchte nicht nur vernünftige Mediensendungen, er müsste auch der publizistischen Intelligenz des Landes eine Bühne bieten und sie fördern.

Stattdessen nimmt er sein Leihpersonal vor allem von den auflagenstarken Printkonkurrenten, von seinen natürlichen Feinden. Er macht systematisch jene stärker, die ihn schwächen. Zitiert wird oft nicht, was interessant ist, sondern was von der mächtigsten Quelle kommt. Machen wir uns nichts vor: Journalisten der *Kronen Zeitung*, von *Österreich* oder Produkten der News-Gruppe treten nicht ihrer hervorragenden Eignung wegen als Talkshowgäste oder Interviewer im ORF auf, sondern als Ergebnis des Gemauschels, eines Gegengeschäfts mit ihren mächtigen Verlagshäusern.

Auch Politiker repräsentieren meist nicht die Öffentlichkeit im ORF, ihre Präsenz ist Teil eines Gegengeschäfts. Der ORF sollte diese Geschäfte einseitig kündigen. Dass er es nicht tun kann, zeigt halt doch die wahren Machtverhältnisse. Der ORF müsste sein Programm und die Macht seiner Exponenten, deren angesammeltes Aufmerksamkeitskapital nutzen, um seine wirkliche Unabhängigkeit von der Politik durchzusetzen. Wenn auch nicht von der öffentlichen Sphäre; der muss er verantwortlich bleiben. Das jetzige Gesetz reicht mit seinem politisierten Stiftungsrat, wie gesagt, dafür nicht aus.

Gewiss hat sich einiges geändert, seit Armin Wolf bei der Verleihung des Robert-Hochner-Preises 2006 das Äußerste dessen sprach, was man auf dem Küniglberg Klartext nennen kann. Klartext wird dort sonst meist nur auf dem Totenbett geredet. Wolf zitierte auch aus jenem letzten Interview, das mir sein Vorgänger Robert Hochner kurz vor seinem Tod gegeben hatte, und Wolf präludierte damit tatsächlich den letzten Generaldirektorenwechsel im ORF.

Einiges ist seitdem anders geworden beim ORF. Das meiste bleibt noch zu tun. Viel Zeit bleibt nicht. Der nächste Machtwechsel hat bei Drucklegung schon stattgefunden; der ORF müsste neu gegründet werden, um ihn vor den damit verbundenen Gefährdungen seiner Aufgaben zu schützen.

Man kann tatsächlich sagen, es komme nicht darauf an, in welcher materiellen Gestalt uns Medien entgegentreten. Es gibt allerdings ein altmodisches Argument für die Zeitung, für klassische Medien insgesamt: Sie haben eine integrierende Wirkung, weil sie ein gestaltetes Ganzes darstellen, das sich seinem Publikum und allen Teilnehmern daran gleich gegenüberstellt. Jeder weiß, worüber er spricht, wenn er die Zeitung oder ein Buch gelesen, einen Film gesehen hat; er hat das Gleiche gelesen oder gesehen. Im Internet ist diese Erfahrung isoliert, fragmentiert und kann zudem jede Minute anders aussehen.

Auch das Fernsehen ist im Grunde für seine öffentlich-rechtliche Funktion wohl höchstens teilweise geeignet; es ist ein Unterhaltungsmedium, kein Diskursmedium. Jürgen Habermas schreibt:

> Die Öffentlichkeit leistet zur demokratischen Legitimation des staatlichen Handelns ihren Beitrag, indem sie politisch entscheidungsrelevante Gegenstände auswählt, zu Problemstellungen verarbeitet und zusammen mit mehr oder weniger informierten und begründeten Stellungnahmen zu konkurrierenden öffentlichen Meinungen bündelt. Auf diese Weise entfaltet die öffentliche Kommunikation für die Meinungs- und Willensbildung der Bürger eine stimulierende und zugleich orientierende Kraft, während sie das politische System gleichzeitig zu Transparenz und Anpassung nötigt. Ohne die Impulse einer meinungsbildenden Presse, die zuverlässig informiert und sorgfältig kommentiert, kann die Öffentlichkeit diese Energie nicht mehr aufbringen.

Und Habermas fügt mit Blick auf die skizzierten Konzentrationsprozesse und den beschriebenen Verwertungsdruck hinzu: „Wenn es um Gas, Elektrizität oder Wasser geht, ist der Staat verpflichtet, die Energieversorgung der Bevölkerung sicherzustellen. Sollte er dazu nicht ebenso verpflichtet sein, wenn es um jene andere Art von ‚Energie' geht, ohne deren Zufluss Störungen auftreten, die den demokratischen Staat selbst beschädigen?"[13]

Es scheint in der Tat der einzige Ausweg aus der medialen Verblödungs-, Verwertungs- und Verwahrlosungsspirale: Der Staat, die Demokratie, die Öffentlichkeit müssen verstehen, dass sie ihre eigenen Grundlagen schützen und erhalten, wenn sie journalistische Qualität und die bestehenden Reservate einer funktionierenden Öffentlichkeit stützen. Es wäre schön, würde bei den Verantwortlichen Bewusstsein dafür einsetzen.

Mit Verantwortlichen meine ich nicht nur Politiker, sondern alle an einer demokratischen Gesellschaft Interessierten. Und ich denke dabei nicht nur an Geld, ich denke an Anerkennung und an das Gespür für moralische

Grenzen. Jedenfalls ist es an der Zeit, nach dem neoliberalen zu einem neuen, zu einem erneuerten öffentlichen Paradigma zurückzufinden. Nur so ließen sich die österreichischen Medienzustände verändern.

Anmerkungen

1 Helmut KONRAD, Manfred LECHNER, Millionenverwechslung. Franz Olah. Die Kronenzeitung. Geheimdienste, Wien 1992.
2 Extradienst 9/2006.
3 Dieter PROKOP, Der Kampf um die Medien, Hamburg 2001, 417.
4 David DADGE, Good Fences Make Good Neighbours, Vortrag beim 6. Wiener Globalisierungs-Symposium, Juni 2005, Wien 2006.
5 Süddeutsche Zeitung, 16.1.2008.
6 Herbert RIEHL-HEYSE, Arbeiten in vermintem Gelände. Macht und Ohnmacht des Journalismus, Wien 2002, 92.
7 Süddeutsche Zeitung, 29./30. März 2008, 23.
8 Oskar NEGT, Alexander KLUGE, Öffentlichkeit und Erfahrung. Zur Organisationsanalyse von bürgerlicher und proletarischer Öffentlichkeit, Frankfurt am Main 1973.
9 NZZ 28.3.2008, 31.
10 Hans-Jürgen BUCHER, Klaus-Dieter ALTMEPPEN, Qualität im Journalismus, Wiesbaden 2003, 81.
11 Karl MARX, Debatten über Preßfreiheit und Publikation der Landständischen Verhandlungen. Rheinische Zeitung Nr. 139, 19. Mai 1842.
12 Zugeschrieben Lord Hewart, dem nicht besonders gut beleumundeten Lord Chief Justice in England 1922–1940, gern auch verwendet vom Europäischen Gerichtshof für Menschenrechte.
13 Süddeutsche Zeitung, 16.5.2007.

Neue Medien - alte Leiden

Alexander Mitteräcker

Der Wandel des Internets, von einem Netzwerk für akademische beziehungsweise ursprünglich militärische Zwecke zu einem allgemein verfügbaren Kommunikationsmittel, hat unser Leben in den letzten 15 Jahren in vielen Belangen radikal verändert. Genauso wie Telegramm, Telex und im Wesentlichen auch Telefax durch E-Mail innerhalb kürzester Zeit obsolet wurden, setzt sich inzwischen der Gedanke durch, dass die im Internet geschaffenen „neuen Medien" bestehende, wie Zeitungen, Zeitschriften oder Fernsehen, in vielen Lebenssituationen ablösen werden. Dieser Ansatz ist insofern radikal, als dass es als historisch erwiesen galt, dass keine neue Mediengattung jemals eine bestehende gänzlich verdrängt hat. Fernsehen, als das „neue Medium" der vergangenen Generation, ließ weiterhin Platz für Radio, genauso wie dieses die Existenz von Zeitungen nicht in Frage stellte. Doch die „neuen Medien" der Gegenwart vereinen inzwischen alle Formate der bestehenden Gattungen wie Text, Bild, Video und Audio. Das Internet ist das universelle Kommunikationsmedium geworden. Insofern sind wir Zeugen einer Veränderung, die historisch vielleicht einmal mit Gutenbergs Erfindung des Buchdrucks gleichgesetzt wird und bekanntlich hat diese jegliche handgeschriebene oder gar in Stein gemeißelte Überlieferung unnötig gemacht.

Doch ganz nüchtern betrachtet haben Online-Medien in ihren Anfängen Mitte der 1990er Jahre, abgesehen von umfangreicheren grafischen Möglichkeiten, nicht viel Neues gebracht zu einem Medium, welches in so gut wie jedem Haushalt verfügbar war: dem Teletext. Die reine Online-Präsentation von oft nicht mehr ganz aktuellen Nachrichten in Textform wurde allerdings noch um ein wesentliches Detail erschwert - ein PC war für den Konsum notwendig. Die neue Medienwelt war somit in einem ersten Schritt aus den Wohnzimmern verbannt und erlebte seinen Durchbruch an einem Ort, wo bisher in den meisten Fällen nur ein Transistorradio den Medienkonsum ermöglicht hat, nämlich dem Arbeitsplatz.

Tatsächlich war es Mitte der 1990er Jahre so weit, dass die meisten Leute sich am Arbeitsplatz mit dem PC anfreunden mussten. Die Nutzung von E-

Mail als Kommunikationsmittel war der Grund, warum viele Unternehmen ihren Mitarbeitern mittels PCs den Zugang zum Internet ermöglichten. Und in einem weiteren Schritt wurde das World Wide Web für die Nutzung diverser online verfügbarer Services genutzt. Was mit dem elektronischen Telefonbuch begann, setzte sich innerhalb kürzester Zeit für jegliche Form der Suche fort, inzwischen sogar mit dreidimensionaler Visualisierung von geografischen Begebenheiten. Diese Vernetzung hatte einen angenehmen Nebeneffekt für die Dienstnehmer – der PC ermöglichte es auch weniger für den professionellen Gebrauch ausgerichtete Angebote zu konsumieren, allen voran Nachrichten. Es ist gegenwärtig noch immer so, dass die Zugriffe auf Nachrichtensites in der Mittagszeit von Werktagen ihre Spitze erreichen, obwohl die Internetnutzung zu Hause mittlerweile ein sehr hohes Niveau erreicht hat. Insgesamt ist die Reichweite von Online-Medien inzwischen durchaus vergleichbar mit der von Tageszeitungen oder anderen klassischen Medienprodukten. Spannend bleibt die Nutzung über mobile Endgeräte, allgemein Handys oder Smartphones genannt. Hier kommen zwar seit dem Jahr 2000 Geräte heraus, die das mobile Internetsurfen in einer komfortablen Form ermöglichen sollen. Doch das erste wirklich massentaugliche Gerät kam – abgesehen vom japanischen Markt, wo, bedingt durch extrem hohe Wegzeiten in öffentlichen Verkehrsmitteln, sich eine eigene mobile Internetkultur entwickelt hat – erst im Jahr 2007 in Form des iPhones auf den Markt.

Aktuelle Werte von Zugriffen über das iPhone machen es absehbar, dass Online-Medien nun auch in der mobilen Ausprägung zum Massenprodukt werden und sich damit endgültig vom Büro-PC emanzipieren, nicht zuletzt bedingt durch eine Handypenetration von quasi 100 % und einer hohen Austauschfrequenz der Geräte. Ob sich daraus eine weitere neue Mediengattung entwickelt, oder es eben nur eine mobile Ausprägung der bestehenden Online-Medien bleibt, wird die Zukunft zeigen. Es spricht allerdings aus heutiger Sicht viel dafür, dass dieselben Angebote am Arbeitsplatz, zu Hause und auch unterwegs konsumiert werden.

Inhaltlich brachten die ersten Online-Medienprodukte der 1990er Jahre noch keinen dramatischen Mehrwert für die Nutzer. Verlage und andere klassische Medienunternehmen behandelten den neuen Zweig ihres Schaffens oft auch sehr stiefmütterlich, war ihnen doch das neue Betätigungsfeld in einem Punkt ein Dorn im Auge: dem Trend alle Inhalte – diese kostbarste Handelsware – gratis anzubieten. Somit wurde sehr viel Zeit damit verbracht, Geschäftsmodelle aufzubauen, welche dem Leser Geld für die Angebote entlocken sollten. Alternativ wurden auch Inhalte einfach zurückgehalten, solange keine befriedigende kaufmännische Lösung gefunden war. Die zwei eigentlichen Vorteile des Mediums nutzten nur die Wenigsten: Geschwindigkeit und Interaktivität. Keine andere Mediengattung erlaubt es dem User zum Zeitpunkt des Abrufs der Information stets den aktuellsten Stand der Nachrichtenlage zu übermitteln. Doch nur wenige Medienunternehmen fanden den Mut, in Online-Redaktionen zu investieren, die ein permanent aktualisiertes Nachrichtenangebot erst möglich machen. Zumal die Einkünfte aus der einzig möglichen Erlösquelle – dem Verkauf von Werbeflächen – nur sehr langsam ins Rollen kamen.

Einige machten jedoch aus der Not eine Tugend und nutzten den Vorteil der Interaktivität für sich: Das Kollektiv der User, welches dem Herausgeber gegenübersteht, bietet sich an Inhalte beizusteuern. Dies wird auch noch gratis gemacht und hat den unglaublichen Nebeneffekt, dass es – sofern einmal in Schwung gekommen – wie eine Kettenreaktion zur Lieferung von noch mehr Inhalten motiviert. Was mit Diskussionsforen begann, ist inzwischen das Erfolgsrezept von Angeboten unterschiedlichen Inhalts wie Wikipedia, YouTube, digg.com oder Facebook. Klassische Medienunternehmen konnten sich mit dem neuen Konzept nur sehr selten anfreunden. Inhalte zu publizieren, deren Ursprung unklar, deren Aussagen ungeprüft (Wikipedia) und deren Quellen vielleicht am Ende auch noch Ansprüche geltend machen würden (YouTube) – das war für einen Verleger oft zu viel Risiko. So passierte es, dass die klassischen Medienunternehmen weitgehend diesen neuen Trend, der nun mit Schlagwörtern wie „user generated content“ oder „Web 2.0“ umschrieben wird, einfach verschliefen.

Insofern erscheint es inzwischen durchaus realistisch, dass die Medientycoone der Zukunft nicht mehr die Namen Hearst, Springer, Holtzbrinck oder Murdoch tragen werden, sondern womöglich eher Zuckerberg (Facebook) oder Rose (digg.com).

Doch der Kampf um die Vorherrschaft der neuen Medien und ihre Refinanzierung aus Werbegeldern, allgemein mit dem etwas banalen Begriff „Banner“ umschrieben, ist vielschichtiger: Sir Martin Sorrel hatte gerade sein WPP-Werbeimperium (Young & Rubicam, Ogilvy) durch die Übernahme des Grey-Netzwerkes (Mediacom) zur mächtigsten Mediaeinkaufsgruppe der Welt gemacht, als Google sich als größte Online-Mediaagentur bemerkbar machte. Die Gründer Larry Page und Sergei Brin sind somit nicht nur quasi Monopolisten bei Suchabfragen, über ihre Plattform wird auch ein wesentlicher Teil aller im Internet gebuchten Werbungen verkauft, wofür natürlich eine schöne Provision eingestreift wird. Zusätzlich haben sie mit YouTube auch die größte Plattform für Videoinhalte im Internet. Sorrel sucht, so scheint es, nach wie vor nach Möglichkeiten, es ihnen gleichzutun.

Microsoft wiederum hat das Problem seine unglaublichen Geldreserven in zukunftsweisende Projekte investieren zu müssen und hat daher das Geschäftsfeld der neuen Medien ganz oben auf seiner Prioritätenliste. Ob nun 6 Milliarden Dollar für die Werbetechnologie der Firma Aquantive hingelegt oder über 40 Milliarden für Yahoo geboten werden, Microsoft versucht sich auf beiden Seiten des Geschäfts - Mediaeinkauf und -verkauf, Letzteres mit seinen eigenen Diensten wie msn, hotmail oder live.com.

Klassische Medienunternehmen investieren natürlich in die Übernahme von erfolgreichen Online-Angeboten beziehungsweise versuchen diese selbst aufzubauen, doch stehen sie zurzeit meist nicht hinter den großen Plattformen. Auch sind sie inzwischen mehr als großzügig darin, ihre Inhalte kostenlos anzubieten. Die wesentlichen Marken für Nachrichten sind zwar online vertreten, aber es ist alles andere als sicher, ob in Zukunft nicht soziale Netzwerke à la Facebook oder Wissensplattformen wie Wikipedia als wesentliche Quelle der Informationsaufnahme dienen werden. Denn hier wandert ein immer größerer Teil des Zeitbudgets hin.

Die Macht des Medieninhabers schwindet bei diesen Angeboten, er ist im extremsten Fall nur mehr wie der Wirt in einem Lokal, der seine Gäste durch unterschiedlichste Angebote bei sich hält, allerdings immer Gefahr läuft, dass diese zu einem Interessanteren wechseln. Die wahre Attraktion sind im Grunde die Gäste selbst, die - wie am Stammtisch sitzend - für die eigentliche Unterhaltung oder Information sorgen. Meinungsbildend einwirken kann er nur sehr beschränkt, da dies womöglich als Manipulation gewertet und von der Gemeinschaft bestraft wird. Das, was Hans Dichand in der Kronen Zeitung seit jeher perfekt gelungen ist, nämlich die Auswahl der Leserbriefe so zu gestalten (oder wie manche behaupten, diese so zu verfassen), dass sie die vom Medium vertretenen Ausrichtungen stets untermauern, ist in der neuen Medienwelt fast nicht mehr möglich.

Ob in Zukunft die Nachrichtenquelle unserer Wahl msn, google news, wikipedia beziehungsweise digg.com heißt oder einen traditionelleren Namen trägt, wie im österreichischen Fall ORF, Standard oder Krone, wird gerade entschieden. Wer nun nationalstaatliche Gefühle bei der Entstehung dieser neuen Medienlandschaft verfolgen will - und es ist wohl unbestritten, dass vor allem unabhängige nationale Medien eine wesentliche Rolle im demokratiepolitischen Gefüge haben -, der muss sich im Falle Österreichs mit einem fast einzigartigen Spezifikum auseinandersetzen.

In kaum einem anderen Land der Welt hat der öffentlich-rechtliche Rundfunk noch eine ähnliche Dominanz wie bei uns der ORF. Durch Versäumnisse in der Vergangenheit, vor allem bei der Öffnung des Marktes für privates Fernsehen, hat der ORF noch immer einen einzigartigen Stellenwert, er ist quasi das Synonym für schnelle Information. Die Breite der Marke, die neben vielem anderen für Jugend (Ö3), Qualität der Recherche (Ö1-Journale) und Masseninformation (ZIB) steht, wurde auch glänzend ins Internet übertragen, mit dem Ergebnis, dass der ORF dort eine mehr als doppelt so hohe Reichweite hat wie das größte private österreichische Nachrichtenangebot.

Unabhängig von jeglicher generellen Diskussion über den Stellenwert von öffentlich-rechtlichen Medien im Allgemeinen und vom ORF samt seinen Gebühren im Besonderen kann wohl niemand die folgende wirtschaftliche Betrachtung der gegenwärtigen Situation leugnen: Der ORF konzentriert mit seinem sehr erfolgreichen Online-Angebot einen wesentlichen Teil der Mediennutzungszeit der österreichischen Bevölkerung auf sich. Diese Zeit ist potenziellen Erlösen gleichzusetzen, da sie die Grundlage für den Verkauf von Werbeeinschaltungen ist. Sogar wenn der ORF nun durch den Gesetzgeber in seinen Möglichkeiten der Vermarktung beschränkt wird (gegenwärtig gibt es eine diesbezügliche Diskussion), fehlt diese Mediennutzungszeit auf Seiten der privaten Angebote. Eine Beschränkung der Vermarktung des ORF wird auch nicht durch die damit erwirkte Reduzierung des Gesamtangebots die österreichischen Online-Werbepreise nach oben treiben und somit die Privaten entschädigen, da das Preisniveau mittelfristig sowieso international festgelegt wird. Zu guter Letzt wird eine werbliche Beschränkung der Online-Angebote des ORF die Zugriffe auf diesem Medium nur steigern, da das Ausbleiben von oft als lästig gewerteten Werbeeinschaltungen voraussichtlich als weiterer Vorteil des Produkts gesehen werden wird. Genauso wie selbst Werbeprofis zugeben am liebsten Ö1 zu hören, weil der Sender ohne Werbung auskommt, würde orf.at werbefrei noch mehr Mediennutzungszeit auf sich ziehen und damit die privaten Angebote weiter schädigen.

Über das Ausmaß dieser Schädigung kann man diskutieren, die Konsequenz ist jedenfalls, dass für eine private österreichische Online-Medienlandschaft deutlich weniger Geld zur Verfügung steht. Das bedeutet weniger Geld, welches in die Qualität der Angebote investiert werden kann und somit eine noch größere Wahrscheinlichkeit, dass der kleine österreichische Online-Medienmarkt am Ende von ausländischen Angeboten bedient wird. Dies könnte sich auf Dauer auch auf die österreichischen Printmedien auswirken. International verfolgen wir bereits, wie im Zuge des Kostendrucks die Zusammenlegung von Online-Redaktionen mit ihren klassischen Gegenstücken durchgeführt wird. Wenn nun der Online-Bereich weniger Einkünfte hat, so wird sich das auf die Größen dieser Redaktionen auswirken und somit auch auf die Qualität der Inhalte des jeweiligen Printprodukts.

Man kann nun leider nicht behaupten, dass in Österreich viel unternommen wird, um den ORF bei seinen Online-Aktivitäten einzuschränken. Stattdessen sind aber unsere deutschen Nachbarn extrem aktiv, obwohl ZDF und ARD vergleichsweise lächerliche Reichweiten haben und es den deutschen Verlegern nur ein wenig lästig ist, dass die öffentlich-rechtlichen Medien mit ihren Angeboten trotzdem Gelder aus dem Verkauf von Werbeflächen lukrieren. In Österreich hat man sich nun scheinbar damit abgefunden, dass die deutsche Lösung, wie immer sie auch sein mag, durch den Umweg über Brüssel auch bei uns umgesetzt werden wird. Nur wird die deutsche Lösung womöglich bedeuten, dass die öffentlich-rechtlichen Sender bei ihren Möglichkeiten der Vermarktung eingeschränkt werden – was, wie oben beschrieben, in Österreich der privaten Medienlandschaft nicht wirklich helfen würde. Es gehört schnellstens etwas unternommen, vielleicht müsste man einmal Armin Thurnher davon überzeugen, dass sein berühmter Schlusssatz inzwischen eigentlich so lauten sollte: „Im Übrigen bin ich der Meinung, das Online-Angebot des ORF muss in seinem Umfang deutlich eingeschränkt werden."

Ansonsten muss man sich leider im Klaren sein, dass eine unabhängige und qualitativ hochwertige österreichische Medienlandschaft ökonomisch in Zukunft nicht mehr zu rechtfertigen sein wird. Es wird dann womöglich sehr viel unternommen werden, dass der ORF strukturell mehr den Anschein der Unabhängigkeit bekommt, doch dass Stiftungsräte und Direktoren politisch bestimmt sind, wird wohl nicht verschwinden. So wird unsere mediale Situation nur durch ausländische Angebote zu mehr Pluralität gelangen. Oder der Gesetzgeber erkennt, dass das Internet es verdient, von den Geistern der Vergangenheit befreit zu werden.

Die Arbeit an der Form
Einige Anmerkungen zu Kunst, Kultur und Politik

Hans Hurch

Allgemeine Betrachtungen zu Kunst und Kultur sind wahrscheinlich von keinem großen Nutzen. Die Verallgemeinerung macht die Erfahrung dünn und unbrauchbar, die Abstraktion schafft ein Feld der Unverbindlichkeit, und die abgeleitete Erkenntnis geht ins Leere. Vieles, was in diesem Zusammenhang gedacht und geschrieben wird, ist kulturpolitische Ideologie, Selbstlegitimation, Pseudoanalyse und institutionalisierte Kritik. Oder einfach schlechter Journalismus.

Wenn von den Forderungen und Erwartungen an eine gegenwärtige und zukünftige Kulturpolitik die Rede sein soll, dann wäre diese doch am einfachsten aus der Sache selbst abzuleiten. Aus der Sache der Kunst und Kultur, die, wenn schon keine gesellschaftliche autonome, so doch eine eigene ist. Kunst und Kultur ist weder Querschnittsmaterie noch politische Knetmasse, sie ist kein gesellschaftspolitisches Feld, das es zu bestellen gilt, noch Material, das zu vermitteln wäre. Kunst ist Form gewordene, gestaltete Erfahrung und Geschichte. Sie ist das Konkrete und Uneingelöste zugleich, jene Bruchstelle einer individuellen und kollektiven Erfahrung, die so nur in der künstlerischen Form existiert.

So seltsam der Widerspruch klingen mag, Kulturpolitik ist in erster Linie der Sache der Kultur verpflichtet, nicht der Sache der Politik. Kulturpolitik hat die Aufgabe, Kunst zu ermöglichen, zu bewahren und zu verteidigen. Sie dient nicht der politischen Legitimation, was nicht bedeutet, dass sie nicht politisch ist.

Dies ist auch deshalb von grundsätzlicher Relevanz, weil der Ursprungsmythos des neuen Österreich nach dem Kriege tief in der Idee einer von Kunst und Kultur durchdrungenen Nation wurzelt, eines Österreichs, auf dem in Wahrheit noch der lange Schatten der faschistischen Barbarei lag. Dieser nationale, identitätsstiftende „Kulturalismus" bestimmte über viele Jahre hinweg in großen Zügen die Kulturpolitik des Landes. Und wenn eine zuständige Ministerin noch vor kurzem bei der erzwungenen Restitution eines berühmten Klimt-Gemäldes an seine jüdische Besitzerin meinte, damit gehe „ein Stück Österreich verloren“, dann spricht sie genau von jenem Österreich.

Und auf die Gefahr hin, dass es kalauerhaft klingt: Ein weiterer Beweis für die hartnäckige Kontinuität jenes repräsentativen Kulturalismus heimischer Prägung ist die unverhältnismäßige politische und ökonomische Aufmerksamkeit, die dem Verband der Opern und Theater, den Musical-Häusern und großen Museen entgegengebracht wird. Es ist kein Kulturkampf oder Verteilungsstreit, der hier zu führen ist, sondern einer für die Sache und gegen Bewusstlosigkeit und mediale Angepasstheit der Kulturpolitik. Ein Streit und Einspruch gegen den kulturellen und ökonomischen Zynismus der Apparate.

Was hier zur Diskussion steht, ist, den alten „Kulturalismus“ im neuen Gewand zu hinterfragen, jenes moderne, kulturpolitische Selbstverständnis, wie es sich in den Museen, Theatern, Opernhäusern und großen Festivals breitgemacht hat und das in einer seltsamen Vermischung von staatlichem Auftrag und privatistischem Ehrgeiz, von kultureller Verpflichtung und quotengesteuertem, medialem Selbstläufertum besteht. Das sogenannte „kulturelle Erbe“ bis zur Unkenntlichkeit ökonomisiert, das künstlerische Werk zu einer Art intellektuellem Museumsshop trivialisiert und die Form als Gegenstand der Vermittlung verachtet, ist dieser moderne, neoliberale Kulturalismus nichts anderes als das populistische Zerrbild jenes alten, repräsentativen und elitären.

Die Geister, die die Politik gerufen hat, kommen jetzt als Gespenster über sie, und im Grunde ist jede Kulturpolitik, gegenwärtig oder zukünftig, auch daran zu messen, ob und in welcher Weise sie bereit ist, bestimmte Ideen von Kultur und damit verbundene Strukturen zu hinterfragen und praktisch neu zu definieren. Kulturpolitik, wie ich sie verstehe, hat nicht den Dienstleistungscharakter einer staatlichen Serviceeinrichtung, sondern sie hat selbst gestalterischen Auftrag. Sie ist nicht der ständischen Klientel eines Ressorts verpflichtet, sondern einer gesellschaftlichen Idee, einer Idee von Gesellschaft, in der Verwertungszwang und Maximierung, Konkurrenz und die Gesetze des Marktes tendenziell zu überwinden sind. Nicht als utopische Idee, sondern als die konkrete Forderung der Kunst selbst.

Es gilt zunächst für die Kulturpolitik, dem Quotendenken und dem medialen Mehrwert, der symbolischen Inszenierung und der politischen Selbstlegitimation zu widerstehen. Und Kunst und Kultur als das zu behaupten, was sie sind: Teil eines gesellschaftlichen Reichtums, der niemandem gehört und allen. Das ist nicht die alte sozialdemokratische Vorstellung von einer „Kultur für alle“, die im Grunde auf einer staatlichen Verteilungsidee basiert, sondern die Forderung nach einem gesellschaftlichen Zustand, der

Produktion und Konsumation, Werk und Anschauung zusammenführt und versöhnt. „Ein jeder werde Künstler", heißt die Forderung in Franz Kafkas *Naturtheater von Oklahoma*, was nichts anderes meint als: „Ein jeder werde Mensch."

Die aktuelle Fortschreibung jener „Kultur für alle" ist die Idee der „Vermittlung", der Vermittlung von Kunst und Kultur in allen erdenklichen Bereichen und mit allen erdenklichen Mitteln. Ein Furor an „Kunstvermittlung" hat die gegenwärtige Kulturpolitik erfasst. Nicht die Kunst ist Gegenstand, sondern ihre Übersetzung, ihre Verortung, ihre Aufbereitung und pädagogisch-informative Fortschreibung. Eine „Stabsstelle" für Vermittlung und Sonderbudgets in Millionenhöhe bedienen im Grunde jenes alte, tiefverwurzelte Vorurteil, dass es gelte, Kunst „verständlicher" zu machen, sie in einen „größeren Zusammenhang" zu stellen und Menschen - insbesonders jüngere - an sie „heranzuführen". Es ist das alte Ressentiment und Misstrauen gegen die Form, gegen das Geformte, das Widerstand und Eigenes ist und anderen Gesetzen gehorcht als jenen der alten symbolischen Ordnung. Die einzig mögliche Weise der Vermittlung, sagt Walter Benjamin, sei es, „den Schock des Kunstwerks zu verlängern". Ihn fortzusetzen ins Leben der Betrachter, der Zuhörer, der Seher. Es wäre eine spannende Definition für eine mögliche Kulturpolitik, würde sie diese Erschütterung, diese Erkenntnis, dieses Neue, Fremde und Schöne mit verantworten und fortschreiben. Es gilt, die sozialen, gesellschaftlichen und ökonomischen Bedingungen dafür herzustellen.

Auch für eine zukünftige Kulturpolitik gilt die alte Forderung nach einer Absicherung der künstlerischen Arbeit. Nicht als Investition, sondern als politisch-moralische Verpflichtung. Es geht vor allem um eine Verteilung der Ressourcen, die nicht medialen Zurufen und einer halböffentlichen Stimmung folgt, sondern der Notwendigkeit, der Haltung und Qualität der künstlerischen Intervention. Kultur schafft nicht nur Rahmenbedingungen, sie muss auch den Rahmen mit definieren, also sich einmischen, argumentieren, urteilen. Dies ist jener blinde Fleck der politischen Verwaltung, an dem man es vorzieht, Entscheidungen dem Erfolg, dem ständischen Interesse, der Quote, den medialen Zurufen, der politischen Opportunität, dem autoritären Gestus der objektiven Gegebenheiten zu überlassen. Oder sie an Dritte, an Arbeitsgruppen, Findungskommissionen und Evaluierungsgremien zu delegieren. Kulturpolitik ist Entscheidung und Intervention und dies auch im umfassenden, unmittelbaren Sinn.

In Zeiten, in denen ein allgemeiner Populismus jeder Prägung gilt, parteipolitische Grundsätze von Meinungsforschern und Zeitungsleuten formuliert werden, neuer Chauvinismus und alter Kulturkampf wieder salonfähig geworden sind, liegt es auch an der Kunst- und Kulturpolitik, Einspruch einzulegen, Gegensätze zu formulieren, die Tagesordnung der Selbstverständlichkeit und des Zynismus in Frage zu stellen.

Kulturpolitik ist der Radikalität der Kunst verpflichtet. Das ist die tiefere Verwandtschaft, aus der sie ihre Grundsätze und Beweggründe herleitet. Nicht als moralisierendes Korrektiv oder korrekte Haltung ist sie gefragt; sie muss sich einmischen, zur Diskussion stellen, autonome Entscheidungen treffen und im benjaminschen Sinne manchmal die Menschen auch ins Unrecht setzen und sie doch zugleich vertreten. Auf ihrer Seite sein.

Eine republikanische Politik wäre zugleich der Allgemeinheit und der Sache im Wort, nicht der Klientel und dem Betrieb. Also hat sie Grundlagen kulturpolitischen Handelns zu entwerfen. Ein praktisches Beispiel von vielen ist die seit längerem öffentlich geführte Diskussion über die Erhöhung der Mittel für den österreichischen Film. Parallel zu solch einer angestrebten Erhöhung wären die Ausrichtung der Förderung und die Verwendung der Mittel zu diskutieren. Die Aufgabe einer aktiven Kulturpolitik kann nicht alleine darin bestehen, die benötigten Förderungsgelder politisch auszuverhandeln und durchzusetzen, sondern auch darin, Rahmenbedingungen und eine grundsätzliche Positionierung der Filmpolitik festzulegen. Der ohnehin obsolete Konflikt zwischen den unterschiedlichen Interessen und Vorstellungen von Kino - ob es sich eher am Markt oder an der Kunst zu orientieren habe, ob es näher an kommerziellen Erwartungen oder an radikaler Autorenschaft zu sein habe - ist nicht durch das bekannte allgemeine Bekenntnis der Politik zum österreichischen Film zu lösen. Kulturpolitik ist nicht allein Geldbeschaffung und Mittelverwaltung, sondern sie ist auch die konkrete Verantwortung für jene Ressourcen und jenen gesellschaftlichen Reichtum, den Kunst und Kultur darstellt. Politik kann und darf nicht die filmische Arbeit kuratieren oder bevormunden, aber sie muss eine Idee vom Kino haben, muss in einer fragwürdigen Verteilungsdiskussion eine kulturpolitische Antwort wissen, die hinausgeht über die partikularistischen Interessen der Einzelnen. Kulturpolitik ist keine Frage des kühlen Pragmatismus, sondern des lebendigen Engagements. Delegierte Verantwortung schafft schiefe Faktizität.

Kunst und Kultur ist nicht einfach ein Moment im Politischen, Mehrwert des Alltags, das Luxuriöse und Überschüssige, sondern notwendiger, essentieller Teil jeder Politik. Als solcher kann und darf sich Kulturpolitik einmischen, argumentieren, Einspruch erheben. Alleine das Beispiel der Restitution geraubter Kunstwerke und anderer Werte an die Nachfolger und Erben der Vertriebenen und Ermordeten schafft ein jähes Bild und Bewusstsein von Geschichte. Man muss dieses Bild erkennen und lesen können, ein Bild der Geschichte, in dem die Barbarei ebenso aufblitzt wie jene historische Kontinuität, in die sich jede Politik und Kultur einschreibt. Restitutionsforschung, Gutachten und juristische Arbeitsgruppen sind die eine, notwendige und unerlässliche Seite einer verantwortlichen Politik. Die andere bezeichnet eine Haltung, die über objektivierende und rechtspositivistische Strategien hinausgeht und eine politisch-moralische Dimension hat, in der sich gegenwärtige Politik selbst erkennt: als eine Geschichte der Kontinuitäten und fragwürdigen Fortschreibungen, des Leugnens und der fortgesetzten Ignoranz.

Auch der Umgang mit dem Fremden, dem Eigensinnigen, dem Anderen ist Teil einer politischen Kultur oder einer kulturellen Politik, an der eine Gesellschaft und ihre Institutionen zu messen sein werden. Fragen einer sogenannten Fremdenpolitik, der kulturellen Anpassung, Sprach- und Kulturentscheidungen, Asylpolitik, Abgrenzung vom Anderen, der Umgang mit kultureller Differenz, hinter all diesen Begriffen steht auch eine zu formulierende, zu realisierende Kulturpolitik. Kultur ist, wie eingangs gesagt, nicht politische Querschnittsmaterie, sondern, wie Ernst Bloch meint, Teil jenes konkreten Wärmestroms, der durch eine Gesellschaft geht, der sich durch die Geschichte zieht.

„Sich weder von der Macht der anderen noch von der eigenen Ohnmacht dumm machen lassen“, heißt das Motto eines klugen Buches, und vielleicht bezeichnet dieser Satz auch den Ort und die Arbeit der Kunst. Die Arbeit an der Form. Die Arbeit an einer Form des Möglichen und Zukünftigen.

Sollen wir alles dürfen, was wir können? Zukunft und Grenzen der Biotechnologie

Karl Kuchler

Seit ihrer Geburtsstunde im Jahre 1973 hat sich die Bio- und Gentechnologie ähnlich wie die Informationstechnologie mit einer atemberaubenden Geschwindigkeit entwickelt. Im jugendlichen Alter von gerade 35 Jahren ist die „molekulare Biotechnologie" heute in alle Lebensbereiche vorgedrungen und betrifft Menschen aller Lebensabschnitte, von der Geburt bis zur Altenpflege. Die Medizin, inklusive aller Diagnoseverfahren und Therapien, die Umweltbiotechnologie, Agrarbiotechnologie, Ökologie, Lebensmitteltechnologie, die Pharmaindustrie werden von der Bio- und Gentechnologie getragen, ja sind sogar davon abhängig geworden. Die Biotechnologie als Grundlage für Innovationen in den Biowissenschaften wird bereits seit Jahrzehnten als Schlüsseltechnologie der Zukunft bezeichnet, mittlerweile ist sie die Schlüsseltechnologie der Gegenwart. Die Biotechnologie bringt neben vielen positiven auch negative Szenarien. Dieses Kapitel wird sich daher der aktuellen Situation der Biotechnologie in unserer Gesellschaft widmen und positive wie negative Auswirkungen diskutieren. Ebenso wird die Zukunft der Biotechnologie kritisch beleuchtet sowie die ambivalente Situation in Österreich im internationalen Kontext betrachtet.

Biotechnologie - Kurzbiografie der letzten 3000 Jahre

Die Geschichte der klassischen Biotechnologie begann vor mehreren tausend Jahren und ist somit keine Schöpfung der Neuzeit. Im alten Ägypten wurde schon vor 3000 Jahren mit Hefe Bier gebraut und verschimmeltes Brot wegen der antibiotischen Wirkung zur Wundbehandlung eingesetzt. Auch die genetische Züchtung domestizierter Getreidesorten wie Weizen und Mais markiert den frühen Anfang. Seit damals wurde ein Unzahl bio(techno)logischer Verfahren für die Herstellung von Nahrungsmitteln empirisch entwickelt, ohne aber dabei die molekularen Grundlagen zu verstehen. Die industrielle Revolution ermöglichte nach und nach die großtechnische Lebensmittelproduktion und stellte so die Ernährung einer immer größeren Bevölkerung sicher. Dieser Effekt begünstigte wohl auch die Entstehung heutiger Sozial- und Gesellschaftssysteme westlicher Prägung.

Österreich darf mit Stolz an den Grundstein der Genetik und der modernen Biotechnologie erinnern. Die wissenschaftliche Neugier und Beobachtungsgabe von Gregor Mendel, ein seiner Zeit weit vorausdenkender Augustinerpater in Brünn, führte im Jahre 1865 zur Entdeckung der „Erbmerkmale", der Gene. Mendel formulierte die bis heute gültigen Gesetze der Vererbungslehre allein aufgrund der quantitativen Beobachtung von Erbmerkmalen (Farbe und Form) bei Vermehrung von Erbsen und Blumen. Der Biologe Friedrich Miescher isolierte 1869 einen sauren Stoff aus Zellkernen (= „Nuklein"), erkannte aber nicht, dass es Mendels „Erbmerkmale" waren. Dies war Avery, McLeod and McCarty vorbehalten, die 1944 zeigten, dass die Kernsäure die „Erbmerkmale" enthält. Fast 100 Jahre nach Mendel klärten Watson und Crick im Jahr 1953 die Struktur dieser Kernsäure, der DNA (deutsch DNS - Desoxyribonukleinsäure) auf. Die DNA ist eine lange Molekülkette, die aus zwei parallelen Einzelsträngen besteht und in allen Körperzellen vorhanden ist. Die DNA ähnelt einer Wendeltreppe und wird im Fachjargon Doppelhelix genannt, in der alle einzelnen Abschnitte (= die Gene) die Gesamtinformation darstellen (= etwa 30.000 Gene beim Menschen, 6000 in der Bäckerhefe). Werner Arber entdeckte 1968 die molekularen Scheren (= Restriktionsenzyme), mit denen die DNA in definierte Teile zerschnitten werden kann, und Paul Berg entdeckte 1972 den molekularen Kleber (= Ligase), mit dem jedwede beliebige Kombination von Genen ermöglicht wurde.

Man erkannte bald, dass der in der DNA enthaltene genetische Code universell ist und dessen Dekodierung daher in allen lebenden Systemen auf gleiche Weise funktioniert - Gene aus einem Schwein oder einem Menschen, ja aus einem Elefanten funktionieren somit auch in jedem beliebigen Bakterium wie etwa dem harmlosen Darmbewohner des Menschen, dem E. coli Darmbakterium. Daher können Gene eines biologischen Systems (zum Beispiel Mensch) mit Hilfe eines genetischen DNA-Transportmittels (= Vektor oder Plasmid) nach Ligation im Reagenzglas in ein anderes biologisches Umfeld (zum Beispiel Bakterium) übertragen (= transformiert) werden, um dort nach entsprechender Dekodierung das richtige Genprodukt (= Eiweißstoff, Hormon) herzustellen. Diese Erkenntnis ermöglichte die Erschaffung des ersten „rekombinanten Bakteriums", eines sogenannten „gentechnisch veränderten Organismus" (GVO), durch Boyer und Cohen im Jahre 1973. Das war die Geburtsstunde der „rekombinanten Gen-Technologie", die in die heutige Biotechnologie integriert wurde und nun Synonym mit dem Begriff „molekulare Biotechnologie“ ist.

Mit dem Wissen über die biologische Funktion der Gene sowie deren Veränderung und/oder Einbringung in andere biologische Systeme kann man Mikroorganismen gezielt mit beliebigen Gen-Informationen bestücken. Bakterien, Hefen, aber auch Maus- und Humanzellen werden so als „Bioreaktoren“ eingesetzt und erlauben die Herstellung von Medikamenten, Hormonen, Wirkstoffen in einer bisher nicht vorstellbaren Art und Menge. Im Labor konstruierte GVOs produzieren heute zahlreiche Enzyme, Vitamine, Aminosäuren, Impfstoffe, Antikörper, Hormone, Antibiotika und viele andere Arzneiwirkstoffe - Insulin, Erythropoetin (für die Behandlung von Anämien), menschliches Wachstumshormon oder das Labferment zur Käseherstellung sind nur einige prominente Beispiele.

Aufgrund der Vielfältigkeit wird die Biotechnologie heute je nach Anwendungsbereich in eine rote (Medizin und Pharmazie), grüne (Landwirtschaft und Lebensmitteltechnik), weiße (Chemie- und Textilindustrie), graue (Unweltbiotechnologie - Entgiftung von Wasser, Luft sowie Abfällen) und neuestens sogar in ein blaue (Meeresbiologie) klassifiziert. Die Grenzen sind allerdings diffus und nicht immer nachvollziehbar, vor allem durch die gemeinsame Methodik. Biotechnologie wurde daher richtigerweise auch als „Querschnittstechnologie“ bezeichnet, da sie eine Reihe von Forschungsdisziplinen eng miteinander vernetzt.

Biotechnologie in Österreich - eine Geschichte von Dr. Jeykill & Mr. Hyde

Die öffentliche Diskussion in Österreich zur Biotechnologie der letzten 15 Jahre kann wie in einigen anderen Ländern durchaus als sehr kontroversiell bezeichnet werden. Wie ist es angesichts der vielen „Heldentaten“ der Biotechnologie dazu gekomen, dass Menschen aller Altersgruppen noch immer große Berührungsängste haben? Nun, die neuen Errungenschaften ließen natürlich auch Horrorszenarien möglich erscheinen (Menschenklone, Designer-Babys, Chimären et cetera). Diese Schlagwörter, obwohl teils absurd und irreal, wurden von vielen Medien in einem „Apokalypsejournalismus“ nach dem Motto „bad news sell good“ willigst aufgegriffen. Die Politik agierte verunsichert und verängstigt, die Wissenschaft war paralysiert und zeigte Kommunikationsdefizite, nur selbst ernannte Experten wussten, was zu tun war, und dominierten die irrationale Diskussion. Das Resultat war eine extreme Polarisierung unserer Gesellschaft in Schwarz-Weiß, vor allem bezüglich Agrarbiotechnologie. Dabei hatte es gerade in Österreich seit

Beginn der Gentechnikdebatte verständliche und wissenschaftlich fundierte Informationen zu allen Chancen und Risiken der Biotechnologie gegeben. Trotz öffentlicher Förderungen sind diese Informationen nicht hinreichend bekannt und werden auch heute noch von den staatlichen Institutionen selten wahrgenommen.

Es folgten teils gewalttätige Auseinandersetzungen und Diskussionen um die potenzielle Nutzung und die vermuteten Gefahren der neuen Technologie. Ein Ausweg aus dem Dilemma war dringend notwendig – ein schwammiger Kompromiss wurde gefunden. So kam es, dass heute vor allem die rote Biotechnologie fast kritiklos positiv gesehen wird, die grüne Biotechnologie aber als apokalyptische Gefahr für Mensch, Umwelt und Natur gilt. Die Zukunft wird noch mehr Diskussionen bringen, da die Biotechnologie noch viel stärker als bisher Platz in unserem Alltag einnehmen wird. Die folgenden Ausführungen werden sich auf die rote Biotechnologie konzentrieren, da sie wichtige gesellschaftliche Bereiche wie die zukünftige Sozial- und Gesundheitspolitik, Fragen der Ethik und Rechtskultur, der Innovation und Technologieentwicklung, der Wissenschaftspolitik, der Sicherheit des Individuums oder der Gesellschaft (zum Beispiel Bioterrorismus) tangieren. Die Grenzen der Wissenschaftsfreiheit in ethischer und moralischer Hinsicht sind ein zentraler Faktor dieser Diskussion. Natürlich haben sich auch wichtige Religionen zu Wort gemeldet. Der Anspruch auf Urheberschaft der Schöpfungsgeschichte wird erhoben, dabei aber gleichzeitig wider besseres Wissen die Rolle der Evolution in der „Schöpfungsgeschichte" negiert. Wir sind genetisch zu 98 % identisch mit Primaten (Schimpansen und Gorillas) und zu 95 % identisch mit einer Maus. Woher kommen aber dann die offensichtlichen und dramatischen Unterschiede in Ausprägung, Intelligenz, Entwicklung, Fähigkeiten, sozialem Verhalten, Krankheiten und Anfälligkeiten dafür? Es ist zwar wie ein Wunder, aber es war weder eine göttliche Kraft noch Zauberkunst dafür nötig – es ist das Ergebnis von Evolution, Zufall gepaart mit Selektion, und es hat immerhin etwa 5 Milliarden Jahre gebraucht, um den Homo sapiens in all seiner Komplexität zu „erschaffen".

Der globale Impakt der Biotechnologie bedeutet, dass die Auswirkung nicht nur national oder isoliert diskutiert werden kann. Es gilt vordringlich zu klären, welchen Platz die Biotechnologie in unserer heutigen Gesellschaft in Österreich haben soll oder muss und inwieweit wir uns vom globalen Kontext entkoppeln können, ohne Schaden zu nehmen. Dazu gibt es eine Reihe ungelöster Fragen. Werden oder sollen wir in der medizinischen Biotechnologie alles tun dürfen, was wir zum Teil heute schon, zumindest technisch, tun könn(t)en, aber rechtlich unzulässig ist (zum Beispiel Prä-Implantationsdiagnostik in der Embryonenforschung)? Werden restriktive gesetzliche Rahmenbedingungen für biotechnologische Forschung deren Innovationskraft hemmen? Kann eine mögliche Behinderung der universitären Forschung neben dem Verlust an wirtschaftlicher Wettbewerbsfähigkeit auch zu einem Verlust der Wettbewerbsfähigkeit in der Ausbildung der Studierenden führen? Wie werden wir mit unerfüllten Hoffnungen auf Therapie in der medizinischen Biotechnologie umgehen? Wenn es zwar sichere Diagnoseverfahren, aber keine Therapie gibt, wo sind die ethischen Grenzen in der Diagnose zu ziehen? Auch die Biotechnologie hat moralische Innovationsgrenzen – welche ist die Forschung freiwillig bereit zu setzen? Wann muss der Staat eingreifen und wann darf, soll oder muss reguliert werden, unter Wahrung der Forschungsfreiheit? Kann oder soll die Biotechnologie global überhaupt aufgehalten werden, und wenn ja, welche negativen ökonomischen Auswirkungen sind zu erwarten?

Die skizzierten Fragen zeigen, dass vor allem die rote Biotechnologie gesellschaftliche Strukturen beeinflussen, aber auch eine Eugenisierung bewirken könnte. Es wird teils akzeptiert, dass Krankheit, Behinderungen, Pflegebedürftigkeit und Tod zum Lebenszyklus gehören. Man strebt aber nach dem perfekten, „gesunden" Leben – natürlich unter Zuhilfenahme der neuen Technologie von harmlosen Anti-Faltencremen bis hin zum menschlichen Ersatzteillager. Was brauchen Sie? Ein Herz, eine Leber oder Niere, ein künstliches Gelenk vielleicht? Oder gar ein superintelligentes Designer-Baby mit nur „gesunden" Eigenschaften? Der Nutzen einiger Errungenschaften erscheint als Segen für das Individuum, ist aber nur auf den ersten Blick Privatsache. Das Ziel ist eine „Gesundheitsperfektionierung" des Einzelnen, durchaus legitim aus Sicht der Betroffenen. Unsere Gesellschaft wird aber als Ganzes betroffen, da diese „High-end"-Medizin in unserem derzeitigen Gesundheits- und Sozialsystem nur für eine Minderheit leistbar oder zugänglich sein wird. Die Gefahr einer medizinischen Zwei-, Drei- oder gar Mehrklassengesellschaft steht daher im Raum, und das sollte für Österreich immer ausgeschlossen werden. Die gesellschaftspolitischen, ethischen und wirtschaftlichen Dimensionen, die leider auch seitens der Wissenschaft oder der Politik oft unterschätzt werden, sind also immens und immanent.

Eine notwendige (?) Verbesserung des Nicht-Perfekten, des Kranken ist ein Argument, das auch die kommerzielle Forschung in der modernen Biotechnologie vorantreibt. Menschen oder Lebewesen (Pflanzen), die nicht genetisch oder gesellschaftlich „definierten" Normen entsprechen, können, sollen oder „müssen" gar verbessert werden. Die Frage, wer die „Norm" definieren darf oder soll, bleibt offen. Gibt es überhaupt ganz gesunde Menschen? Wahrscheinlich nicht. Die Entschlüsselung des menschlichen Genoms hat gezeigt, dass alle Menschen signifikante, oft aber nur kleinste genetische Unterschiede zeigen – eine 100%-ige „Norm" ist nicht erkennbar. Die Genomforschung und die Prinzipien der Genetik zeigen auch, dass die genetische Vielfalt und Einzigartigkeit des Individuums sowie die sexuelle Vermehrung und die dadurch bedingte Neukombination der Erbanlagen von Vater und Mutter einen sehr effizienten Schutz vor Krankheiten bedeuten. Eine „Norm", wie etwa durch identisches Klonen hypothetisch erreichbar, mag für die Tierzucht nützlich sein, ist aber für den Menschen biologisch völlig sinnlos und führt zur genetischen Isolation – die pathologischen und tödlichen Konsequenzen sind schon vom Klonschaf Dolly hinreichend bekannt. Die Frage, ob und wann kleinste genetische Unterschiede oder Abweichungen von einer „Norm" (= Polymorphismen) zu einem Krankheitsbild führen, kann nur mit Wahrscheinlichkeiten beantwortet werden. Daraus resultieren oft Ängste, aber auch falsche Hoffnungen bezüglich der Heilung. Eine Therapie ist bei den meisten Erbkrankheiten unmöglich oder, wie bei der gottlob gesetzlich verbotenen Keimbahntherapie, utopisch. Die medizinisch-ethischen Konsequenzen sind gewaltig – ist das Nicht-Wissen-Wollen eines Patienten auch im Falle möglicher Therapien immer zu respektieren beziehungsweise ist dem moralischen Recht eines Patienten auf Wissen-Wollen auch bei fehlenden Therapien Folge zu leisten?

Eine weitere reale Gefahr der roten Biotechnologie für das Individuum ist der Missbrauch von genetischen Informationen. Daten über genetische Prädispositionen oder Prognosen über Krankheiten begünstigen die bereits erwähnte Eugenisierung. Für Versicherungen und Arbeitgeber sind persönliche Daten ein durchaus nützlicher Parameter zur effizienteren Kostenplanung und Profitmaximierung. Allerdings sind genetische Daten noch immer nicht so geschützt, dass sie für Nichtbefugte unzugänglich und auf immer unsichtbar sind. Das „Eigentum" und der Schutz persönlicher genetischer Daten muss eindeutig, inklusive entsprechender Schutz- und Strafbestimmungen, in unserem Rechtssystem verankert werden, um jedwedes Risiko für das Individuum und die Gesellschaft auszuschließen. Bei einem funktionierenden Rechtsschutzsystem ist ein wie in Island oder anderen Ländern durchgeführtes flächendeckendes „genetisches Entkleiden" der Bevölkerung keine Bedrohung für eine Gesellschaft. Der gläserne, genetisch durchsichtige Mensch könnte sogar eine ungeahnte Chance für die medizinische Forschung sein, da enorme Fortschritte für das Verständnis komplexer Erkrankungen erwartet werden. Allein die dadurch verbesserte Vorsorge könnte „todkranke" Gesundheitssysteme wie etwa jenes in Österreich wieder profitabel und zukunftstauglich machen.

Dieser rasend schnelle Erkenntnisgewinn durch die Biotechnologie verlangt allerdings andauernden Diskurs mit allen Betroffenen der Gesellschaft. Vor zehn Jahren noch galt die Entschlüsselung des Genoms technisch als nicht machbar. Die erste Entschlüsselung eines menschlichen Genoms durch Craig Venter im Jahr 2003 hat etwa fünf Jahre benötigt und viele Millionen an Forschungsgeldern verschlungen. Heute dauert die Entzifferung des Genoms eines Menschen nur mehr wenige Tage und kostet einen Bruchteil davon. Wohin führt dieser Trend? Die personalisierte Medizin mit maßgeschneiderten Therapien ist nur eine logische Konsequenz; sie ist eine von vielen privaten und öffentlichen Fördergebern massiv unterstützte Zukunftsvision und eine der Triebkräfte für Forschung und Innovation. Die Auswirkungen, positiv oder negativ, auf unsere Gesundheits- und Pensionssysteme, Sozial- und Gesellschaftsstrukturen sind allerdings nicht einmal im Ansatz diskutiert. Der Zeitpunkt, dies ernsthaft zu beginnen, ist längst überfällig, nur fehlen in Österreich die teils notwendigen partizipativen Instrumente. Ebenso erscheint der Wille seitens der Politik, einen konstruktiven Diskurs zu ermöglichen, zumindest narkotisiert. Die gesellschaftspolitischen Implikationen sind so groß, dass akzeptable Kompromisslösungen noch lange brauchen werden. Die Politik in Österreich muss sich daher ihrer Verantwortung bezüglich Biotechnologie bewusster werden und den Diskurs darüber einleiten und befördern. Es geht nicht darum, Steuergelder für politische Kampagnen gegen die grüne Gentechnologie zu vergeuden oder aus wissenschaftlicher Sicht absurde gesetzliche Schranken für Zulassungen einzuführen. Es geht darum, Nutzen und Risiken der gesamten Biotechnologie kritisch, aber transparent und vor allem wissenschaftlich fundiert zu beurteilen, Vertrauen in die Wissenschaft zu legen, persönliche politische Präferenzen hintanzustellen, der gezielt provozierten Emotionalisierung durch selbst ernannte ExpertInnen und Medien zu begegnen, um gemeinsam mit der betroffenen Bevölkerung sinnvolle Entscheidungen und Regelungen im Sinne der Gesellschaft zu treffen. Dass dies mit dem aktuellen Fünf-Jahres-Rhythmus der Politik inkompatibel ist, wird durchaus geschätzt, da es dadurch unwahrscheinlich wird, für fragwürdige politische Entscheidungen, wie etwa Importverbote für Nutzpflanzen oder Einschränkungen der Stammzellforschung, zur Verantwortung gezogen zu werden.

Biotechnologie als Treiber für Innovation & Forschung

Im Prinzip entstammen alle Errungenschaften der Biowissenschaften der universitären oder außeruniversitären Grundlagenforschung. Die Bio- und Gentechnologie hat Forschung nicht nur stimuliert, sie hat zu einem Innovationsschub geführt. Das war natürlich nur möglich, da in vielen Ländern ein relativ hoher Anteil der Forschungsgelder in die Biowissenschaften gelenkt wurde, zum (manchmal berechtigten) Missfallen der Geistes- und Sozialwissenschaften, die heute in vielen Ländern (nicht aber in Österreich) leider als Stiefkinder der Wissenschaft behandelt werden. Die Biowissenschaften wurden in vielen Ländern zum Liebkind der Fördergeber und teils auch der Politik, ohne sich aber immer der Kosten im internationalen Vergleich bewusst zu sein. Auch in Österreich findet eine kompetitive Forschungsförderung durch die öffentliche Hand statt; wenn man aber, wie man vorgibt, mit den internationalen Entwicklungen mithalten möchte, müssen vor allem die Budgets der Fördergeber massiv erhöht werden. Es gilt, die Besten in Österreich im Vergleich zu den Besten im internationalen Umfeld zu fördern. Es muss vermehrt das Potenzial der jungen WissenschaftlerInnen, allerdings ohne Gender Bias, gefördert werden, und es müssen nationale oder lokale Mikrointeressen einzelner Fördergeber hintangestellt werden. Vor allem die Verbindung Wissenschaft–Wirtschaft muss gestärkt werden, um mittelfristig den Einsatz von mehr Mitteln aus Industrie und Wirtschaft zu erreichen.

Der effiziente Patentschutz von Innovationen und Erfindungen war ein Schüsselparameter der globalen Erfolgsgeschichte der Biotechnologie. Der Schutz von geistigem Eigentum durch Eigentumsrechte und Patente ist an den europäischen Universitäten inklusive Österreich im Prinzip gut gelöst, bedarf jedoch oft einer weitaus professionelleren Abwicklung. Europa bleibt aber trotz großer Anstrengungen weiter hinter Amerika und Asien zurück. Hier könnten kleinere transnationale Programme mit dem Ziel, in wenigen Ländern einen Nukleus zu bilden, Abhilfe leisten. Dies würde einen konstruktiven Wettbewerb mit den aktuellen europäischen Rahmenprogrammen stimulieren, wo viel Geld teils sinnlos „verforscht" wird. Weiters muss eine zentrale europäische Forschungsagenda politisch etabliert werden, um eine neue Strategie für eine effektive Forschungsförderung zu ermöglichen. Die massive Defragmentierung der derzeitigen europäischen Förderung in den Biowissenschaften ist der einzige Weg, Europa zu einem kompetitiven Mitstreiter von Amerika und Asien im globalen Wettbewerb der Biotechnologie zu machen.

Die Universitäten in Österreich, primärer Schauplatz der biotechnologischen Forschung, sind durch ihre neu erlangte Autonomie auf dem richtigen Weg, auch wenn adäquate und attraktive Karrieremodelle noch fehlen und internationale Sichtbarkeit nur punktuell gegeben ist. Nur die besten Universitäten werden im internationalen Wettbewerb um die besten Köpfe (ForscherInnen und Studierende) bestehen und Humankapital als

Triebkraft für Innovationen anziehen. Autonomie ist ein wesentlicher Faktor für die internationale Wettbewerbsfähigkeit einer Universität, ein anderer eine international adäquate Mittelausstattung. Es wäre wünschenswert, dass die Politik sich wieder stärker der gesellschaftlichen Rolle und Bedeutung der Universitäten als Wiege der Forschung und Entwicklung bewusst wird. Universitäten sollen nicht als Bittsteller behandelt werden, sondern müssen mit adäquaten Budgets ausgestattet werden. Um den österreichischen Universitäten auf der internationalen Bühne eine Chance zu geben, bedarf es entsprechender Finanzmittel wie auch einer konsequenten Realisierung der Lissabon-Ziele. Die dazu erforderliche Forschungsquote von weit über 3 % vom BIP wird nur ein Kriterium für den Erfolg sein, wichtiger ist die priorisierte Verwendung der Forschungsmittel. Der derzeitige Versuch, die Universitäten zu internationalisieren, wird den Rest bewerkstelligen und Exzellenz quasi automatisch bringen. Exzellenz braucht aber Zeit und gute Rahmenbedingungen, um zu entstehen - auch das kann man als Evolution bezeichnen. Man wird nicht „exzellent", weil die Politik es so definiert, es in Programme schreibt oder neue außer-universitäre Exzellenz-Institute gründet. Als Forscher und Universität ist man exzellent, wenn die Scientific Community es so sieht. Dazu gibt es gute bibliometrische Parameter und internationale Beurteilungskriterien. Wie bei der Forschungsförderung, heißt das Zauberwort „Peer Review", ein fundamentales Grundprinzip der wissenschaftlichen Qualitätsbeurteilung, das zwar nicht immer ganz problemlos ist, aber immer noch die beste Methode, um wissenschaftliche Leistung zu beurteilen.

Ein Platz der Biotechnologie in der Gesellschaft heute und morgen - quo vadis?

Heute nutzen Menschen aller Altersgruppen tagtäglich, bewusst oder unbewusst, Errungenschaften der Biotechnologie. Längst sind effiziente Waschmittelenzyme, Vitamine oder Antibiotika, die in großem Maßstab biotechnologisch und kostengünstig produziert werden, alltäglich und möchten oder können nicht mehr gemisst werden. Die moderne Medizin ist ohne Biotechnologie undenkbar geworden. Der Kampf gegen Krebs, Infektionskrankheiten, AIDS, Diabetes, Alzheimer oder die regenerative Medizin erzielt immer bessere Erfolge. Die Stammzelltechnologien sind noch in den Kinderschuhen, und schon wird (vor allem medial) das fast-ewige Leben versprochen. Der Anstieg der Lebenserwartung der letzten 30 Jahre ist nicht zuletzt auf enorm verbesserte medizinische Diagnoseverfahren zurückzuführen. Die Pharmaindustrie schafft mit den rekombinanten

Medikamenten eine Überlebensgrundlage oder verbesserte Lebensqualität für Milliarden von Menschen. Die forensische Kriminaltechnologie mit ihrer ultra-sensitiven DNA-Diagnostik, wie fast täglich in CSI-Fernsehserien realitätsnah zu sehen, ist ebenso ein gefeiertes Kind der Biotechnologie.

In unmittelbarer Zukunft werden die Möglichkeiten der regenerativen Medizin perfektioniert werden. Neue zelluläre Therapieverfahren inklusive ethisch vertretbaren Stammzelltherapien (zum Beispiel autologer Knorpelersatz) werden einer breiten Bevölkerung zugänglich sein. Medikamente werden kostengünstiger in Pflanzen und Tieren herstellbar sein; die medizinische Versorgung wird stärker individualisiert werden und trotzdem oder gerade deswegen Gesundheitssysteme finanziell weniger belasten. Die Möglichkeiten der medizinischen Diagnostik werden unseren Lebensstil hoffentlich zum Positiven beeinflussen und mehr Eigenverantwortung für unsere Gesundheit bewirken. Es wird bessere und maßgeschneiderte Lebensmittel in Form von „Functional Food" für die gezielte Ernährung aller Altersgruppen geben, mit neuen Eigenschaften, die weit über den bloßen Nährwert hinausgehen. Es wird bessere Prognosen für komplexe genetische Erkrankungen wie Parkinson, Alzheimer, Diabetes, Bluthochdruck oder Asthma geben. Diese Szenarien sind weder spekulativ noch visionär; sie orientieren sich am aktuellen internationalen Forschungsstandard und an dem, was zumindest technisch machbar und realisierbar scheint.

Die wirtschaftlichen Prognosen zur Zukunft der Biotechnologie waren gegen Ende des letzten Jahrtausends wenig überraschend geradezu euphorisch, leider aber oft falsch. Prompt wurden in Europa (weniger in Österreich) ab etwa 1995 Milliardenbeträge von öffentlicher und privater Seite in junge Biotechnologie-Firmen geleitet. Investoren pumpten fast kritiklos Geld in die Biotechnologie-Blase und hofften vergeblich auf das rasche Geld und den „Return of Investment" innerhalb weniger Jahre. Die herbe Enttäuschung folgte, denn die Blase platzte, weil die Versprechen nur unzureichend oder gar nicht eingelöst wurden. Viele Hunderte Biotech-Firmen verschwanden, und privates Risikokapital war ab 2003 nur mehr sehr schwer zu bekommen. Nicht die Biotechnologie an sich war aber das Problem, sondern man hatte einfach den Zeitfaktor, den Zyklus und die Kosten für Medikamentenentwicklung unterschätzt. Es dauert auch heute noch zehn bis 15 Jahre, um eine neues Medikament auf den Markt zu bringen. Es kostet je nach notwendiger Technologie bis zu 2 Milliarden Euro und birgt hohes Erfolgsrisiko, denn die Chance, ein sogenanntes „Blockbuster"-Medikament zu entwickeln, ist nicht einmal 1 %. Mittlerweile hat sich die Situation bezüglich Verfügbarkeit von Risikokapital wieder verbessert, da heute mit größerer Expertise und weniger Hysterie, aber besserer Kontrolle investiert wird. Die kleinen

Biotech-Firmen sind so als Innovations- und Technologielieferanten für die große Pharmaindustrie wieder sehr interessant geworden.

Ein entscheidender Faktor für die explosive Entwicklung der Biotechnologie in der akademischen Forschung der letzten zehn Jahre waren genomische beziehungsweise bereits post-genomische Ansätze, in denen die Genprodukte analysiert werden (= Proteomik oder Funktion von Eiweißstoffen). Vor allem die Analyse einzelner Bausteine lebender Zellen (= Systemen) war sehr erfolgreich. Wir kennen heute neben den Genomen von Hunderten Spezies etwa 1 Million menschliche Proteine und zahllose andere biologische Bausteine wie Hormone oder normale und pathologische Stoffwechselprodukte. Computertechnologien haben sich ebenso mit ungeahnter Geschwindigkeit entwickelt und erlauben heute die Analyse ungeheurer Datenmengen. Trotz allem rückt das Verständnis vom Leben noch lange nicht in greifbare Nähe. Die Aussagekraft dieser Analysen ist also begrenzt, solange die komplexen biologischen Daten auf einzelne (Mosaik-)Bausteine und ihr unmittelbares Zusammenspiel reduziert werden, nicht aber in einen sinnvollen biologischen Gesamtkontext (= lebende Zelle, Organismus) gebracht werden können.

Das Bestreben, physiologische (= normale) Prozesse des Individuums noch besser zu verstehen, um pathologische Vorgänge (= Krankheiten) besser erkennen und therapieren zu können, setzt ein ganzheitliches Verständnis lebender Organismen voraus. Hier beginnt das goldene Zeitalter der modernen Biotechnologie: Wir befinden uns in der „Post-Genomic"-Ära; jetzt müssen die Mosaiksteine zu einem Gesamtbild zusammenfügt werden. Genau hier setzt die Systembio(techno)logie als die wichtigste Weiterentwicklung der modernen Biotechnologie an. Die Systembiologie versucht, komplexe lebende Systeme als Gesamtheit zu betrachten. Biologische Daten werden mit mathematisch-theoretischen Methoden in prädiktiven Modellen beschrieben. Die Systembiologie versucht, mittels mathematischer Modellierung und Simulation im Computer komplexe biologische Funktionen oder gar ganze Zellen in ihrer dynamischen Gesamtheit zu verstehen – gewissermaßen eine Renaissance der jahrhundertealten Naturforschung, die „Leben" als Ganzes verstehen wollte. Die mathematische Simulation ermöglicht nun Voraussagen, wie sich lebende Zellen bei Störungen von innen (zum Beispiel genetische Veränderungen, Krebsentstehung) oder außen (Umwelt, Stressantwort, Medikamentenreaktionen) verhalten und reagieren. Stimmen die Voraussagen eines Modells nicht mit den experimentell erhaltenen Daten überein, ist das Modell unpräzise oder gar falsch und muss daher in einem iterativen Prozess durch Modifizierung der experimentellen Parameter oder durch verbesserte Daten geändert werden. So unterliegen Modelle einer mathematischen und experimentellen „Evolution“, und zwar so lange, bis Hypothesen experimentell verifizierbar und gemäß Sir Karl Popper auch falsifizierbar werden.

Die Systembiologie wird die Grenzen der Disziplinen in den Biowissenschaften unwichtig machen und verspricht zu Recht neue Meilensteine für Wissenschaft, Medizin und Industrie. Ein Gesamtverständnis von zellulären Vorgängen ist nicht nur in der Grundlagenforschung nötig, sondern dient auch zur effizienteren und kostengünstigeren Medikamentenentwicklung. Daher werden systembiologische Ansätze bei der Erforschung von Krebs und Erb- oder Infektionskrankheiten schon heute eingesetzt. Krankheiten entstehen nicht nur durch einen einzigen defekten Baustein. Bei komplexen genetischen Erkrankungen (Schizophrenie, Autismus, Diabetes, Asthma, Krebs et cetera) sind oft ganze Netzwerke von Genen gestört. Hier wird eine schnellere Identifizierung defekter Komponenten eines Netzwerkes erwartet, um so den Einsatz von Medikamenten von größtmöglicher therapeutischer Effizienz zu ermöglichen. Auch eine bessere Abschätzung der notwendigen Dosis sowie der erwartbaren Nebenwirkungen wird vielleicht möglich sein. Der Einsatz von mathematischen Modellen wird die Entwicklungskosten für neue Medikamente reduzieren, aber auch eine raschere Markteinführung begünstigen. Dieses große Anwendungspotenzial hat natürlich bereits das rege Interesse der weltweiten Pharmaindustrie geweckt. Auch für die kontroversielle Pflanzenbiotechnologie ergeben sich viele nützliche Anwendungen. Mathematische Modelle von Pflanzenzellen werden die Entwicklung von neuen Sorten mit effizienter Wasser- und Nährstoffnutzung, höheren Erträgen durch verbesserte Schädlingsresistenz, aber auch besserem Geschmack vereinfachen. Die Vorteile der Systembiologie für die Pflanzenzucht in Ländern der Dritten Welt liegen auf der Hand, solange die neuen Erkenntnisse und Verfahren diesen Ländern auch zugänglich gemacht werden.

Das klingt einfach und plausibel, aber ist es auch machbar? Die Komplexität biologischer Prozesse in lebenden Zellen zu beschreiben macht bisher ungeahnte Dimensionen notwendig. Alleine die theoretisch möglichen genetischen Kombinationen von 30.000 Genen, die bewirken können, dass ein Mensch früher oder später erkrankt, egal woran, ergibt mathematisch errechnet eine Zahl, die so groß ist, dass sie nicht in das gesamte Universum passt. Die Bedeutung der Systembiologie liegt in ihrem interdisziplinären Ansatz und in der Verbindung von Mathematik mit den experimentellen Biowissenschaften. Wenn man die Entwicklung der Biotechnologie der letzten zehn Jahre verfolgt, ist davon auszugehen, dass die Systembiologie ohne Zweifel einen ähnlichen Weg einschlagen wird. Sie wird einen bisher nie gesehenen Schub für Innovationen in den Biowissenschaften bringen und somit die Notwendigkeit der modernen Biotechnologie für unsere Gesellschaft eindrucksvoll bestätigen.

Autorinnen und Autoren

Eva Belabed, ständige Vertretung Österreichs bei der OECD, Paris.
Ernst Berger, Facharzt für Kinder- und Jugendpsychiatrie, Wien.
Isolde Charim, Philosophin, Wien.
Jörg Flecker, wissenschaftlicher Leiter von Forba - Forschungs-und Beratungsstelle Arbeitswelt, Wien.
Irene Freudenschuss-Reichl, Sektionsleiterin im Bundesministerium für europäische und internationale Angelegenheiten, Wien.
Günter Geyer, Wiener Städtische Versicherung AG Vienna Insurance Group, Vorstandsvorsitzender, Wien.
Hans Hurch, Direktor Viennale, Wien.
Hannes Jarolim, Abgeordneter zum Österreichischen Nationalrat, Justizsprecher der SPÖ, Wien.
Monika Kircher-Kohl, stellvertretende Vorsitzende der Bildungskommission, Villach.
Rudolf Kohoutek, Stadtforscher, Wien.
Karl Kuchler, Medizinische Universität, Max F. Perutz Laboratories, Vienna Biocenter, Wien.
Markus Marterbauer, wissenschaftlicher Mitarbeiter,WIFO, Wien.
Christine Mayrhuber, wissenschaftliche Mitarbeiterin, WIFO, Wien.
Franz Merli, Professor für Öffentliches Recht, Universität Graz.
Robert Misik, Autor, Wien.
Alexander Mitteräcker, derStandard.at, Wien.
Rainer Münz, Erste Group, Leiter / Research & Development, Wien.
Eva Nowotny, Österreichische Botschafterin, Washington.
Anton Pelinka, Professor für Politikwissenschaft und Nationalismusstudien an der Central European University, Budapest.
Wolfgang Petritsch, Österreichischer Botschafter, OECD, Paris.
Horst Pöchhacker, Aufsichtsratsvorsitzender der ÖBB, Wien.
Sonja Puntscher Riekmann, Politikwissenschaftlerin, Vizerektorin für Internationale Beziehungen und Kommunikation, Centre of European Union Studies, Universität Salzburg.

Oliver Rathkolb, Professor für Zeitgeschichte, Universität Wien.
Laura Rudas, Abgeordnete zum Österreichischen Nationalrat, Wien.
Christine Scholten, Fachärztin für Innere Medizin und Kardiologie, Wien.
Margit Schratzenstaller, wissenschaftliche Mitarbeiterin des WIFO, Wien.
Helene Schuberth, Kabinett des Bundeskanzlers, Wien.
Martin Schürz, Gruppenleiter, OeNB – Österreichische Nationalbank, Wien.
Agnes Streissler, Geschäftsführerin ZIT – Zentrum für Innovation und Technologie, Wien.
Armin Thurnher, Herausgeber Falter, Wien.
Teresa Wagner, Primaria, Kaiser Franz Josef Spital, Wien.
Ruth Wodak, Professorin für Diskursforschung, Universität Lancaster.